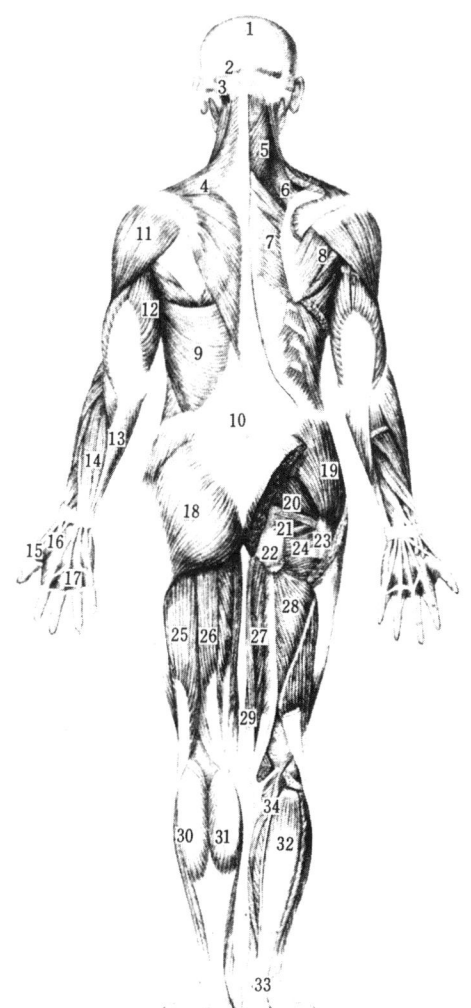

1. 帽状腱膜
2. 後頭筋
3. 後耳介筋
4. 僧帽筋
5. 頭板状筋
6. 肩甲挙筋
7. 大菱形筋
8. 棘下筋
9. 広背筋
10. 胸腰筋膜
11. 三角筋
12. 上腕三頭筋
13. 尺側手根伸筋
14. 〔総〕指伸筋
15. 短母指伸筋
16. 長母指伸筋
17. 腱間結合
18. 大殿筋
19. 中殿筋
20. 梨状筋
21. 内閉鎖筋
22. 坐骨結節
23. 大転子
24. 大腿方形筋
25. 大腿二頭筋(長頭)
26. 半腱様筋
27. 半膜様筋
28. 大内転筋
29. 薄筋
30. 腓腹筋(外側頭) ⎫
31. 腓腹筋(内側頭) ⎬ 下腿三頭筋
32. ヒラメ筋 ⎭
33. 踵骨腱
　　(アキレス腱)
34. 足底筋

骨 格 筋(後面)

(出典:新井正治編『透視人体解剖図』金原出版株式会社)

教養としての
身体運動・健康科学

東京大学身体運動科学研究室 編

東京大学出版会

The Scientific Basis of Exercise, Sports and Health

Edited by Department of Life Sciences (Sports Sciences), The University of Tokyo

University of Tokyo Press, 2009
ISBN978-4-13-052704-0

はじめに

　本書は，東京大学教養学部前期課程基礎科目「身体運動・健康科学実習」の教科書として，東京大学大学院総合文化研究科スポーツ・身体運動前期部会の教員の共同執筆によって編集されたものである．東京大学では，新入生はすべて教養学部に入学し，そこで前期課程と呼ばれる2年間の教養教育を受けたのち，教養学部を含めた各専門学部（後期課程）へ進学する．前期課程の科目は，1993年の大規模なカリキュラム改革以後，必修科目である「基礎科目」と，選択科目である「総合科目」および「主題科目」から構成されている．本書は主に，基礎科目である「身体運動・健康科学実習」を対象としているが，総合科目である「スポーツ・身体運動実習」「身体運動科学」「健康スポーツ医学」「身体生命科学」「スポーツサイエンス」「身体運動メカニクス」などの身体運動科学関連科目群の教材の一部として利用することも視野に入れている．

　1993年のカリキュラム改革では，それまで必修科目であった「保健体育実技」が，「スポーツ・身体運動」に名称変更され，1年次の文系・理系共通の基礎科目となった．内容的には，本書付録の「履修の参考」に詳述されるように，「スポーツコース」「フィットネスコース」「サイエンスコース」「メディカルケアコース」というコース分けに基づくきめ細やかな実習指導が導入された．一方，同じく必修科目であった「保健体育講義」は，「身体運動科学」と「健康スポーツ医学」という新たな科目として，それぞれ総合科目に編入され選択科目となった．その後，大学院で各教員が行っている研究から得られた成果に立脚した，身体運動や健康に関する正しい知識を全学生に伝える必要性が強く論じられ，「スポーツ・身体運動」を講義と実習の合併型授業にするという小改革が行われた．同時に，そのための教科書として，『教養としてのスポーツ・身体運動』の初版が刊行された．2000年3月のことである．

　2006年には，1993年の改革の成果と反省をふまえて，再び全学規模のカリキュラム改革が行われた．「スポーツ・身体運動」は従来どおり基礎科目に残り，より授業内容を色濃く反映した「身体運動・健康科学実習」へと名称変更された．また，総合科目群については，冒頭に列挙したように，専門性をやや加味した多様な科目構成となった．特筆すべきは，「身体運動・健康科学実習」に，前述のすべてのコースに共通する実験型実習として，「共通基礎実習」という授業を新たに導入したことである（年間で計5テーマ）．この共通基礎実習では，身体運動の仕組みや，身体運動と健康の関わりを，生命科学，スポーツ医学，バイオメカニクスなどの基礎的手法を利用した実習を通じて理解することを目標としている．こうして得られた，実体験としての知識こそ，文系・理系を問わず，次代のリーダーとして共有すべき「知」につながるという理念に基づいている．

　本書の編集にあたっては，前教科書の『教養としてのスポーツ・身体運動』を改訂し，

2006年から施行されていた新カリキュラムに十分に対応できるものとすることを，当初の目的とした．そのため，第I部「身体と運動・スポーツ」，第II部「身体運動と健康」，第III部「身体運動の科学」，第IV部「身体運動の実践」という4部構成は，前教科書の理念とともにそのまま踏襲するかたちとなった．一方，細部については，「読みづらい」，「授業で効果的に利用されていない」など，「学生による授業評価アンケート」から得られた学生の意見を参考にし，体裁，内容ともに大幅な改変を行った．読みやすくするために段組を変え，図版を大きくし，また授業内容との対応が明確になるよう心がけた．その結果，削除せざるを得ない部分も少なくなかったが，コンパクトによくまとまった教科書になったのではないかと自負している．タイトルが「教養としての身体運動・健康科学」へと変わったことも加えれば，前教科書の改訂版ではなく，まったくの新版とみなしてもよいのではないかと考えている．

　二十世紀後半には，人類は2度の大戦をはじめとした激動の時代を乗り越えて，安定した秩序と成長への道のりを歩み始めたかに見えた．しかし，新たな世紀を迎え，エネルギーや天然資源の持続可能性，地球環境の異変，社会保障や医療制度の財源不足，パンデミックな感染症の出現など，さまざまな問題が顕在化しつつある．これらの問題は，人類が自らの進歩に伴って引き起こしてきた点，放置すると確実に人類そのものの持続可能性（サステイナビリティー）を脅かす点などで共通している．さらに，これらの問題を解決するためには，さまざまな分野の知を結集した，領域横断的な取り組みが必要である．ヒトの身体や健康に関する知識も当然，そのために不可欠の要素となる．しかしながら，一般的に見て，ヒトの身体や健康に関する高等教育は，必ずしも十分には行われていないのが現状と思われる．

　こうした観点からも，本書が東京大学の学生のみならず，あらゆる分野で次代を担う若者を対象として，より広く活用されることを願っている．

　最後に，本書の企画を快くお引き受け下さり，短い期間の間に出版にまでこぎつけていただいた東京大学出版会の関係者の方々のご努力に心から敬意を表するとともに，この場をお借りして御礼を申し上げたい．

2009年3月　編著者一同
（文責　石井直方）

目 次

はじめに ... iii

I 身体と運動・スポーツ ... 1
I 1 身体運動の意味と意義 ... 2
1.1 人間は生まれながらにして動く生物である ... 2
1.2 人間は何のために動くのか ... 2
1.3 身体運動とはどういうことか ... 3
1.4 運動不足による身体の危機 ... 3
1.5 身体運動の効果 ... 4
I 2 スポーツとは何か ... 5
I 3 身体運動科学とは何か ... 6
I 4 身体運動関連授業の教育目標 ... 7

II 身体運動と健康 ... 9
II 1 健康と体力 ... 10
1.1 「体力」「健康」とは ... 10
1.2 体力の構成要素 ... 10
1.3 健康に関連する体力とは ... 11
1.4 健康に関連した体力のトレーニング ... 12
II 2 身体運動と生活習慣病の予防 ... 13
2.1 我が国の死因 ... 13
2.2 生活習慣病とは ... 13
2.3 身体運動と生活習慣病の予防 ... 14
II 3 身体運動と健康の遺伝的要因 ... 15
3.1 身体運動と健康 ... 15
3.2 遺伝的要因 ... 16
II 4 身体機能の加齢変化 ... 17
4.1 筋・骨格系機能の加齢変化 ... 17
4.2 呼吸循環系機能の加齢変化 ... 18

4.3 中・高齢者におけるトレーニング効果……………………………………………………19

II 5　発育と発達　20

5.1 身長の発育……………………………………………………………………………………20
5.2 骨の発育………………………………………………………………………………………20
5.3 体重の発育……………………………………………………………………………………20
5.4 発育曲線の類型………………………………………………………………………………21
5.5 神経・筋の調整能力の発達…………………………………………………………………21
5.6 筋と筋力の発達………………………………………………………………………………22
5.7 最大酸素摂取量の発達………………………………………………………………………22

II 6　身体運動とこころの健康　23

6.1 精神の健康……………………………………………………………………………………23
6.2 精神疾患の分類と生物学的基礎……………………………………………………………23
6.3 ストレスと心身症……………………………………………………………………………24
6.4 対処・治療……………………………………………………………………………………25

III　身体運動の科学　27

III 1　身体運動の生命科学的基礎　28

1.1 身体を構成する物質…………………………………………………………………………28
　(a) タンパク質とアミノ酸　28／(b) 脂質　28／(c) 糖質　29／(d) 核酸　29
1.2 身体運動を生み出すエネルギー……………………………………………………………30
1.3 身体内での情報の伝達………………………………………………………………………31
1.4 身体の恒常性と適応…………………………………………………………………………31

III 2　筋・骨格系と運動・トレーニング　33

2.1 骨格筋の構造と機能…………………………………………………………………………33
　(a) 骨格筋の働き　33／(b) 骨格筋の構造　33／(c) 筋線維の微細構造　33／(d) 筋収縮のメカニズム　34／(e) 筋収縮の調節　35／(f) 筋の神経支配　35／(g) 筋線維タイプ　35／(h) 筋収縮（筋活動）の様式　36／(i) 長さ―張力関係　36／(j) 力―速度関係　36／(k) 短縮と伸張　37／(l) 筋パワー　37
2.2 腱・細胞外マトリクス………………………………………………………………………38
　(a) 腱の微細構造　38／(b) 腱特性の測定　38／(c) 腱特性が機能に及ぼす影響　38
2.3 骨・関節の構造と機能………………………………………………………………………39
　(a) 骨　39／(b) 関節　40
2.4 身体の素材となるタンパク質が合成・分解される仕組み………………………………40
　(a) タンパク質の合成と分解のスイッチング　41／(b) タンパク質の分解について　42

2.5 不活動の影響 ……………………………………………………………… 42
(a) 筋骨格系の変化 43／(b) 呼吸・循環系の変化 43／(c) 機能低下の防止策としての身体運動の効果 43

2.6 レジスタンストレーニングの効果 ……………………………………… 44
(a) 随意最大筋力とトレーニング 44／(b) 神経系への効果と筋肥大 45／(c) トレーニング強度と運動単位の動員様式 45／(d) 筋肥大のメカニズム 45／(e) 筋線維タイプの変化 46

2.7 身体組成 …………………………………………………………………… 46
(a) 体格指数法 46／(b) キャリパー法 47／(c) インピーダンス法 47／(d) 超音波法 47／(e) MRI法 47／(f) 身体密度法 47

III 3　呼吸・循環・内分泌系と運動・トレーニング　49

3.1 エネルギー代謝と栄養 …………………………………………………… 49
(a) 糖 49／(b) 脂肪 49／(c) 運動時における糖と脂肪の利用 50／(d) 乳酸 51／(e) アミノ酸 51／(f) 日本人の栄養摂取 52

3.2 運動時のエネルギー消費 ………………………………………………… 52
(a) 酸素摂取量と最大酸素摂取量 52／(b) 酸素摂取量とエネルギー消費量 53／(c) 安静時のエネルギー消費 53／(d) 走行時・歩行時のエネルギー消費 54

3.3 LT（乳酸性作業閾値）…………………………………………………… 54
(a) 運動強度と糖の利用 54／(b) LTが生じる理由 55／(c) LTから「きつい」と感じるようになる 55

3.4 運動による疲労 …………………………………………………………… 56
(a) マラソンやサッカーの場合 56／(b) 短距離走や競泳も乳酸だけで疲労は説明できない 57／(c) 疲労は条件によってさまざまな原因で起こるもの 57

3.5 運動時の呼吸循環機能の働き …………………………………………… 58

3.6 持久的トレーニングの効果 ……………………………………………… 59

3.7 内分泌系と運動 …………………………………………………………… 61
(a) 甲状腺 61／(b) 膵臓 62／(c) 副腎 62／(d) 下垂体 62／(e) 生殖腺 63

3.8 高地・低酸素トレーニング ……………………………………………… 63
低酸素・高地環境における運動時の生理学的変化 64

III 4　脳・神経系と運動・トレーニング　65

4.1 神経系の構造と機能 ……………………………………………………… 65
(a) 脳の構造とマクロな情報の流れ 65／(b) ニューロンの構造とミクロな情報の流れ 66／(c) 神経回路の機能構築と中間レベルでの情報処理 67／(d) シナプス可塑性と学習・記憶 67

4.2 自律神経系と運動 ………………………………………………………… 68
自律神経系の構造と機能 69

4.3 運動の制御に関わる中枢神経機構 ……………………………………… 70
(a) 脊髄と運動ニューロン 70／(b) 種々の下行路と脊髄 71／(c) 大脳皮質 72／(d) 小脳皮質 72／(e) 大脳基底核 74／(f) 運動と姿勢の協調的制御——背外側系と腹内側系 75

4.4 身体運動に関わる反射 ………………………………………………………………… 77
　　(a) 伸張反射　77／(b) Ib 群求心性神経線維と筋張力制御　77／(c) 屈曲反射　78／(d) 緊張性頸反射　78
4.5 すばやい動作の制御 ………………………………………………………………… 78
　　(a) 反応時間の影響　78／(b) 動作時間の影響　78／(c) 動作速度の影響　79
4.6 運動の巧みさと上手下手 …………………………………………………………… 79
　　(a) 動きの巧みさ　79／(b) 巧みな動作を司る能力（スキル）　79／(c) 筋電図から見た上手下手　79
4.7 スポーツ・運動の学習・記憶と小脳におけるシナプス可塑性 ……………… 81
4.8 知覚と運動 …………………………………………………………………………… 82
　　(a) 運動に対する知覚の役割　82／(b) 知覚に対する運動の役割　83
4.9 運動パフォーマンスの心理的要因 ………………………………………………… 84
　　(a) 運動パフォーマンスと動機づけ水準　84／(b) あがりによる運動パフォーマンスの低下　84／
　　(c) こころをコントロールするには　85

III 5　スポーツバイオメカニクス　87

5.1 バイオメカニクスとは …………………………………………………………… 87
　　(a) バイオメカニクスとは　87／(b) スポーツバイオメカニクス　87／(c) 運動学の必要性　87／
　　(d) 運動力学の必要性　87
5.2 バイオメカニクスの基礎 ………………………………………………………… 88
　　(a) 運動学変数の理解　88／(b) 力と運動　88／(c) 外力と身体重心　90／(d) 衝突：運動量と力積　90
　　／(e) トルク，慣性モーメント，円運動の加速度　92／(f) シミュレーション（順動力学）　93／
　　(g) 逆動力学　94／(h) 仕事，仕事率，力学的エネルギーとその移動　95／(i) 機械的効率　96
5.3 スポーツバイオメカニクスの実際 ……………………………………………… 97
　　(a) 歩行のバイオメカニクス　97／(b) 走動作のバイオメカニクス　98／(c) 跳動作のバイオメカニクス
　　99／(d) 蹴・打・投動作のバイオメカニクス　101／(e) 滑走動作のバイオメカニクス　103

III 6　スポーツ医学　104

6.1 スポーツ医学とは ………………………………………………………………… 104
6.2 生活習慣病とスポーツ医学 ……………………………………………………… 105
6.3 肥満と食生活 ……………………………………………………………………… 105
6.4 運動と健康 ………………………………………………………………………… 107
6.5 異常環境とスポーツ医学 ………………………………………………………… 108
6.6 スポーツによる急性の内科的障害 ……………………………………………… 109
6.7 スポーツによる慢性の内科的障害 ……………………………………………… 110
6.8 ハンディキャップをもった人のスポーツ医学 ………………………………… 111
6.9 歯のスポーツ医学 ………………………………………………………………… 112
　　(a) 口腔の身体運動への関わり　112／(b) 咀嚼運動と脳・神経系メカニズムとの関わり　113／(c) 身体
　　運動の口腔への関わり　113

6.10	スポーツ外傷の特徴	114
6.11	スポーツ外傷の種目特性	115

IV　身体運動の実践　117

IV 1　運動を始める前に　118

1.1　運動を行う前後にすべきこと ··118

　(a)　ウォーミングアップ　118／(b)　ストレッチング　118／(c)　クーリングダウン　118

1.2　ストレッチングの実際 ···119

1.3　栄養と休養 ···120

　(a)　運動前の栄養・水分摂取　120／(b)　運動中の栄養・水分摂取　120／(c)　運動後の栄養摂取と休養　120

IV 2　スポーツコース　122

2.1　陸上競技 ···122

　(a)　歴史　122／(b)　種目特性　122／(c)　実施　123

2.2　テニス ···125

　(a)　歴史　125／(b)　テニスの用具　126／(c)　テニスのルール　127

2.3　卓球 ···129

　(a)　歴史，ルール　129／(b)　技術　130／(c)　実施上の注意　131

2.4　バドミントン ···132

　(a)　種目の概要　132／(b)　歴史，ルール　132／(c)　バドミントンの技術　133／(d)　実施上の注意　135

2.5　バレーボール ···136

　(a)　歴史　136／(b)　ルール　136／(c)　バレーボールの特徴　138／(d)　基本練習　138

2.6　バスケットボール ···139

　(a)　歴史　139／(b)　ルール（国際競技会で採用されているFIBAのオフィシャルルール）　139／(c)　技術　140／(d)　実施上の注意　141

2.7　サッカー ···142

　(a)　歴史　142／(b)　ルール　142／(c)　体力と技術　143

2.8　ハンドボール ···145

　(a)　種目の概要　145／(b)　歴史　145／(c)　ルール　145／(d)　主要技術　147

2.9　ソフトボール ···148

　(a)　概要　148／(b)　歴史とルール　148／(c)　基本技術（投げる・捕る）　149

2.10　スキー・スノーボード ··151

　(a)　概要　151／(b)　歴史　152／(c)　技術　152／(d)　実施上の注意　153

2.11　ゴルフ ···154

(a)　概要と特徴　154／(b)　歴史　154／(c)　技術　154／(d)　19番ホール　156
　2.12　太極拳（東洋的フィットネス） ··· 157
　　　(a)　太極拳の歴史　157／(b)　太極拳の基本　158

Ⅳ 3　フィットネスコース　160

　3.1　トレーニングのねらいと方向 ·· 160
　3.2　身体の適応性とオーバーロードの原理 ··· 161
　　　(a)　身体の適応性　161／(b)　オーバーロードの原理　162
　3.3　トレーニングの実際 ·· 162
　　　(a)　筋力のトレーニング　162／(b)　パワーのトレーニング　164／(c)　レジスタンストレーニング種目一覧　165／(d)　レジスタンストレーニングの進め方　167／(e)　特殊なトレーニング法　167／(f)　持久力のトレーニング　169／(g)　体脂肪を減らすためのトレーニング　170
　3.4　トレーニングのプログラミング ·· 171
　3.5　フィットネス関連のトレーニング機器 ··· 172
　　　(a)　使用機器の特徴　172／(b)　体力測定への活用　173／(c)　心肺持久力の評価　174

Ⅳ 4　メディカルケアコース　176

　4.1　内科的疾患・障害とスポーツ ·· 176
　4.2　運動器の外傷とそのリハビリテーション ·· 176
　　　(a)　主なスポーツ外傷　176／(b)　回復までのリハビリテーション　177
　4.3　メディカルチェック ·· 178
　　　(a)　筋力の計測　179／(b)　運動器の障害　179／(c)　種目特性　180／(d)　形態・ラキシティの計測　180／(e)　アライメントの計測　181／(f)　周径　182
　4.4　代表的スポーツ障害と運動療法 ·· 182
　　　(a)　腰痛体操　182／(b)　腰痛体操の実際　184／(c)　膝痛の治療体操　184／(d)　肘・肩痛の治療体操　185
　4.5　その他の疾患とスポーツ ··· 185

Ⅳ 5　サイエンスコース　186

　5.1　身体活動と認知・情報活動のつながり ··· 186
　　　(a)　総論テーマ：自分を知る　186／(b)　各論テーマ：心身機能の生理学的メカニズム　187／(c)　まとめ，考察と発表　188
　5.2　日常に活かす身体運動の科学的知識 ·· 188
　　　(a)　運動の意義　188／(b)　筋肥大を促す刺激　189／(c)　心臓の機能を高める刺激　189／(d)　身体組成を変化させる刺激　190
　5.3　運動の学習と両手間転移 ··· 191
　　　(a)　授業の概要　191／(b)　実験機器　192／(c)　実験方法　192
　5.4　ストループテスト ··· 192

5.5　動きを生み出すための身体の仕組み　…193

(a)　動きを生み出す骨格筋　193／(b)　骨格筋の収縮　194／(c)　酸素摂取のための呼吸　195／(d)　血液を全身に巡らせる循環系　196

5.6　ハートレートモニターの原理と使用方法　…196

(a)　心拍数測定の原理　196／(b)　ハートレートモニターの使用方法　197／(c)　生体活動と電気現象との関係　197

5.7　循環系諸因子の測定法と計算　…198

(a)　心拍数　198／(b)　血圧　199／(c)　RPP　200

5.8　運動持続のエネルギー　…201

有酸素性作業能力の計測　201

5.9　主観的尺度について　…202

RPE　202

5.10　動作における関節機能評価　…203

(a)　関節運動測定の注意　203／(b)　複合関節運動の評価　205

IV 6　共通基礎実習　206

6.1　共通基礎実習全体の目的と概要　…206

6.2　つもりと実際：握力のグレーディング　…206

(a)　概要　206／(b)　ねらい　207／(c)　実施手順　207／(d)　実施時の注意点　207／(e)　データ処理　207／(f)　必要物品　208

6.3　人間の基本動作　…208

(a)　脊椎・骨盤の動き　208／(b)　動作と筋電図　213

6.4　呼吸循環と健康　…214

(a)　運動とホメオスタシス　214／(b)　運動と循環（心拍数）　215／(c)　運動と呼吸　216／(d)　呼吸による至適運動強度推定　216／(e)　VTと作業筋の代謝活性の関係　217／(f)　具体的実施方法（ramp法）　217

6.5　身体運動と生命科学：身体運動から生命の本質を理解する　…219

(a)　概要　219／(b)　ねらい　219／(c)　実施手順　223

6.6　救急処置　…224

(a)　救急車を直ちに呼ぶ必要がある状態　224／(b)　救急車を呼ぶまでのファーストエイド　224／(c)　心肺蘇生（CPR：cardiopulmonary resuscitation）　225／(d)　必ず病院に連れて行くべき状態　228／(e)　外傷の救急処置（出血の処置とRICEの処置）　229

IV 7　東京大学教養学部体力テスト　231

7.1　体力テストの実施方法　…231

(a)　実施前に　231／(b)　実施方法　231／(c)　体力テスト結果の処理　232

7.2　体力テスト平均値の年次変化　…232

(a)　集計方法　232／(b)　男子の傾向　233／(c)　女子の傾向　233／(d)　まとめ　235

付　録　237

（資料）人間は身体運動をどのように考えてきたか　238

(a) ヒポクラテスの養生論　238／(b) 貝原益軒の養生訓　238／(c) ロックの身体の健康について　239／(d) スペンサーの知育・徳育・体育　239／(e) 人間の生物学の必要性　240／(f) 柔弱なアメリカ人（The Soft American）　241／(g) 人間の身体は活動するためにつくられている　242／(h) 第Ⅰ部扉写真解説　243

身体運動・健康科学実習関連実技科目履修の参考　244
体力測定値記入表　246
体力テスト得点換算表　249
共通基礎実習記録用紙　250

握力グレーディング　250／人間の基本動作：立位，脊椎の動き　252／呼吸循環と健康　253

引用文献　255

参考文献・参考ホームページ　258

索　引　260

Ⅰ ― 身体と運動・スポーツ

I 1　身体運動の意味と意義

1.1　人間は生まれながらにして動く生物である

　言うまでもないことであるが，我々人間は，生物学上は，動物界脊椎動物門哺乳綱霊長目ヒト科ヒト属ヒト（homo sapiens）という動物である．動物であるということは，読んで字の通り，動く生き物であるということであり，生まれながらにして動くことを運命づけられた生物であるということである．もし我々の身体がほんの少しでも動かなかったら，見た目には生きているのか死んでいるのかわからない．眠っている間も，呼吸に伴う胸郭の拡大縮小運動は絶えまなく続いており，手を触れれば心臓の拍動を感じることができる．人間は動くことによってはじめて自分の存在を確立し，他者に対する自己表現を行うことができるのである．このように，人間は動くことによって自分を表現し，生活を営み，文化を創造しつつ生存してきた．そして，これらの活動を支える基盤として健康な身体が重要であることもまた，すでに広く認識されている．

　また，「立場や角度を変えて見る」「耳を傾ける」などの言葉からもわかるように，身体を動かすことによって外界に関する感覚情報が正確になることは経験的によく知られている．また，active touch といって，指を自分で動かして静止した物体の表面を撫でる方が，指を止めて物体の方を動かされた場合より物体表面の材質がよくわかるという生理学的な事実も知られている．言葉を話せない幼児は，動き回り，手足を動かして物に触れることによって周囲の物事を学んでゆく．このように，他の動物同様，人間は動くことによって外部の情報を収集し，外部環境に働きかけることによって生活しているのである．

1.2　人間は何のために動くのか

　人間の動きは，その目的によって大きく2種類に分けることができる．ひとつは，「ヒト」，つまり「動物」としての動きであり，もうひとつはいわゆる「人間」としての動きである．動物としての動きの目的は，個体の保存と種の保存という純粋に生物学的なものである．個体の生命を維持するために，動物は食料を獲得（探索，採取，捕獲）・摂取（咀嚼，飲食）し，危険から逃避し，敵と闘う．また，種の保存のために配偶者を探索・獲得し生殖行為を行う．ヒトの身体は本来これらの生物学的目的のためにつくられている．太い下肢の筋肉は全力で危険から逃げるためになくてはならないものであり，がっしりした顎は硬い食物を嚙み砕くために必要不可欠なものである．

　一方，人間としての動きとは，人間が進化の過程で培ってきた文化によって創造した，他の生物にはない動きである．この範疇には，日常生活動作や労働作業などのような道具の使用による生産活動としての動き，遊び・舞踊・演劇・スポーツなどのような創造された楽しみのための動き，あるいはエアロビクス（有酸素運動：エアロビックダンス，フィ

ットネスエクササイズ，ジョギング，ウォーキング等々）などのように，運動不足を補い，ストレスを解消し，疾病を予防し，健康を保持増進するための動きなどが含まれる．

1.3 身体運動とはどういうことか

　動くことを表す最も一般的な言葉は「運動」である．しかし，この運動という日本語はきわめて多くの意味をもっている．例えば，環境保護運動や選挙運動のように，社会的な目的を果たすための働きかけという意味で使う場合もある．しかし，我々が日常，運動は身体に良い，などと言う場合の運動は「健康や体力を増進するという目的意識，あるいは暗黙の期待感をもって身体を動かすこと」を意味している．学術用語として使う場合，運動生理学では，運動とは「安静でない状態，つまり，骨格筋が活動している状態」である．しかし，物理学的に表現すれば，運動とは「時間とともに物体の空間的位置が変わること」であり，それは，生物であろうと無生物であろうと，また全体であろうとその一部分であろうと，また人間の場合には意識的であろうと無意識的であろうと，関係がない．

　では，「身体運動」（human movement）はどう定義づけられるであろうか．運動の物理学的定義を使えば，身体運動とは「人間の身体または身体の一部が，骨格筋の活動（もしくは物理的外力）によって，時間とともにその空間的位置を変えること」ということになる．身体運動をこのように定義すると，実は我々の日常生活におけるあらゆる行為はすべて身体運動であることが明らかになる．さまざまな日常生活行為に関する日本語の動詞を思い浮かべていただきたい．歩く，走る，跳ぶというような全身的行為は明らかに身体運動である．文字を書く，あるいは絵を描く行為もまた，骨格筋を活動させて腕や手を動かすのであるから明らかに身体運動である．話すという行為も，頭蓋骨に付着した骨格筋の活動によって唇を動かし，舌という骨格筋を活動させ，骨格筋でできている声帯を動かして声を出すのであるからやはり身体運動である．会話の補助手段として使われる身ぶり・手ぶりや眉・瞼などの顔面の皮膚の動きも無論身体運動である．読むという行為も，本などを手でもち，頁をめくり，眼球を文字から文字へ，行から行へと動かす身体運動なくしては成り立たない．食べる，飲むという行為も，食器を保持し，食物を口に運ぶ体肢の運動と，咀嚼し飲み込む口やのどの運動という身体運動に他ならない．

　このように，人間の日常生活は身体運動によって初めて成立するのである．身体運動は我々の生活を根本から支えているものであり，生活は身体運動の集積，あるいは身体運動そのものであると言えよう．

1.4 運動不足による身体の危機

　現代の生活では，1.1.2に述べた動きの分類のうち，動物としての動きがきわめて少なくなり，かつ労働や日常生活での運動も減少してきている．昔は生きるために食料，あるいは食料を買う資金を手に入れるために，かなりの肉体労働を必要としたし，日常生活においても通勤・通学や買い物のための歩行量をはじめ，日常生活行為における身体運動の

総量は生物としてのヒトの機能を維持するために十分なものであった．しかし，歩いて数分の便利店（convenience store）で何でも買えるようになってしまった現代では，普通の生活をしていたのでは生物としての身体機能を維持することができなくなりつつある．かつて成人病と呼ばれた高血圧，高脂血症，動脈硬化，冠動脈性心臓疾患は，日常の運動不足による消費カロリーに対する摂取カロリーの過剰をはじめとする種々の生活習慣に起因していることから，最近では生活習慣病と呼ばれるようになっている．

　日本のみならず，先進国といわれている国の人びとが今置かれているこのような状況は，人類がその歴史上かつて一度も経験したことのない，まったく新しい状況である．労働という名の運動のしすぎによって疲労困憊していた人びとを救うべく，20世紀の科学技術は総力をあげて努力してきた．しかしその結果，楽になりすぎてさまざまな身体問題が浮上してきたのである．したがって，生物としてのヒトの機能を正常に保つために，遊びや舞踊・スポーツ，健康のためのエクササイズを生活に取り入れ，運動不足を補わなければならなくなってきているのである．特に，生命の危険を回避する素早く激しい動きなどは，現代ではスポーツの中にのみ残存していると言っても過言ではない．

1.5　身体運動の効果

　慢性的な運動不足が病気の原因になり得ることを初めて明確に示したのは，アメリカの医師クラウスとラーブであった．彼らは，疫学的な方法によって，さまざまな疾患の罹患・死亡率と職業との関係を調査し，その結果を1961年に"Hypokinetic Disease"（運動不足病）という書物として公表した．この本には，身体的に活動的な職業に比べて不活動的な職業に従事している人の方が，冠動脈性心疾患の罹患率や死亡率が高いことが示されている．冠動脈性心疾患とは心臓の周りを冠のように取り巻いて心臓に酸素を供給している冠動脈という血管が，過剰カロリー摂取や運動不足などによって血管内に貯留した悪性のコレステロールなどによって詰まり，その血管から酸素を供給されている心筋細胞が機能しなくなり，心臓が正常に働かなくなる（しばしば死に至る）病気である．

　時を同じくして，当時のアメリカ大統領ケネディは，"The Soft American"（柔弱なアメリカ人）（付録資料（f）参照）という白書を発表し，クラウス博士らの調査に基づいてアメリカ国民に体力不足の恐ろしさを訴え，体力向上プログラムの実行を呼びかけた．

　そして1968年にやはりアメリカのクーパーが発刊した"Aerobics"（エアロビクス）というジョギングを用いた健康法の解説書は，全米のベストセラーとなって，ジョギングブームを巻き起こした．そしてジョギングをはじめとする種々の有酸素運動が急速に市民の間に普及していった．現在では，"physically fit"（適正な体力がある）でなければ，executive，つまりリーダーにはなれないという社会通念が形成されるまでになっている．よく鍛えられ引き締まった身体をもっていない人は，自分の身体をコントロールすることもできない（まして多数の人間を管理指導することなどできるわけがない）無能な人とみなされるのである．実際，最近は大統領でさえも，いかなる場所においても毎日のジョギング

を欠かすことはないし，社長や政治家もおしなべて皆スリム（slim）である．

このように生物としての機能を正常に保ち，体力を高めて活力を増進するという効果は，運動の身体面でのプラスの効果である．一方，身体を動かして何かをしたことのある人なら誰でも経験したことのある，爽快感によるストレス発散効果や，瞑想状態あるいは無我の境地に身を置くことによって得られる精神の純化など，精神面のプラス効果も大きい．運動を長時間続けることによって，脳内にβエンドルフィンという化学物質が自然生成され，これが爽快感のもとになることも最近明らかになりつつある．

ラテン語に"Solvitur ambulando"という諺があるが，これは，困難な事態は歩くことで解決されるという意味である．西洋では，歩行という身体運動は知的能力をも高める重要な手段と考えられていたのである．事実，ギリシャの哲学者アリストテレスは毎朝自分の学校（リュケイオン）の中の散歩道（ペリパトス）を散歩しながら，高弟たちと専門的な科目について議論した．また，ドイツの哲学者カントは，毎日決まった時刻に決まったコースを一人で散歩するのが日課になっており，散歩中に立ち止まっては着想を書き留めた．

近年，このような運動による知力改善効果を裏付けるように，運動が記憶などを司る脳内部位の細胞を新生増殖させるという研究が権威ある学術雑誌に多数発表されている．

運動に限らず，物事には良い面があれば必ず悪い面もある．楽しいからといってやりすぎれば，疲労が蓄積して傷害や疾病を招く．また，運動をすると活性酸素という有害物質が発生して細胞を傷つけることも明らかになってきた．適度な運動では，同時にSODという酵素が生成され，活性酸素が除去されて問題にはならないが，非常に激しい運動を毎日続けると身体はしだいに蝕まれてゆく．過ぎたるは及ばざるがごとしで，何ごとも最適な水準があるのである．運動は，やりすぎや不足は害を招くが，適度に行えば身体を強健にし，精神を清浄にし，知的生産能力を促進してくれる素晴らしい営みなのである．

I 2　スポーツとは何か

スポーツは，英語のsportの複数形sportsのカタカナ表記である．sportの語は早くも江戸時代後期に出た日本最初の英和辞典『諳厄利亜語林大成』（1814年）に見られる．明治維新とともに欧米からもたらされたボートレースや野球やテニスなどのスポーツ種目は，明治年間に学校を中心に相当盛んに行われたが，それらをスポーツと呼ぶ習慣は明治時代にはまだなく，スポーツという日本語が国語辞典に現れる（つまり日本語として定着する）のは大正年間のことである．

Sportの語源は，ラテン語のdeportareであるとされている．deportareは，de（away）とportare（carry）の合成語で，「ある物をある場所から他の場所へ移動する」を意味した．それが，次の中世ロマンス語，特に古フランス語のdesporterになって，移動の対象が物から心に変わり，「心を，重々しい，塞いだ，嫌な状態から，そうでない状態に移す」，

つまり「遊ぶ，楽しむ」を意味するようになった．このdesporterと，その名詞形desportが11世紀のノルマン・コンケストによってイギリスに入り，中英語のdisportやdesportを経て，16世紀に語頭を消失して今日の語形sportとなった．

　動詞としてのsportは，その原義である「遊ぶ」を今日まで一貫して保持しているが，名詞としてのsportが意味する遊び「方」は時代とともに変化してきた．すなわち，17-18世紀にはsportの第一の意味は「狩猟」であった．それは，広大な田園に住む大土地所有者であったジェントルマン（土地所有者全体の0.4%にあたる彼らが実に国土の54%を保有していた）が，彼らの特権的遊びである「狩猟」をsportと呼んだためであった．

　しかし，19世紀に入ると，ジェントルマンと新興ブルジョアジーの子弟が通ったパブリック・スクールと，卒業後に彼らが入学したオックスフォード，ケンブリッジの両大学関係者らが展開した「たくましいキリスト教徒（muscular christian）」運動（神によって義とされるのは，機械文明を前提とした都市生活によって脆弱化したキリスト教徒でなく，スポーツによって鍛えられた筋骨たくましいキリスト教徒であるとする主張）や，運動競技による人格形成論の台頭に支えられて，○○競技連盟といった専門組織によって，整備されたルールに則って安全に運営され，試合結果を記録として数量化して比較し，そのたゆまぬ更新を善とする「運動競技」がsportの意味の第1位を占めるようになった．これが現在行われている近代スポーツである．最初に競技連盟が成立したのは陸上競技であった．そのため，現在でも陸上競技はすべての競技スポーツの最高位とされており，その競技場はメインスタジアムと呼ばれている．オリンピックの開会式も必ず陸上競技場で行われる．

　近代オリンピック大会の生みの親であるフランス人のクーベルタンが古代オリンピックを復活しようと決意したのは，イギリスにおけるこうしたスポーツ礼讚に感銘を受けたことによると言われている．

　このように，スポーツとは本質的に遊びや気晴らしのために行われる身体を使った行為であり，人間が考案した施設や技術やルールに則って営まれる身体文化なのである．（[160]）

I 3　身体運動科学とは何か

　身体運動科学とは，「ヒト」の「身体」と「運動」を研究対象とする学問領域の総称である．上述の通り，身体運動という言葉は，スポーツにおける運動に加えて，日常生活動作や障害者の動作など，あらゆる身体の動きを含む包括的な言葉である．身体運動科学の目的は，第一に身体運動に関連するさまざまな事象を，科学的手法を用いて測定・分析し，それらの事象に含まれる法則を発見し，理論化することによって科学の発展に寄与すること，第二に自然環境や人間の社会との関わりにおいて身体運動が果たす役割を科学的に解

明することによって，あらゆる人間的営為のために必須不可欠な媒体でありまた主体である身体の重要性を明示すること，第三にそれらの基礎的知見をスポーツや生活の現場に応用し，運動機能の向上を助け，よりよい身体運動の実践に貢献することにある．

身体運動科学には，運動生化学，運動生命科学，運動生理学，スポーツ生理学，運動神経生理学，運動心理学，スポーツ心理学，バイオメカニクス，スポーツバイオメカニクス，スポーツ医学，スポーツ工学，エルゴノミクスなどの専門領域が含まれる．これらのうち，スポーツを主たる研究対象としている領域を総称してスポーツ科学ともいう．

I 4 身体運動関連授業の教育目標

人間が生物である以上，身体は何と言っても人間存在の基本である．身体と精神がバランス良く発達してはじめて我々は一人前の人間となる．基本的な倫理観，基本的な知識，そして基本的な身体能力は，日本国憲法第25条に保障されている健康で文化的な生活を送るために，なくてはならないものである．基本的な身体能力を備える（つまり，身体が健全である）ということは，適正な体力を備えるということである．体力があるということは，スポーツをする場合に有利に作用することはいうまでもないが，社会生活への積極的な参加を促進し，仕事の能率を上げる活力源となる．さらにまた，体力があれば，高齢になったときの体力の衰えに起因するさまざまな障害を軽減することができるし，けがをしたり病気になったときには手術その他の治療に耐え，ベッド生活による体力の低下に耐える身体の予備能力，備蓄身体資源として役立つ．であるから，正しい身体の管理技術を誰しもが身につけていることは，社会の活性化におおいに役立つのである．すなわち，よく鍛えられ健康で自由自在に動く身体は，流暢な外国語や豊かな知識と同様に，それ自体がひとつの身についた教養に他ならないのである．

また，「からだ」でわかる，膚で感じる，痛感する，手に取るようにわかる，腑に落ちる，呑み込みがいい，あるいはもっと端的に，「体」験する，「身」につく，などというような言い回しからもわかるように，情報や知識は自分の身体感覚に置き換わった時に初めて本当に理解した，習得したと実感できるのである．自らの身体を動かすことによる認識という行為は，事物理解の最も基本的な技術であり技能なのである．

身体に関する教養の大きな特徴は，それが自分の身体に関わる実体験として認識されているということである．身体は動くことによって初めてその存在意義を示すものであるから，身体に関する知識を本当に自分のものにするためには，まず自分の身体の動きを知ることが必要である．それは，事物の理解の本質を知るということであり，自分自身の身体とその動きを知ることを通じて，他人の身体についても理解を深めるということにつながる．身体に関する教養は，他人の痛みのわかる，「ひとにやさしい社会」をつくる人材づくりのために欠かすことのできない，最も基本的かつ普遍的な教養であると言えよう．

大学入学年齢の 18-19 歳という時期は，ちょうど骨格が成長を完了し，身体的に成人に達する年齢である．筋肉の発達は，骨格の確定によって初めて本格的に始まるため，筋力がピークに達するのは，男性 25 歳，女性 30 歳ごろである．高校生までは，まだ骨に軟骨部分が残っており，激しい負荷を加えると変型を起こす危険がある．体力は 25-30 歳を境に緩やかに低下を開始するが，正しい運動を習慣的に行うことによってこの低下の速度を遅くすることができる．身体発達の完成期であり，しかも新しい知識の吸収意欲に燃えている大学 1, 2 年生の時期は，正しい知識に基づいた正しい運動習慣を身につけるのに最適な時期である．この時期にきちんと習っておけば，後期課程や大学院に進学したり社会に出たりして長期間中断しても，再開するのは比較的容易なものである．

またこの年齢は，一人前の「日本国民」として社会的責任を担う直前の時期でもある．若くて元気なうちは，身体について特に意識することは少ないかもしれない．しかし，できるだけ早い時期に身体に関する正しい知識を学び，正しい運動習慣を身につけ，健康で活力に満ちた生活を送ることは，国民としての義務とも言えるほどに重要なことである．

身体と身体運動に関する正しい知識は，日本および国際社会のあらゆる分野で今後ますますその重要性を増してゆくと考えられる．例えば，高齢化社会における介護，道路・公共建造物の設計，高齢者用住宅・設備・用具・商品の開発に関わる行政・産業において，高齢者の身体特性，動作特性の正しい把握は不可欠である．健康増進やスポーツの普及に関わる行政・産業においては，運動と健康の関係やスポーツの科学的理解が必須である．また，伝統的な学問領域においても，例えば，人文科学系では，人間のための社会的基盤や文化的基盤を構築するため，農学系では，人間のための食物を生産するため，工学系では，人間のための機械を製造するため，理学系では，人間との関わりからさまざまな「身近」な対象を科学的に観る視点を養うため，薬学系では，人間にやさしい薬を開発するため，医学系では，疾病治療の目標値としての正常値を把握するため，最適なリハビリテーション法を開発するため，というように，あらゆる分野においてこれまで以上に身体と身体運動に関する知識が必須の教養として求められるようになるであろう．

以上のような観点から，東京大学前期課程では，ヒトの身体のメカニズムに関する基礎的知識の教授とともに，自らの身体運動を対象とする実験やスポーツなどの実技実習によって知識を自分の実体験として認識することを，全学生必修の基礎的教養として提供している．以下にそのような身体運動関連授業科目の教育目標を簡単にまとめておく．

東京大学における身体運動関連授業科目の教育目標

1. 身体および身体運動に関する知識を習得する．
2. 自らの身体運動を対象とする実験実習や実技実習を通じて，事物の本質的理解（膚でわかる・体感する）のための基礎技術を習得する．
3. スポーツやトレーニングなどの文化的身体運動の実習による動きの改善・身体能力の向上を通じて，自己の身体の管理・操作技能を習得する．
4. 生涯教育としての心身の健康教育・運動習慣の基礎づくりを行う．

Ⅱ 身体運動と健康

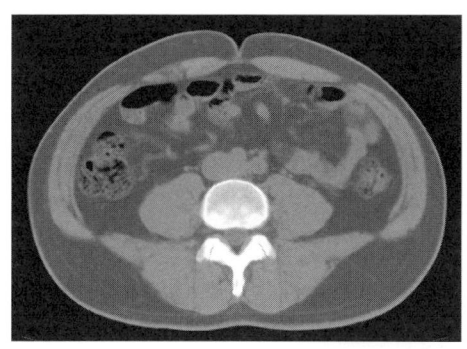

Ⅱ 1 健康と体力

1.1 「体力」「健康」とは

　古来より健康とは単に「病気のない状態」を表すものとしてのみ捉えられているのではない．例えば，健康の概念を示すものとしてよく引用されるWHO（世界保健機構）の定義には，「健康とは，単に病気あるいは虚弱でないというだけではなく，肉体的，精神的，社会的に完全に良好（well-being）な状態*である」と記されている．また，猪飼（[47]）は体力をストレスに対して耐えていく抵抗力（防衛体力）と積極的に仕事をしていく作業力（行動体力）とを合わせたものとし，前者を生存能力，後者を生産能力として位置づけ，「健康とは生存性の充実した状態」であると述べている．さらに池上（[49]）は健康についての概念を要約する中で，「健康とは，環境に適応し，かつその人の能力が十分に発揮できるような状態」という考え方を提示している．すなわち，「健康」とは，単に「病気にかかっていない状態」という消極的なものではなく，「良好な状態」であり，かつ「十分に能力の発揮できる状態」といった積極的な概念である．換言すれば，健康とは生存性（防衛体力）が充実し，また生存しているだけではなく生産性（行動体力）をもっている状態ということになる．そこに体力と健康を切り離して考えることのできない事情が生まれる．特に現代では，運動不足による体力低下が単に生産性や活動力の低下としてだけではなく，健康障害の誘因になると考えられており（[49]），健康の基盤を構成する身体的能力として，体力のもつ今日的意義は大きい．

　* Health is a state of complete physical, mental and social well-being and not merely the absence of disease or infirmity.

1.2 体力の構成要素

　体力を防衛体力と行動体力の2つの要素から捉えた猪飼（[48]）は，それらを機能ごとに分類し図Ⅱ.1.1のようにまとめている．しかし，体力測定と称し，実際に測定され，体力評価の指標となるものは，生産性に関わるとされる行動体力の構成要素のみである．防衛体力，すなわち生存性を定量化する方法はいまだ確立されておらず，それに関わる要素については何ら測定されていないのが現状である．たしかに「健康ならばこれくらいの体力は出せる」という見方（[11]）をするならば，行動体力の測定結果は健康度を評価する指標と考えることができる．また，通常，体力測定の前には健康診断が実施される．その結果と合わせて考えれば，身体活動の実施に伴い生じるストレスに耐えられる状態であるかどうかの判断と，その状態での活動水準を評価することが可能になる．しかし，それらのいずれにしても運動不足あるいは栄養摂取の偏りといった健康上の阻害因子（リスクフ

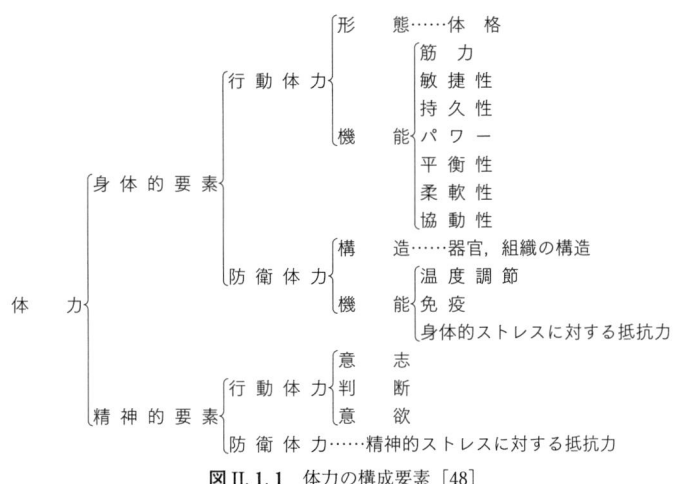
図 II.1.1　体力の構成要素 [48]

ァクター）の程度を知るにとどまる．体力要素別に「これくらいあれば健康である」という水準そのものを示す具体的な数値に関しては，多くの場合，今後の研究課題として残されている．

1.3　健康に関連する体力とは

図 II.1.1 に示した行動体力の各構成要素は，諸器官の生理的機能が外部に表出されたときの有様を意味する言葉で表現されている．また，従来の体力測定では，行動体力の水準が高ければ高いほど体力的にすぐれていると評価されてきた．すなわち，「健康に関連する」というよりも運動能力に関わる体力（motor fitness）の評価という性格が強い（[8]）．それに対し，日常生活を「良好な状態」で送れることを「健康」として捉え，それに関連する「体力」を考えるならば，「良好な状態を保つために必要な身体能力」とはどういうものかを考えた方がわかりやすい．そのような観点に基づくものとして，成人病あるいは腰痛との関連性が明確な身体能力を「健康に関連した体力（health-related fitness）」とする考え方がある．これは，1980 年以降，アメリカ・カナダを中心に展開されてきたものであり，健康に関連した体力要素としては，(i)心肺系持久力，(ii)身体組成，(iii)筋力/筋持久力，(iv)柔軟性の 4 つが含まれる．それらの健康との関連における意義は次のように説明できる．

（i）心肺系持久力：心肺系持久力が深く関わる呼吸・循環・代謝の各機能は，今日，多くの生活習慣病と密接な関わりをもつ身体機能であり，有酸素性能力は冠動脈疾患などの危険因子と負の相関関係にあるといわれている．また，日常生活においては，心肺系機能が深く関わる低強度でかつ持久的な身体活動が大部分を占める．それゆえ，日常生活を良好な状態で過ごすという点において，心肺系持久力は最も基本的な体力要素といえる．

（ii）身体組成：身体を構成する組織の量を表すものであり，健康との関わりが深いのは，身体に占める脂肪の割合（体脂肪率）と脂肪以外の組織量（除脂肪体重）である．体脂肪率が高い状態は肥満（成人男子 20% 以上，成人女子 30% 以上）と呼ばれ，生活習慣病を

誘発する因子となる．一方，除脂肪体重は全身の筋量の指標であり，「やせ過ぎ」による除脂肪体重の不足は，日常生活における活動力に悪影響を及ぼす．また，最近では，骨粗鬆症との関連で，骨密度あるいは骨量も重要視されている．

(iii) 筋力/筋持久力：筋力/筋持久力の有無は，日常生活における活動力の大きさに直接影響する．また，体幹部の筋力の強化は腰痛や内臓の下垂を予防し，円背などの姿勢の矯正に重要な役割を果たす（[8]）．

(iv) 柔軟性：柔軟性の欠如は，限られた関節可動域内での身体活動の実施を意味し，関節への負担が増すことで関節障害が引き起こされる危険性が高まる．なかでも腰部や大腿後部の柔軟性の不足は，腰痛の誘因になると指摘されている（[8]）．

1.4 健康に関連した体力のトレーニング

健康に関連する体力要素として，ここに挙げた4つの項目は可塑性に富み，日常生活中の身体の使い方によって，個々の水準は大きく変わりうる．すなわち，ライフスタイルが積極的に身体を使う，というものであれば，それらは良好な状態に維持される．逆に，あまり身体を使うことがないライフスタイルであれば，各体力要素の水準は低く，運動不足病や生活習慣病といった健康障害の誘因となる．また，トレーニングとして，より積極的に，かつ計画的に身体を使うことを習慣づけると，体力は改善され，また，望ましい水準での体力の維持が可能になる．成人であれば，トレーニング効果の表れに，年齢あるいは性による影響は少ない．しかし，トレーニングとして採用する運動の種類，運動の強さ（強度）と時間，並びに運動の強度と時間の組み合わせといったトレーニングを構成する要因や週当たりの実施の頻度によって，効果の現れ方に違いが生じる．例えば，心肺持久力のトレーニングでは，一般にランニングや水泳といった全身運動が採用され，運動の強度が比較的低く，長時間の実施が可能という条件で実施される．そのような運動形態は，呼吸循環機能の改善や体脂肪の減少に高い効果を発揮する．しかし，筋量や筋力の増加という点では，筋に対し抵抗を与え，強い筋力発揮を要求するトレーニング（レジスタンストレーニング）が高い効果をもつ．また，柔軟性の改善という点では，それら2つのトレーニング様式よりも，ストレッチングが合目的的である．したがって，健康に関連する体力の改善を目的とした場合に，単独の運動形態からなるプログラムでは十分ではなく，「ねばり強さ」「力強さ」「しなやかさ」を求める各運動を複合的に実施することが望ましい．一方，いずれの運動形態を採用するにしても，体力要素のトレーニングは意図的に身体を疲労させる行為でもある．それゆえ，疲労が十分に回復されないままトレーニングが長期にわたり継続されると，効果が得られないだけではなく，体調不良の状態に陥る危険性もある．したがって，トレーニングの実施は，個人のライフスタイル，健康状態，体力水準，運動歴，既往歴などが考慮された運動プログラムに基づくものでなければならない．

II 2 身体運動と生活習慣病の予防

2.1 我が国の死因

厚生労働省の人口動態統計の年間推計によると，2005年と2006年の我が国の十大死因は，第1位から順に，悪性新生物（がん），心疾患，脳血管疾患，肺炎，不慮の事故，自殺，老衰，腎不全，肝疾患，慢性閉塞性肺疾患である（**表II.2.1**）．1981年に，悪性新生物（がん）が，それまで死因の第1位であった脳血管疾患を抜いて，第1位となった．2006年の悪性新生物（がん）の死亡者数は329,314人で，全死亡者数1,084,450人の30.4%である．死因第2位の心疾患の死亡者数は，173,024人（16.0%），第3位の脳血管疾患の死亡者数は，128,268人（11.8%）である．三大疾患の死亡率は，実に58.2%を占める．ここで，着目すべきは，死因の約60%を占める三大死因が，生活習慣病である点である．さらに重要なのは，表の注にあるように，生活習慣病である糖尿病の死亡数が，男女合わせると十大死因に入ってはいないが，男女別では，男性は10位，女性は9位である点である．

2.2 生活習慣病とは

生活習慣病とは，病気の発症（発病）や進展に生活習慣（食習慣，運動習慣，喫煙習慣など）が密接に関与する疾患（病気）をいう．生活習慣病と考えられているのは，悪性新生物（がん），心疾患（心筋梗塞，狭心症），脳血管疾患（脳出血，脳梗塞），高血圧，脂質異常症（高脂血症），肥満，糖尿病，骨粗鬆症などである．がんが生活習慣病と考えられるわかりやすい例を2つ挙げる．例1は，肺がんである．言うまでもなく，喫煙習慣が肺がんリスクを高めるが，喫煙習慣のある人が禁煙するとリスクを低下させることが疫学

表II.2.1 十大死因による死亡数，死亡率（人口10万対）の変化
（厚生労働省の人口動態統計より引用）

死　因	2006年 死亡数	2006年 死亡率	2005年 死亡数	2005年 死亡率
全死因	1,084,450	859.6	1,083,796	858.8
悪性新生物（がん）	329,314	261.0	325,941	258.3
心疾患	173,024	137.2	173,125	137.2
脳血管疾患	128,268	101.7	132,847	105.3
肺　炎	107,242	85.0	107,241	85.0
不慮の事故	38,270	30.3	39,863	31.6
自　殺	29,921	23.7	30,553	24.2
老　衰	27,764	22.0	26,360	20.9
腎不全	21,158	16.8	20,528	16.3
肝疾患	16,267	12.9	16,430	13.0
慢性閉塞性肺疾患	14,357	11.4	14,416	11.4

注：男性は10位が糖尿病，女性は9位が糖尿病

的研究で証明されている（[104]）．例2は，結腸がんで，運動習慣が発病リスクを低下させることが疫学的研究で実証されている（[50]）．心疾患（心筋梗塞，狭心症），脳血管疾患（脳出血，脳梗塞），高血圧，脂質異常症（高脂血症），肥満，骨粗鬆症は，食習慣と運動習慣がその発病に密接に関係する．

　生活習慣病には，生活習慣以外に，遺伝的要因が関与するが，その詳細は，II.3で説明する．高血圧は，食習慣（食塩摂取量）と運動習慣が発病に密接に関係するが，遺伝的要因も関与する．例えば，両親あるいは片方の親が高血圧である子が高血圧になるリスクは，両親が高血圧でない子が高血圧になるリスクよりも高い．また，遺伝的要因が関与する病気には，脂質異常症の1つである家族性高コレステロール血症がある．これは，LDLコレステロールが血液中で高くなる疾患で，その要因（遺伝子）を両親あるいは片方の親から受け取る．皮膚や腱に黄色腫が見られる．

2.3　身体運動と生活習慣病の予防

　生活習慣病は，生活習慣要因と遺伝的要因が相まって発病するため，その予防は両方の要因を改善することが大事である．予防には，3段階がある．生活習慣を是正し，病気にならないことを目的とする一次予防，病気を早期に発見して，治療することを目的とする二次予防，病気に罹った後，治療を行い，さらに再発予防を目的とする三次予防がある．言うまでもなく，一次予防が重要である．遺伝的要因の改善は容易でないため，生活習慣の改善が中心となる．生活習慣も，3つの要因（食習慣，運動習慣，喫煙習慣）をバランスよく改善する必要がある．身体運動の低下は，肥満，脂質異常症（高脂血症），高血圧，糖尿病を引き起こすが，これらの病気の予防には，身体運動量を増やすだけでなく，食事に注意を払う必要がある．肥満や脂質異常症（高脂血症）予防には，摂取総カロリーの制限に加えて，飽和脂肪酸の多い動物性脂肪の制限が必要である．肉より魚中心の食事，つまり洋食より和食中心の食事が好ましい．緑黄色野菜の摂取も必要である．コレステロールの多い食品（脂肪の多い肉，卵，うなぎ，バターなど）を控えることも大事である．高血圧の予防には，食塩制限（6-8 g/1日）が必須である．

　身体運動（身体活動）は，種々の疾患の予防に効用がある．身体運動量を増やすと，LDLコレステロールや中性脂肪が血中で低下し，HDLコレステロールを増加させること，さらに，血糖値を低下させることが実証されている．これらの改善は，動脈硬化を予防し，心疾患，脳血管疾患，糖尿病の予防につながる．身体運動量を増やすと，結腸がんのリスクを確実に下げる．その機序は，身体運動による抗腫瘍免疫や結腸の粘膜免疫の増強などが考えられる．身体運動は，抗腫瘍免疫増強やホルモンバランスの改善などにより，乳がんリスクを低下させる可能性が大である（[15]，[50]）．身体運動は，骨密度を増やし，骨粗鬆症の予防に効用がある．柔道のような重力に抗するような運動ほど効果が大きい．骨密度は加齢とともに減少するが，成長期にスポーツを行っていたかどうかが骨密度減少を防止する．

II 3 身体運動と健康の遺伝的要因

3.1 身体運動と健康

II.2に記載したように，身体運動（身体活動）は，悪性新生物（がん），心疾患（心筋梗塞，狭心症），脳血管疾患（脳出血，脳梗塞），高血圧，脂質異常症（高脂血症），肥満，糖尿病，骨粗鬆症などの生活習慣病を予防し，健康を維持する効果がある．2008年4月より，40歳から74歳の人を対象とする新しい健康診断制度「特定健診・特定保健指導」が国の施策として始まった．これは，メタボリック症候群（内臓脂肪症候群）が，動脈硬化を引き起こし，心疾患，脳血管疾患などの病気になりやすい危険因子と位置づけ，病気予防のため，メタボリック症候群を改善しようとする考え方に基づいている（図II.3.1）．また，病気治療にかかる医療費の削減も目指している．メタボリック症候群（メタボリックシンドロームともいう）とは，腹囲：男性85 cm以上，女性90 cm以上を必須項目とし，3項目（高中性脂肪150 mg/dl以上または低HDLコレステロール40 mg/dl未満，高血圧130/85 mmHg以上，空腹時血糖値110 mg/dl以上）中2項目を満たす場合を指す．メタボリック症候群によって引き起こされる心疾患，脳血管疾患などの発病のリスクは，内臓肥満（腹囲），高中性脂肪，低HDLコレステロール，高血圧，高血糖などの危険因子の数が多くなるほど上昇する．例えば，厚生労働省の資料によると，心疾患の場合，危険因子がない人のリスクを1とすると，危険因子を1つもっている場合は5.1倍，2つもっている場合は5.8倍，3-4個もっている場合ではリスクは急激に上昇し，35.8倍にもなる．

内臓に脂肪が蓄積した内臓脂肪肥満がなぜ，糖尿病，脂質異常症（高脂血症）などの生

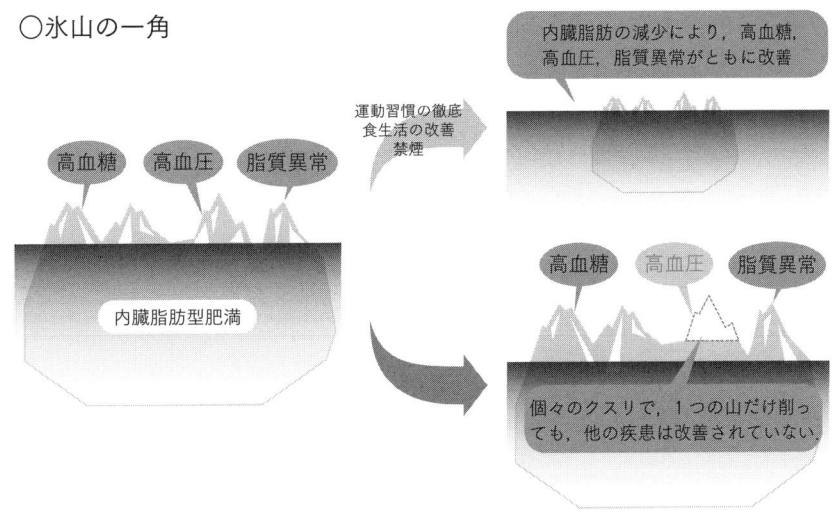

図II.3.1 メタボリック症候群とは（[67]）

活習慣病を併発しやすくなるのかは，以下のように考えられている．脂肪細胞は，過剰の脂肪（エネルギー）を貯蔵する機能の他に，種々の生理活性因子を分泌する作用をもつ．この生理活性因子は，アディポサイトカインで，動脈硬化を防止するアディポネクチンと動脈硬化を促進させる PAI-1 や TNF-α がある．内臓の脂肪細胞に脂肪が過剰に蓄積されると，アディポネクチンの分泌が減少し，PAI-1 や TNF-α の分泌が増加する．そのため，動脈硬化が進展し，糖尿病や脂質異常症を引き起こす．

身体運動には，HDL コレステロールを上昇させ，LDL コレステロールを下げる効果，高血圧予防および改善効果，血糖値低下効果があるため，メタボリック症候群を未然に防ぎ，健康を維持する効果があると考えられる．このような効果を得るための身体運動の所要量は，毎日 8,000-10,000 歩の歩行が目安となる．身体運動はまた，アルツハイマー病など認知症の発症と進行を遅らせる効果があり（[111]），加齢とともに起こる認知機能低下を予防できる可能性がある．さらに，身体運動は加齢とともに避けられない骨量減少（骨粗鬆症）を阻止できる可能性が高い．

しかし，II.2.2 で説明したように，高血圧や脂質異常症など，遺伝的要因が関与している病気があり，身体運動と健康を考える上で，遺伝的要因の考慮は避けることができない．そこで，次節では，身体運動と健康に関与する遺伝子について記載する．

3.2 遺伝的要因

遺伝的要因として，一塩基多型（single nucleotide polymorphism: SNP）を考える必要がある．SNP とは，個人個人で異なるゲノム塩基配列に見られる一塩基変異である．このわずかのゲノム塩基配列の相違が，個々人により，ある病気の罹りやすさ，薬剤の効果の相違，さらに身体運動の健康維持や病気予防に対する効果の相違を引き起こす可能性がある．個々人の遺伝子を解明することで，一律ではなく（既製品ではない），いわゆるテーラーメイドの医療や健康維持に役立つ可能性がある．

2008 年に，BMI（body mass index: 体重÷(身長)^2），体重，肥満のリスクに関与する SNP が MCR-4（melanocortin-4）遺伝子近傍に同定され，注目を集めている（[55]）．また，FTO 遺伝子の SNP は，肥満と脂肪に関係し，身体運動と健康に密接に関係する SNP と考えられる（[106]）．アディポネクチンは，脂肪組織から分泌されるタンパク質で，動脈硬化抑制作用をもつ．肥満になると，血中濃度が低下する．2008 年に，アディポネクチン遺伝子の SNP が，糖尿病のリスクとなることが判明した（[79]）．また，glucose-6-phosphatase catalytic subunit 2（G6PC2）遺伝子と ATP-binding cassette, subfamily B（MDR/TAP），member 11（ABCB11）遺伝子の間の SNP が，糖代謝に関係し，空腹時血糖値と関係することが報告された（[19]）．

ヨーロッパ 7 ケ国の双子を遺伝子解析した研究で，個々人の運動参加の有無が，遺伝子の影響を受けているとの結果も報告されている（[124]）．

II 4 身体機能の加齢変化

　加齢に伴い，筋・骨格系，呼吸循環系，神経系など身体の諸器官・組織は退化する．また，加齢は日常生活における身体活動の質的な低下や量的な減少を伴う．そのような身体活動の変容は，加齢そのものがもつ影響と相まって，身体の諸器官・組織の機能を加速度的に低下させる要因になる．身体を構成する諸器官・組織の機能低下は，さまざまな健康障害を誘発し，寝たきりなどの現象を引き起こす．若者にとって，数十年先の自分自身のライフスタイルを想定し，加齢に伴う体力の低下に備えるということは，あまりにも現実から離れた課題かもしれない．しかし，年齢を重ねる，ということは，誰しもが等しく経験することである．それゆえ，身体諸機能の加齢変化の実態を知り，それに対する運動習慣の有無やトレーニングの影響について学ぶことは，生涯にわたって健康で活動的なライフスタイルを確保するうえで意義あることといえる．

4.1　筋・骨格系機能の加齢変化

　身体を構成する骨格筋は関節を介して骨に付着し，その収縮により生じた張力は，関節を介して骨格を動かす．すなわち，骨格筋は身体運動の発現に直接関わる組織であり，その機能は日常生活やスポーツ・レクリエーションにおけるさまざまな身体活動の出来映え（パフォーマンス）に大きな影響を及ぼす．また，ヒトが随意的に発揮することのできる力の大きさは，基本的に骨格筋量に比例する．したがって，骨格筋量の加齢に伴う低下は，身体の活動能力における加齢変化と直接的な関係をもつ．

　加齢に伴う全身の骨格筋量の低下は，男女とも約50歳を境に顕著となる．一方，骨格筋量の加齢変化の様相には，部位差があることが知られている．例えば図II.4.1は，超音波法によって測定した筋厚の加齢変化を，30歳代の値を100として示したものである．

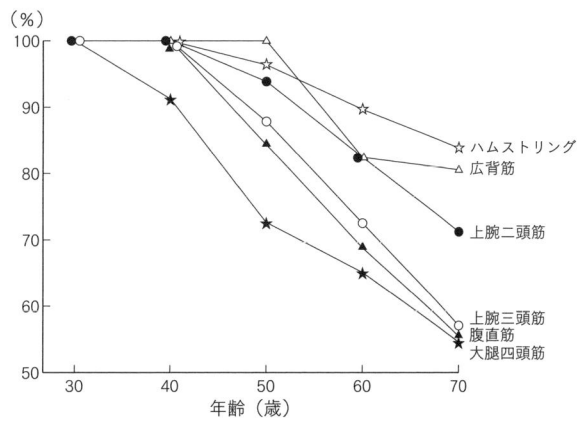

図II.4.1　身体各部位の筋群に見られる加齢による筋量の減少（[7] より改変）

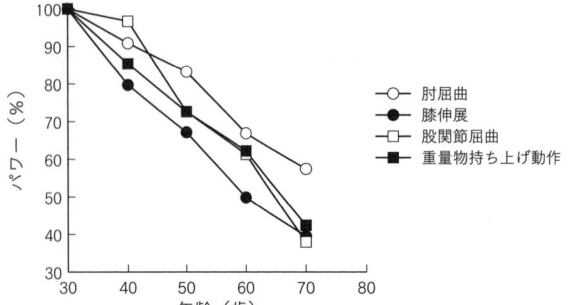

図 II.4.2 加齢に伴うパワー発揮の能力の変化（[35]）

上腕では後面（上腕三頭筋），体幹および脚では前面（腹直筋および大腿四頭筋）の筋において厚みの減少が著しい．このような部位差が生じる原因についてはいまだ明確にされていないが，その1つに，関節に対する各筋固有の働きと加齢に伴う身体活動の質的，量的変化との関連が挙げられている．

筋力における加齢変化は，筋量のそれをおおよそ反映した形で現れ，筋群による違いはあるものの，約50歳以降に顕著に低下する．一方，パワーにおける加齢の影響は筋力よりも早い時期に現れ，40歳代からすでに低下し始め，その後も年齢とともにほぼ直線的に低下する（図II.4.2）．30歳代を100%とすると70歳代では約60%（肘屈曲）から40%（膝伸展，股関節屈曲，重量物持ち上げ動作）まで減少する．その減少の程度は筋力よりも大きく，また図に示されるように上肢よりも下肢の筋を使う動作において著しい．

4.2 呼吸循環系機能の加齢変化

呼吸循環系の機能指標を代表するものに，最大酸素摂取量（$\dot{V}O_2\,max$）がある．身体活動を持続するためには，酸素を体内に取り込み，主働筋に運搬し，それを消費して筋収縮に必要なエネルギーを生成し続けなければならない．酸素の運搬は肺，心臓，血管の各機能によって行われ，その消費は筋などの組織によって決まる．それら酸素の運搬系と消費系の機能が総和されたものが酸素摂取能であり，その最高水準を示す指標が$\dot{V}O_2\,max$である．$\dot{V}O_2\,max$はそれに関わる諸器官・組織の機能を反映すると同時に，身体の大きさの影響も受ける．したがって，$\dot{V}O_2\,max$について，個人間の比較あるいはスポーツパフォーマンスとの関連を検討する際には，その体重当たりの値が用いられる．

体重当たりの$\dot{V}O_2\,max$は，一般健康成人あるいはスポーツ愛好者のいずれにかかわらず，20歳代から年齢が進むにつれほぼ直線的に低下する（図II.4.3）．図II.4.3に示されるように，年齢が同じであればスポーツ愛好者が一般健康成人より高い値を示すが，年齢と体重当たりの$\dot{V}O_2\,max$との関係を示す回帰式の傾きには両者に明らかな差はない．すなわち，図に示されている年齢範囲においては，スポーツ習慣の有無は呼吸循環系機能の水準そのものに差をもたらすが，加齢に伴う変化の低下率を大きく変えるものではないことがうかがえる．体重当たりの$\dot{V}O_2\,max$における20歳以降の年間減少量については，これまでにも数多く検討されているが，その値は研究報告間で異なる．それらの平均を代表

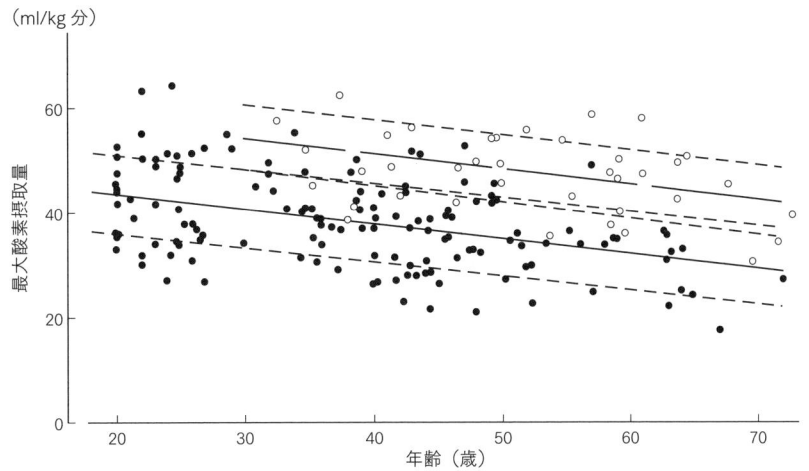

図II.4.3 男性の体重当たり最大酸素摂取量の年齢別変化．一般健康成人（●），スポーツ愛好者（○）（[65]）

値とした場合に，一般人の年間減少量は，男性で約 0.35 ml/kg・分，女性で約 0.3 ml/kg・分であり，その主たる要因として心拍出量，動静脈酸素較差，肺拡散容量，血液量，活動筋量などの低下が指摘されている（[153]）．

4.3 中・高齢者におけるトレーニング効果

　生物学的な加齢変化を人為的に変えることはできない．しかし，日常生活における積極的な身体運動の習慣化は，身体諸機能がより良い状態で年齢推移することを可能にしてくれる．先に示した $\dot{V}O_2$ max の加齢変化（図II.4.3）は，それを裏付けるものに他ならない．この点は筋骨格系の機能においても同様であり，ライフスタイルとして強い力を発揮する機会が習慣化している人では，同年齢のそうでない人に比較して，骨格筋は太く，その収縮力も強い．

　上述の内容は横断的な研究結果に基づくものであるが，高齢者を対象に身体トレーニングの効果を実証した研究知見も数多く報告されている．それら一連の研究成果によると，まず呼吸循環系機能に対する全身持久性トレーニングの効果として，高齢者の場合に，最大 $\dot{V}O_2$ max に 10-30% の増加が観察されている（[78]）．その増加の程度は，若者を対象にしたトレーニングにおいて報告されているのと同様に，トレーニング強度の影響を受け，低強度であれば効果は低いか，あるいはほとんど増加は認められないと言われている．また，筋骨格系の機能に関しても，強い力の発揮を要求するトレーニング（「レジスタンストレーニング」）の効果として，若齢者と同様な適応が筋の形状と機能に生じ，80歳を超える高齢者であっても筋が肥大し筋力が増加することが確かめられている．

II 5 発育と発達

5.1 身長の発育

身長は遺伝的な要因に強く影響されるが，成育環境の影響も無視できない．その発育過程には，2回の発育急進期がある．第1発育急進期は，誕生から乳児期にわたる時期，第2発育急進期は，小学校高学年から中学生期にかけての思春期発育スパート期である．最も身長が伸びる年齢は，身長発育速度ピーク年齢（the age of peak height velocity; PHV年齢）と呼ばれ，男子で約 8 cm/年，女子で約 7 cm/年の発育速度を示す（図 II. 5.1）．PHV 年齢での身長は，成人になったときの終末身長と高い相関がある．PHV 年齢は，1960 年には，男子平均 13.4 歳，女子平均 11.5 歳であったが，1990 年以降では男子平均 12.8 歳，女子平均 10.6 歳となり，発育の早期化が起こっていることが示唆される．

5.2 骨の発育

骨の発育には，栄養，生活様式，運動，睡眠などが影響する．身長が伸びる時期の骨の両端（骨端）には成長軟骨層という弱い部分があり，ここにくり返し強い力が加えられると障害が生じる場合がある．膝関節や肘関節付近には，こうした障害が生じやすい．鎖骨近位端の骨端が成長を終えるのは 25 歳といわれている．

5.3 体重の発育

体重の発育は身長の場合と同様のパターンを示す．体重増加速度は小学校低学年では低く，思春期発育スパート期に入って急激に上昇する．体重増加速度がピークとなる年齢は，男子では PHV 年齢とほぼ一致しているが，女子では PHV 年齢の約 1 年後となる．

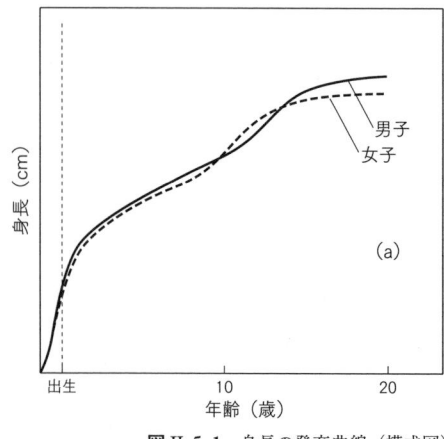 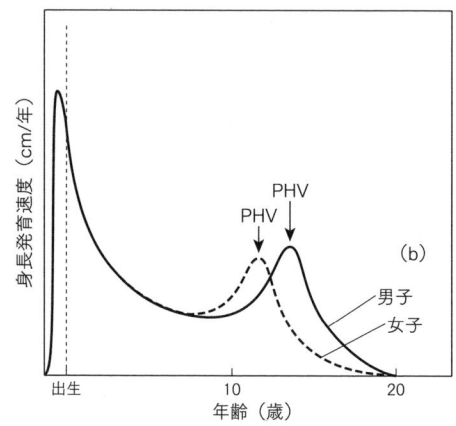

図 II. 5.1 身長の発育曲線（模式図）(a)．身長発育速度は，思春期発育スパート期にピークとなる（b）（[128]）.

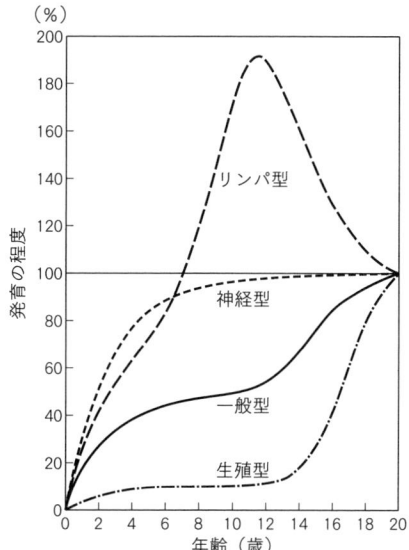

図 II.5.2　スキャモンの発育型模式図（[113]）

5.4　発育曲線の類型

　身体の臓器や器官の発達は，4つのタイプに類型化される（図 II.5.2）．リンパ型には，胸腺，リンパ節，扁桃，腸間リンパ組織など，神経型には，脳，脊髄，眼球など，一般型には身長，体重，筋・骨格系，呼吸・循環系，消化器，腎臓など，生殖型には，睾丸，卵巣，子宮，前立腺，性囊などが含まれる．

5.5　神経・筋の調整能力の発達

　幼児期から小学校低学年・中学年にかけては，感覚の発達や，神経・筋の調整能力の向

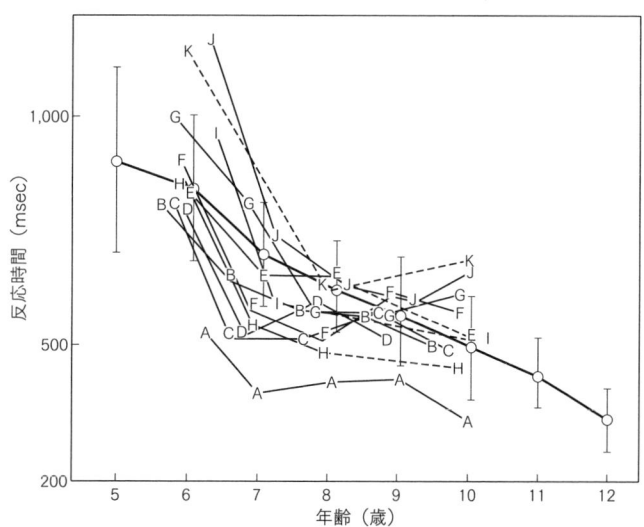

図 II.5.3　反応時間の発達．選択的全身反応時間の発達を個人別に追跡測定したもの．A-K は幼児期からのサッカー少年を示す．神経系の発達は早期に生じ，およそ 9-10 歳で成人の値に接近する（[29] より改変）．

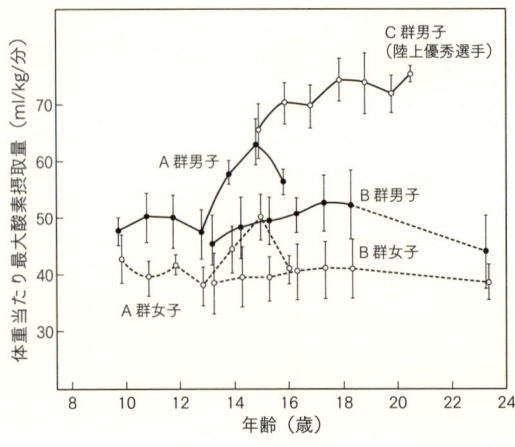

図II.5.4 最大酸素摂取量の発達
（追跡的測定結果による）（[66]）

上が著しい（**図II.5.3**）．例えば，全身反応時間は6歳から12歳にかけて著しく短縮するが，この場合，筋収縮時間の短縮より，動作開始時間の短縮のほうが顕著である．動作開始時間は，動作開始合図から実際に動作が開始されるまでの神経系の情報伝達に要する時間である．

5.6 筋と筋力の発達

　筋力は，中学・高校生期になって急激に増加する．筋線維のうち，速筋線維は思春期スパート以前の時期にはあまり発達しない．幼児期や小学生期の緩やかな筋力の増加は，主として遅筋線維の発達による．中学・高校生期に急激な筋力の増加が見られるのは，遅筋線維の発達に加えて，速筋線維の発達が急速に生じるためである．速筋線維の発達に伴って，素早い動きや瞬発力を必要とする運動の能力は著しく向上する．高校生期になると，女子では明らかな発達の頭打ちが見られるが，これは，女性ホルモンの分泌によって，筋力の発達が抑制されるためである．

5.7 最大酸素摂取量の発達

　全身持久性の指標となる最大酸素摂取量の発達を追跡的に測定した結果を**図II.5.4**に示す．A群は，小学生期に身体づくり運動を行った男子7名，女子9名，B群は一般的な男子43名，女子38名，C群は中学3年生時に陸上競技中・長距離種目に県大会レベルで上位入賞した選手のうち，その後も競技を継続し，大学選手として全国大会レベルで活躍した6名で，それぞれの群の平均値を示している．最大酸素摂取量は，小学生期にはあまり発達せず，中学生期によく発達すること，継続的な運動・トレーニングによって，高校生期以降にも発達が続くことなどがわかる．

II 6 身体運動とこころの健康

6.1 精神の健康

健康なこころとは何だろうか？

我々はそれぞれの人生において遠大な野心から日常の些事に至るまで目的をもち，その実現のために計画と意欲をもって日々の生を送っている．その流れのなかで，生きて「行く」こと，生きて「居る」こと，それぞれに充実，満足，達成，幸福を感じ，あるいは不全，不満，敗北感を味わう．幸・不幸はもとより主観的・個人的なものであり，仮に不幸を感じていたとしても，状況に反応し適応しようとしている限りこころはしなやかで健康であると言えるだろう．自己の状況を的確に認知したり，対応しようとすることができないときにこころは健常・健康から遠ざかっていると考えられる．

「健常」からの逸脱（症状）は，身体（肉体）的な度合いの強いものから一見純粋に精神的なものまでさまざまなスペクトルがあるが，例えば単純な外傷や風邪だけでも気分は落ち込むし，「精神の病」の典型である統合失調症にもさまざまな身体所見が見られる．身体の一組織である脳が精神の座であるとすれば当然である．こころの健康が損なわれた状態も，これら精神的症状と身体的症状の連続したものであると見なさねばならず，精神科的に病名が付くものだけが問題なのではなく，日常的な気分の変動に至るまで連続した現象として捉えることが必要である．

6.2 精神疾患の分類と生物学的基礎

精神疾患の多くにとっていまだに血圧やコレステロール値のような客観的診断マーカーがない．そこで操作的診断基準として米国精神医学会のDSM-IV（Diagnostic and Statistical Manual of Mental Disorders, 4th Edition）（表II.6.1）や世界保健機構（WHO）の国際疾病分類（ICD-10）が使われる．代表的な精神疾患である統合失調症や躁うつ病は従来「内因性」と言われ，多少とも遺伝的背景があり何らかの生物学的，つまり脳神経回路を構成する物質的要因が考えられている．特に，有効な治療薬が出現し，その神経薬理学的基盤が解明されつつあり，一方でCT（X線断層撮影），MRI（核磁気共鳴画像），PET（ポジトロン断層法）などの画像診断技術の進歩により従来は考えられていなかった脳の構造自体の変化までも示唆されている．統合失調症における幻覚・妄想，大うつ病における抑うつ気分，意欲・行動・思考面の抑制，さまざまな身体症状などの典型的な症状はもとより，病前性格や気質というような健常人とも連続する認知行動パターンとその異常は脳内神経伝達物質の働き具合で説明可能である，との考え方（統合失調症のドーパミン過剰説，うつ病のモノアミン仮説）が強くなってきている．

表 II.6.1　DSM-IV における精神疾患の分類（[98]）

1. 通常，幼児期，小児期または青年期に初めて診断される障害：精神遅滞，広汎性発達障害（自閉症），特発的発達障害（LD）
2. せん妄，痴呆，健忘および他の認知障害
3. 一般身体疾患による精神障害
4. 物質関連障害：アルコール，麻薬・覚醒剤などの中毒，物質依存症など
5. 統合失調症および他の精神病性障害
6. 気分障害：双極性障害（躁うつ病），大うつ病（うつ病）
7. 不安障害：パニック障害，強迫性障害など
8. 身体表現性障害：神経症など
9. 虚偽性障害：詐病
10. 解離性障害
11. 性障害および性同一性障害
12. 摂食障害
13. 睡眠障害
14. 適応障害：ストレスに対する不適応，心因反応など
15. 人格障害
16. 他のどこにも分類されない衝動制御の障害

　これらの疾患は特別なものだと考えられるかもしれないが，統合失調症は異なる文化圏を越えて一般人口の1％程度である．うつ病（大うつ病）は有病率2％，生涯罹病率6.5％との統計があり，年間3万人台に増加した自殺者数とともに現代日本の社会問題となっている．自分自身，友人，家族そして社会全体の問題として見過ごすことはできない．さらに，対人恐怖，摂食障害，統合失調症などは，大学生の時期に発症しやすい精神疾患でもある．

6.3　ストレスと心身症

　精神状態が神経伝達物質や神経回路で規定されているというと直ちに，「すべては遺伝子によって決定済みである」という考えをもつ人がいるが，これは明らかな過ちである．神経系は適応のための組織であり（III.4.1参照），その内部状態は時々刻々変わっている．遺伝子発現も生後の発達過程で外部からの刺激に対応，活性化して初めて意味をもつ（出生時には我々は白紙状態＝tabla rasa である，との経験論の考えは有名である）．

　精神疾患でも，心因性（＝ストレスなど環境や心理的要因による）とされてきた神経症（いわゆる「ノイローゼ」）はそれら生活・環境要因の影響を強く受ける．うつ病もまた発症のきっかけにさまざまなストレス経験があることがわかっている．

　ストレスを受けてより身体的な症状が前面に出るものとして心身症がある（表II.6.2）．また，これらの病気に至らないまでも日常的に種々の軽微な不調（不定愁訴，いわゆる自律神経失調症状）という形でストレス反応が見られることもある．しかし同じストレスを受けても症状の種類，程度は個人差が大きく，遺伝的背景によって決まっている面もある一方で，他方それらの心身上の反応性（＝ストレス適応力）が生活スタイルにより修正可能という面もあることを認識すべきである．

　生活スタイルにはさまざまな側面が含まれる．生活習慣病にとって栄養摂取の内容が重要であるように，身体・精神面への影響を考えるとき，生活リズムが重要である．我々の

表 II.6.2　心身症

呼吸器系	気管支喘息，過換気症候群など
循環器系	本態性高血圧症，本態性および起立性低血圧症，狭心症，心筋梗塞，不整脈（一部）など
消化器系	胃・十二指腸潰瘍，過敏性腸症候群，潰瘍性大腸炎など
内分泌・代謝系	神経性食欲不振症，過食症，甲状腺機能亢進症，糖尿病など
神経・筋肉系	偏頭痛，痙性斜頸，書痙，眼瞼痙攣など
その他	泌尿・生殖器異常，アトピー性皮膚炎，円形脱毛症，メニエール症候群，顎関節症など

　身体は細胞一つ一つの中で時計遺伝子が働き，全身を統括する日内リズムの中枢が視交叉上核という脳部位にある．副腎髄質から分泌されるグルココルチコイドホルモンはストレス応答の際の主役であるが，血中濃度には日内リズムがある．その過程で睡眠の果たす役割は大きい．多くの精神的トラブルは睡眠と生活リズムの変調を伴う．脳の中心部には睡眠，摂食，情動に中心的に関わる，脳幹網様体，視床下部，扁桃体が互いに隣接して連絡しあっている．規則正しい食事と十分な睡眠のリズムが，ストレスに対して適応力の高い心身状態を維持するうえで大きく寄与すると考えられている．

　同様に，適度な運動習慣は自然な睡眠をとるうえで有効であるが，ストレス適応に関しても非常に有利に影響することが知られている．有酸素運動がサイトカインと呼ばれる種々の生理活性物質を末梢組織から分泌させ，中枢神経細胞の機能促進，生存保護などに効果があるとの研究結果が見出されつつある．

　さらに脳は，外部環境からのストレスの認知，自律神経系による適応，その結果の内分泌器官や免疫系組織による反応の接点でもある．笑いやユーモアにあふれた生き方を送る人は，がんなど明らかな器質的疾患に対しても予後（＝治る率）が良いことが知られている．

6.4　対処・治療

　程度はさまざまであれ，何らかの調子の悪さ，不具合を感じたならば，相談員・臨床心理士によるカウンセリング，相談，心療内科や一般内科医，さらには精神科医を含む専門家への受診を躊躇してはいけない．一般に周囲から孤立し，コミュニケーションが希薄になることは治療を遅らせ症状の悪化を招く．家族や友人との会話は症状が軽いときにはそれだけで重要な対症的価値があるし，専門家への積極的な移行を促す．逆に周囲のものは常に関心をもって温かく見守ることが重要であるが，その時うつ病が疑われる人に対しては，「励ます」ことが重圧を与え悪化させることがある点に注意せねばならない．

　専門家による積極的治療としては，主に薬物療法と，認知行動療法などを含む心理学的治療法，必要に応じて理学的処置などがあり有効である．治療には長期間を要する場合もあり，学校や職場など社会復帰のためのケアが必要になることもある．

Ⅲ — 身体運動の科学

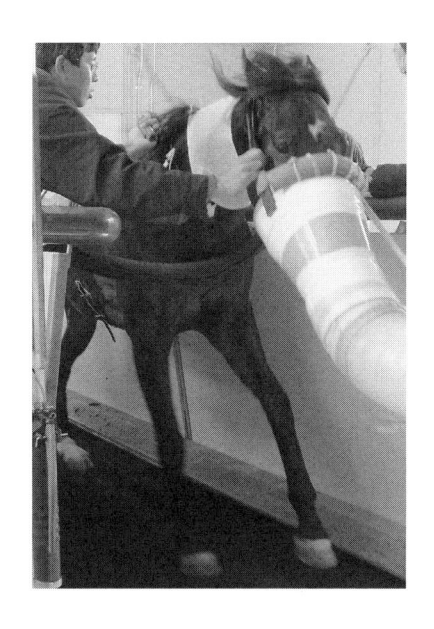

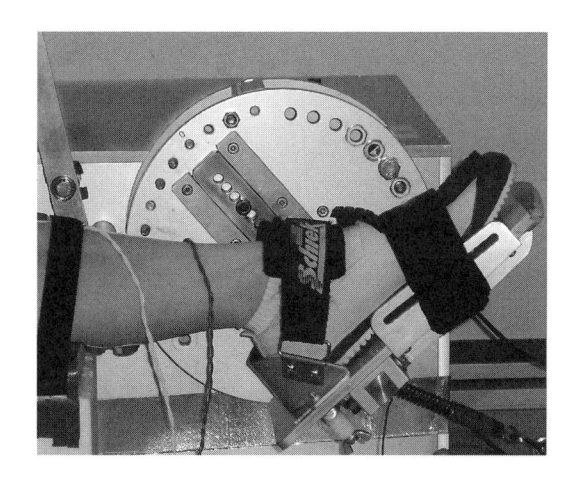

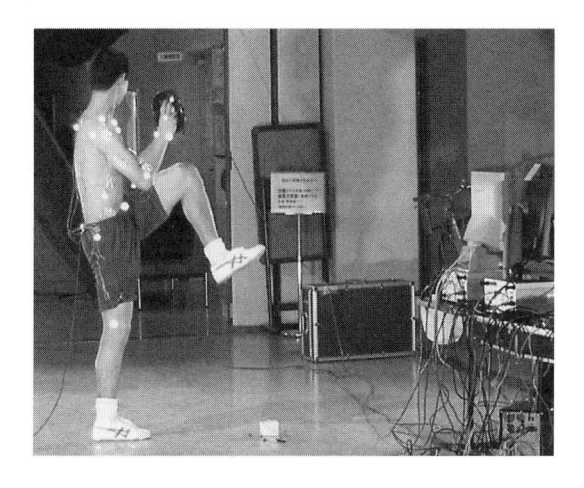

III 1 身体運動の生命科学的基礎

1.1 身体を構成する物質

身体を構成する主な物質は，タンパク質，脂質，糖質，核酸などの有機化合物と，水，無機塩類，金属イオンなどに大別される．

(a) タンパク質とアミノ酸

タンパク質は，20種類のアミノ酸が，ペプチド結合により連なったものである．N個のアミノ酸からできるタンパク質だけでも，理論的には20^N種類存在することになり，身体内には約10万種類のタンパク質が存在する．個々のアミノ酸は，中性，酸性，塩基性，親水性，疎水性など，さまざまな性質をもつことから，タンパク質はそのアミノ酸配列（一次構造）に依存して，多様な立体構造（二次構造）をとる．さらに，その立体構造は，溶液のイオン環境（イオン濃度やpHなど）や，構成アミノ酸のリン酸化などの化学的修飾によってさまざまに変化する．このような特性から，タンパク質は，細胞外の結合組織（細胞外マトリクス）や細胞骨格などの支持構造をつくるほか，酵素，細胞膜上のイオンチャネルやホルモン受容体，細胞運動の動力源となるモータータンパク質など，細胞内マイクロマシンとしての多様な機能を果たす（図III.1.1）．一方，アミノ酸の中には，タンパク質の構成要素としてだけではなく，グルタミン酸のように神経伝達物質として働いたり，ロイシンのようにタンパク質合成を調節したりするものもある．

(b) 脂 質

脂質は重量当たりに含有する熱量が最も多いことから（平均で約9 kcal/g），エネルギーの備蓄に果たす役割が大きい．エネルギー源としての脂質は主に，トリグリセリド（トリアシルグリセロール）として，脂肪細胞中に貯えられる．トリグリセリドがエネルギー源として利用される際には，細胞中のリパーゼ（ホルモン感受性リパーゼ）によって，脂肪酸（3分子）とグリセロール（1分子）に分解され，これらが血中を循環し，各組織の細胞に取り込まれてさらに分解（酸化）される．逆にエネルギーが過剰にあると，脂肪細胞は血中のグルコースを取り込んで，トリグリセリドを合成する（脂質代謝）．

一方，脂質は細胞膜の構成要素として不可欠である．細胞膜は，リン脂質の疎水性部分が向かい合った二重層の膜でできている（図III.1.1）．リン脂質はグリセロリン酸とも呼ばれ，ジアシルグリセロール（2本の脂肪酸鎖にグリセロールが結合したもの）にリン酸とコリン，セリンなどが結合したものである．脂質の一種であるコレステロールは，細胞膜中の隙間に入り込み，細胞膜に適度の固さを与えるが，逆に過剰になると細胞膜の流動

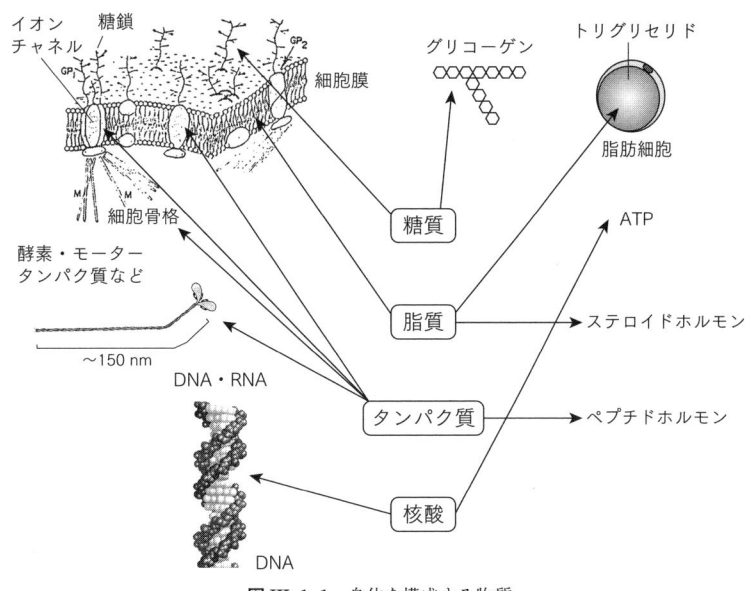

図 III.1.1 身体を構成する物質

性を阻害する．また，性ホルモンなどのステロイドホルモンの材料として重要である．

(c) 糖 質

主な糖質には，炭素を5つもつ五炭糖（核酸の構成要素）と，炭素を6つもつ六炭糖（グルコース，フルクトース，ガラクトースなど）がある．このうち，グルコースは生命活動の主要なエネルギー源となり，無酸素的（嫌気的）解糖系と酸化系で代謝され，完全に二酸化炭素と水に分解される．乳酸は無酸素的解糖系の中間代謝物である（III.3参照）．グルコースはグリコシド結合によって連なり，多糖類を形成するが，直鎖状に結合したものがアミロース（でんぷん），枝分かれしているものがグリコーゲンである．グリコーゲンは，グルコースの供給源として，肝臓や筋線維に多量に備蓄されている．その他の多様な多糖類は，細胞膜上の膜タンパク質と結合して糖鎖を形成し，細胞膜表面の認識機構などに関与している（図 III.1.1）．

(d) 核 酸

核酸（ヌクレオチド）は，アデニン（A），グアニン（G），シトシン（C），チミン（T），ウラシル（U）の5種類の塩基に，五炭糖のリボースとリン酸が結合したものである．リボースの水酸基（—OH）の1つがデオキシ化（—H）されているものをデオキシリボ核酸（DNA），されていないものをリボ核酸（RNA）という．DNAがフォスフォジエステル結合によりつながって遺伝子を形成する．DNA鎖は，互いに相補的な配列をもつDNA鎖と対になって，安定な二重らせん構造をつくる性質があり，遺伝情報を安全に保持するのに適している（図 III.1.1）．一方，RNAはDNAに比べ不安定であり，さまざまな構造をとるため，タンパク質と同様に多様な機能を果たす．特に，DNA上の特定の遺伝情報

を写し取る（転写）ものをメッセンジャー RNA（mRNA），mRNA の情報に合致したアミノ酸を運搬し，タンパク質合成につなげるものをトランスファー RNA（tRNA）という．

核酸はまた，エネルギー供給機構においても重要な役割を果たす．アデノシン三リン酸（ATP）は，次に説明するように，生命活動の直接のエネルギー源として働く．

1.2 身体運動を生み出すエネルギー

細胞のほぼすべての活動は，ATP を直接のエネルギー源としている．ATP が加水分解されてアデノシン二リン酸（ADP）と無機リン酸（Pi）を生じる反応，

$$\text{ATP} \longrightarrow \text{ADP} + \text{Pi}, \quad \Delta G_0' = -30.5 \text{ kJ/mol}$$

により得られる自由エネルギー（$\Delta G_0'$）が，タンパク質の構造変化などに利用される．この反応を触媒する酵素を ATPase と総称するが，能動的機能を果たすタンパク質の多くは ATPase 活性をあわせもつ．その代表例として，筋収縮の動力源となるミオシン分子によるエネルギー変換機構（化学的エネルギー→力学的エネルギー）が挙げられる．ミオシン分子の頭部には，ATP 結合部位と，アクチン分子（III. 2 参照）結合部位があり，ATP の結合→ATP の加水分解→頭部の変形→アクチンとの結合→Pi の放出と頭部の変形→ADP の放出→ATP の結合とアクチンからの解離…をくり返すことで筋収縮が起こると考えられている（図III. 1. 2）．

一方，細胞内に存在する ATP の量はそれほど多くなく（約 5 mmol/l），しかも常時一定濃度になるように調節されている．この役割を担っているのが，ATP 再生系である．筋線維には，ATP の 5 倍量以上のクレアチンリン酸（PCr）が含まれ，ATP が消費されると，ADP＋PCr→ATP＋Cr（Cr はクレアチン）の反応がすばやく起こり，等量の ATP が補充される．ATP が余剰になると，この逆反応が起こり，PCr として備蓄される．筋収縮をくり返すと，結果的に PCr が次第に減少するが，その分はエネルギー代謝系（解糖系，酸化系）で再合成された ATP で徐々に補われる（図III. 1. 2）．

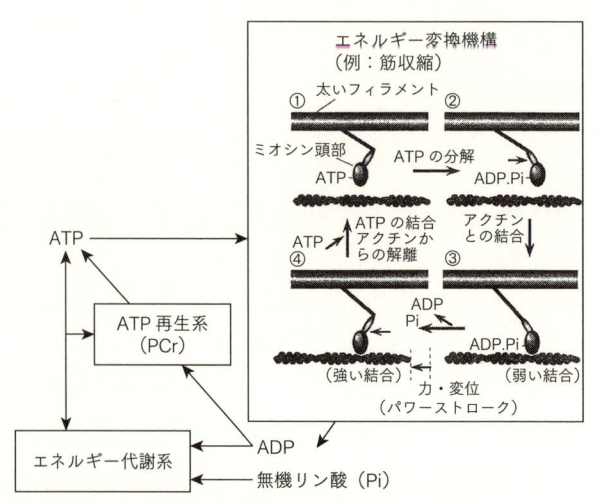

図III. 1. 2 身体におけるエネルギー生成と変換

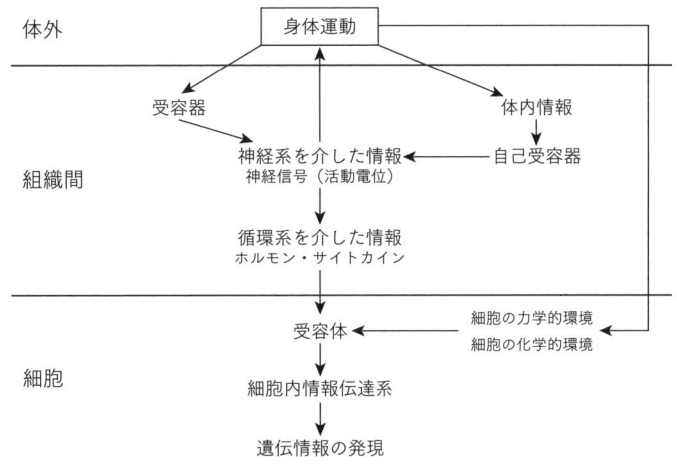

```
体外          ┌─身体運動─┐
              受容器      体内情報
組織間        神経系を介した情報 ← 自己受容器
              神経信号（活動電位）
              ↓
              循環系を介した情報
              ホルモン・サイトカイン
              ↓
              受容体 ← 細胞の力学的環境
細胞          ↓       細胞の化学的環境
              細胞内情報伝達系
              ↓
              遺伝情報の発現
```

図 III.1.3　身体運動に伴う生体情報のながれ

1.3　身体内での情報の伝達

　身体機能は，さまざまな情報の伝達によって営まれている．その概要を図 III.1.3 に示す．生体内の情報伝達には，組織・細胞間の情報伝達と，細胞内情報伝達がある．組織・細胞間の情報伝達は，神経細胞（ニューロン）による神経信号（活動電位）の伝導と，シナプスを介した伝達，およびホルモンやサイトカイン（局所的な情報伝達を担う物質）などの化学物質による情報伝達である．身体内では，これらが精緻な情報ネットワークを形成している．

　細胞内情報伝達は，細胞膜上の受容体による情報の受容から，細胞の反応や遺伝情報の発現に至る情報伝達系であり，さまざまな化学反応系により構成される．特に，細胞膜から細胞内への情報伝達の初段に働くものを二次メッセンジャーという．代表的なものはカルシウムイオンやサイクリック AMP（cAMP）である．

　身体運動は，これらの情報伝達系の多くを強く活性化する．運動に伴う力学的刺激は，直接細胞に作用し，細胞内情報伝達系を活性化することもある．

1.4　身体の恒常性と適応

　外界の変化に対し，「変わらないこと」（恒常性）と，「変わること」（適応）の両者をあわせもつことは，生命の大きな特徴といえる．恒常性の典型例には，体温や血糖の維持機構がある．こうした恒常性には，自律神経系やホルモンが複雑に関与している．体脂肪量にも恒常性がある．脂肪細胞が多量のトリグリセリドを貯えると，脂肪細胞からレプチンというホルモンが分泌される．レプチンは中枢神経系に働き，食欲を低下させるとともに，交感神経を活性化して身体活動を高め，脂肪の分解を促すため，脂肪が減少する．この機構は，体脂肪を一定に保つフィードバック機構という意味で，「リポスタット」と呼ばれる（図 III.1.4）．一般に運動は，一過的な著しい体内環境の変動を引き起こすので，身体

図Ⅲ.1.4　体脂肪の恒常性：レプチンによる「リポスタット」

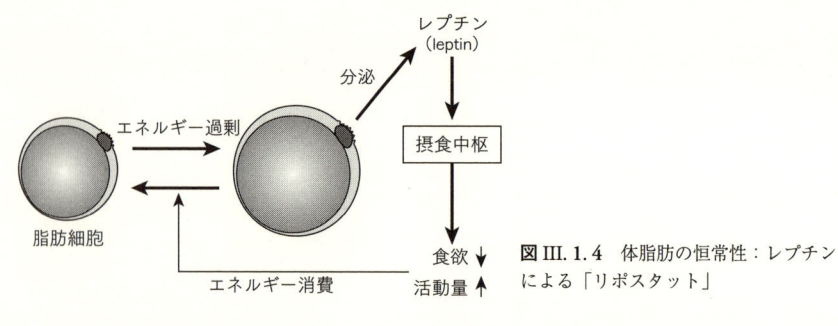

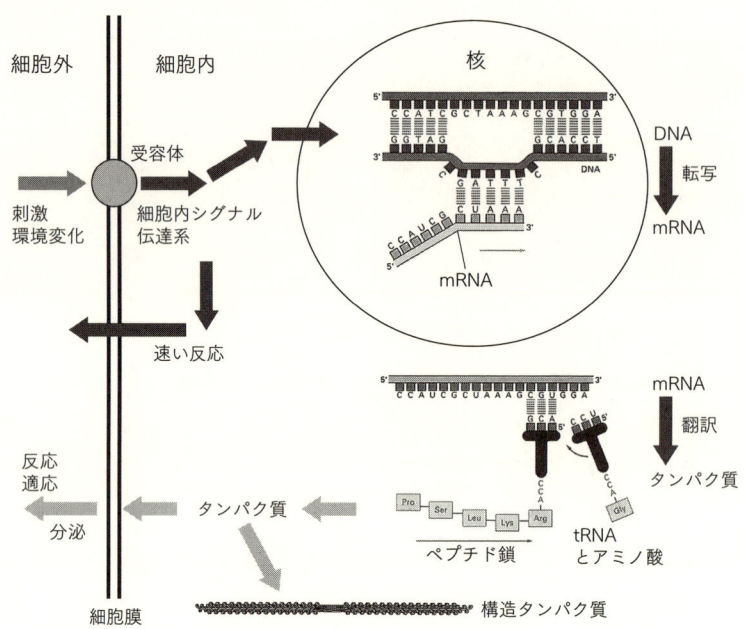

図Ⅲ.1.5　細胞の反応と適応の概略

の恒常性を強化する効果をもつ．

　一方，身体に長期的な刺激が加えられると，身体機能の適応が生じる．運動・トレーニングによる筋機能や運動能力の向上はその一例である．こうした適応は，最終的に特定のタンパク質の合成が高まることによる．運動に伴う力学的ストレス，ホルモンやサイトカインなどの変化は，細胞内情報伝達系へ伝えられ，転写因子と呼ばれるタンパク質を活性化する．転写因子は，特定のタンパク質をコードする遺伝子の，DNAからmRNAへの転写を促し，mRNAからタンパク質への翻訳過程を経てタンパク質量を増やす（図Ⅲ.1.5）．

III 2 筋・骨格系と運動・トレーニング

2.1 骨格筋の構造と機能

(a) 骨格筋の働き

骨格筋は，身体運動の動力源として働く．ヒト成人では，骨格筋は体重の40％前後を占める巨大な器官であるので，糖や脂質の代謝恒常性を維持するうえでも重要である．また，体温維持のための主要な熱源であり，体熱生産の約60％を担っている．

(b) 骨格筋の構造

筋の中で能動的に張力を発揮したり，短縮したりするのは筋線維で，直径50-100 μm の細長い細胞である．筋線維の周囲を筋内膜という結合組織性の膜が覆っている．多数の筋線維が集まって束（筋線維束）をつくり，その周囲を筋周膜が覆っている．さらに多数の筋線維束が集まり，筋外膜に覆われ，筋を形成する（図III. 2.1A）．

(c) 筋線維の微細構造

筋線維は，筋芽細胞が多数融合してできた多核細胞で，核は細胞の表層に配列している．細胞内の筋形質中には，収縮装置，ミトコンドリアや筋小胞体などの細胞小器官（オルガネラ），グリコーゲン顆粒，脂肪粒，種々の溶存タンパク質などが含まれる（図III. 2.1B）．

収縮装置は，直径約1 μm の筋原線維が束になったものである．筋原線維の周囲は，筋小胞体という，複雑な網目状・袋状のオルガネラが取り巻いている．隣接する筋小胞体どうしの間には，細胞膜が落ちくぼんでできたT小管という管が走っており，2つの筋小胞体と1本のT小管の三者がつくる構造を三つ組み構造と呼ぶ．

筋線維を光学顕微鏡で観察すると，明暗の横紋が見える．暗く見える部分をA帯，明るく見える部分をI帯，I帯の中央で線状に見える部分をZ帯またはZ線と呼ぶ（図III. 2.2）．2本の隣接するZ線で挟まれた領域を筋節（サルコメア）と呼ぶ．横紋構造は，太いフィラメントと細いフィラメントという2種のフィラメント（タンパク質でできた線維構造）が重なり合うように配列していることで生じる．太いフィラメントは，ミオシンというタンパク質が規則的に集合してできる．細いフィラメントはアクチンという球形のタンパク質が，二重らせん状に重合してできる．細いフィラメント上には，アクチン以外に，トロポニン，トロポミオシンというタンパク質があり，筋収縮の調節機構に関係している．

ミオシン分子は，2個の頭部と1本の尾部をもち，収縮張力を発生する本体である．ミオシン頭部は，太いフィラメントから突き出ており，アクチン分子と結合する部分と，筋

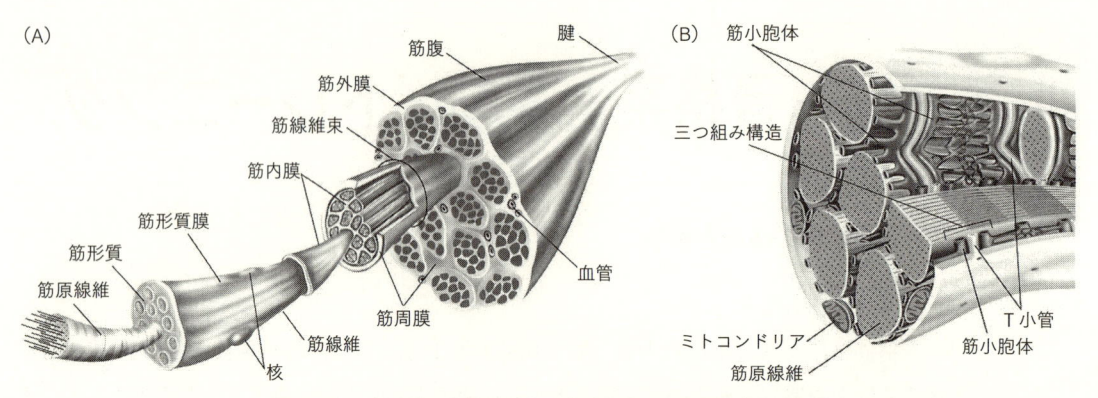

図 III.2.1 骨格筋の状構造（A）と筋線維内の微細構造（B）（[45]）

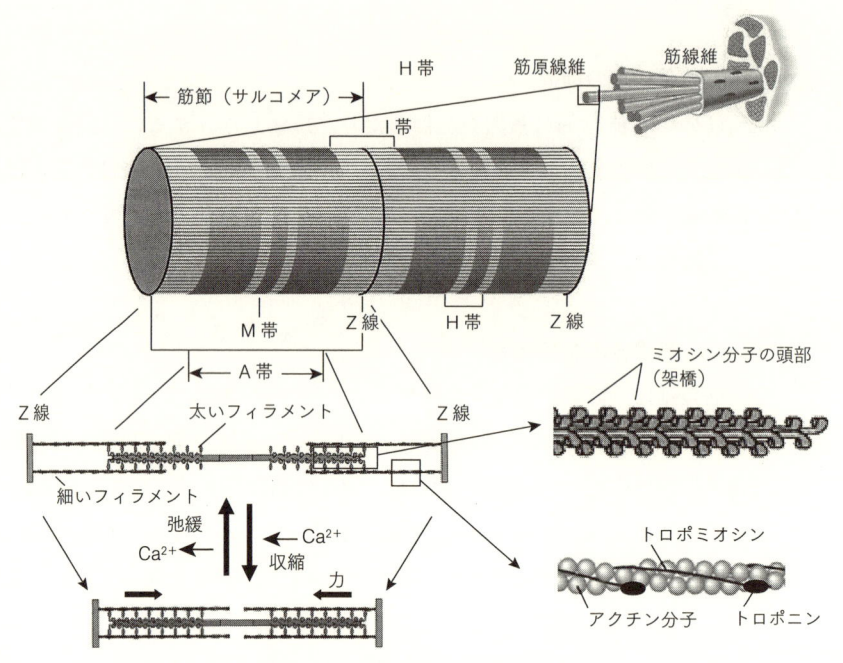

図 III.2.2 筋節の構造と収縮（滑り説）

活動のエネルギー源であるアデノシン三リン酸（ATP）を結合する部分がある．

(d) **筋収縮のメカニズム**

　筋線維が収縮するときには，A帯の幅は変わらず，Z帯の間の間隔が狭まる．このことから，太いフィラメントと細いフィラメントの長さは常に一定で，これらが互いに滑り合うようにして筋活動が起こると考えられ，このような考え方を滑り説と呼ぶ（**図 III.2.2**）．
　2種のフィラメント間の滑りは，ミオシン頭部がATPを分解しながら，アクチンと結合・解離をくり返すことによって起こると考えられている．

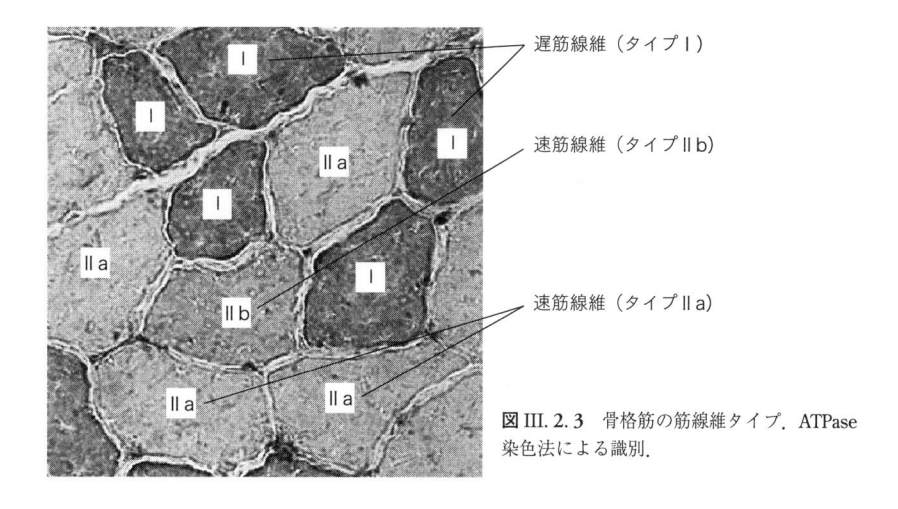

図 III. 2. 3　骨格筋の筋線維タイプ．ATPase 染色法による識別．

(e) 筋収縮の調節

筋収縮をオンにしたりオフにしたりするのはカルシウムイオン（Ca^{2+}）である．静止状態では，筋形質内の Ca^{2+} 濃度はきわめて低く（細胞外の約 1/10,000），筋線維が活動するときには，その約 100 倍に増加する．Ca^{2+} は細いフィラメント上にあるトロポニン（図 III. 2. 2）に結合し，細いフィラメントの構造が変化してミオシン頭部と結合できるようになる．

こうした筋形質内の Ca^{2+} 濃度の変化には，筋小胞体と T 小管が働く．筋線維が活動電位を発生すると，活動電位は細胞膜から T 小管の奥まで伝導する．T 小管の活動電位は，三つ組み構造をつくっている筋小胞体の端に伝達され，筋小胞体内に蓄えられている Ca^{2+} が筋形質に向けて放出される．筋線維の興奮が終わると，筋形質中の Ca^{2+} は筋小胞体の膜にあるカルシウムポンプによって筋小胞体に再吸収され，筋線維は弛緩する．

(f) 筋の神経支配

筋線維の活動は，運動神経からの指令によって起こる．運動神経は脊髄前角に細胞体をもち，軸索を筋に向けて伸ばしている．細胞体は上位中枢からの神経の終末とシナプス接合し，入力を受けている．運動神経の軸索は，途中で数十から数千回枝分かれし，それぞれ 1 個の筋線維に接合する．1 個の運動神経（1 個の細胞体と枝分かれした多数の軸索）と，それが支配する筋線維の集団を運動単位（motor unit）と呼ぶ．

1 つの運動単位に含まれる筋線維の数を神経支配比という．多くの運動単位では，神経支配比は 100-200 であるが，精緻な運動調節が必要な顔の表情筋や掌の筋では小さく（10-100），逆に大筋力を発揮する下肢筋では大きい（例えば腓腹筋では〜1,700）．

(g) 筋線維タイプ

筋線維は大きく，速筋線維（FT 線維）と遅筋線維（ST 線維）に分類される（図 III. 2. 3）．FT 線維は収縮が速く，発揮張力も大きい．ST 線維は収縮が遅く，張力も小さ

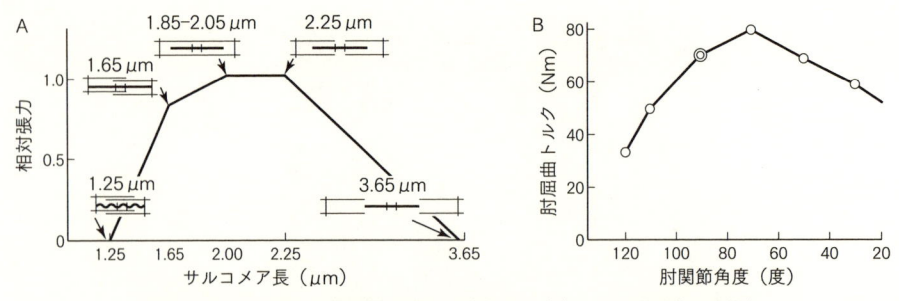

図 III. 2.4 カエル単一筋線維の長さ―張力関係（A）とヒト肘屈筋の関節角度―トルク関係（B）（[37]）

いが，有酸素性代謝能力が高く，持久力にすぐれている．細胞内の酸素運搬に関わるミオグロビンという赤色のタンパク質を多量にもつため，赤筋線維とも呼ばれる．FT 線維はミオグロビンが少なく，白筋線維とも呼ばれる．FT 線維と ST 線維は，特殊な染色法や，ミオシン分子種（アイソフォーム）の違いによる識別法に基づき，さらに細かくタイプ分けされる．一般的な標記法では，遅筋線維をタイプ I 線維，速筋線維をタイプ II 線維と呼ぶ．タイプ II 線維はさらに，最も収縮速度が速く，持久力に乏しいタイプ IIb 線維と，やや速度は遅いが持久性もあるタイプ IIa 線維に分けられる．

(h) 筋収縮（筋活動）の様式

　筋の主な活動様式には，a）等尺性収縮（isometric contraction），b）等張力性収縮（isotonic contraction），c）等速性収縮（isokinetic contraction）などがある．a）は筋の長さが一定のもとで張力発揮を行うもの，b）は張力が一定のもとで短縮・伸張を行うもの，c）は短縮・伸張速度が一定のもとで張力発揮を行うものである．

(i) 長さ――張力関係

　単一の筋線維の長さと等尺性収縮張力の間には，図 III. 2.4A のような関係があり，これを長さ–張力関係という．最大の張力が発揮される至適長（L_0）があり，太いフィラメントと細いフィラメントのオーバーラップが最大になった長さに相当する．生体内でも，肘屈曲のような単純な運動では，関節角度と発揮トルクの間に同様の関係が見られる（図 III. 2.4B）．

(j) 力――速度関係

　筋に荷重をかけ，最大の収縮をさせると，定常状態（安定して筋が短縮している状態）では，筋の張力と荷重が釣り合って，等張力性収縮になる．このときの張力（＝負荷の大きさ）と短縮速度には，図 III. 2.5 のような力–速度関係がある．荷重（＝筋の発揮する力）の増大とともに，短縮速度は双曲線を描いて低下する．図は，肘屈曲のような生体内の単関節動作の場合であるが，単一筋線維でも，収縮タンパク質で再構成した運動系でもまったく同様の関係が得られ，筋収縮の分子機構に基づく関係であることがわかる．速度

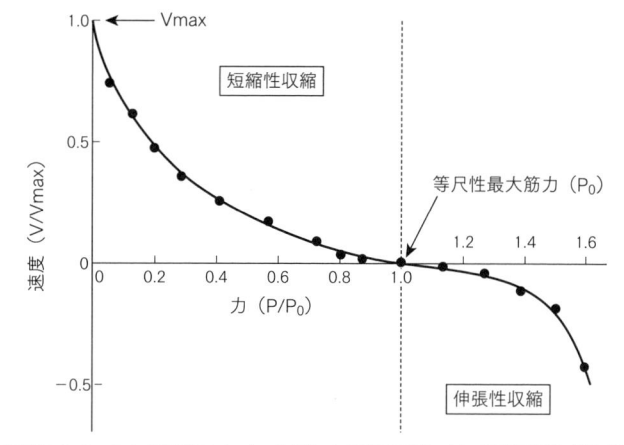

図 III. 2.5 ヒト肘屈筋の力（＝負荷）と速度の関係（力-速度関係）（[51]）

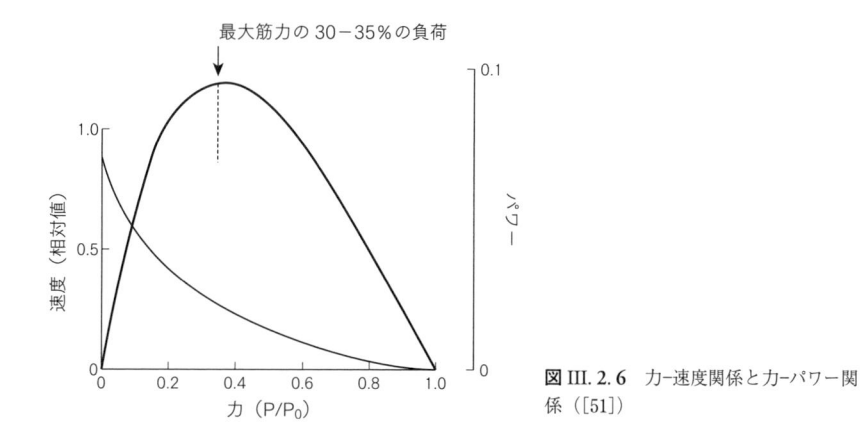

図 III. 2.6 力-速度関係と力-パワー関係（[51]）

＝0（筋が短縮することなく力のみを発揮する）での力を等尺性最大張力または等尺性最大筋力，力＝0（無負荷状態）での速度を無負荷最大短縮速度（Vmax）という．

(k) 短縮と伸張

筋にはエンジンとしての働きの他，ブレーキとしての働きがある．バーベルなどの負荷を持ち上げるとき，筋は短縮しながら筋力を発揮するので，このような収縮形態を短縮性収縮（コンセントリック収縮）という．バーベルを下ろすときには，同じ筋がブレーキをかけるように，外力によって強制的に伸張されながら筋力を発揮するので，このような収縮形態を伸張性収縮（エキセントリック収縮）という．

伸張性収縮では，筋は等尺性最大筋力を大きく超える力を発揮することができる（図 III. 2.5 の速度＜0 の領域）．偶発的要因による障害を回避できるよう，筋はエンジンとしての機能より，ブレーキとしての機能が高くなるようにつくられているといえる．

(l) 筋パワー

パワーは仕事率であり，単位時間に筋が発生する力学的エネルギーをさす．筋の発揮す

るパワーが大きいほど，身体やその部分（四肢），スポーツなどで用いる道具などに大きな運動エネルギーを与えることができる．筋の発揮するパワーは，力-速度関係で決定される．パワーは（力）×（速度）で与えられるので，力の値とそれに対応する速度の値の積を逐次計算すると，力に対し上に凸の放物線を示し，負荷（＝力）が等尺性最大筋力の30-35％のときに極大値をとることがわかる（図III.2.6）．

2.2 腱・細胞外マトリクス

(a) 腱の微細構造

腱を構成する主な成分はコラーゲンタンパク質であり組織湿重量の約30％と見積もられ，残りの大部分は水である．細いコラーゲン分子が束ねられて1本のコラーゲン線維をつくり，そのコラーゲン線維が集まって束をつくり，何段階かに束ねられたものが，丈夫な1本の腱を形成している．腱を構成しているコラーゲンは，細胞内にあるタンパク質ではなく，線維芽細胞で合成された後に，細胞の外に出されるタンパク質である．人体は多くの細胞からできているが，実際には細胞が単にかたまって集まっているのではなく，細胞の間隙がある．この細胞間スペースにある固相を細胞外マトリクスと呼ぶ．この細胞外マトリクスの主成分がコラーゲンである．

(b) 腱特性の測定

これまで腱の力学的特性（スティッフネス，ヒステリシス，ヤング率，破断強度など）に関する知見は，動物やヒト屍体からの摘出腱を用いた実験結果に頼らざるを得なかった（[152]）．しかし，動物とヒトではその形状や大きさが異なり，屍体標本は薬品などにより萎縮や特性の変化が起きていることが推測され，摘出腱を用いた実験結果は必ずしもヒト生体の腱特性のそれを表しているとは言えない．最近，等尺性収縮中の超音波縦断画像より（図III.2.7），ヒト生体の腱伸張量を実測する方法が開発され（[30]），方法の妥当性やヒト腱の可塑性に関する知見が蓄積されつつある（[71]）．

(c) 腱特性が機能に及ぼす影響

腱は筋と骨の間に位置しており，筋線維が発揮した張力を関節に伝達する役割を果たす．その際，腱は粘弾性を有するために，筋線維の「力-長さ」および「力-速度」関係に大き

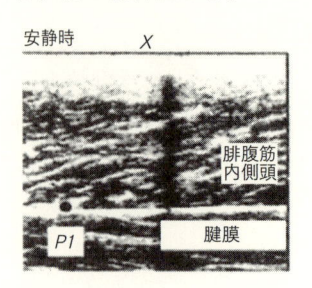

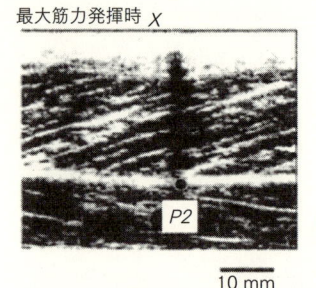

図III.2.7 安静時と最大筋力発揮時の超音波縦断画像（[71]）

な影響を及ぼし，ヒトの身体運動のメカニズムを考察するうえで重要な因子になる．実際に，腱はジャンプなどの運動やスポーツパフォーマンスに大きな影響を及ぼすことが知られている（[71]）．一方，日常生活やスポーツを実施する場面において，腱は絶えずストレスにさらされていることになる．このようなストレスは，腱を構成するコラーゲン線維をはじめとした細胞外マトリクスに対して，力学的な刺激になっていることが予想される．腱のトレーニングに関する知見は，筋組織や骨に比べると非常に少ないが，近年研究が進みつつある．例えば，持久的な走トレーニングを実施する陸上長距離選手のアキレス腱の横断面積が，一般成人や下肢をそれほど使用しない競技選手に比べて大きいことが報告されている（[74]）．その他にもトレーニング様式により，腱の力学的特性や形態（横断面積）に対する効果が異なることが報告され（[72]），今後の研究が待たれるところである．

2.3　骨・関節の構造と機能

(a)　骨

生体には全部で612本の骨がある．骨は関節とともに運動器の一員として身体を支持し，力や体重を効果的に伝達する役目を果たしている．骨の表面は硬い皮質骨からなり，内部には多孔性の海綿骨がある．海綿骨の中には，造血組織，血管，脂肪などが存在する．骨はその外側を骨膜という比較的厚い線維性皮膜で覆われている．骨膜の下には層板構造を有する皮質骨が広がっている（**図III.2.8**）．骨膜下と骨髄腔側で骨髄腔を中心に同心円状に走る環状基礎層板，縦走血管を中心に同心円状3-20層のハーバース系，ハーバース系の間の介在層板などがある．一方海綿骨では骨は骨梁構造をなし，この骨梁は引っ張りおよび圧縮力のかかる方向に配向して並ぶ（**図III.2.9**）．骨には骨芽細胞，骨細胞，破骨細胞の3種類の細胞がある．骨芽細胞は，層板の表面に配置し骨形成を行う．破骨細胞は大きな多核細胞で骨吸収を行う．骨基質の成分は，有機成分としてはコラーゲンと少量の多

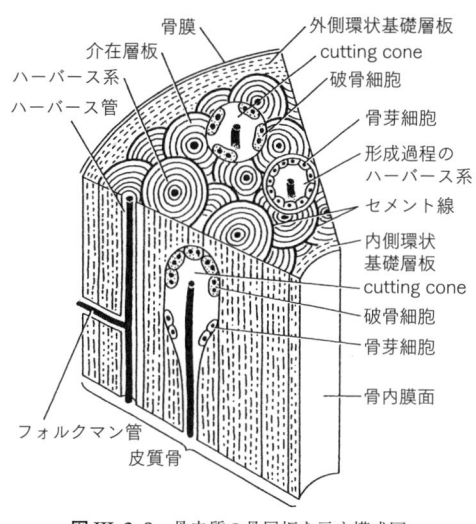

図III.2.8　骨皮質の骨層板を示す模式図（[39]を複合，改変）

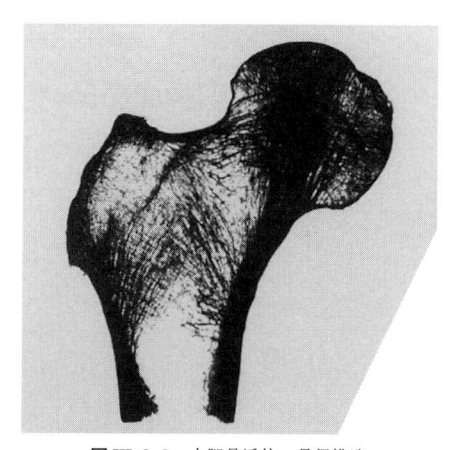

図III.2.9　大腿骨近位の骨梁構造

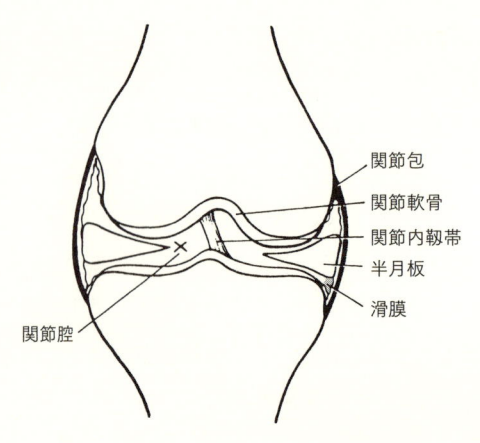

図 III.2.10 膝関節の構造の模式図（[81]）

糖体（グリコサミノグリカン），無機成分としてはハイドロオキシアパタイトからなる．骨は常に生体の受ける刺激によってリモデリングをくり返しており，軽量でしかも強固な構造になっている．

(b) 関　節

関節は骨と骨を連結し，荷重支持と運動機能の2つの重要な役割を担っている．

関節は関節軟骨と関節包で囲まれており，関節腔内には少量の関節液があり，膝関節などでは半月板や靱帯なども存在する（図 III.2.10）．関節軟骨は硝子軟骨よりできている血管のない組織で，圧力が加わると変形し，荷重を分散する役割を果たす．また変形により関節軟骨内にある水がしみだし，非常に抵抗の少ない潤滑様式をつくり出している．関節軟骨は表層，中間層，深層，および石灰下層の四層に分けられている．関節軟骨の約70%は水であり，残り30%の有機質はコラーゲン，グルコサミノグリカンなどで占められている．関節包は外層と内層に分けられる．外層は密な線維組織よりなり，内層は疎な線維組織と滑膜よりなる．滑膜からは水をはじめ各種の栄養物質が分泌されている．関節液の主成分は血漿からの浸出液であり，軟骨細胞を養っている．また膝関節などで見られる半月板は関節軟骨同様，荷重の分散・伝達の役割を果たしている．

2.4　身体の素材となるタンパク質が合成・分解される仕組み

『広辞苑』によれば肥大とは生体の器官や組織の容積が正常以上に大きくなることをいう．また，正常とは変わったところがなく普通であることを示す言葉として用いられる．すなわち，骨格筋の肥大という場合，正常以上に骨格筋の容積が増えることと定義することができる．したがって，肥大の種類としては，

① トレーニングなどによって骨格筋の容積が増える作業性（活動性）の肥大
② 末端肥大症や巨人症などに見られるホルモンの分泌過多による肥大
③ 慢性的な炎症性の刺激による肥大
④ 先天的あるいは後天的に全身的または局所的に原因不明の肥大

このように，生理的に異常で好ましくないような状態で起こる肥大と，生理的により機能を増大させ好ましい状態で起こる肥大とがある．

本書はスポーツ科学のためのものなので①に該当する．

筋萎縮は，筋肉そのものにその原因のある筋原性のものと，筋肉に指令や栄養を供給している運動ニューロンにその原因のある神経原性のものに二分できる．筋萎縮の代表的なものが筋ジストロフィーであり，後者を代表するものが筋萎縮性側索硬化症（ALS）と脊髄性筋萎縮症（SMA），球脊髄性筋萎縮症である．

以上のような事柄を念頭にタンパク質の合成と分解について簡単に述べることにする．筋肥大や筋萎縮は必ずしもタンパク質代謝だけで説明できるものではないがここではタンパク質代謝のみに限って述べることにする．

(a) タンパク質の合成と分解のスイッチング

図III.2.11は筋肥大と筋萎縮時のIGF-1/Akt経路とFOXOの役割についてまとめたものである．この経路ではFOXOのリン酸化，脱リン酸化がタンパク質合成と分解の切り替え点として機能していることがわかる．筋萎縮を仲介するユビキチンリガーゼとしてMuRF-1やatrogin-1が知られており，その発現はインスリン様成長因子1（insulin-like growth factor-1; IGF-1）により調節されている．IGF-1がIGF-1Rに結合した後のシグナルは，レセプターチロシンキナーゼの基質であるIRS-1（insulin receptor substrate）を介し，Aktキナーゼにより転写因子であるFOXOをリン酸化する．リン酸化されたFOXOは細胞質内に留まり，核内に移行することはないが，このシグナルが長期に断たれてしまうと，FOXOが脱リン酸化され核内に移行し，筋ユビキチンリガーゼMuRF-1やatrogin-1の転写を亢進する．それにより筋細胞の萎縮が進行する．

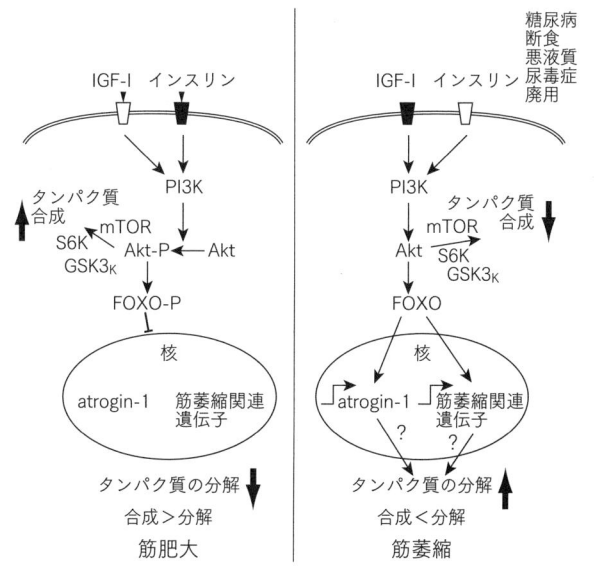

図III.2.11 骨格筋におけるタンパク質の合成と分解のスイッチング

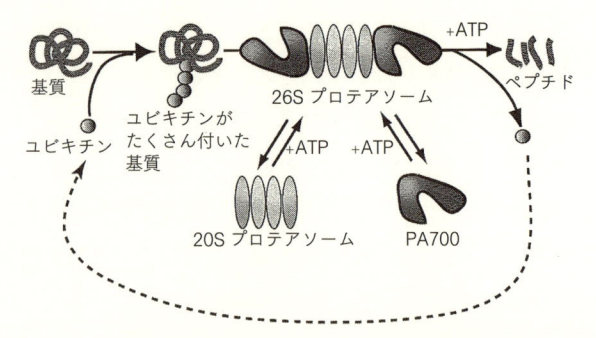

図 III. 2. 12　選択的なタンパク質の分解機構

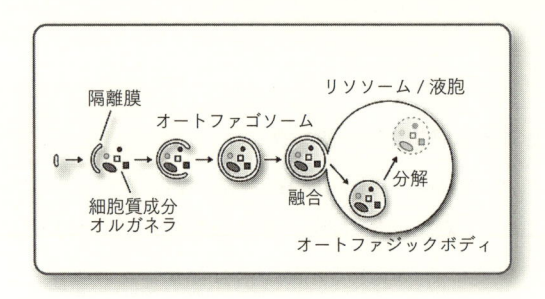

図 III. 2. 13　非選択的なタンパク質の分解

(b) タンパク質の分解について

(1) タンパク質の分解系

主要な分解系（ユビキチン–プロテアソーム系，カルシウム–カルパイン系，リソソーム系）が存在している．

(2) 選択的にタンパク質を分解

図 III. 2. 12 には古いタンパク質，不要なタンパク質を見つけ出し，どのタンパク質を分解するべきかを見定めてから分解する機構を示した．まずどのタンパク質を分解すべきか目印をつける．これをユビキチン化と呼ぶ．そして，「ユビキチン」という印のついたタンパク質を「プロテアソーム」という装置のなかで分解する．

(3) 非選択的にタンパク質を分解

図 III. 2. 13 は細胞成分やオルガネラなど，なんでも分解できるシステムを示す．細胞は必要な量だけ，自身の一部をリソソームに運んで分解する．その主要な方法が図に示す「オートファジー（自食作用）」である．分解するものを個別に見分けずにまとめて一気に分解するため，バルク分解と呼ばれている．

以上のような機構は運動時に働く．運動は必ずしも肥大機構のみに関与するのではなく，運動で崩壊した筋細胞や結合組織の分解にも深く関与している．

2.5　不活動の影響

慢性的な運動不足や寝たきり，あるいは病気やけがなどにより身体の動きが制約されている状態は，身体を構成する器官・組織，特に骨格筋にとっては不活動な状態であり，身

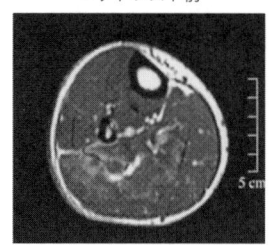

ベッドレスト前　　　ベッドレスト後

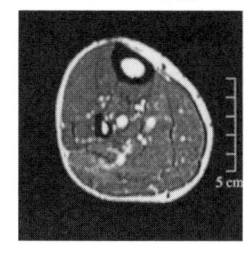

図 III. 2. 14　20 日間のベッドレスト前後における同一被験者の右下腿部の MRI

体の機能にはさまざまな負の影響がもたらされる．

(a) 筋骨格系の変化

不活動に伴う筋形状の変化の特徴の 1 つに，抗重力筋の著しい萎縮がある．例えば図 III. 2. 14 は 20 日間のベッドレスト前後の右下腿部の MRI 横断像（灰色の部分が骨格筋）を示したものであるが，ベッドレスト前と比較して，ベッドレスト後では筋萎縮が生じていることが視覚的にも確認できる．20 日間程度のベッドレストであれば，膝伸筋群，膝屈筋群，足底屈筋群の筋量は約 7-10% 減少するといわれている（[4]）．また，不活動に伴い筋力も低下するが，その程度は筋量減少のそれを上回り，20 日間のベッドレストでは，膝関節の伸展力・屈曲力に 19-27% の減少が認められている（[35]）．さらに，骨についても不活動はマイナスの影響をもち，骨の強さを反映する指標である骨量や骨密度が減少する．

(b) 呼吸・循環系の変化

これまでの研究報告のまとめによると，10 日から 28 日間のベッドレストにより $\dot{V}O_2$ max は 6-31% 減少し，1 日当たりの減少率は約 0.6% であるといわれている（[153]）．そのような $\dot{V}O_2$ max の低下について，フェレッティらは約 75% が心循環系能力の低下により説明ができ，残りの約 25% は活動筋での酸素拡散および酸素利用能の低下によると述べている．

(c) 機能低下の防止策としての身体運動の効果

ベッドレストをはじめとする不活動模擬実験では，実験期間中，特定の運動プログラムを被験者に課し，身体機能の低下に対する効果を検証する試みもなされている．それら一連の研究成果によると，筋量および筋力の低下を抑制するものとしては，高強度でのレジスタンストレーニングが，比較的少ないトレーニング量で高い効果をもつことが明らかになっている．例えば，20 日間のベッドレスト中に，レッグプレスによる動的な筋力発揮を 1 日 30 回行うだけで，大腿部の筋量の減少をかなり抑えることができる（図 III. 2. 15）．一方，$\dot{V}O_2$ max の低下に対しては，全身持久性トレーニングを中心とした運動の効果が検討されているが，一貫した知見は得られていない．ただし，低強度での運動では $\dot{V}O_2$

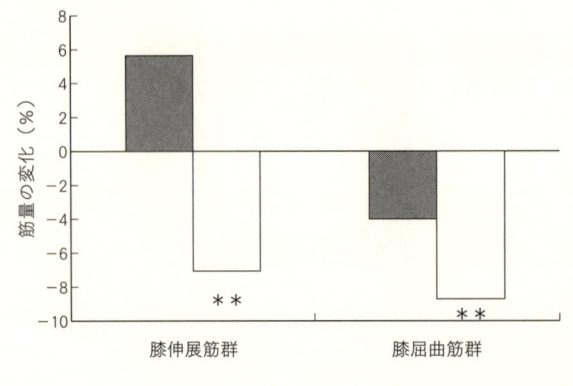

図III. 2. 15　20日間のベッドレスト中のレジスタンストレーニングが大腿部の筋量変化に及ぼす影響．■：トレーニング群，□：コントロール群（トレーニングなし）．＊＊：$p<0.01$ vs. トレーニング群（[5]）．

max の低下の防止効果は認められず，骨格筋の形状と機能の低下に有効とされるレジスタンストレーニングの処方条件と同様に，高強度での運動実施の必要性が指摘されている（[125]）．

2.6　レジスタンストレーニングの効果

レジスタンストレーニングとは，ウエイトやバネの弾性力などのさまざまな負荷抵抗を用い，主に筋力やパワーの向上をはかるトレーニングの総称である．

(a)　随意最大筋力とトレーニング

自らの意志で発揮可能な最大筋力を随意最大筋力（maximal voluntary contraction; MVC）という．MVC はまず筋横断面積に比例する（図III. 2. 16）．一方，両者の関係にはばらつきも見られる．ばらつきの要因には，中枢神経系の能力と，筋線維タイプの割合の違い（筋線維組成）がある．MVC を発揮していても，中枢では抑制が働くため，筋のすべての運動単位（III. 2. 1 参照）が動員されるわけではなく，その動員の割合には個人差がある．また，速筋線維と遅筋線維では，速筋線維の方が断面積当たりの筋力がやや高いため，速筋線維の割合が大きいと筋断面積当たりの筋力も若干高くなる．レジスタンスト

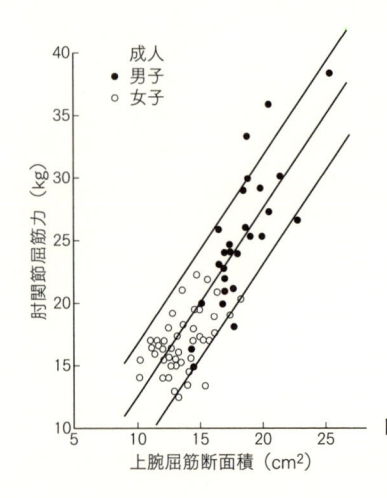

図III. 2. 16　肘屈筋における筋横断面積と筋力の関係（[32]）

44 ── III　身体運動の科学

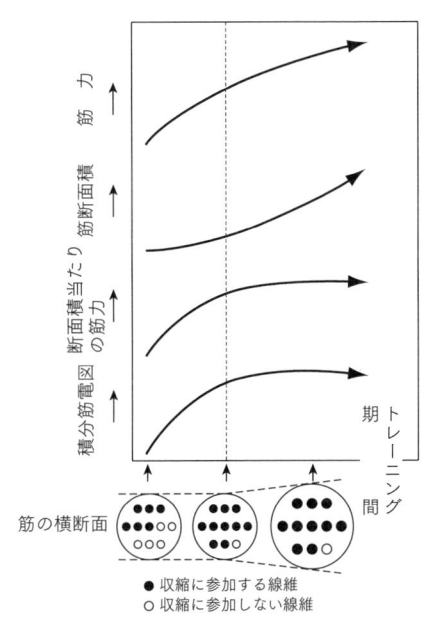

図 III.2.17 筋力トレーニングの効果の現れ方 ([33])

● 収縮に参加する線維
○ 収縮に参加しない線維

レーニングは，これらすべての要因に影響を及ぼす．

(b) 神経系への効果と筋肥大

強度の高いレジスタンストレーニングを長期間行うと，まず中枢神経系の抑制の低減が起こり，MVC が増加する．やや遅れて筋の肥大が，緩やかに継続する（**図 III.2.17**）．計測可能な程度の筋肥大が起こるには，1ヶ月以上のトレーニングが必要である．筋肥大は主に，筋線維の肥大によって起こるが，筋線維の増殖もわずかではあるが起こると考えられている．トレーニングによって肥大するのは主に速筋線維である（[32]）．

(c) トレーニング強度と運動単位の動員様式

一般に，遅筋線維を支配する運動神経（III.2.1参照）は，細胞体が小さく，興奮の閾値が低く，神経支配比が小さい（運動単位のサイズが小さい）．反対に，速筋線維の運動単位はサイズが大きい．通常の筋力発揮では，サイズが小さな遅筋線維の運動単位から優先的に動員され，筋力発揮レベルの増大とともに，よりサイズの大きな速筋線維の運動単位が付加的に動員されてゆく．これをサイズの原理と呼ぶ．したがって，トレーニング効果の大きな速筋線維を十分に動員するには，ある程度大きな負荷強度（MVC の 40% 以上）が必要となる．

(d) 筋肥大のメカニズム

強い力学的ストレスを受けた筋線維では，筋タンパク質の合成が高まり，その分解が抑制されるため，細胞の肥大が起こる．一方，多核体である筋線維のそれぞれの核には，タンパク質合成などを支配できる一定の領域（核領域）があるため，筋線維内の核数が肥大

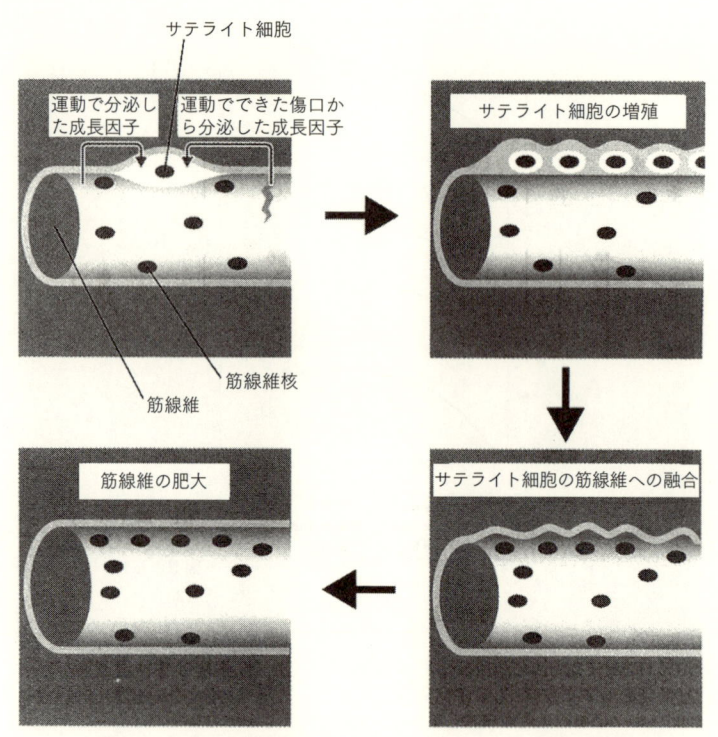

図 III. 2. 18　骨格筋線維の肥大における筋サテライト細胞の役割

の上限を規定する．この上限を超えて筋線維が肥大するには，核数を増加する必要があり，トレーニングによる筋線維の肥大は，核数の増加を伴うとされている．そのための核の供給源は，筋線維と基底膜の間に散在する筋サテライト細胞である．この細胞は，筋線維への分化を方向付けられた幹細胞であるが，分化多能性もあわせもつ．通常は休止期にあり，筋線維が強く活動すると分裂・増殖し，やがて筋線維に融合して，その核数を増やすと考えられている（図 III. 2. 18）．筋線維からは，筋サテライト細胞の増殖を調節するさまざまな因子が分泌される．静止状態の筋線維からはミオスタチン（マイオスタチン）が分泌され，この物質は筋サテライト細胞の増殖を強く抑制する．一方，活動状態では，ミオスタチンの分泌が低減するとともに，インスリン様成長因子（IGF-1），インターロイキン 6（IL-6）など，筋サテライト細胞の増殖を促す因子の分泌が起こる．トレーニングに伴って下垂体から分泌される成長ホルモンは，IGF-1 を介して筋線維の肥大を助長する．

(e) 筋線維タイプの変化

レジスタンストレーニングは，筋線維タイプの変化も引き起こす．通常，速筋線維の中で，タイプ IIb からタイプ IIa へというように，遅筋方向へのタイプ移行が起こる．

2.7　身体組成

(a) 体格指数法

身長と体重との関係から各指数を算出する方法であり，多人数の中から肥満の疑いのあ

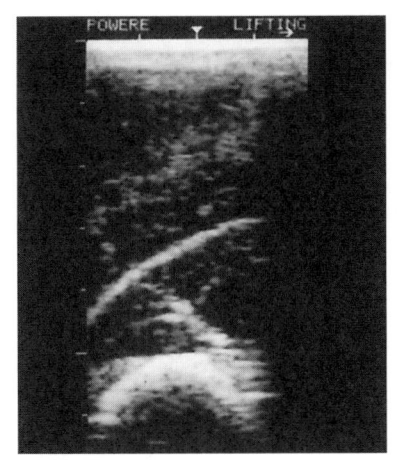

図 III. 2. 19 超音波法による上腕後部の断面像

る者をスクリーニングするのに適した手法である．広く用いられている指数は，BMI（II. 3 参照）であり，22 前後（18.5-25）が標準とされている．

(b) キャリパー法

皮膚および皮下脂肪層を指先で摘み，その厚さをキャリパーで測定する方法である．一般には上腕後部と肩甲骨下部を測定し，それらの皮脂厚の合計値より体脂肪率を推定する方法がとられる．

(c) インピーダンス法

生体に微弱な電流を流してインピーダンス（抵抗）を測定し，体脂肪率を推定する方法である．測定は非常に簡単であるが，インピーダンスは体液などの循環状態に強く影響を受けるので，運動，飲食，姿勢などの条件を常に一定にしておく必要がある．

(d) 超音波法

3.5-10 MHz の超音波を用いて生体内部を映像化し，皮下脂肪厚や筋厚などを測定する方法である．測定精度も高く，持ち運びも可能であるため最近は広く用いられるようになっている（図 III. 2. 19）．

(e) MRI 法

MRI（核磁気共鳴法）を用いて生体内の組織を映像化し，脂肪量や筋量を測定する方法である．直接組織を映像化するので正確な測定方法であるが，装置が大掛かりなため一般的ではない（図 III. 2. 20）．

(f) 身体密度法

水中における体重と空気中の体重との差から体密度を算出する方法である．解剖学的資

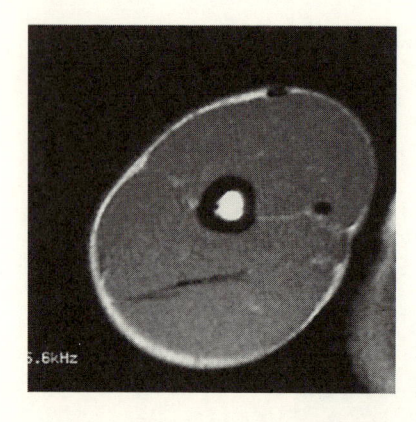

図 III. 2.20　MRI 法による上腕の断面図（[60]）

料から，脂肪組織と除脂肪組織の比重をそれぞれ 0.9007，および 1.10 と仮定して身体密度を算出する．

III 3 呼吸・循環・内分泌系と運動・トレーニング

3.1 エネルギー代謝と栄養

(a) 糖

　生きているエネルギーは，糖や脂肪からミトコンドリアが酸素を消費してATPの形で生み出される．そしてこれらは元々は食物から摂取したものである．糖は炭水化物であり，食べるごはんである．糖は多くの種類があり，体内にも多種類あるが，エネルギー代謝として考える際には体内の糖としては基本的には血液の糖であるグルコースと，グルコースが集まって筋肉と肝臓を中心に貯蔵されているグリコーゲンのことを考えればよい（図III.3.1）．血液のグルコース濃度のことを血糖値ともいう．この値は1g/l程度である．脳は基本的に糖を使うので，血糖値が下がると脳へのエネルギー供給が不足しかねない．そこで血糖値が下がると空腹感が生まれ，糖補給を脳が促している．糖は水に溶けるので，運びやすく，また利用反応をすぐに活発にできるので，運動時のエネルギーとして最も重要である．では糖はたくさんあればよいかというと，血糖値が上がった状態が続いて下がらないのが糖尿病であり，その結果として高血圧を始めとするさまざまな症状が出てくるように，ありすぎても困る．糖の貯蔵量は肝臓に500 kcal程度，筋肉に1,500 kcal程度である．これは何も食べないと1日でなくなる程度の量でしかない．このように糖は使いやすく運動時に最も大事なエネルギーだが，貯蔵量は多くない．糖は脳のエネルギーであり常に使われているが，通常はあまりたくさんは使わないようになっている．

(b) 脂肪

　脂肪（中性脂肪）は3本の炭素の鎖（脂肪酸）とグリセロールが結合したものである．脂肪というと食用油や脂肪分によって摂取するだけでなく，糖の一部も脂肪となっている．脂肪のもつエネルギーは1g当たり9 kcalであり，糖では1g当たり4 kcalなので2倍以上の差がある．脂肪は余分のものをそぎ落として貯めるのに適したものであるといえる．脂肪というと悪いイメージが多いが，実際には水に溶けない脂肪は液体に満ちた細胞を隔てる細胞膜の成分として好都合で重要だし，レプチンやアディポネクチンといった，肥満を抑え身体状態を望ましく保つ働きをもつと考えられるホルモンも分泌している．また皮下脂肪は体温の保持や外からの衝撃吸収などの役割も果たしている．脂肪は過剰にあるのはいけないが，ある程度はあった方がよい．平均から少し上くらいの量の脂肪のある人の方が長生きとも考えられている．脂肪は多くは中性脂肪として脂肪細胞に貯められている．これを利用するには，まず脂肪細胞で分解され脂肪酸になり，血液に出て筋肉に取り込まれ，さらにミトコンドリアに取り込まれ，それから炭素が2つずつ切り出されるベータ酸

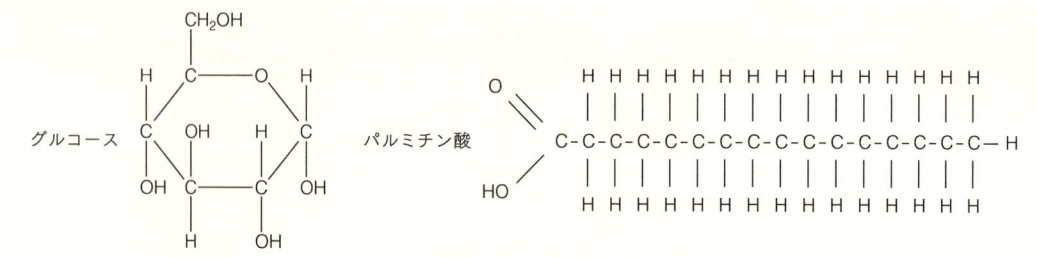

図 III. 3. 1 糖と脂肪

化を受けて，ようやくミトコンドリアの TCA 回路に入っていく．そこで利用するには糖に比べると手間がかかる．

(c) 運動時における糖と脂肪の利用

糖と脂肪を比較すれば，糖の方が使いやすいが量が少ないので，たくさん使っているとすぐなくなる（図 III. 3. 2，図 III. 3. 3）．脂肪は糖よりも使うのに手間はかかるが，量は多い．ほとんどの場合糖と脂肪は両方使われていて，糖のみ脂肪のみが使われるという状況にはならない．安静時には糖：脂肪が 1：2 程度の割合でどちらも使われている．運動す

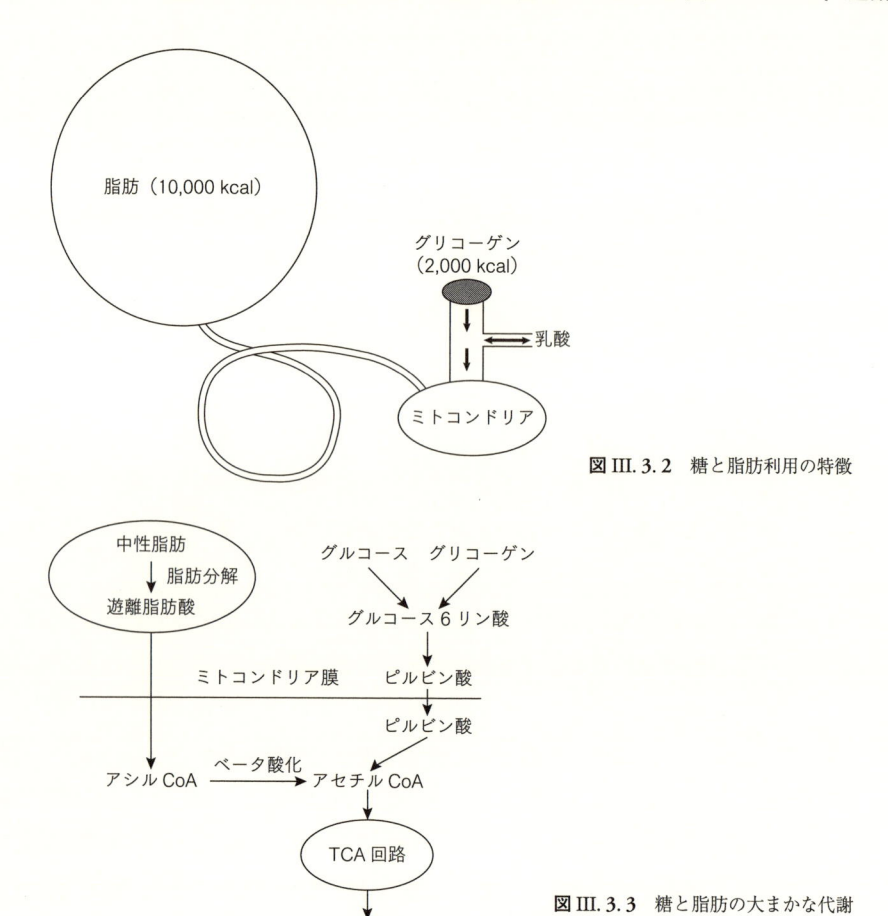

図 III. 3. 2 糖と脂肪利用の特徴

図 III. 3. 3 糖と脂肪の大まかな代謝経路

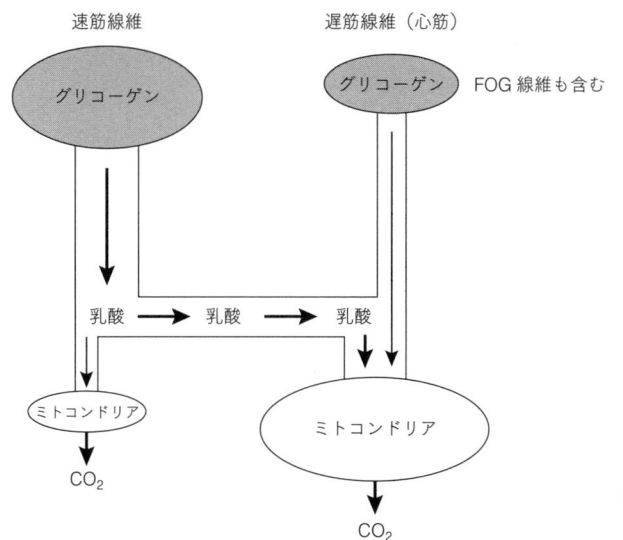

図 III. 3.4 乳酸はエネルギー源となる

ると糖と脂肪の利用のし方が変化する．運動強度が上がるにつれて，糖の利用が相対的に高くなる．そして急に糖の利用が上がり脂肪の利用が低下する強度がLT（III. 3.3参照）である．

(d) 乳　酸

　乳酸というと，無酸素状態でできた老廃物で疲労の素と長く言われてきた．しかし実際には，乳酸はそのようなものではなく，糖を分解して利用する途中でできて，糖の利用を調節し，筋グリコーゲンのエネルギーを他の組織に配分する役割をもつエネルギーである．乳酸は糖を利用する途中でできる．脂肪からはできない．糖の代謝は前半の糖分解と，後半のミトコンドリアでの酸化利用とに分けて考えることができる．ミトコンドリアでの酸化量は全身のエネルギー需要量を反映し精密に調節されているのに対して，糖の分解はそこまでの精密な調節はされていない．ダッシュしたり，スパートしたりすると糖分解が急に高まる．つまりミトコンドリアの反応量以上に糖分解が進むことがあると，分解してきた糖が余ることになる．そこでできるのが乳酸である．また乳酸は血液を通して別の組織のミトコンドリアに入れるエネルギーである．特に速筋線維でできた乳酸が，遅筋線維や心筋に取り込まれて酸化されている（図III. 3.4）．つまり速筋線維に多くある筋グリコーゲンが乳酸になることで，他の遅筋線維などのエネルギーとして利用できるようになる．

(e) アミノ酸

　身体を構成する主成分であるタンパク質は，アミノ酸が連なってできたものである．アミノ酸にも炭素が含まれるので，エネルギー源になる．ただしアミノ酸には窒素も含まれるので，窒素を外す必要があり，糖や脂肪よりは使いにくい．アミノ酸も運動時のエネルギーになりうるが，糖や脂肪に比べるとエネルギー源としての重要度は低く，通常はエネ

ルギー消費量の5%程度がアミノ酸からによると考えられる．ただしマラソンの後半のように糖がなくなってくる状況では，アミノ酸の利用も増す．飢餓状態になるのと同様である．またアミノ酸はエネルギー代謝の調整役のような働きもする可能性がある．ただしアミノ酸摂取だけでやせるといったおかしな情報も多い．基本的にはアミノ酸はエネルギー源というよりは身体を形づくるものである．

（f）日本人の栄養摂取

日本人は摂取熱量のうち，55-60%が糖質摂取であり，脂肪は25-30%程度，タンパク質が15%程度であるので，糖の摂取量が多い．脂質摂取が少なく，また魚や植物性タンパク質の摂取が多いなど，健康維持に最適な食事とされ，日本食が世界中に注目されているといえる．ここで何も運動しなければ糖：脂肪の利用は1：2程度である．ということはこの日本人の平均的食事では運動しないと摂取した糖が余ることになるが，先にも述べたように，糖の貯蔵量は通常ほぼ一定で増えない．そこで余った糖も脂肪になっている．一方，運動で糖を使えばそれだけ糖から脂肪への変換量が減ることになるので，糖を利用することは脂肪の減量に無駄ではない．蓄積した脂肪を減らすのには，摂取する総熱量を減らすか，消費する量を多くするしかない．消費を増やすには糖と脂肪の利用度には関係なく，運動してエネルギー消費量全体を高めることが第一である．ただし運動の効果はエネルギー消費の増加だけではない．運動することで，体内の状況を好ましい方向に変えることができる．摂取熱量を減らすのは普段の心がけだが，糖が多い食事をしている日本人は，そのことで脂肪の摂取を抑えることができている．糖は脳のエネルギーであるから糖の摂取を過度におさえることは望ましくない．

3.2 運動時のエネルギー消費

（a）酸素摂取量と最大酸素摂取量

運動でどれだけエネルギーを使ったかは，糖や脂肪がどれだけ使われて減ったかで求まるが，1回の運動程度でこの変化量を測定することは不可能である．しかしどれだけ酸素を摂取したかは比較的簡便に求めることができる．したがって酸素摂取量は，エネルギー消費量の指標となる．そして酸素摂取量は運動強度に比例する．つまり，例えば走る速度

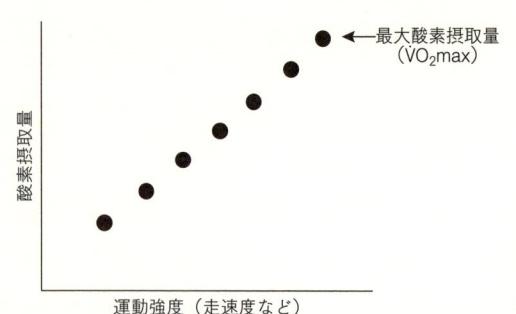

図 III. 3.5 運動強度はその運動における酸素摂取量の最大酸素摂取量に対する割合（%$\dot{V}O_2$ max）で表せる

が2倍になれば，酸素摂取量も2倍になる．その運動において体内でどれだけエネルギーが必要かは精密に判断され，酸素摂取量の変化に応じて，ATPの形でエネルギーが生み出される．ただし酸素摂取量はこれ以上増やせないという最大値がある．それが最大酸素摂取量（$\dot{V}O_2\,max$）である．これが大きければそれだけ多くエネルギーを生み出せることになり，持久的能力と関係が深い．そして酸素摂取量は最大酸素摂取量までの範囲で運動強度に比例する．このことから逆に運動強度は，その時の酸素摂取量の最大酸素摂取量に対する比率で求まることになる（図III.3.5）．このことを%$\dot{V}O_2\,max$という．マラソンは50-70% $\dot{V}O_2\,max$程度，1,500 m走で100% $\dot{V}O_2\,max$程度となる．

(b) 酸素摂取量とエネルギー消費量

酸素摂取量による消費カロリーは，厳密に言えばそのときのエネルギー源が脂肪であるか糖であるかによって異なり，糖を利用した方が同じ酸素摂取量でのエネルギー消費量が少し多くなる．しかし多くの場合糖のみ，脂肪のみの酸化でエネルギーがつくられるという状況はなく，エネルギー消費量を概算する場合には，酸素1 l消費当たり5 kcalの消費として考えてよい．そこで体重60 kgの一般学生が60% $\dot{V}O_2\,max$の強度で30分走ったときのエネルギー消費量を大まかに推定する．運動強度はその時の酸素摂取量が最大酸素摂取量のどのくらいかで表され，最大酸素摂取量は一般の大学生では体重当たり40-50 ml/kg/分，運動選手では50-60 ml/kg/分程度である．まず最大酸素摂取量を50 ml/kg/分と仮定すると，酸素摂取の絶対量は1分間当たり50 ml×60 kg＝3 lである．運動したのはこの60%の強度であるから毎分1.8 lでありこれはエネルギー消費量にすれば1.8×5＝9 kcalである．この消費を30分続けたのであるから，9×30＝270 kcalとなる．特に運動していない中高年ならば最大酸素摂取量は40 ml/kg/分程度に仮定した方が良い．通常90分の実技授業で動いている時間は正味50-60分程度であり，運動強度も平均すれば50-60% $\dot{V}O_2\,max$なので，400-600 kcalを消費している．

(c) 安静時のエネルギー消費

安静時のエネルギー消費量を求めるならば酸素摂取量を単純に10% $\dot{V}O_2\,max$とすれば，上の式から1分間当たり50×60×0.1＝0.3 lの酸素摂取でこれは0.3×5＝1.5 kcalとなり，1時間当たりだと90 kcal，1日当たりだと2,160 kcalとなる．ここで，座っている事務作業などの中でも，コピーをとりに行ったり，電話に立ったりして，活動を高めるようにしているとそれで酸素摂取量を15% $\dot{V}O_2\,max$程度に上げることができる．そうすると1時間当たりのエネルギー消費量は135 kcal程度になる．1時間当たり数十kcal程度余計の消費でも，毎日心がけて積み重ねれば相当なエネルギー消費になる．このようにエネルギー消費を高めるには運動だけでなく，日常生活の「活動量」を高めることも有効なのである．

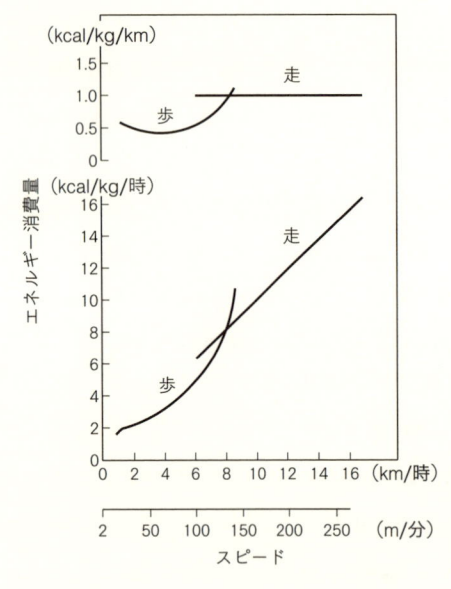

図 III.3.6 走行時のエネルギー消費量は速度によらない．歩行時のエネルギー消費量は速度に依存し，速く歩いた方がエネルギー消費が大きくなる（[76]）．

(d) 走行時・歩行時のエネルギー消費

上記の方法よりもさらに簡便なエネルギー消費量の推定法として，走る際のエネルギー消費量は速度によらず距離1km，体重1kg当たり1kcal程度という大まかな関係が成り立つことを利用する方法がある（図III.3.6）．つまり体重60kgの人が5km走ったら60×5＝300kcalである．またマラソンを走れば60×42.195kmでほぼ2,500kcal程度となる．歩くときはこう単純にはいかず，速く歩くほどエネルギー消費量も増えるが，日常生活で見られる程度の歩きでは大まかには体重1kg，距離1km当たり0.5kcal程度としてよい．これより60kgの人が3km歩けば60×5×0.5＝90kcal程度である．よく言われる1日1万歩歩くならば，1万歩は距離にすると7km程度であるから210kcal程度の消費となる．このように運動することだけでなくよく歩くとか，活動するということも大変大事なことである．

3.3 LT（乳酸性作業閾値）

(a) 運動強度と糖の利用

運動強度が上がるにつれて，糖の利用が高まる．単純に考えれば強度が上がるほどエネルギー需要が高まり，利用に手間のかかる脂肪よりは利用しやすい糖にエネルギー源が移行する．ただしこれは運動強度に比例して進行していくのでも良さそうなものだが，50-70% $\dot{V}O_2$ max 程度の強度になると急に糖の利用が高まり脂肪の利用が下がる（図III.3.7）．糖の利用が高まるということは糖を分解する途中でできる乳酸の産生が増えるということであり，そのことから血中乳酸濃度が上がる．つまりある強度から急に血中乳酸濃度が大きく上昇する．そこを境目に急に何か反応が起こるようになる点のことを閾値（threshold）と呼ぶ．これは血中乳酸濃度の閾値となるので，この強度のことをLT（Lactate Threshold＝乳酸性作業閾値，乳酸閾値）と呼ぶ（図III.3.8）．

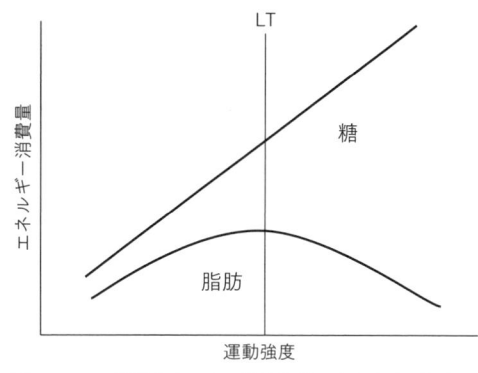

図 III. 3.7 運動強度による糖と脂肪の利用変化の概念図

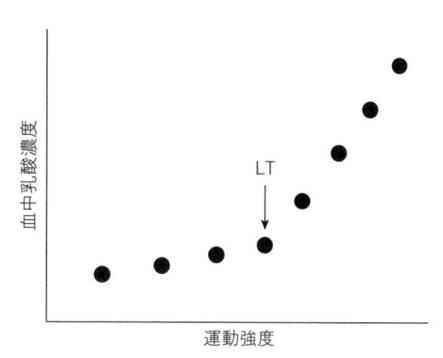

図 III. 3.8 急に血中乳酸濃度が上昇する位置がLT

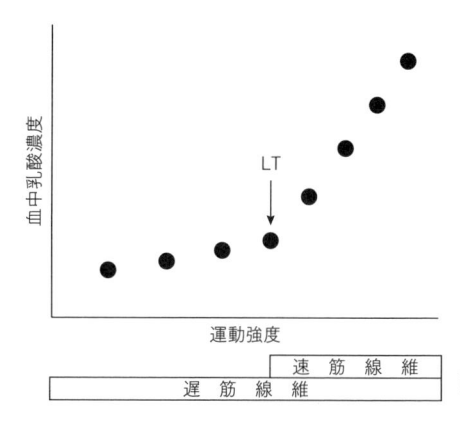

図 III. 3.9 LTから速筋線維が動員される

(b) LT が生じる理由

　LT は最大より下の強度で，酸素が足りなければまだまだ増やせる状態で起こることから，乳酸ができるのは，酸素が足りないからではなく，糖の利用が高まるからである．そうすると糖利用を高める要因の1つとしては，アドレナリンの分泌高進が挙げられる．さらに関係するのは速筋線維の動員である．安静時や強度の低い場合には主として遅筋線維が働いていて，速筋線維はあまり働かない．しかし強度が上がってくると遅筋線維だけでは不十分になってきて速筋線維も使われるようになる（図 III. 3.9）．乳酸の代謝で考えれば遅筋線維はミトコンドリアが多くて乳酸を使う線維であり，速筋線維はミトコンドリアが少なく乳酸をつくる線維であるから，LT で速筋線維が動員されるようになれば乳酸が多くできるようになる．そこで遅筋線維の多い人は LT が高く，速筋線維の多い人は LT が低くなる．LT から血中乳酸濃度が高まる要因の1つに血中のカリウム濃度の上昇も関係している．そして血中カリウム濃度の上昇は呼吸を活発にする．これらによって LT より上の強度では呼吸が活発になる．LT は単に血中乳酸濃度が上昇するというだけでなく，身体にいろいろな反応が起きてくる強度ということである．

(c) LT から「きつい」と感じるようになる

　LT からいろいろの反応が起こるということは，LT から上の強度では身体の負担が高ま

るということになる．そこでLTから上の強度では主観的には「きつい」感じが出てくることになる．このことから，マラソンのようにかなり長い時間にわたり運動を持続する場合には，きつくないようにLT程度の強度で運動することになるので，マラソンの記録とLTとは関係が深い．大事なことはLTから上の強度では運動する上での身体への負担が大きくなるということである．そして負担が大きいため，より使いやすい糖を多く利用するようになり，そのために血中乳酸濃度の上昇が観察される．また血中の濃度でいえばアドレナリン，カリウムなども上昇するということである．ともかくそのメカニズムは多くの要因があって，単純ではないが，運動強度に対して血中乳酸濃度が急に上昇する強度があり，その強度を超えるときつさが出てくる．そして通常の場合は，そのきつさと血中乳酸濃度との関係は，ほぼ成り立っているので，血中乳酸濃度からLTを判定し，きつさの指標にすることができる．ただし乳酸ができるからきつくなるのではなく，きついから乳酸ができるのである．

3.4 運動による疲労

(a) マラソンやサッカーの場合

疲労は本来いろいろな場面でさまざまな原因によって起こるもので，1つの原因だけで説明できるものではない．しかしこれまで疲労は乳酸蓄積が原因のようにされてきた．30 kmの壁といわれるように，マラソン終盤では糖がなくなるので，ペースが維持できなくなる．そして糖がなくなるということは，糖を利用する途中でできる乳酸もできなくなるので，マラソン終盤に乳酸が蓄積することはない．同様のことはサッカーなどの球技でもいえる．球技はマラソンほどではないものの長時間にわたり競技している．そこで体内の糖が徐々に少なくなってくることから，前半よりも後半の方が乳酸はよりできなくなる．もしも乳酸が疲労の主原因ならば，後半になるほど乳酸ができないのであるから，後半になるほど元気になることになってしまう．前の日から絶食すると，体内の糖が減り，同じ運動をしても，より乳酸ができなくなる（**図III.3.10**）．もちろん前の日から何も食べないで試合にのぞめば，いい結果は出ない．つまり運動で乳酸がたまるから疲労するのではない．乳酸がたまることはそれだけ糖をたくさん使えていることでもあるので，乳酸がたくさんある方がよいことがある．運動の疲労は，多くの場合長時間試合やトレーニングをす

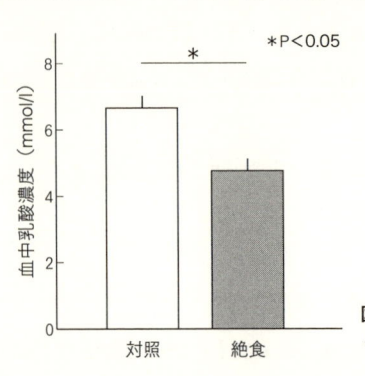

図III.3.10 一晩絶食して同じ運動をすると乳酸はできなくなるが，より疲労している

ることで感じていく．つまり糖が減りより乳酸ができなくなっていく状況の中でより疲労している．

(b) 短距離走や競泳も乳酸だけで疲労は説明できない

短距離走，特に400 m走では最後の直線になって乳酸がたまってどんどん速度が低下するようなイメージがある．しかし実際には乳酸は400 m走の前半で多くできてしまい後半になるほど蓄積は減っていくので，最後の直線で急にたまるわけではない．つまり疲労パターンと乳酸蓄積パターンは一致しない．乳酸が多量に蓄積して筋内が少し酸性になることが短距離走の疲労には無関係ではないが，実は短距離走であっても必ずしも乳酸蓄積が主たる疲労の原因とはいえない．何かが蓄積して速度が低下するというより，ATPをつくれずそれ以上力が出せないと考えた方が実態に近い．短距離走や競泳などセパレートレーンで行われる競技では，スタートして最高速度に達すると，それからゴールまで速度が落ち続ける．後半伸びてくるように見える選手は，落ち方が少ないということである．そしてその速度低下の原因はさまざまである．

(c) 疲労は条件によってさまざまな原因で起こるもの

疲労はどういう原因で起こるのかについて，最も妥当な答えはわからない，あるいはその時の条件によって，さまざまな原因によって複合的に起こるということである．原因としては，増えて疲労の原因となるものにはリン酸，ADP，血中カリウム，筋中ナトリウム，活性酸素種，水素イオン濃度，アンモニア，アドレナリン，TGFβ (transforming growth factor) などがある．減って疲労の原因となるものにはグリコーゲン，クレアチンリン酸，血糖値，水分，靱帯や腱の弾力などがある．他にも体温上昇などいろいろである（図III.3.11）．さらに疲労は脳がこんな運動はやめろという指令でもあるので，脳での要因が関係する．実際このようにその時その時によって，さまざまな要因が影響の大きさを変えながらも関係し合って疲労が起きている．しかしいろいろの原因があってわからないということでは話が進まないので，これまでは乳酸だけにその罪をかぶせてしまっていたということである．

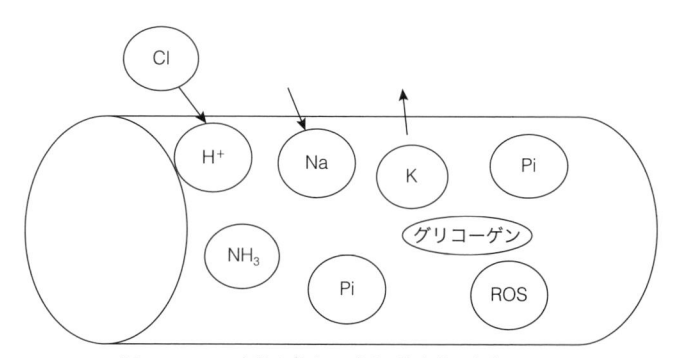

図III.3.11 疲労は多くの要因で複合的に起きている

3.5 運動時の呼吸循環機能の働き

呼吸により得られた酸素は肺を通じて血液により身体全体に供給される．酸素は血液の中に含まれる赤血球の中のヘモグロビンと結合し，運搬されるが，その量はヘモグロビン1g当たり1.34 ml である．したがって，体内の総ヘモグロビン量が多いほどより多くの酸素を供給できることになる．一般に，平地（酸素濃度20.93%）では，動脈血の95-100%のヘモグロビンが酸素と結合しており（動脈血酸素飽和度），ほぼ完全にヘモグロビンと酸素は飽和しているといえる．そのため，仮に高濃度の酸素を吸入しても動脈血中の酸素含有量は増加しない．ただし，与圧された酸素を吸入すれば，ヘモグロビンではなく，血液の液体部分に酸素が溶け入るので血液全体の酸素含有量は増加するが，その量はわずかである．酸素が単に血液中に溶解するのではなく，ヘモグロビンと結合することで運搬されるのには，ヘモグロビンの特徴が大きく関係する．酸素は呼吸により体内に取り入れられ，血液により体内の組織に運搬され，そこで血液から離れて細胞内に取り込まれる必要がある．もし，単に酸素が血液に溶解しただけであったとすると，血液と組織との間での酸素のやり取りは容易ではない．ところが，ヘモグロビンにはある特徴がある．酸素が多く存在する肺（肺胞）から酸素を受け取り心臓に向かう肺静脈や動脈付近では酸素と結合しやすく動脈血酸素飽和度はほぼ100%に近くなる．そして，組織に向かい，酸素をわたし，二酸化炭素を受け取り始めると，酸素との結合が弱まり，酸素を組織に受け渡しやすくする．このように酸素分圧が高い肺から低い組織へと移り行く間に，酸素を取り込む必要があるところでは強く酸素と結合し，酸素を渡す必要があるところでは酸素との結合が弱まる，という性質をヘモグロビンは有している．酸素分圧とヘモグロビンの酸素との結合の強さの関係は酸素解離曲線として示され，先の特徴を有しているためその曲線はS字状となる．

一方で，酸素は血液により運搬されるため，1回に心臓から送り出される血液量（1回拍出量）や単位時間当たりの心臓の拍動回数（心拍数）の影響を大きく受ける．単位時間当たりに心臓から送り出される血液の量を心拍出量（1回拍出量×心拍数）と呼ぶ．

運動時には多くの作動筋がエネルギー代謝のために酸素を必要とするため，酸素の供給を満たすために心拍出量は増大する．しかし，1回拍出量は心臓の体積に依存するので短期的には大きく変動せず，運動時の酸素需要の急激な増大に対応するのは主として心拍数の増大である．運動強度と酸素摂取量は直線関係にあるため，酸素の運搬に関与する心拍出量も運動強度に比例する．そして，その運動時の心拍出量の増大は主として心拍数によるものなので，酸素摂取量と心拍数も直線関係にあることになる．最大酸素摂取量の測定は簡便ではないので持久性運動あるいはトレーニングの強度設定では，この関係を利用して最大心拍数（HRmax）を基準として負荷を設定することが多い（%HRmax）．最大心拍数は実際に最大運動を行って測定することが望ましいが，それが容易でない場合には年齢による推定を行う．一般に「最大心拍数＝220－年齢」とされる．

ところで，有酸素系のエネルギー代謝は細胞内のミトコンドリアで行われる．つまり，酸素はこのミトコンドリアで消費されることになる．総ヘモグロビン量の増大や心拍出量が増大しても，供給された酸素を細胞で十分に消費できなければエネルギー産生につながらない．細胞（特に運動の側面からは，筋細胞）のミトコンドリア量やそれにいたる毛細血管密度が酸素の消費（つまり，酸素摂取）に関与する．

これらのことから酸素摂取量は総ヘモグロビン量，1回拍出量，心拍数，（およびこの2つの積となる心拍出量）などの中枢の機構と，細胞（特に筋細胞）内のミトコンドリア量，毛細血管密度などの末梢の機構の両方によって制御されている．

最大酸素摂取量は1分間当たりの酸素摂取量の最大値である．どれだけ多くの酸素を摂取してエネルギーを産生できるか，が有酸素性運動能力を決定することになるので最大酸素摂取量はこの能力を示すものであり，持久力を評価する重要な指標である．

持久性のトレーニングを継続的に実施すれば最大酸素摂取量は増加し，有酸素性運動能力は向上する．酸素摂取量を制御する要因は中枢と末梢の両方にあるが，持久性トレーニングの継続により，1回拍出量の増加，総ヘモグロビン量の増加といった中枢の適応に加え，筋細胞内のミトコンドリア量の増加，毛細血管密度の増加も生じ，中枢と末梢の両方の適応により最大酸素摂取量は増加する．

スポーツ競技者の最大酸素摂取量はその競技・種目の特性によって大きく異なる．陸上競技の中長距離種目や競泳，クロスカントリースキー，トライアスロンなどの持久性種目の競技者が高いが，動員する筋量が多いクロスカントリースキーの競技者が最も高い，とされる．これらの競技者で概ね70-80 ml/kg/分である．これらの競技・種目のほか，球技系種目の競技者が続いて高い傾向にある．中高年を含む一般成人男子で概ね35-40 ml/kg/分程度であり，持久性に優れていると評価されるのは60 ml/kg/分を超える水準である．

3.6 持久的トレーニングの効果

持久的トレーニングは，ある強度の運動をできるだけ長く継続する能力を高めるために長期的に行うものである．運動に必要なエネルギーは，ATP（アデノシン三リン酸）の分解によって供給されるが，運動を継続するためにはATPが再合成され続ける必要がある．身体にはこのエネルギーを産生する機構が3つあり，1) 高強度：短時間（5-10秒程度）の全力の運動に適している（ATP-CP系），2) 中強度：1) よりも長い時間（20-40秒程度）の全力運動に適しており乳酸の産生を伴う（解糖系），3) 酸素を必要とし低強度：長時間の運動に適している（酸化系），である．運動強度や運動時間，運動種目によって，どの機構が主に使用されるのかが異なる．マラソンであれば，酸化系が主に利用されるので，多くの酸素を体内に取り込む能力が重要になってくる．

持久的トレーニングを行うと，身体の呼吸・循環系や代謝系の身体諸機能が高まり，酸素を必要なところに運搬する能力や酸素を利用してエネルギーを産生する能力が改善する．

酸素は外気から呼吸によって肺に取り込まれるが，取り込まれた1分間当たりの空気の量（呼吸量）を毎分換気量という．トレーニングによって毎分換気量の最大値が増え，体内に取り込まれる酸素量が増加する．肺胞に達した酸素は，肺毛細血管の静脈血中に拡散していくが，トレーニングは多くの酸素を血液中に拡散させることを可能にする．

　肺胞から拡散した酸素は，ヘモグロビンと結合して酸素を必要とする組織に心臓の働きにより運搬される．持久的トレーニングは，単位時間当たりに心臓から駆出される血液量（毎分心拍出量）を増加させ，多くの酸素の運搬を可能にする．トレーニングによる心拍出量の増加には，心拍数よりも1回拍出量が影響しており，心臓の形態の変化を伴う場合もある．3ヶ月程度のトレーニングにより，心臓の左心室の拡張末期内径に増加が見られ，より多くの血液を左室に満たすことができるため，1回拍出量の増大につながるとしている（[151]）．逆に短期間のトレーニングでは心臓の形態は変化しないという報告もあるが，長期間トレーニングを行った選手には心臓容積の増大が見られる．また，心臓へのトレーニング効果の1つとして，持久的トレーニングは，安静時および最大よりも低い強度の運動では，トレーニング前に比べて心拍数を低下させ心臓への負担度を軽くする（図III.3.12）．心拍数の減少には，前述した1回拍出量の増大と副交感神経の高まりが原因として考えられている．

　トレーニングを行って心拍出量が増すと，活動筋（運動時に主に働く筋）への血流量が増すことになる．6週間（4日/週）の比較的強度の高いトレーニングを行った結果，活動筋に血液を送る大腿動脈の横断面積が増大し，続く6週間のトレーニング中止後にはトレーニング前の値に戻る（[80]）．この結果は，活動筋に向かう血管を拡張させることで血管抵抗を低下させて，血液がより流入しやすくなったことを示している．

　組織（活動筋）に近い毛細血管まで運搬された酸素は，拡散によって組織（筋）内に入る．このときの毛細血管の動脈血と混合静脈血の酸素含量の差（動静脈酸素較差）は，筋での酸素の抜き取りを評価するもので，トレーニングにより較差は大きくなり，多くの酸素を筋に送ることができる．動静脈酸素較差の改善の背景には，毛細血管密度（単位面積当たりの毛細血管数）の増加が挙げられる．毛細血管密度の増加は，毛細血管と筋との拡散距離を縮め，筋の隅々にまで多くの酸素を運搬することを可能にする．

　筋に到達した酸素は利用されて，エネルギーを産生する．トレーニングは，酸化系の大半が行われるミトコンドリアの数を増加させ，筋の酸化酵素活性を高め（酸化を促進する酵素の反応を速くする），筋で多くの酸素を利用できる能力を高める．また，酸化系は糖や脂質を分解してエネルギーを取り出すシステムであるが，持久的トレーニングは筋内にガソリンとなるグリコーゲンや中性脂肪の貯蔵量を増やし，代謝系にも影響を及ぼす．

　これらの身体諸機能の変化は，持久力の有力な指標である最大酸素摂取量（$\dot{V}O_2\,max$）や乳酸性作業閾値（LT）に影響を与える．$\dot{V}O_2\,max$ はトレーニング条件（強度・時間・頻度・期間）を適切に設定すると，トレーニング前の体力水準や遺伝にもよるが，上限で15-20%増加する．血中乳酸濃度の動態は，6週間さらに6ヶ月までトレーニングを継続

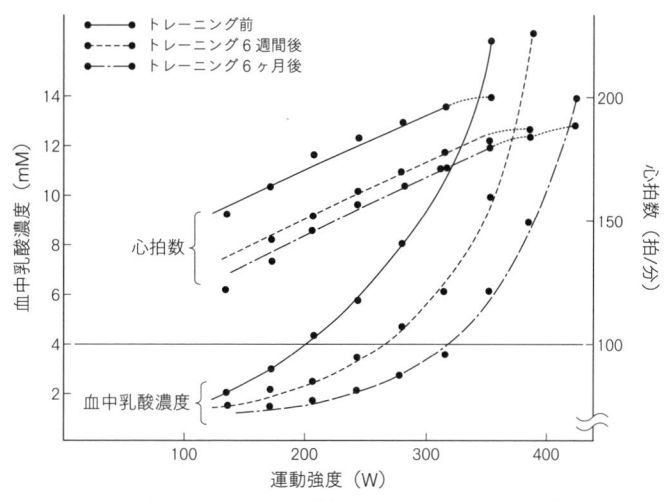

図III.3.12　6週間および6ヶ月の持久的トレーニングが自転車漕ぎ運動中の心拍数と血中乳酸濃度に与える効果（[44]）

させると，トレーニング前と同じ運動をしても低い値を示し，全体的に右方向にシフトしていく（図III.3.12）．すなわち，トレーニングを行うことでLTはより高い強度で発現し，高強度の運動を行っても，血中乳酸濃度は安静時とそれほど変わらないまま，身体に負担の少ない状態で運動を継続できるようになる．

$\dot{V}O_2\,max$は，酸素運搬能（呼吸・循環系）や酸素利用能（筋組織）が統合された最大能力を示す指標であるのに対し，LTは最大よりも低いレベルの運動で見られ，筋組織の酸素利用能により影響を受ける．トレーニング条件によっては，$\dot{V}O_2\,max$の向上は見られないが，LTは向上することもある．競技種目によっては，$\dot{V}O_2\,max$よりLTとの関連が強いことから，好成績につながるであろう．また，トレーニングは初期の体力水準にも影響され，高度に鍛練された者は効果がでにくい．しかし，持久的トレーニングを適切に行うことで身体の酸素運搬能・利用能を高めて，種目の成績を向上させることが十分に可能である．

3.7　内分泌系と運動

内分泌系は生体のいろいろな機能の活動を調節する．内分泌系の統合作用はホルモンを介して行われる．ホルモンとは内分泌腺でつくられる化学的情報伝達因子であり，血行を介して標的細胞の機能および代謝過程を調節する．ホルモンは化学的にはアミノ酸，ポリペプチド，タンパク質，ステロイド，あるいはアミンである．以下に代表的な内分泌系を概説する．

(a) 甲状腺

甲状腺ホルモンは各組織の代謝水準を維持する機能をもつ．甲状腺ホルモンは生体内のほとんどすべての細胞の酸素消費を増大させ，脂質・炭水化物の調節を行うことで，正常

な成長と成熟に必要である．甲状腺ホルモン調節の最上流は視床下部であり，ここからはサイロトロピン放出ホルモン（TRH）が分泌される．TRH は下垂体前葉からの甲状腺刺激ホルモン（TSH）の分泌を促し，その結果甲状腺ホルモンの分泌が促される．甲状腺ホルモンは下垂体と視床下部にフィードバック抑制を行うことで血中レベルを適量に保っている．運動との関連では甲状腺ホルモンは骨格筋の筋線維組成に影響を与えることが知られている．

(b) 膵　臓

　膵臓のランゲルハンス島からは4種類のペプチドホルモンが分泌される．インスリンとグルカゴンは炭水化物，タンパク質，脂質の代謝に重要な機能を果たしている．インスリンとグルカゴンは相反した作用をもち，多くの場合相反性に分泌される．インスリン欠乏は絶対的な不足でも相対的な不足でも糖尿病の原因となる．2型糖尿病はインスリン応答組織でのインスリン抵抗性獲得が原因とされるが，これには運動が有効であると言われる．ソマトスタチンはランゲルハンス島細胞の分泌を調節し，膵ポリペプチドは胃腸機能に関連する．

(c) 副　腎

　副腎は2種類の内分泌腺からなる．内側の副腎髄質はアドレナリン（エピネフリン），ノルアドレナリン（ノルエピネフリン），ドーパミンを分泌する．副腎髄質は実質的には軸索を失って分泌細胞になった交感神経・節後神経細胞でありコリン作動性神経インパルスにより分泌調節を受ける．副腎の外側の副腎皮質はステロイドホルモンを分泌する．副腎皮質から分泌されるステロイドホルモンには，炭水化物とタンパク質代謝に影響を及ぼすなど広範な作用をもつ糖質コルチコイド，電解質の平衡に関与する電解質コルチコイド，および性ホルモンを分泌する．糖質コルチコイド分泌の調節の最上流は視床下部であり，ここからはコルチコトロピン放出ホルモン（CRH）が分泌される．CRH は下垂体前葉から副腎皮質刺激ホルモン（ACTH）の分泌を促し ACTH が副腎皮質に作用して糖質コルチコイドの分泌を促す．

(d) 下垂体

　下垂体前葉からは前出の TSH，ACTH のほか，黄体形成ホルモン（LH），卵胞刺激ホルモン（FSH），成長ホルモン（GH），およびプロラクチンを分泌する．プロラクチンを除く5種のホルモンはほかの内分泌腺を刺激するかあるいは肝臓などの組織を刺激する刺激ホルモンとして働く．下垂体中葉からはプロオピオメラノコルチンの部分ペプチドであるメラノトロピンおよびリポトロピンが分泌される．下垂体後葉からはバソプレシンおよびオキシトシンが分泌される．

(e) 生殖腺

　生殖腺の内分泌機能は下垂体前葉から分泌されるゴナドトロピン（性腺刺激ホルモン）であるFSHとLHに依存する．卵巣においては主に卵胞および黄体からエストロジェンが，主に黄体からプロジェステロンが分泌される．精巣においてはLHがライディッヒ細胞を刺激することでアンドロジェンであるテストステロンが分泌される．

3.8　高地・低酸素トレーニング

　東アフリカ諸国などの高地居住選手がオリンピックの陸上長距離種目で好成績を修めたことで，高地・低酸素環境への順化が平地におけるパフォーマンスの向上に有効である可能性が注目されてきた．この可能性を探る研究は30年以上にわたり行われ，現在も続いている．

　従来は造血を促進するホルモンであるエリスロポエチンの増加やそれに伴うヘモグロビン量の増加を期待して標高2,300 m程度あるいはそれ以上の標高を求めてスポーツ選手は外国に行くことが多かった．今でもその流れは一般的であるが，その一方で国内における高地トレーニング施設の拡充や人工的な低酸素環境が整備されつつあり，これらを利用したトレーニング方法も研究され，高地・低酸素トレーニングがより多くのスポーツ選手に実施されつつある．

　多くの高地トレーニングは標高2,200-3,500 mで行われてきた．従来高地トレーニングの最も重要な目的は赤血球やヘモグロビンの増加といった血液性状の変化であった．これらの増加が有酸素性のパフォーマンス向上につながると考えられたからである．赤血球量は動脈血中の酸素分圧が65 mmHgを下回らないと増加しない．これは標高に換算すると約2,200-2,500 mに相当する．したがって赤血球の増加を図るには少なくとも標高2,200 mの環境が必要であると考えられた．しかし標高が3,500 mを超えるとトレーニング強度の低下や高山病の発生などの問題が生じてくる．その結果，高地トレーニングに最適な環境は標高2,200-3,500 mであると考えられてきた．しかし，最大酸素摂取量は標高1,500 mでも減少するとされている．これは最適と考えられてきた標高より低い環境で有酸素能力が影響を受けるということを示している．さらにマラソンのエリート選手の中には標高3,500 mを超える環境でトレーニングを実施し，目覚しい成果を上げている選手もいる．したがって最適な環境については依然議論する余地があるものと考えられる．

　増血を目指す一般的な高地トレーニングでは3-4週間が最適とされる一方で，エネルギー代謝の改善などほかの効果を期待した場合，トレーニングの期間はもっと短くても効果が得られるという報告もある．

　高地に滞在し，トレーニングも行う一般的な方法とは対照的に，高地・低酸素環境に間欠的に曝露してトレーニングを実施する方法が提唱されてきた．この方法では高地順化による赤血球量の増加などを得る一方で，平地でのトレーニング強度を維持することも可能であり，これらの複合的効果を狙ったものといえる．

そしてこの間欠曝露方式を利用したトレーニングの有効性は1990年代の研究により明らかにされた．これらは高地・低酸素環境を利用した新しいトレーニング方法とされ，いわゆる "live high, train low" 方式として広く知られている．この方法によりトレーニング強度を維持する一方で赤血球量やヘモグロビン量が増加したと報告されている．さらに近年ではこれとは逆にトレーニングだけを低酸素・高地環境で実施する "live low, train high" 方式の効果についても研究が進められている．

低酸素・高地環境における運動時の生理学的変化
　高地・低酸素環境への曝露は，ヘモグロビン量や赤血球量が増加するだけでなく，毛細管密度，ミオグロビンの増加などによる活動筋の酸素摂取量の増加などの順化を促進する刺激となる．この環境への順化はまた運動中の遊離脂肪酸の動員および血中グルコースへの依存の増加，緩衝能の向上などによる代謝の改善も報告されている．これらは乳酸やアンモニアなどの代謝産物の蓄積の減少によっても示されている．さらに最近では血管拡張因子となる一酸化窒素が，効果を反映するものとして注目されている．
　これらのさまざまな生理的変化は低酸素環境でのトレーニングの効果が赤血球量の増加だけではなく，エネルギーの代謝や筋緩衝能の改善などに及ぶことを示唆している．さらに人工低酸素環境施設の普及に伴い，短期間の，あるいは間欠的な低酸素曝露を伴うトレーニング方法が注目を集めている．その結果によっては高地・低酸素トレーニングは持久性の運動種目だけでなく，高強度運動を伴う運動種目のパフォーマンス向上にも有効である可能性がある．

III 4 脳・神経系と運動・トレーニング

4.1 神経系の構造と機能

　生物はその定義上，環境に適応しつつ自身の個体を生存させ（餌を求め，敵を回避し），種を維持させ（配偶者を求め）なければならない．例えば単細胞生物のゾウリムシは栄養物質の濃度が高い方向に向かって泳ぎ，多細胞生物は霊長類に至るまでさまざまな求愛行動を発達させている．その過程で，ホルモンなど液性の調節とともに，対象を絞った迅速な信号伝達メカニズムとしての神経系が発達した．

(a) 脳の構造とマクロな情報の流れ

　神経組織をまず，末梢神経系と中枢神経系に分ける（**表 III.4.1**）．外界からの情報は末梢神経の感覚神経（求心性神経）により中枢部へ入力，そこで処理された結果得られた中枢指令が末梢神経の運動神経（遠心性神経）により効果器（筋や分泌腺）へ出力される．

　機能面からの分類としては，体性神経系と自律神経系があり，それぞれ意識的・随意的，無意識的・不随意的な情報処理と身体調節を行う．例えば，手が熱い鍋に触れる→末梢知覚神経が脊髄に伝える→①脊髄から末梢運動神経に下り，腕の屈筋群を収縮させる（逃避反射）．②これとは別に，脊髄を信号が上行→視床→大脳皮質体性感覚野に到達，「熱さ，痛み」が知覚される→指を冷やそうと全身移動し，指を水道水に晒す（随意運動），以上が体性神経系の働きだが，さらに別に③脊髄・（視床）→（扁桃体）・視床下部経路で交感神経系が活性化され→脊髄（胸部）→心臓機能亢進（自律神経反射）が起こりドキドキする→扁桃体・海馬に「やかんは危険」の記憶が定着する．これらの過程は脳内の各責任担当部位で同時進行し，並列分散処理と呼ばれる．

表 III.4.1 神経系の構成（代表的な構成要素）

中枢神経系
　終脳−大脳：大脳半球（前頭葉・側頭葉・頭頂葉・後頭葉，島），辺縁葉，大脳基底核，扁桃体
　間脳：視床，視床下部・下垂体，松果体，乳頭体
　脳幹−中脳：黒質
　　　　橋：橋核
　　　　延髄：オリーブ核
　小脳：虫部，中間部，外側半球部，小脳核
　脊髄：頸髄・胸髄・腰髄・仙髄
末梢神経系
　脊髄神経，脳神経
　　感覚神経（求心性神経）
　　運動神経（遠心性神経）

(b) ニューロンの構造とミクロな情報の流れ

脳は脳組織特有のニューロン（神経細胞）とグリア（神経膠細胞：アストロサイトなど）を中心に構成される．

ニューロンは樹状突起と軸索と呼ばれる長い突起を有するきわめて特徴的な形態をしている（図Ⅲ.4.1）．ミクロなレベルでの情報の流れは，感覚細胞→ニューロンに入力：ニューロン内部では［樹状突起→細胞体→軸索］のように伝わり→ほかのニューロン・効果器細胞（筋細胞など）となり，一方向性である．

(1) 神経情報の実体は活動電位である

ニューロンや脳が情報を伝え，処理する，とはどういうことだろうか．あらゆる細胞の細胞膜は異なるイオン濃度の水溶液環境を隔てており，細胞外液にはNa, Cl, Caイオン，細胞内液にはKイオンが高濃度に存在する．今，特定のイオン種のみを通す特殊な細胞膜タンパク質（イオンチャネル）が働くと，濃度差にしたがってイオン，すなわち電荷の移動が起こり電位差が発生する．通常状態ではKイオンチャネルの透過性が高いのでKイオンが内から外へ流出して細胞内がマイナスに（静止膜電位＝約 -70 mV）維持されているが，種々の「刺激」により一時的にNaチャネルが開くことでNaイオンが流入してプラス側に電位が変化する．このプラスへの瞬間的な変化を活動電位（action potentialまたはスパイク）と呼び，このとき「細胞が興奮した」という．これこそが神経系における

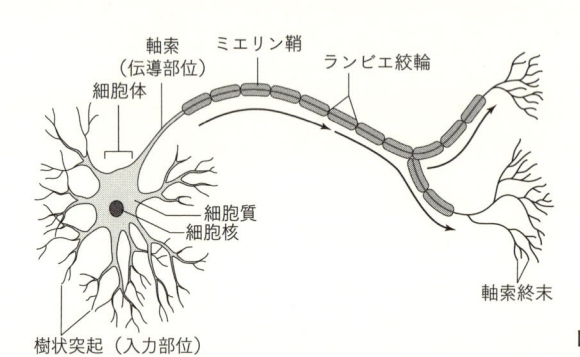

図Ⅲ.4.1　ニューロンの基本構造

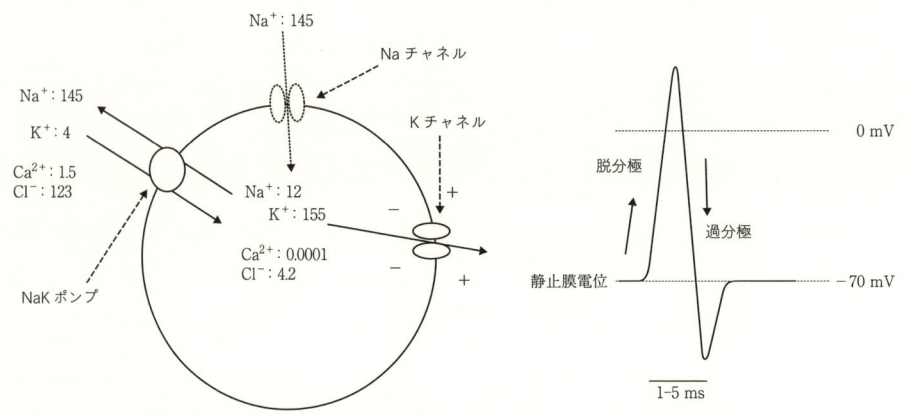

図Ⅲ.4.2　細胞内外のイオン濃度差（mM）（左）と活動電位の発生（右）

情報の担い手である（**図 III. 4. 2**）．

(2) 電気的シグナルと化学的シグナルが組み合わされる

活動電位は軸索（神経線維）末端まで伝わり，次のニューロンや効果器に信号を伝える．この部位をシナプスと呼び，シナプス前終末，シナプス間隙，シナプス後部位（次の細胞の樹状突起や細胞体）から構成される．ここで電気的シグナルがいったん化学的シグナルに変換される．つまり神経伝達物質が神経終末から細胞外に放出され，相手側の細胞膜上にある受容体（レセプター＝タンパク質分子）に結合する．するとレセプターの分子構造が変化し，その細胞に再び電気的変化が発生するのである．ただし，シナプス後ニューロンが興奮するように伝わる興奮性伝達以外にも，逆にマイナスに作用するような抑制性伝達もあり，その違いは利用される伝達物質とその受容体の性質によって決まる．

(c) 神経回路の機能構築と中間レベルでの情報処理

個々のニューロンが連絡し合いネットワークを形成して初めて「情報処理」が可能となる．その際，収束（多数のニューロンから１つのニューロンへシナプス入力が集中する）と発散（１つのニューロンから多数のニューロンへ出力が分散する）がくり返され，非常に膨大な組み合わせの興奮波の伝播パターンが可能となる．

大脳皮質を広げると新聞紙１枚ほどの広さがあり，ニューロン数は100億のオーダーといわれる．この回路がすべて均質に情報処理をしているのではなく，視覚野，聴覚野，体性感覚野などの感覚皮質，一次運動野，補足運動野などの運動関連皮質，連合野と呼ばれる両者の間に位置する部位がそれぞれの専門の活動を行っている．そのときカラム（円柱）と呼ばれる小さな脳組織のまとまりが一つ一つの情報処理過程のユニット（機能単位）となっていることが感覚皮質を中心に解明された．この単位がくり返し配列されたまとまりが，例えば一次視覚野→二次視覚野→，，のように積み上げられ，外界信号から必要な情報が抽出されてゆく．これを脳の階層構造と呼ぶ．

これら一連の過程を通し，ニューロンはイオン濃度差を維持したり伝達物質放出を起こすうえでエネルギー（ATP分子）を補給する必要がある．体重の2%以下の重量しかない脳組織が体全体の20%のグルコースを代謝し，酸素を要求するといわれる．また活発に情報処理を行っている部位ほど代謝活動が盛んなので，脳血流を反映する**fMRI**などの機能的イメージング技術が発達し，ヒトの高次機能を非侵襲的に（電極を刺したり手術することなく）計測できるようになった．

(d) シナプス可塑性と学習・記憶

環境へのより高度な適応には，過去の経験を活かすことが必要である．通常「記憶」と呼ぶ出来事や知識は「陳述記憶」といい，海馬という側頭葉内部の組織で形成されると考えられている．その他にも小脳と運動学習，扁桃体と情動記憶（恐怖学習：怖いものに対して体がすくむ）など，特定の種類の記憶，学習過程の分業が確認されているが，いずれ

もその基礎過程には,「シナプス可塑性」が深く関わっている. 一般に「頭は使えば使うほど良くなる」「練習すればするほど上手くなる」などというのは, このシナプス伝達効率の可塑性（使用頻度に応じた変化）のことである. 具体的には海馬のシナプスで顕著に観察されるLTP（長期増強）や, 小脳が媒介する運動学習に必須と考えられるLTD（長期抑圧）などが有名である. シナプス可塑性が最も劇的に発揮されるのが発達期の脳である. 言語や楽器, 運動技術の習得に最適な年齢があることはシナプス可塑性の「臨界期 (critical period)」として知られている. とはいえ, シナプス可塑性は成熟後の脳にとってなくなったわけではない. 常に改変可能であることが適応のための器官である脳の特質である. 長らく脳細胞は再生不能（分化してしまっているため新たなニューロンが増殖できない）とされてきたが, 近年, 海馬歯状回という部位でニューロン新生が確認された.

4.2 自律神経系と運動

III.4.1で神経系は生物が環境に適応するために発達したものであること, また, 大きく体性神経系と自律神経系とに分けることができ, いずれも中枢神経系部分と末梢神経系部分にまたがるということを述べた. 体性神経系は主に意識上に知覚される感覚情報処理や運動制御に関わるのに対して, 自律神経系は意識に上ることなく, 循環, 呼吸, 消化,

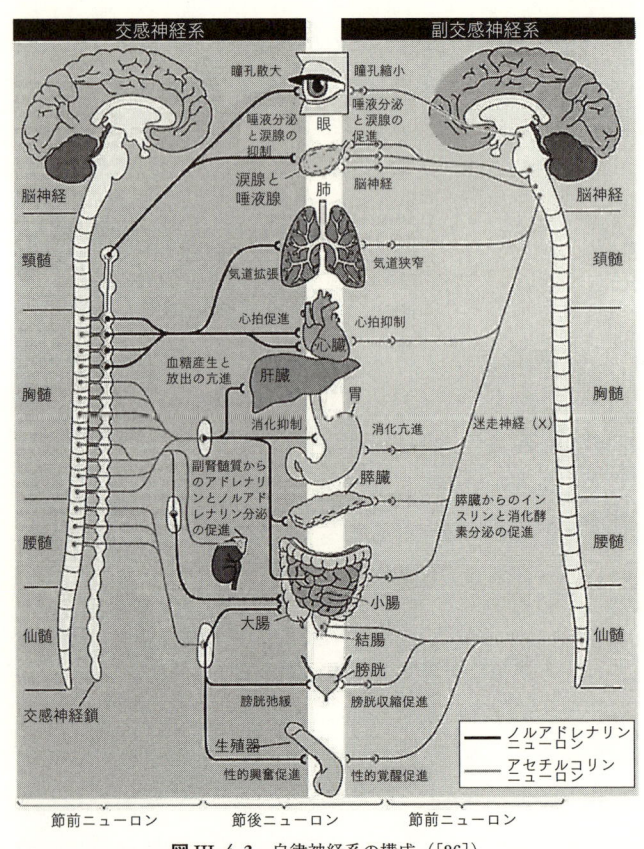

図III.4.3　自律神経系の構成（[36]）

栄養，代謝，泌尿，生殖などの身体機能についてさまざまな外的・内的状況に適応できるように各種臓器を調節している（**図III. 4. 3**）．

自律神経系の構造と機能

自律神経系は大別して交感神経系と副交感神経系に分けられる．ほぼあらゆる臓器・器官にそれらが二重に到達し（これを神経が「支配する」と称する），互いに反対の効果を発揮する（「相反性二重支配」）．2つのシステムは，しばしばアクセルとブレーキにたとえられるが，生物の生存目的に即して言い換えれば，交感神経系を"fight & flight（闘争と逃走）"，副交感神経系を"rest & repast（休養と栄養）"のための調節と位置付けると理解しやすい（語呂合わせも良い）．

身体運動の発揮に際して基本的なのは，呼吸・循環調節であり，これらはバイタルサイン（vital sign，生命徴候）として血圧，心拍，呼吸，体温，に反映され，救急処置などの緊急時には重要な意味をもつ．

循環調節は心臓の血液拍出能力と，各種臓器に分布する血管内径調節により行われる．通常の心機能は副交感神経の一部である迷走神経が抑制的に作用し，最大能力より低く保たれている．「闘争と逃走」状態が出現したとき，副交感神経の抑制作用が解除される一方，交感神経が活動を増し，その神経末端からノルアドレナリンやアドレナリンが放出される．これらは内分泌器官である副腎髄質から血液中にホルモンとして放出されるアドレナリンとともに，心臓をより速く（頻脈），より強く（動悸＝ドキドキ）収縮させ，血液供給を増加させる．（ノル）アドレナリンにより皮膚や消化管に分布する血管は収縮（→顔面蒼白，消化活動休止）するので全身血圧が上昇する*．一方，骨格筋に分布する血管は同じ（ノル）アドレナリンの作用で逆に拡張してその部位の血流量が増す．その結果，骨格筋活動（戦い逃げるための筋収縮）に必要な酸素とグルコース供給が増す．限られたリソース（血液）の再配分（皮膚・粘膜→骨格筋）である．

呼吸器系でも対応した変化が起こる．交感神経の活動，すなわちノルアドレナリン作用により気管支平滑筋は弛緩して気管支内径が拡張，呼吸による換気量が増え，酸素供給を増加させる．血液中の酸素濃度は「頸動脈洞」というセンサーで感知され，運動による血中酸素分圧低下と炭酸ガス濃度上昇によるpH低下は呼吸中枢に呼吸促進指令を送り，呼吸筋活動を亢進させる（呼吸数と1回換気量の上昇）．

逆にいつもいつも闘っていては疲弊してしまうし，長期的な生存戦略には合わない．平静時には消化・排泄機能が促進される．副交感神経の一部である迷走神経は胃や腸の管腔部分の動きを増し，消化酵素分泌を増加，つなぎ目である括約筋を緩めて内容物の消化・吸収と移動を進める．これらの作用はアセチルコリンという神経伝達物質により発揮される．下痢などで腹痛を起こした時に飲む薬はこのアセチルコリンのブロッカー（阻害薬）である．

* 流体の圧(V)は，流量(I)と抵抗(R)の積($V=I \times R$)のように表現可能で，血圧（mmHg）＝心

拍出量（ml/分）×末梢血管抵抗（血管内径に逆比例）となる．

4.3 運動の制御に関わる中枢神経機構

歩行や走行などの移動運動，ボールを投げる，打つ，蹴るなどの上肢・下肢による，あるいは道具を用いた目標到達運動，体操選手が行う身体全体を統合した姿勢・アクロバティックな全身運動，その一方で，ピアニストによる手指の繊細な運指，これらはすべて脊髄にある運動ニューロンの発火活動が引き起こす骨格筋の収縮活動によって発現される．しかしながら，骨格筋ならびにそれを神経支配している運動ニューロンはすべて，より上位の神経系によって，言うなれば階層的，並列多重的に制御されている．ここでは，運動の制御に関わる中枢神経機構について概説する．

(a) 脊髄と運動ニューロン

中枢神経系は脳と脊髄から構成される．脊髄は脊柱管の中に納まり（図III.4.4A），頸髄，胸髄，腰髄，仙髄とからなる．このうち頸髄と腰髄には紡錘状に膨らんでいる部分があり，それぞれ頸膨大，腰膨大と呼ばれる（図III.4.4B）．脊髄は 31 の髄節に分けられ，各髄節から左右 1 対の脊髄神経が出て，体節を支配している．すなわち頸神経は 8 対，胸神経は 12 対，腰神経は 5 対，仙骨神経は 5 対，尾骨神経は 1 対である．脊髄の横断面を見ると，腹側前面では前正中裂，背側後面では後正中中隔が，脊髄を左右対称的な半側に分けている．チョウが翅を広げた形の灰白質には，多数の神経細胞が含まれており，その周りの白質は上行性，下行性の神経線維で構成されている．脊髄の横断面が灰白質と白質から構成されていることはどの髄節でも同じであるが，頸膨大と腰膨大では，灰白質が特に拡大し，横断面も脊髄の他の部分より大きい．灰白質の腹側に位置する前角には，運動ニューロンが核をなして配列されているが，前角において最も内側には頸部および体幹の筋を支配し

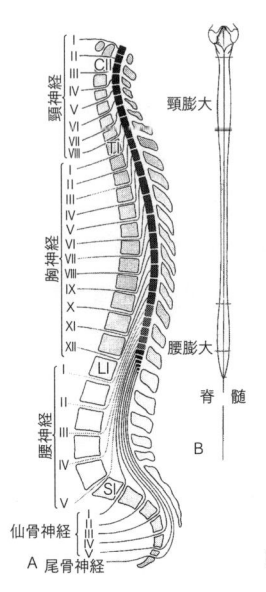

図 III.4.4 脊髄と脊髄神経（[147]）

ている運動ニューロン，それより腹外側には上肢帯と上腕などの近位筋を支配している運動ニューロン，さらにその背外側には前腕と手指などの遠位筋を支配している運動ニューロンというように体部位局在がみられる．

　脊髄運動ニューロンは大別してα運動ニューロンとγ運動ニューロンにより構成される．α運動ニューロンは比較的大型の細胞体（直径約 30-70 μm）をもち，そこから樹状突起を数十本張り出している．この樹状突起および細胞体へは，後述する皮質脊髄路ニューロン，筋紡錘からのIa群線維，脊髄内介在ニューロンなどがシナプス接続をしている．α運動ニューロンから発する神経線維（軸索とも呼称されている）は，骨格筋（錘外筋）に軸索終末（運動神経終板）を形成する．運動発現に関わる中枢からの信号は最終的にはα運動ニューロンを介して筋運動を引き起こすので，α運動ニューロンは運動発現のための最終共通路を形成することになる．1個の運動ニューロンとその支配下にある骨格筋線維を運動単位といい，1個の運動ニューロンが神経支配する骨格筋線維の数を神経支配比という．一般に，神経支配比は，眼球運動や手指など微細な運動に関わる運動単位では小さく，下肢の運動単位では大きい．γ運動ニューロンは，脊髄前角内でα運動ニューロンと混在して筋紡錘の中の錘内筋を支配している．脊髄より上位の神経機構からの運動指令は，α運動ニューロンとγ運動ニューロンの両方に作用する（α-γ連関）．

(b) 種々の下行路と脊髄

　脊髄より上位の神経機構から脊髄に情報を送る下行路は大きく2つに分類され，それらの神経線維が脊髄白質内を通る部位によって，腹内側系と背外側系と呼ばれている．腹内側系には網様体脊髄路および前庭脊髄路が含まれ，背外側系には皮質脊髄路と赤核脊髄路などが含まれる．腹内側系の軸索は，脊髄前索を下行し，主として体幹筋運動ニューロンおよびそれらに関与する介在ニューロンの調節を行う．一方，背外側系の軸索は脊髄側索を下行し，四肢の運動ニューロンおよびそれらに関与する介在ニューロンの調節を行う．すなわち，脳から脊髄へ遠心性情報を送る下行路は，体幹の運動を制御する腹内側系と四肢の運動を制御する背外側系とに大別されており，それらのシステムは独立に機能するわけではなく，相互連絡をもって協調しながら機能し，運動の発現・調節に関わっている．

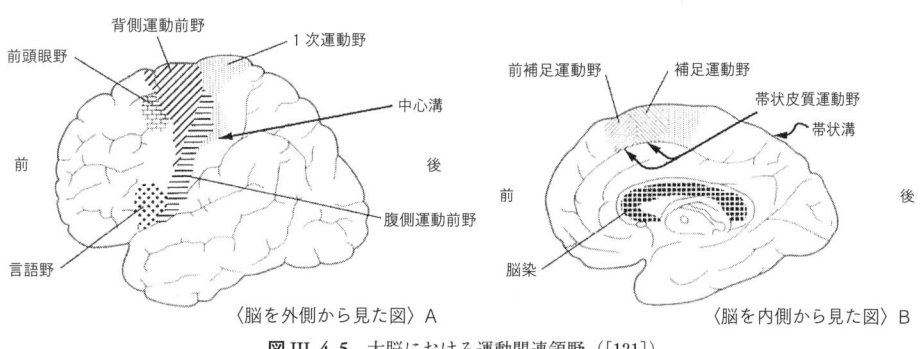

図III.4.5　大脳における運動関連領野（[131]）

(c) 大脳皮質

ヒトの大脳皮質の外側面を見てみると，中心溝の前部，中心前回に一次運動野があり，そのさらに前方には運動前野がある（図III.4.5A）．大脳皮質の内側面を見ると，一次運動野の下肢支配領域の前方に補足運動野がある（図III.4.5B）．さらに帯状溝に埋もれるように，帯状皮質運動野が存在する．このように，大脳皮質には一次運動野をはじめとして，より多数の運動に関連する領域が存在している．

(1) 一次運動野

皮質脊髄路の起始ニューロンの多くが一次運動野に位置し，その軸索は脊髄の複数の髄節において分枝することにより，複数の運動ニューロンと介在ニューロンを支配している．また，脊髄の1つのα運動ニューロンに軸索を送る皮質脊髄路ニューロンは皮質において数mmの範囲に複数存在する．皮質脊髄路ニューロンは，大脳基底核，赤核，延髄網様体，さらには橋核を経由して小脳皮質へとそれらの情報を送っているが，このことは皮質脊髄路ニューロンの発火活動が脊髄の運動ニューロンや介在ニューロンの直接的な調節を行っているだけではなく，さらに複合的，随伴的な調節を複数の下行路を介して行っているといえる．ヒトの一次運動野の内側から外側に至って，体部位の再現があることは大変有名である．サルを用いた実験ではあるが一次運動野を電気刺激して，四肢の筋収縮活動，動作を観察する際，個々の筋活動というよりは複数の筋収縮活動を伴う複合的な動作が発現されることも最近の研究で証明されている．

(2) 高次運動野

一次運動野以外の高次運動野については，近年盛んに研究が行われ，サルを用いたニューロン発火活動の記録・解析実験やヒトにおける脳機能イメージング実験などにおいて新しい知見が報告されている．基本的内容をまとめると以下の3点が重要である．

① 補足運動野は単純な動作というよりは複数動作の時間的順序の構成に関与するらしい．
② 帯状皮質運動野の前方領域は，報酬に関わる情報に基づいた動作の選択過程に関与するらしい．
③ 運動前野は感覚・認知情報による動作の企画・発現に関与するらしい．

(d) 小脳皮質

(1) 小脳皮質の神経回路と運動学習の基礎的メカニズムとしての長期抑圧

小脳皮質は3層構造の脳組織で，表層から分子層，プルキンエ細胞層，顆粒細胞層で構成されている．（図III.4.6）．小脳皮質への求心性線維は，脊髄，脳幹，大脳皮質（橋核を介して）などの神経細胞の軸索あるいは前庭感覚受容器の一次神経の軸索をも含む苔状線維と，延髄の下オリーブ核ニューロンを起始とする登上線維の2種類が代表的である．苔状線維は顆粒細胞に興奮性のシナプス結合をする．顆粒細胞の軸索は分子層まで垂直に上行しT字型に分岐する．分岐した後の顆粒細胞の軸索は皮質の内外側方向に平行に走行

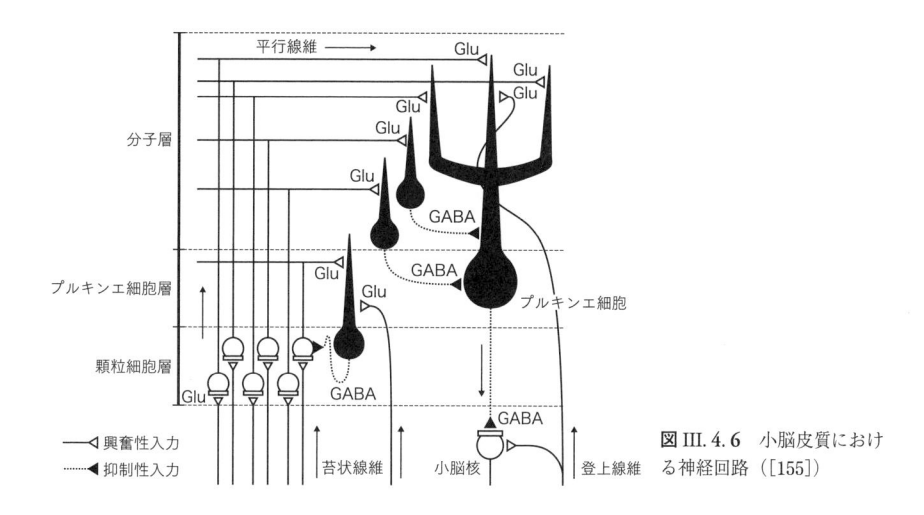

図 III.4.6 小脳皮質における神経回路（[155]）

することから平行線維と呼ばれ，プルキンエ細胞の樹状突起に興奮性のシナプス結合をする．プルキンエ細胞の細胞体はきれいに一列に並んでおり，これがプルキンエ細胞層を形成しているが，プルキンエ細胞は小脳皮質からの唯一の出力を小脳核，前庭神経核に送っている．1つのプルキンエ細胞において，興奮性シナプス結合をしている平行線維は約10-15万本と推定されているが，登上線維は1本だけがプルキンエ細胞の樹状突起に多数のシナプスを形成して興奮性シナプス結合している．このような構造は小脳皮質内の神経回路が小脳皮質内で系統発生的に古い前庭小脳や脊髄からの上行性入力を受ける虫部（脊髄小脳），系統発生的に新しい外側半球部（大脳小脳）などのどの領域においても一様である．このことは大脳皮質の各領域における細胞構築と大きく異なるところで，例えば，大脳皮質前頭葉の一次運動野と後頭葉の一次視覚野では層構造に差異がある．小脳皮質における神経回路構成が小脳のどの領域でも一様であることは，たとえ各領域が扱う運動が眼球運動であろうが，四肢の目標到達運動であろうが，歩行や姿勢の制御であろうが，その回路における情報処理原理は同じメカニズムで行っていると考えるべきである．

上述したように，プルキンエ細胞は平行線維と登上線維の2つの経路を介して興奮性のシナプス入力を受ける．この2つの入力が時間的に一致して，かつ反復して起きたとき，平行線維とプルキンエ細胞の間のシナプスに伝達効率の持続的な低下，すなわち長期抑圧が生じる．この長期抑圧は小脳皮質の神経回路においてメモリー素子の役割を演じていると考えられ，実行した動作が適切ではなく誤っていた場合，運動の誤差情報を伝えていると考えられる下オリーブ核・登上線維からのシナプス入力により，誤動作に関与していた平行線維からのシナプス入力を長期抑圧を発現することによって修正し，学習を進めていくと推定されている．

(2) 小脳皮質における体部位の再現と小脳と脊髄および小脳と大脳皮質との閉回路

小脳皮質は正中の虫部から中間部，外側半球部に至る縦割り構造として基本的には機能分化している．これは，下オリーブ核からの登上線維系の入力パターンとプルキンエ細胞の出力が小脳核および前庭神経核のどこに出力を送っているかによる．近年，ヒトにおけ

図III.4.7 小脳における体部位の再現（[75]）

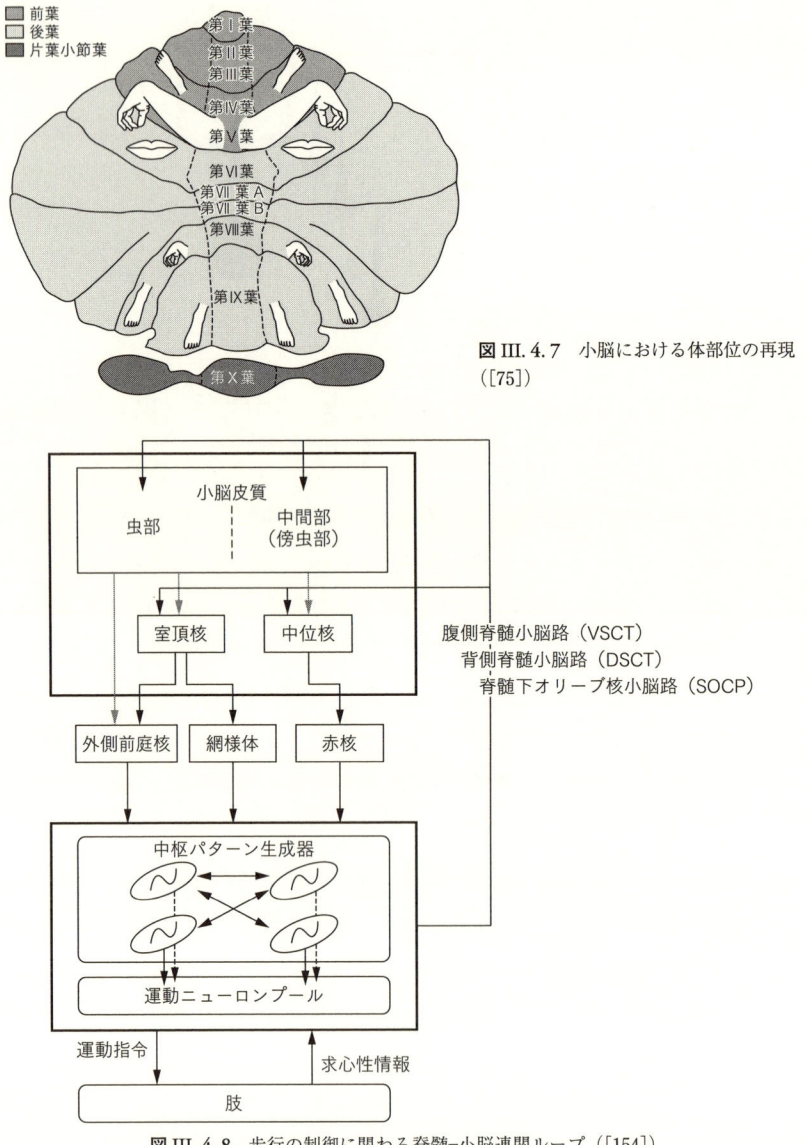

図III.4.8 歩行の制御に関わる脊髄-小脳連関ループ（[154]）

る脳機能イメージングの結果，ヒトの小脳皮質においても体部位の再現があることが理解されてきた（図III.4.7）．虫部や中間部は前庭感覚器官や脊髄との関係が強く，姿勢や歩行の適応制御に重要な役割を果たしている．脊髄と小脳は，脳幹からの下行路を介して閉じた回路，すなわち脊髄-小脳連関ループを形成して機能している（図III.4.8）．また，外側半球部は一次運動野や運動前野と視床および橋核を介して閉じた回路を形成している．これらは，上肢の目標到達運動などの制御に重要な役割を果たしている（図III.4.9）．

(e) 大脳基底核

大脳基底核は複数の神経核から構成される．機能的には，入力系，基底核内部神経回路，

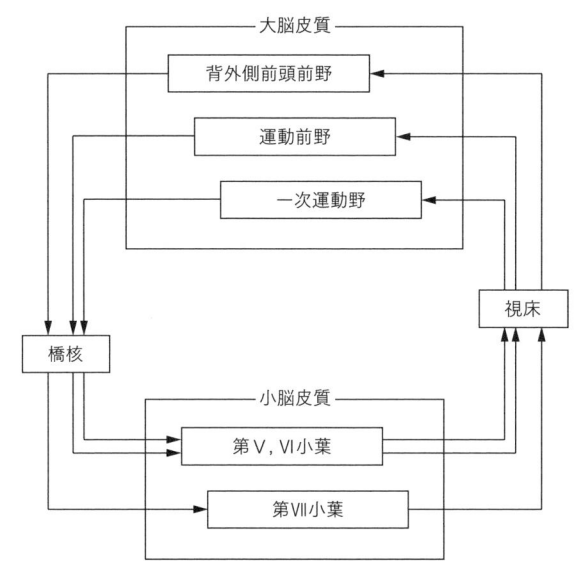

図III.4.9 目標到達運動の制御に関わる大脳-小脳連関ループ

出力系の3部からなる．入力系を構成する線条体（尾状核と被殻）は大脳皮質からの投射を受け，これを皮質線条体投射という．基底核の神経回路内の活動を調節するのは主としてドーパミンである．出力系として淡蒼球内節と黒質網様部はγ-アミノ酪酸（GABA）作動性ニューロンを介して，視床-大脳皮質投射系と脳幹の活動を調節する．基底核は大脳皮質-基底核ループと基底核-脳幹系を介して大脳皮質や脳幹の活動を制御する．運動に関しては，前者は大脳皮質からの背外側系を経由して随意運動を，後者は脳幹からの腹内側系を介して，随意運動に随伴する姿勢や筋緊張の制御に寄与する．ところで，大脳基底核は小脳皮質のように絶えず特殊感覚（視覚，聴覚，前庭感覚）や末梢からの各種体性感覚情報を受けているわけではない．大脳基底核は，運動や行動が状況の文脈に合致した際に，報酬に関与する情報を受け取り，その神経回路内での情報処理を調節すると考えられている．中脳黒質のドーパミンニューロンがこの報酬に応じた情報を大脳基底核に送っていると考えられる．

(f) **運動と姿勢の協調的制御**——背外側系と腹内側系

今まで説明してきた中枢神経系による運動の制御機構の各論を土台として，実際の運動・スポーツにおける中枢神経系の働きについてまとめる．ここでは，歩行，障害物を跨ぎ越すハードル走，また，スポーツにおける目標到達運動の代表例として，飛んできたボールを捕球する運動や走り高跳びなどを例に挙げて説明しよう．

(1) 歩行・走行運動の神経機構

歩行・走行をいつ始めるか（発動），いつ終えるか（停止）に関与する神経機構としては，大脳皮質，大脳基底核，中脳歩行誘発野などが含まれる．大脳基底核から脳幹に向かう下行路は，歩行開始時や歩行中の筋緊張の調節に関与している．脊髄内には歩行における肢のリズム生成に関わる神経回路があり，これは歩行の中枢パターン生成器（central pattern generator: CPG）とも呼ばれている．小脳の虫部と中間部は脊髄の CPG が α 運動ニューロンに送る情報のコピー（遠心性コピーという）や筋紡錘などからのフィードバック情報を受け取り，リアルタイムに筋緊張や肢間の協調の調節に重要な役割を果たしている（図Ⅲ.4.8）．また，ハードル走のように障害物を越えていくような運動の際には，上述した中脳，小脳，脳幹，脊髄のみならず，大脳皮質の運動関連領野による脊髄運動ニューロンの調節が非常に重要であると考えられる．ハードルを越えるためには下肢を前方に振り上げる動作やバーを越えた後にもう一方の下肢を抜く動作とともに，体幹筋の活動による上体，股関節運動の調節も重要であり，その点で大脳皮質からの皮質脊髄路を含む背外側系だけではなく，網様体脊髄路および前庭脊髄路を含む腹内側系の働きが大変重要な役割を果たしているといえよう．

(2) **捕球動作や跳躍動作に関わる神経機構**

イチロー選手によるホームラン性のボールの捕球運動を例に解説してみよう（図Ⅲ.4.10A）．この捕球運動の中で彼が最も意識して正確に動作を行っているのは，他ならぬグローブをはめた左上肢の目標到達運動である．飛んできたボールの軌道をできる限り最後まで，すなわち捕球するまで視覚的に認知・確認するために眼球運動のみならず頭部の向きもしっかりと制御されている．さらにこの大きく伸展した左上肢を実現するために，上半身はねじれ，下肢はバランスを保つように無意識的に調節されている．これらの一連の捕球運動の中で，背外側系により，左上肢のボールへの到達運動が制御されていると考えられるが，その一方で腹内側系によって無意識下で上体や下肢の姿勢制御が適切に行われていると考えられる．走り高跳びでは，身体全体の姿勢制御を適切に行うことにより高度なスキルが実現されているといえ，これには四肢の運動を制御する背外側系，体幹の運動を制御する腹内側系の協調した制御が必要不可欠である（図Ⅲ.4.10B）．また，上述した捕球運動および走り高跳びの際の姿勢には，緊張性頸反射が貢献していると考えられる．これは頸筋の筋紡錘由来の感覚情報により四肢の筋緊張が変化する姿勢反射の1つであり，頸（頭）が右を向くと右側の上肢・下肢が伸展し，一方，左側の上肢・下肢は屈曲する，また，頸（頭）が背屈すると，上肢が伸展し，下肢が屈曲するように，各筋の緊張が頸の位置によって調節されるものである．

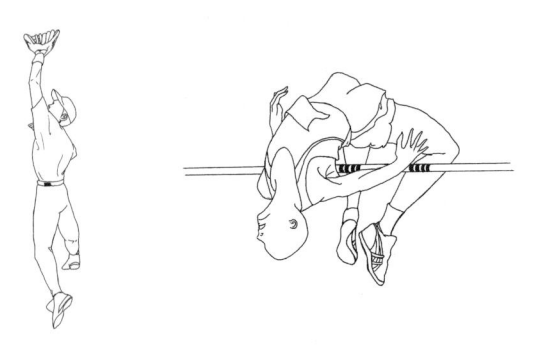

図Ⅲ.4.10 捕球動作と走り高跳びの動作と脳による運動制御

以上のように，運動に随伴する姿勢の変化は，基本的には意識に上がらずに自動的に実行されるが，その適切な制御のためにはやはり大脳皮質や小脳皮質からの腹内側系を介した脊髄への情報が重要な役割を果たしており，大脳皮質から背外側系を介した脊髄への情報に相補的に機能していると考えられる．その意味では，運動の中枢プログラム（脳とコンピューターとの相似からよく言われる言葉使いである）は，主たる四肢の動作の生成に関わる背外側系だけではなく，運動時の体幹をはじめとする姿勢の制御に重要な腹内側系の情報処理を包括して考えることが重要である．

4.4 身体運動に関わる反射

外界の種々の刺激に対する生体の反応の多くは生得的な固定された神経回路によって定型的に引き起こされる．このような反応は反射と称され，最も単純な脊髄における伸張反射から脳幹によって介在される緊張性頸反射など非常に多くの反射が身体運動の適応的制御に貢献している．ここでは，身体運動の制御に重要で代表的な反射を簡単に紹介する．

(a) 伸張反射

骨格筋が伸張されると，その筋を支配している α 運動ニューロンが単シナプス性に興奮し，その結果としてその筋は一定の潜時の後に収縮する（図III.4.11）．骨格筋には筋の伸張を適刺激として興奮する筋紡錘，張力を適刺激とするゴルジ腱器官がある．筋紡錘は主として筋腹に存在し，収縮して張力を発生する錘外筋線維と並列に並んで配置されている．筋紡錘の中には錘内筋線維があり，Ia群求心性神経線維の終末が伸張反射の起源となる．錘内筋線維は γ 運動ニューロンにより遠心性支配を受け，その感度が中枢性に調節される（γ バイアス）．伸張反射は筋の長さを一定に保つためにフィードバック制御系として機能し，関節位の固定や直立姿勢の保持に重要な役割を演じている．

(b) Ib群求心性神経線維と筋張力制御

ゴルジ腱器官は錘外筋線維と直列に位置し，筋の伸張のみならず収縮（短縮）によっても刺激され，Ib群求心性神経線維の終末が興奮，その活動電位は脊髄に伝えられ，脊髄

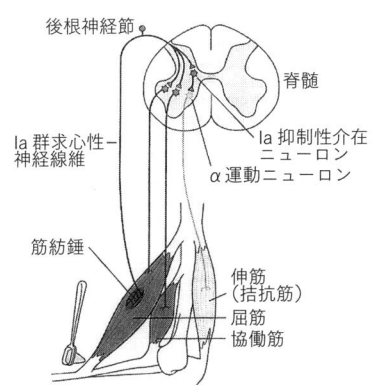

図III.4.11 伸張反射の神経回路（[103]）

内で抑制性介在ニューロンを興奮させることにより，その筋を支配しているα運動ニューロンに抑制性作用を及ぼす（自原性抑制）．ゴルジ腱器官は筋の張力を調節するフィードバック制御系として働いていると考えられる．

(c) 屈曲反射

痛みを惹起させるような侵害刺激によって皮膚および深部の受容器が興奮することにより，屈筋の収縮，伸筋の弛緩が生じ，その肢が屈曲し，刺激から遠ざかる．

(d) 緊張性頸反射

頸筋の筋紡錘由来の感覚情報により四肢の筋緊張が変化する姿勢反射の1つであり，頸（頭）が右を向くと右側の上肢・下肢が伸展し，一方，左側の上肢・下肢は屈曲する．また，頸（頭）が後屈すると，上肢が伸展し，下肢が屈曲する．一方，頸（頭）が前屈すると，上肢は屈曲し，下肢は伸展する，というように，各筋の緊張が頸の位置によって調節される．実際には，緊張性頸反射は前庭脊髄反射と協調して機能する．

4.5 すばやい動作の制御

すばやい動作を正確に制御することは難しい．この背景には，1）反応時間，2）動作時間，3）動作速度（スピード）という複数の要因が関連している．テニスを例にとれば，速いサーブを正確にレシーブすることが難しいのは，短い反応時間および短い動作時間での反応を要求されることによる．また，速いサーブを正確に打つことが難しい背景には，動作スピードの大きさが関与している．

(a) 反応時間の影響

刺激が提示されてから反応開始までの時間間隔を反応時間という．一般に，動作が複雑になると，その準備のためにより長い反応時間が必要になる．したがって，複雑な動作をより短い反応時間で準備することは難しい．反応時間を短縮するためには，予測能力を向上させる必要がある．例えばテニスでは，サーブのコースを予め予測することができれば，より早い段階でレシーブ動作の準備を行うことができる．

(b) 動作時間の影響

ごく短い時間内に終了してしまう動作は，動作速度の大小にかかわらず制御が難しくな

表 III.4.2 外乱に対する反応

反応の種類	潜時（ms）	柔軟性/適応性	教示の役割
M1反応	30-50	ほとんどない	ない
M2反応	50-80	低い	いくらかある
引金反応	80-120	中程度	中程度
随意反応	120-180	非常に高い	大きい

る．動作時間が長ければ動作途中で誤差を修正できるのに対して，短い時間では修正が困難になるからである．動作修正のための反応は処理時間に応じて分類されており，それぞれ異なる神経回路を介して発現する（**表 III. 4.2**）．このとき，潜時（修正反応が発現するまでの時間）の短いものほど適応性に欠けるため，大きな動作誤差を修正するにはより長い時間がかかることになる．

(c) 動作速度の影響

一般に，動作速度が増すと動作誤差が増大する．これを，速度と正確さの相反関係という．速度を増大させるためには，より強い筋活動が必要となる．この筋活動を発現させるための神経信号の大きさと，その信号に含まれる雑音の量との間には比例関係があり，これが速度と正確さの相反関係の神経基盤になっているといわれている．また，テニスのサーブのような多関節運動では，相互作用トルクと呼ばれるトルクが運動に作用する．相互作用トルクの影響を予め考慮した運動を事前に計画することは難しく，このことが初心者のサーブを不正確にする一因となっている．

4.6 運動の巧みさと上手下手

(a) 動きの巧みさ

さまざまな運動は「強さ」と「巧みさ（うまさ）」という2種類の尺度で評価することができる．重量挙げの選手が試技に成功した場面は我々に「強い」という印象をもたらし，小兵の柔道選手が体格の異なる重量級の選手を投げ飛ばす場面は「巧みだ」という印象をもたらす．巧みだと評価される動作の例を**図 III. 4.12**に示す．

(b) 巧みな動作を司る能力（スキル）

動作を行うためには体力という身体的能力が必要である．体力にはさまざまな要素があるが，巧みな動作を行うために必要な体力要素を「スキル」という．スキルには，感覚・知覚能力として，視覚，聴覚，体性感覚，運動感覚，状況把握能力，運動遂行能力として，正確に動作を行う能力，素早く動作を行う能力，正確さや素早さを持続する能力が含まれる．正確に動作を行う能力とは，適切な筋を，適切な時刻に，適切な強さで活動させる能力であり，それぞれポジショニング能力，タイミング能力，グレーディング能力と呼ぶ．

(c) 筋電図から見た上手下手

骨格筋が収縮するとき，筋線維には活動電位が発生する．上手な動作と下手な動作の違いは，パフォーマンス（成績）や動作にも現れるが，さらにその動作を生みだす筋活動を見ることによって，一層明らかになる．

図 III. 4.13にバドミントンの熟練者と非熟練者のスマッシュ動作時の筋電図の一例を示す．打球時刻付近の筋電図を見ると，未熟練者はラケットを振って打球するために直接必

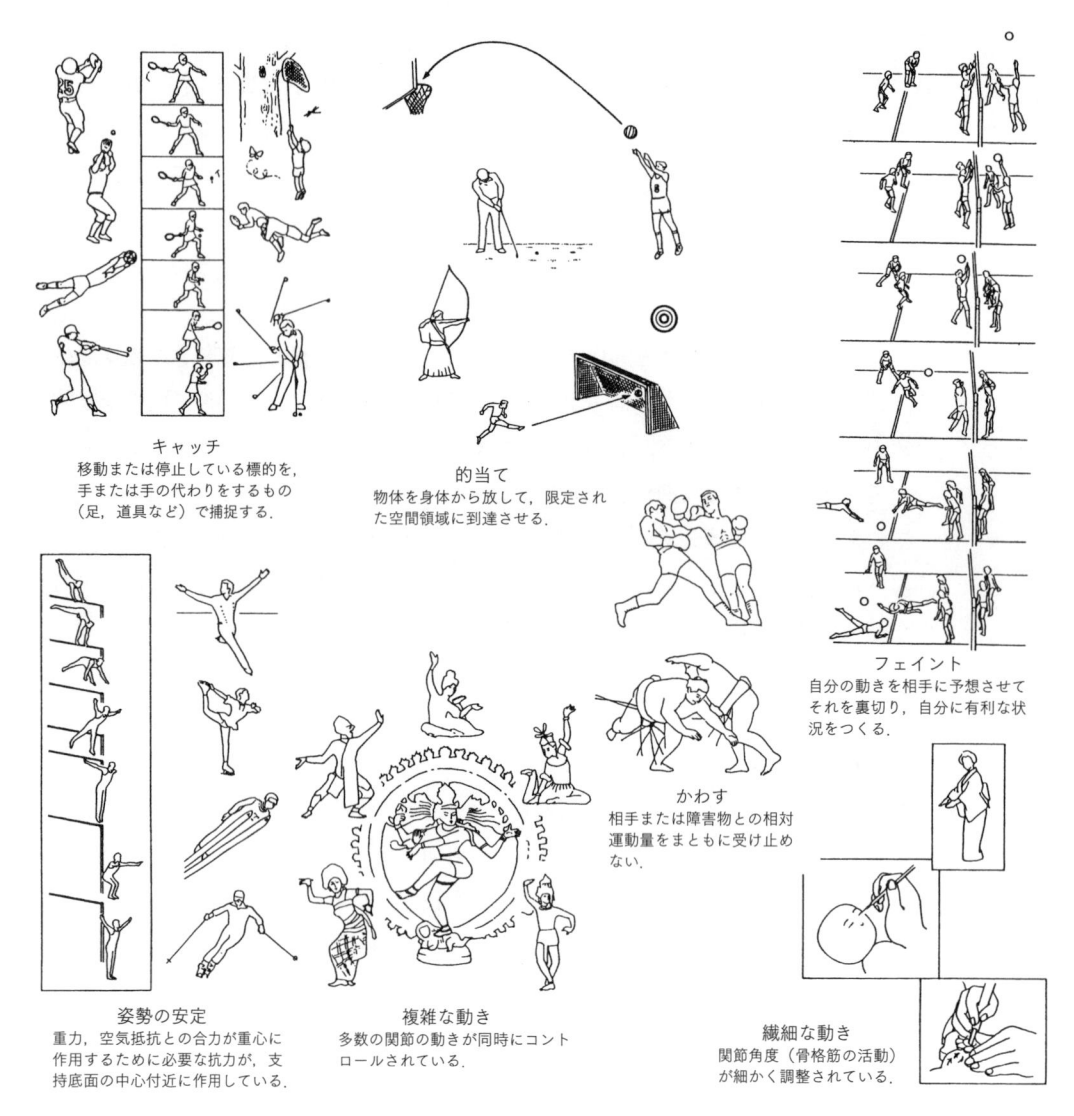

キャッチ
移動または停止している標的を，手または手の代わりをするもの（足，道具など）で捕捉する．

的当て
物体を身体から放して，限定された空間領域に到達させる．

フェイント
自分の動きを相手に予想させてそれを裏切り，自分に有利な状況をつくる．

姿勢の安定
重力，空気抵抗との合力が重心に作用するために必要な抗力が，支持底面の中心付近に作用している．

複雑な動き
多数の関節の動きが同時にコントロールされている．

かわす
相手または障害物との相対運動量をまともに受け止めない．

繊細な動き
関節角度（骨格筋の活動）が細かく調整されている．

図 III.4.12 「巧拙」で評価される動作（[99]）

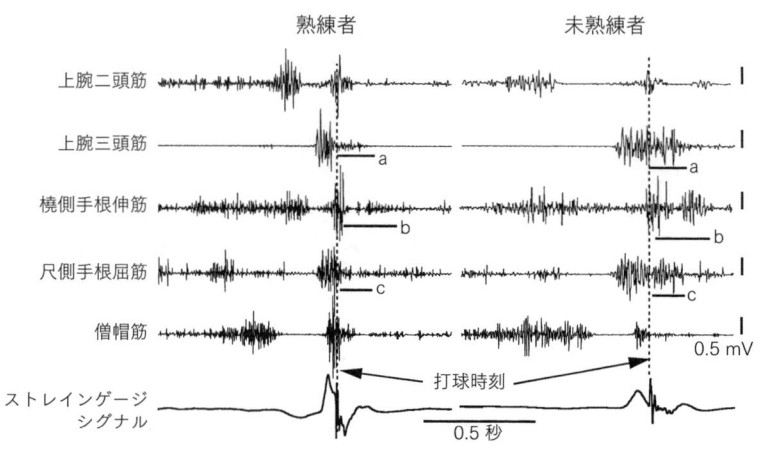

図 III.4.13 バドミントンのスマッシュ動作の筋電図

80──III 身体運動の科学

要な筋（上腕三頭筋＝肘関節を伸展する，橈側手根伸筋＝手首を伸展する，尺側手根屈筋＝手首を屈曲する）の活動が打球後も消えずに持続している（図III.4.13a，b，c）．打球後にどれだけ力を入れてもシャトル速度は増加しないので，これは無駄な力であるといえる．このような力発揮は，未熟練者がすぐ疲れてしまう一因となる．また，熟練者ではインパクトの0.3-0.1秒前頃に上腕二頭筋と橈側手根伸筋が強く働いて急に停止し，直ちに上腕三頭筋と尺側手根屈筋が働いている．これは，打球前にいったん肘を曲げ手首を背屈させてラケットを振りかぶる反動動作を利用して一気にラケットを振り切っていることを示している．しかし，未熟練者ではこのような筋活動が認められない．また未熟練者では僧帽筋が打球前から持続的に活動しており，いわゆる「肩に力が入っている」状態になっている．

4.7 スポーツ・運動の学習・記憶と小脳におけるシナプス可塑性

　さまざまなスポーツにおける巧みな動作や美しい姿勢，また球技の場合には，そのフォーム（一連の動作）からくり出されるボールの軌跡にも我々は深い感銘を受ける．スポーツにおける俊敏で巧みな動作（技，スキル）の遂行に，またピアノの名奏者が見せる複合的で素早い運指の遂行に，脳神経系が重要な役割をもっていることはすでに自明である．しかしながら，名選手の見まねで頭で（脳で）理解したはずの動きを行おうとしてもすぐには同じように行うことはできない．なぜなら，名選手のくり出す技は，一朝一夕に獲得・達成したものではなく，長い年月を試行錯誤して作り上げられた運動の中枢性プログラムによるものだからであり，それは骨格筋や運動ニューロンではなく脳において作成され，記憶されている．最近，脳においては筋・骨格系，さらには手にもった棒やラケットなど操作対象物の入出力関係（動特性）を表現した内部モデルの存在が明らかにされつつある．脳神経系の中で，運動の内部モデルは小脳皮質に形成され，それは学習・記憶の細胞レベルでの基礎過程といえるシナプス可塑性によって獲得されると考えられている．このシナプス可塑性を実験的に発現させる際には，特定の刺激を反復して入力する必要があるが，これは運動の学習における反復練習に相似している（[155]）．

　小脳皮質のプルキンエ細胞は，大脳皮質や脊髄などからの苔状線維系の入力を顆粒細胞，その軸索である平行線維を介して興奮性のシナプス入力として受ける．また，延髄の下オリーブ核ニューロンから発する登上線維は，プルキンエ細胞に多数の興奮性シナプスを形成し，カルシウムイオンの流入を伴うシナプス入力をプルキンエ細胞に伝える．平行線維からの興奮性入力を登上線維からの興奮性入力が時間的に一致して，かつ反復して起きたとき，平行線維とプルキンエ細胞の間のシナプスに伝達効率の持続的な低下，すなわち長期抑圧が生じる．この長期抑圧は小脳皮質内の神経回路においてメモリー素子の役割を果たしていると考えられ，実行した動作が適切ではなく誤っていた場合，運動の誤差情報を伝えていると考えられる登上線維からのシナプス入力により，誤動作に関係していた平行線維からのシナプス入力を長期抑圧によって除去していくことにより学習を進めていくと

考えられている．下オリーブ核からの登上線維によるシナプス入力は，通常の運動中には低頻度かつランダムに生じており，運動中に加えられた外乱やそれによって引き起こされる誤差，誤動作に応じて活動が引き起こされることが証明されている．

現在までに，種々の酵素やアミノ酸，タンパク質の薬理学的操作，遺伝子変異技術によって，多くの分子，タンパク質がこの長期抑圧の発現と運動の適応・学習に関わり，両者には相関関係があることが証明されている（[155]）．スポーツにおいて，新たな動作，技を獲得しようとする際には，反復練習が必要であるが，それをより効率的にかつ有効に行うためには，誤った動作を誤っていると正しく認知し，小脳プルキンエ細胞に伝える登上線維系システムが有効に機能することが大変重要である．

4.8 知覚と運動

(a) 運動に対する知覚の役割

我々が道を歩く際にはふつう，行く手に見える水たまりや地面の凸凹などを避けて通る．崖から落ちて初めて地面がなくなっていたことに気づいていたのでは，命がいくつあっても足りない．環境に関する情報を得る知覚の働きがあってこそ，多様な行動が可能になる．

知覚すること（見ること）と運動することの密接な関係を示す現象の1つに模倣がある．図 III. 4.14 は，生後 36 時間の乳幼児がモデルの表情を模倣している様子を示す．模倣とは，他の人の身振りを見てそれを自ら再生するという高度な知覚—運動スキルだが，ヒトは生まれながらにしてこのような能力をもっている．

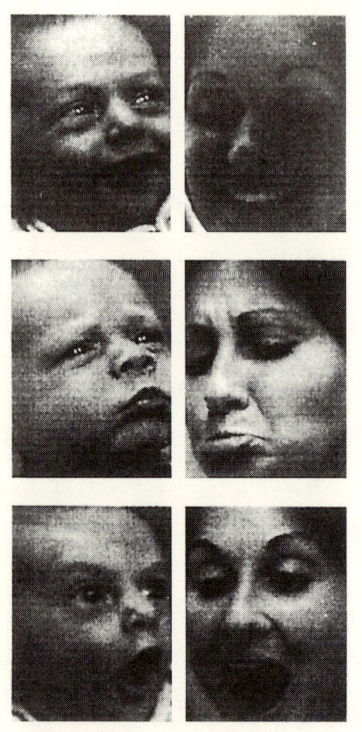

図 III. 4.14　乳幼児による表情の模倣（[27]）

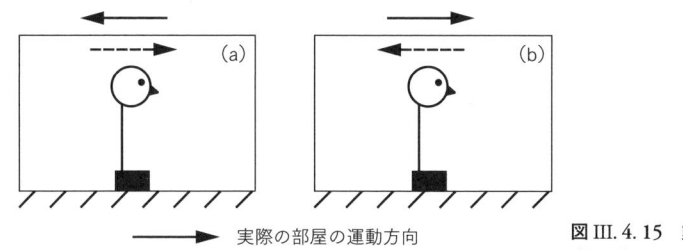

図III.4.15 動く部屋の中での知覚
([117])

→ 実際の部屋の運動方向
---→ 知覚される身体運動方向

　視覚はまた，自己の空間的定位に関する情報をもたらす（[73]）．例えば，部屋の真ん中に立ち，壁全体を前後にごくわずか動揺させると，四方の壁が動いていることはほとんど意識されないにもかかわらず，姿勢は壁の動きに合わせて前後に動揺する．つまり壁が前方から近づいてきたとき（図III.4.15 (a)）には後方へ，壁が遠ざかるとき（図III.4.15 (b)）には前方へ身体が傾く．この結果は，次のように解釈できる．つまり，部屋の壁が拡大するということは，壁と目との距離が接近したという情報をもたらす．このとき，壁自体が動くことはふつう滅多にないので，被験者自身の姿勢が前に傾いたと「知覚」される．このため，バランスを保とうとして後ろに傾くことになる．この実験は，姿勢が視覚的にコントロールされていることを鮮やかに示している．

(b)　知覚に対する運動の役割

　知覚が運動を支える一方で，運動もまた知覚を支えている．例えば，眼球は常に運動しており，静止した対象をじっと見つめているときでさえこの動きが止まることはない．しかし，姿勢を固定したうえで，目に特殊なコンタクトレンズを装着して眼球の動きを止めてしまうと，視覚が徐々に消失していく．つまり眼球が動かなければ外界は見えないのである．

　また，運動の経験が「見え」の成立に不可欠であることを示す実験もある．この実験では，2匹の仔ネコを暗闇の中で飼育した（[42]）．ネコは，1日に3時間光の下に置かれたが，その際には図のようなケージ内に入れられた（図III.4.16）．互いにつながれた一方の

図III.4.16　能動的視覚経験を操作する実験
([41])

ネコは，ケージ内を自らの脚で歩き回ることができる．片やもう一方は，ゴンドラに乗せられ自分で動き回ることができない．ただし，視覚入力という点では2匹とも同一であり，また，ゴンドラに乗せられたネコも暗闇の中では同じように運動していたため，骨格筋の発達という観点から見ると両者に差はなかった．このような条件のもとで育てられたとき，自らの脚で動き回ったネコは行動時に何の支障もきたさなかったのに対し，ゴンドラに乗せられたネコはテーブルの縁につまずき，向かってくる障害物を避けられなかった．この結果は，「自らの動き」が伴って初めて，外界の見え・知覚が成立することを示している．

このように，知覚と運動は相互に支え合う関係にある．豊かな運動は豊かな知覚をもたらしてくれるのである．

4.9　運動パフォーマンスの心理的要因

(a)　運動パフォーマンスと動機づけ水準

心技体という言葉があるように，良い運動パフォーマンスを行うためには「技・体」とともに「心」が重要である．動機づけ（やる気）についてみると，最も良い運動パフォーマンスや学習の効率が得られる最適水準は，中程度の動機づけの強さのところにあり，高すぎても低すぎてもパフォーマンスは低下する（図Ⅲ.4.17）．動機づけが低すぎる状態とはやる気がなかったり，審判の判定に不満で「くさる」といった場合，動機づけが高すぎる状態は過緊張により「あがり」の状態となっている場合などが考えられる．

最適の動機づけ水準はパーソナリティによって異なる．例えば内向的性格と外向的性格を比べると，外向的性格の人のほうが最適な動機づけ水準が高い，つまり大きな試合やプレッシャーのかかる場面に比較的強いことが知られている．また，行うスポーツの競技特性によっても異なる．スポーツ種目の比較では，大きな力や持久力が要求される種目は比較的高い動機づけ水準が，正確さや細かい運動の調節が求められる種目は比較的低い動機づけ水準が適しているといわれている．

(b)　あがりによる運動パフォーマンスの低下

運動パフォーマンスと心理状態との関係でよく問題になるのが「あがり」であるが，なぜあがってしまうと普段の実力が発揮できないのであろうか．運動制御との関係でいえば，

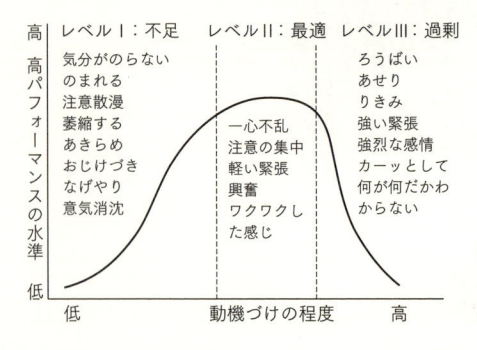

図Ⅲ.4.17　動機づけの程度とパフォーマンスの水準の一般的な関係，ならびにそのときに見られる心理状態（[77]）

1つは大きな試合やプレッシャーのかかる場面で「うまくいかなかったらどうしよう」などと心配し不安になることによって，本来，運動を行うために使われる意識の処理資源が足りなくなることが挙げられる．運動以外のことに気をとられて，運動の遂行に必要な注意・集中といった部分に十分な処理資源を使えなくなり，運動パフォーマンスが低下するのである．

もう1つはあがったことにより運動を過剰に意識してコントロールしてしまい，練習で獲得している本来の自動的な動きが崩壊してしまうことが挙げられる．失敗の許されない場面で，我々はできるだけ慎重に動作を行おうとし，本来無意識でできることを意識的にコントロールしようとする．そのことによってすでに獲得していたはずのスムーズな動きができなくなって運動パフォーマンスが低下するのである．

(c) こころをコントロールするには

あがらないように精神面をコントロールするためにはどうしたらよいか．自らのあがり体験を分析し，自分がどのようなタイプなのかを知ることが重要である．

あがることによって運動の遂行に必要な注意，集中といった部分に十分な処理資源を使えなくなり運動パフォーマンスが低下するタイプであれば，失敗・敗北といったマイナスイメージをつくり出さないことが重要である．自己暗示やイメージトレーニングなどを用いてプラスイメージをつくり出す訓練をするとともに，練習を通じて運動を自動化することによって，本番でのあがりによる悪影響を最小限にとどめるようにするとよい．指導者も試合直前に選手の不安や恐怖心をあおるようなアドバイスをすることは，選手の処理資源不足を助長する可能性があることを留意しておくとよい．

あがりによって運動を過剰に意識してコントロールしてしまい，本来練習で獲得している自動的な動きが崩壊してしまうタイプの人は，あがりが喚起されるような場面では動作以外のポイントを意識するなどして，練習によって獲得された運動の自動性をなるべく損なわないようにするとよい．指導者も直前の技術的なアドバイスが選手の過剰な意識制御を引き起こし，かえってパフォーマンスを低下させる可能性があることを留意しておくとよい．

運動時の心理状態は生理状態にも影響を及ぼす．例えばあがっているときには心臓の鼓動が早くなったり（心拍数の増加），手に汗をかいたり（精神性発汗），ほかにも脳波，呼吸，血圧，皮膚温など，さまざまな生理反応の変化が観察される．こうした生理反応について，自分にとって適切な精神状態のときの反応を知り，生理反応の変化を視覚，聴覚など，本人が知覚可能な情報に変換することができる機器を使って，望ましい精神状態をいつでも自分でつくれるようにトレーニングする方法もある（バイオフィードバック法）．

リラクセーションもあがりやストレスをうまくコントロールする有効な手段である．リラクセーションとは不要，過剰な緊張が低下するように筋群を弛め，体の緊張を取り除くことによってこころの緊張を取り除こうとするリラックス法である．日常生活においてさ

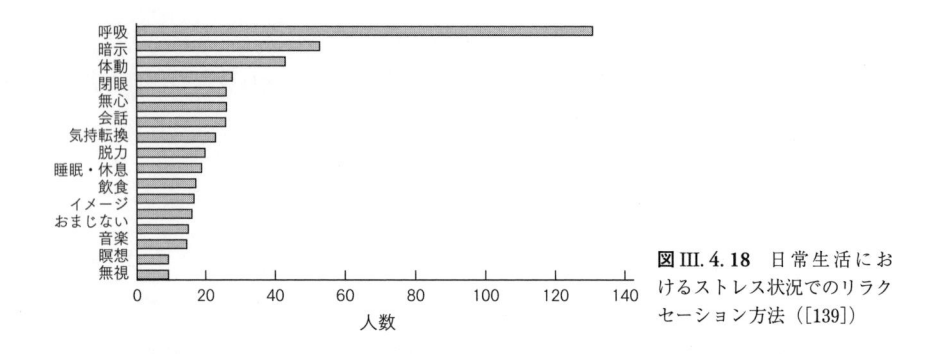

図 III. 4. 18 日常生活におけるストレス状況でのリラクセーション方法（[139]）

まざまな方法が用いられているが（**図 III. 4. 18**），特に腹式呼吸にはリラクセーション効果があり，スポーツなどにおいても呼吸のリズムや呼気・吸気のタイミングは力発揮の程度や相手に技をかけるタイミングなどの運動パフォーマンスに大きく関わることが知られている．ストレッチやジョギングなどの運動を無理なく楽しく行うこともリラックス効果がある．さらには漸進的筋弛緩法（力を入れて筋の緊張感を明確にし，力を抜いて弛緩感を確認することによって筋を弛めることを基本とした方法），自律訓練法（自己暗示を用いて身体の緊張を解いていこうとする方法）などのリラックス法も開発されている．

III 5 スポーツバイオメカニクス

5.1 バイオメカニクスとは

(a) バイオメカニクスとは

バイオメカニクス（バイオは生命や生物，メカニクスは力学を意味する）は，生体の構造や機能を力学的観点から解明することを目的とする学問である．バイオメカニクスの研究領域はたいへん広く，対象としては，1つの細胞から恐竜，1本の大木にまで及ぶ．また，人間を対象にした研究に限っても，細胞から，骨，歯，筋，心臓，血管などの個々の器官，腕，脚や関節など，そして身体全体の動きまでを扱う．

(b) スポーツバイオメカニクス

スポーツバイオメカニクスは，バイオメカニクスの方法論を用いて，スポーツのさまざまな現象を解明することを目的としている．つまり，スポーツにおける人間や物体などの運動を，筋力や身体内部で作用する力と，重力，地面反力，空気抵抗などの外力との相互作用による現象として理解し，それに基づき，スポーツの練習，トレーニングや指導，スポーツ傷害の予防，スポーツ用具の改良，スポーツ施設の改善や安全性の向上などに役立つ知識の提供を目指している．

(c) 運動学の必要性

スポーツの身体の動きの特徴の1つは，その素早さにあり，肉眼ではその動きを正確に捉えられないこともある．運動をする本人や指導者にとって，模範とすべき熟練者の素早い動きを把握することは重要である．このために，熟練者と未熟練者の動きの差を運動学的に見つけだす研究が数多く行われてきた．これを運動学（III. 5.2（a））という．

(d) 運動力学の必要性

運動力学とは，物体の運動を変化させる力とその作用について学ぶ学問である．スポーツ場面で行われる身体運動のほとんどは，多くの身体部位を同時に運動させる素早い多関節運動であり，筋力だけでなく，隣接する身体部位間の力の相互作用も身体各部の運動に大きな影響を及ぼす（III. 5.2（g），（h））．そのような運動では，運動を形づくる筋の働きを直感的に知るのが難しいが，熟練者の動きがすぐれている理由がわかれば，体形や体力の違いを考慮して，その動きを他の人たちに適用できる．このような問題に対して，筋の収縮特性（III. 2.1），腱の機能（III. 2.2）や反射（III. 4.4），力学的エネルギーの移動（III. 5.2（h））など，運動生理学，解剖学，運動力学の知識を用いた総合的な研究が必要

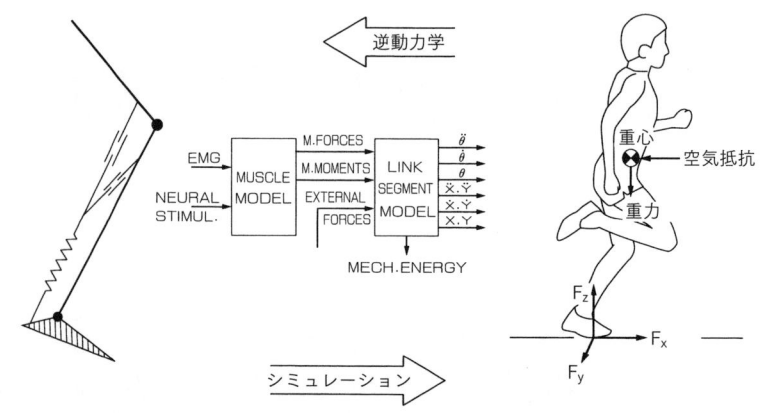

図Ⅲ.5.1 逆動力学とシミュレーション（[31]，[150]）

である．バイオメカニクスは，身体運動の逆動力学とシミュレーションの両方向からの接近によっている（図Ⅲ.5.1）．

5.2 バイオメカニクスの基礎

(a) 運動学変数の理解

(1) 変位，速度，加速度

運動は物体の位置の時間変化である．力を考慮せず，物体の運動の記述のみを行う解析を「運動学」という．変位，速度，加速度は運動学的変数と呼ばれ，それぞれ並進運動，回転運動について運動を記述するために用いられる．

(2) 身体運動の記述

身体運動を理解するためには，まず身体運動を定量的に記述することが必要である．例えば，100m走で時々刻々と変わる身体の平均移動速度を測定解析することで，100mレースを有効に行うためのパターンを検討することができる．一方，動作の上手下手は，各関節の運動速度やタイミングなどを詳細に分析することで初めて理解できる．このためには身体の各体節を質点ではなく剛体と捉え，身体をその集合として捉える（図Ⅲ.5.2）．身体運動は剛体の結合点，すなわち関節を回転軸とした回転運動から成り立っている．その組み合わせとして100m走のような身体全体（質点）の並進運動が生じるのである．

(b) 力と運動

身体や物体の運動をバイオメカニクスの観点から捉えるには，19世紀に確立されたニュートン力学，つまり，第1法則（慣性），第2法則（運動），第3法則（作用・反作用）が役立つ．ここでは，ニュートン力学と身体運動について述べる．

① 物体を動かすためには，その物体に力を働かせなければならない．逆に動いている物体を止める場合にも，そのための力が必要になる．地球上にある物体には，現在の速度の状態を維持しようとする性質があり，これを慣性（inertia）という．軽い物を動かすよりも重い物を動かすには，大きな力が必要となるが，これは重い物の方が，

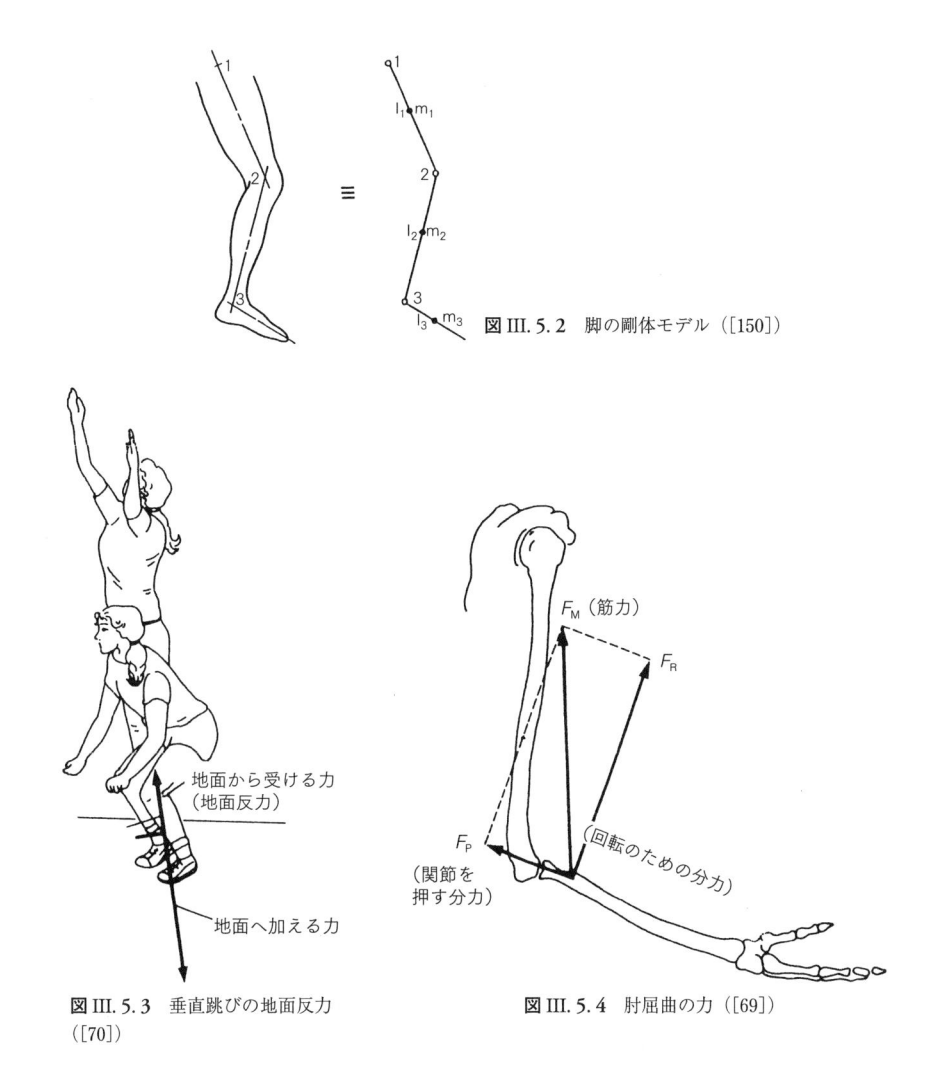

図Ⅲ.5.2 脚の剛体モデル（[150]）

図Ⅲ.5.3 垂直跳びの地面反力
（[70]）

図Ⅲ.5.4 肘屈曲の力（[69]）

慣性が大きいからである．この慣性の大きさの尺度を質量（mass）という．

② 位置の時間的変化率を速度（velocity），速度の時間的変化率を加速度（acceleration）という．運動している物体は，慣性の法則により，速度を一定に保とうとしている．この速度一定の物体に対して，速度の大きさや方向を変えたりするのは，外部から加わる力である．この力（f）は，物体の質量（m）を定数に加速度（a）と比例する（$f=ma$）．

　物体を加速しようとするときに，加速度とは逆方向に働く抵抗力を慣性力（inertia force）という．例えば，ハンマー投げの選手は，この慣性力の1つである「遠心力」に「求心力」で対抗している．選手は一見ハンマーを横に回転させているように見えるが，その力は微量で，実際に選手が発揮している力はこの求心力がほとんどで，手前に引くだけなのである．

③ 物体に対して力を発揮するときには，必ずその物体から大きさが同じで方向が反対の力を受けている．垂直跳びでは地面を押す力と同等の（地面反力，**図Ⅲ.5.3**）を

受けている．これを作用・反作用の法則という．これはさまざまな身体運動の中で見られる．運動を起こす力は，大きさ，作用点，方向という「力の三要素」で，これについて知ると，運動を理解しやすい．例えば，肘を屈曲させる筋力 F_M は回転のための分力 F_R と関節を押す分力 F_P に分解することができる（力の平行四辺形，図III.5.4）．

(c) 外力と身体重心

(1) 外力

ヒトが地球上にいる場合，身体が外から受ける力，つまり外力（external force）は，①重力（gravity）と②空気・水抵抗（resistance）と③地面からの抗力（reaction force）の3つである．この外力が作用する点は身体重心である（図III.5.1）．

① 走り幅跳びや走り高跳びで身体が空中にあるとき，（空気抵抗を無視すれば）身体重心の軌跡は放物線となる．したがって，走り高跳びや走り幅跳びでは，踏み切った瞬間に，身体重心の最大上昇点や砂場への到達点が決定される．

② 空気抵抗は，自転車に乗っていると向かい風と追い風によって実感できる．スポーツには空気抵抗が大きく影響する種目がある．例えば，陸上競技の円盤投げは「向かい風」の方が，投距離が伸びる．それは空気抵抗による「揚力」が投射体に働き，物体を浮き上がらせてくれるからである．特に，スキーのジャンプ競技での勝敗の優劣はいかに揚力を得られるかにかかっている．こういった状況では，投射体の重心は放物線の経路をたどらない．一方，水中では，水抵抗の利用が泳速に大きく影響する．身体の前から受ける水抵抗は，身体の進むスピードの2乗に比例し，その大きさは身体の体型よりも姿勢に影響される．

③ 直立して静止しているとき，身体は重力で地面に引かれ，床からそれと同じ大きさで向きが反対の抗力を受けている．歩行や走行，テニスやバドミントンなど，地面に足が着いている場合は，常に地面反力によって身体をコントロールしているのである．

(2) 姿勢の安定

身体が地面に接触している部分の輪郭を結んだ面を「支持面」というが，真上から身体を見て，身体重心が支持面の中にある場合は静止していることができる．身体を押されたりしたときに安定するためには両足を広げて支持面を大きくすればよく，その方向に対して安定度が増し，動きやすくなる．武道の構えやバレーボールやテニスのレシーブの際の構えはこの身体重心と支持面の関係で成り立っている．

(d) 衝突：運動量と力積

バットやラケットでボールを打つ，あるいは相撲やラグビーのフォワードのように人と人がぶつかる，こういった運動を「衝突」という（図III.5.5）．この衝突は，きわめて短い時間に大きな力が作用し，物体の速度を変化させる．力が一定時間作用し終わった後の運動を考えると，力と作用時間との積として求められる「力積（Impulse）」が，作用終了

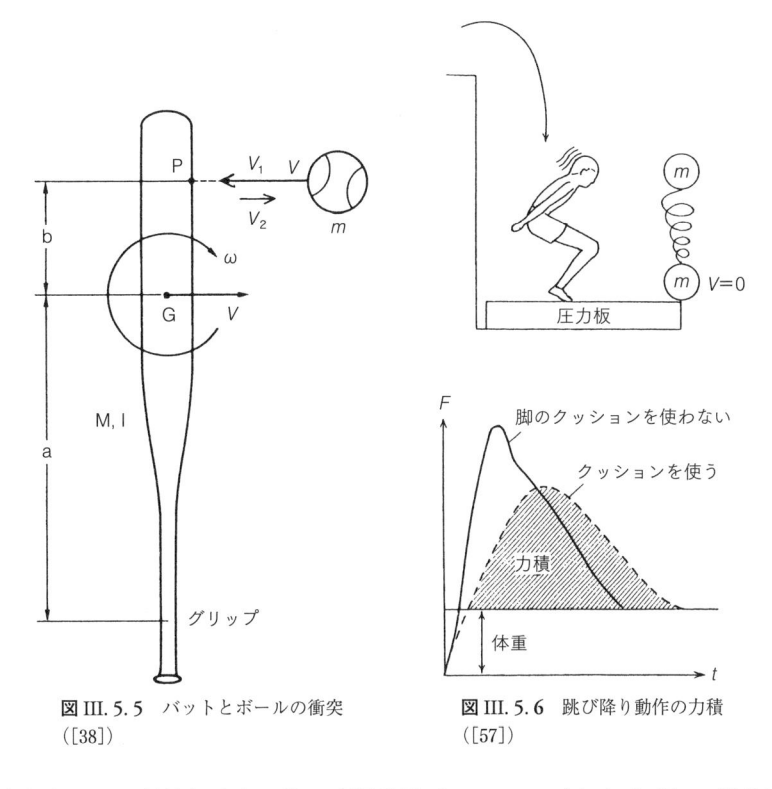

図 III.5.5 バットとボールの衝突
（[38]）

図 III.5.6 跳び降り動作の力積
（[57]）

後の速度を決める．質量と速度の積は「運動量（Momentum）」と呼ばれ，運動している物体の勢いを表す（運動量の変化は力積に等しい，$mv_2 - mv_1 = \int F(t)dt (= Ft)$, m：質量，v_1：作用前の速度，v_2：作用後の速度，F：力，t：時間）．

打具で最も反発する部分を「スウィートスポット」という．ここで打つと打具に生じる振動が非常に小さく，逆にここを外して打つと，打具にモーメントが生じ，手や腕に衝撃を受けることになる．

「力積を授与する動作」としては，野球などのボールを投げる動作，バレーボールのアタックやテニスなどのボールを打つ動作，サッカーのボールのキック動作などがある．野球のホームランやテニスのサーブなど，ボールの初速度が大きいほど有利な場合は，バットやラケットがボールと接触している力積を大きくすることが必要になる．

一方，「運動量を吸収する動作」としては，台から跳び降りたときの着地動作やボールのキャッチ動作などがある．台から跳び降りる場合，台の高さが一定ならば着地時の地面反力の力積は一定となる．膝をあまり曲げないようにしてガツンと着地すれば，作用時間が短く地面反力のピーク値が大きくなる．膝を大きく曲げてクッションのように着地すれば時間が長くなるのでピーク値を小さくすることができる．この両動作は，目的に応じて使い分ける必要があり，例えば，着地で下肢の関節に障害を起こさせないためには膝を大きく曲げる動作の方がよく，逆に（走り高跳びや走り幅跳びの踏切のように）一瞬に大きな力を受けとめるようなトレーニングのためには膝をあまり曲げない動作が望ましい（図III.5.6）．

(e) トルク，慣性モーメント，円運動の加速度

(1) トルク

トルクとは，力が物体の回転運動を変化させようとする作用である．「力のモーメント」という言葉も同じ意味で用いられる．トルクは，回転の中心から力の作用点までの線分の長さと，その線分に垂直な力の成分の積として表せる（**図III. 5.7**（a）; $F'×r$）．また，回転の中心から力の作用線までの距離と力の積でも表せる（**図III. 5.7**（b）; $F×d$）．

(2) 慣性モーメント

物体の質量が大きいほど，それに作用する力が生みだす加速度，つまり速度変化の割合が小さい．このことから，質量は，物体の並進運動の慣性（直前の運動を続けようとする性質）の大きさを表す指標となる．同様に，慣性モーメントは，物体の回転運動の慣性の大きさを表す指標となる．任意の回転軸から物体のある質点（質量をもつ点）までの距離とその質量をそれぞれ r_i, m_i とする．この質量と距離の2乗の積 $m_i r_i^2$ のすべての質点についての和 $\sum m_i r_i^2$ を，この物体の回転軸周りの慣性モーメントと呼ぶ．この定義から，質量が同じ物体であれば質量が回転軸から遠くにより多く分布している物体ほど慣性モーメントは大きい（質量が同じならば，中空のドーナツ＞あんドーナツ）．物体に作用するトルク N，慣性モーメント I と角加速度 α との関係は，$N=I\alpha$ または $\alpha=N/I$ と書ける．

(3) 円運動の加速度

固定された点 O の周りを一定の速さで半径 r の円運動をしている質点の加速度を考えてみよう．円運動の速度の方向は常に円の接線方向であり，その大きさは変化しないので，接線方向の加速度成分は 0 である．一方，速度の方向は常に円の中心方向に変化している（**図III. 5.8**（a））．これは，直進しようとする質点に常に回転中心方向に力を作用させて，同方向の速度を生み出（加速）し，円運動にしているからである．円運動の角速度*（回転の速さ）を ω とすると，この時の加速度の回転中心方向成分は $r\omega^2$，作用している力は $mr\omega^2$ であり，向心力と呼ばれている．また，回転運動の角加速度と角速度がそれぞれ α，

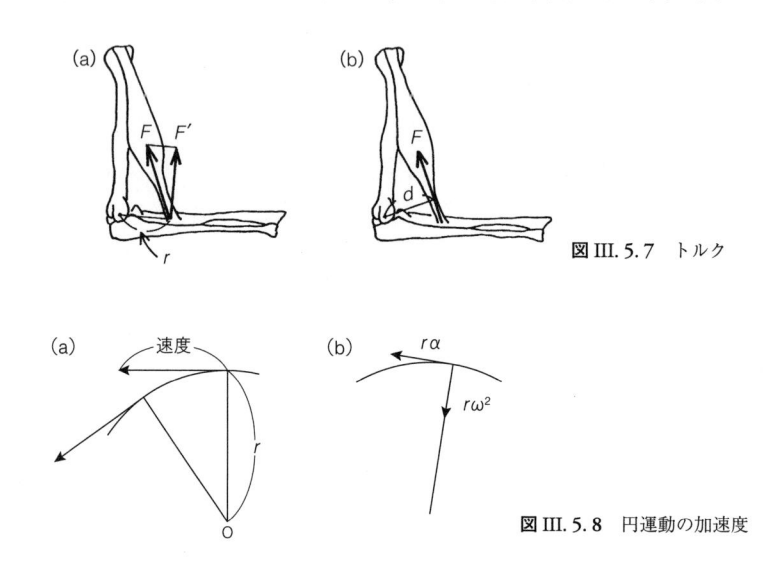

図III. 5.7 トルク

図III. 5.8 円運動の加速度

ω であれば，質点の接線方向と回転中心方向の加速度成分はそれぞれ $r\alpha$ と $r\omega^2$ である（図 III.5.8（b））．

* 角度，角度速，角加速度はラジアン表示とする．これは，角度を，中心角に対応する円弧の長さと半径の比で表す．角度＝円弧の長さ／半径．この表示法によれば，360度は $2\pi r/r = 2\pi ≒ 6.28$．円弧の長さ＝半径×角度．

（f）シミュレーション（順動力学）

(1) モデリングとシミュレーション

一般に，ある運動を模型あるいは数式などで模式化することをモデリングといい，それをもとに特定の条件を変化させて，さまざまな状態を推定することをシミュレーションという．人体模型など形あるものを用いた場合を「物理モデル」，形のない数式によるものを「数学あるいは計算モデル」と呼ぶ．物理モデルの典型はロボットで，計算モデルの典型はコンピュータシミュレーションである．身体運動のモデリングは，まず身体の前腕や上腕といった各セグメントを剛体とみなして質点系のリンクモデルをつくる．次に運動中の各セグメントの動きを運動方程式によって表し，運動方程式の定数項に実験で得られたデータを代入して，各種変数を算出する．そして，目的にそって，モデルや数式の改良をくり返し，モデリングをより適切なものに近づける．シミュレーションでは，ある特定の条件を変化させたときの，身体の動きの変化を具体的に知り得るという利点がある．

(2) 身体動作のシミュレーション

スポーツの跳躍場面において，身体が空中に投射されると，身体への外力は重力と空気抵抗だけなので運動を簡略化して考えやすく，空中動作のシミュレーションは容易である．そこでシミュレーションの初期には，走り高跳びの背面跳びの空中動作を検討し，空中動作の改善だけでパフォーマンスがどのくらい増大するかといった研究などが行われてきた．

最近では，1個の筋腱複合体モデル（**図 III.5.9**）によって筋と腱の動態を把握し，さら

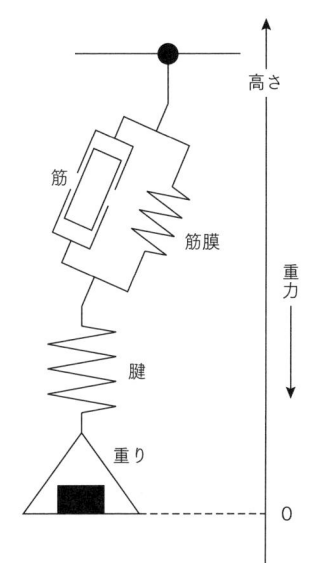

図 III.5.9 筋腱複合体（ヒルモデル）．筋には力-長さ・力-速さ関係，腱には力-長さ関係を入力し，筋に刺激を入力して張力発揮するモデル（[86]）

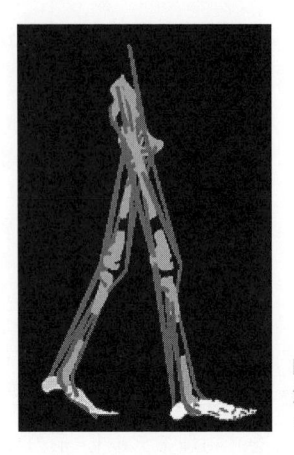

図III.5.10 骨格モデルにヒルタイプモデルを設置した例．各筋に神経刺激を入力して張力を発生させ，垂直跳びあるいは歩行などを具現させる（最適化手法）（[86]）

に，このモデルを骨格モデルにとりつけてシミュレーションする研究が行われている．垂直跳びのコンピュータシミュレーション研究では，ヒトの下肢3次元神経筋骨格モデルに神経入力パターンを入力し，動作シミュレーションを行うが（図III.5.10），神経入力パターンを各種検索して，この場合は最も高く跳躍するという目的にそった動作を見つけていく．この神経入力パターン生成のために最適化処理はコンピュータの動作学習と呼べるものである．現在では，垂直跳び・立ち幅跳び・歩行などのシミュレーションが成功している．

(8) 逆動力学

運動中に身体の各セグメントに作用している力やトルクを，測定機器を身体に取りつけて測定することは難しい．逆動力学（逆ダイナミクス）を用いると，ビデオの画像やモーションキャプチャーのデータから，身体セグメントに作用している力やトルクを推定できる（[150]）．例えば，スポーツバイオメカニクスで用いる逆動力学では，身体や用具などの運動学データを利用して，それらに作用する力やトルクを求める．これは，物体に作用する力やトルクからその物体の運動を知ろうとする順動力学と手順がちょうど逆なので，このように呼ばれている．次にこの方法の手順を，1平面内の運動を用いて説明する．なお，3次元空間内の運動でも，基本的には同じ考え方で計算を行う．

力とトルクは剛体の端で作用すると仮定する．剛体の質量と慣性モーメントをそれぞれ m, I，剛体の両端に作用する力とその力によるモーメントをそれぞれ F_1 と F_2 および N_{F_1} と N_{F_2} とする．また，筋力と靱帯などの結合組織による力のモーメントの和（関節トルク）を N_1, N_2 とする．添え字 x と y は，それぞれ水平方向と垂直方向の成分を意味することとする．剛体の加速度と角加速度をそれぞれ a と α，重力加速度を g とする．すると，

$$F_{1x}+F_{2x}=ma_x \tag{1}$$

$$F_{1y}+F_{2y}-mg=ma_y \tag{2}$$

$$N_{F_1x}+N_{F_1y}+N_{F_2x}+N_{F_2y}+N_1+N_2=I\alpha \tag{3}$$

と書ける（図III.5.11）．あらかじめ，連続する画像から，対象とする身体セグメントの加

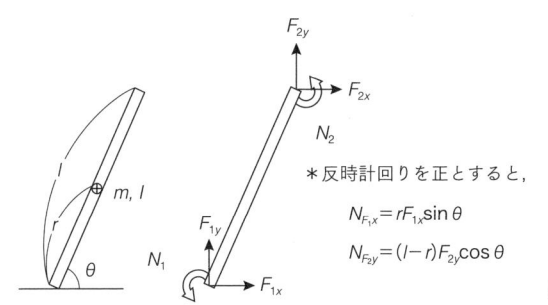

*反時計回りを正とすると,
$N_{F_1x} = rF_{1x}\sin\theta$
$N_{F_2y} = (l-r)F_{2y}\cos\theta$

図III.5.11 逆動力学の方法

速度と角加速度を求めておき,質量と慣性モーメントの値は別の方法で求めておく.

例えば前腕を対象にすれば,慣性力 ma は前腕の加速度 a から推定できるので,手から作用する力 F_{1x} と F_{1y} がわかっていれば,(1),(2)式から上腕から前腕に作用する力 F_{2x}, F_{2y} が求まる.また,$I\alpha$ は前腕の角加速度から推定でき,$N_{F_{1x}}, N_{F_{1y}}$ と $N_{F_{2x}}, N_{F_{2y}}$ は F_{1x}, F_{1y}, F_{2x} と F_{2y} から求まるので,N_1 がわかれば,肘関節で前腕に作用する関節トルク N_2 も求まる.すると,作用・反作用の法則から,前腕から上腕に作用する力と関節トルクが求まる.同様の方法を上腕に用いることで,体幹から上腕に作用する力と関節トルクを知ることができる.指先や足先に力やトルクが作用していなければ,一端の力とトルクを0とすることで(先の例で,F_1 と N_1 が0),他端に作用する力とトルクが求まる.また,それらが作用している場合は,それらについてのみ計測器を用いて知る必要がある.

なお,身体セグメントの端で作用すると仮定した力を関節力と呼ぶが,これは隣接するセグメントからそこに作用する力と筋力などの合力である.

(h) 仕事,仕事率,力学的エネルギーとその移動

(1) 仕事・仕事率

仕事は,力の大きさと,力を作用させた物体の移動距離によってその量が決まる(仕事＝力×距離).例えば,**図III.5.12**(a)のように一定の力 F で物体を距離 Δl 移動させたとすれば,その力が物体にした仕事は,移動方向の力の成分と移動距離の積 $F\Delta l\cos\theta$ である.移動方向と力の方向が反対の場合には仕事は負となる.単位はジュール(J;N×m)を用いる.

回転している物体と同方向にトルク N が作用したとき(**図III.5.12**(b))の仕事は $N\Delta\theta$,つまり,トルクとそれが作用していた間の物体の角度変化の積である(仕事＝トルク×角度変化:ラジアン表示).トルクと角度変化の方向が反対の場合には,仕事は負になる.

仕事率は仕事の強度を表す指標で,仕事をするのに要した時間で仕事を割ったものであ

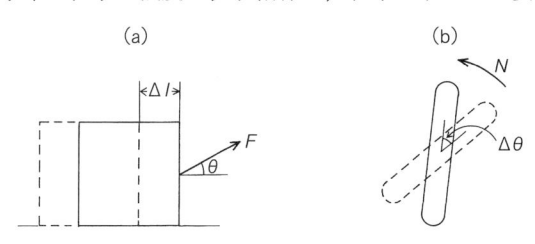

図III.5.12 並進運動と回転運動の仕事

り（仕事率＝仕事/時間），単位はワット（W；J/秒）を用いる．瞬間の仕事率は，並進運動の場合，力の作用点の移動速度と移動方向の力の成分の積で求まる．回転運動の場合は，トルクと回転の角速度との積で求まる．

(2) 力学的エネルギー

運動している物体や特定の位置にある物体は，他の物体に仕事ができる状態にある．これが力学的エネルギーをもっている状態である．前者と後者のエネルギーをそれぞれ運動エネルギー，位置エネルギーと呼ぶ．単位は，仕事のそれと同じくジュール（J）である．

ある基準の位置から高さhのところに質量mの物体があるとき，基準の位置に対する重力による位置エネルギーはmghである（g：重力加速度）．また，質量m，慣性モーメントIの物体が並進速度v，角速度ωで運動しているとき，並進と回転の運動エネルギーはそれぞれ$mv^2/2$, $I\omega^2/2$である．重力以外から仕事をされなければ，その物体の運動エネルギーと位置エネルギーの和は一定に保たれる．物体が正（負）の仕事をされると，その物体の力学的エネルギーがその仕事と同量だけ増す（減る）．

(3) 力学的エネルギーの移動

ボールを全力で投げたとする．ボールが手から離れる際の手とボールがもつ力学的エネルギーのうち，手関節周りの筋がその仕事により生みだせる量はほんの一部である．残りのエネルギーは，体幹近くの大きな筋の仕事によって生みだされた力学的エネルギーが，手とボールへ移動することによって供給される．この移動の仕組みは2つある（[150]）．1つは，隣接する身体セグメント間の関節力由来のものであり，もう1つは，関節トルク由来のものである．前者は直接的にはエネルギー消費を必要としない．

(i) 機械的効率

(1) 機械的効率

ヒトの運動は，筋が化学エネルギーを身体や外界の力学的エネルギーに変換することによって行われる．特に持久的運動では，この変換の効率がパフォーマンスを左右する因子となる．身体運動により消費されたエネルギーに対する運動中になされた機械的仕事の割合を機械的効率という．

効率＝機械的仕事/運動により消費されたエネルギー
　　＝仕事率/単位時間当たりに消費されたエネルギー（定常の運動）

運動により消費されたエネルギーは，運動中の酸素摂取量から求めることができる．強度が一定の定常の運動においては，効率は単位時間当たりに消費されたエネルギーに対する仕事率の割合として求めることができる．

運動により消費されたエネルギーをどう考えるかによって効率にはいくつかの定義が存在する．運動により消費されたエネルギーを運動中の総消費エネルギーと考える場合，総効率（gross efficiency）と呼ぶ．総消費エネルギーから休息時の消費エネルギーを引いたものと考える場合，正味の効率（net efficiency）と呼ぶ．ある仕事率（$\dot{W}$）の運動を基準

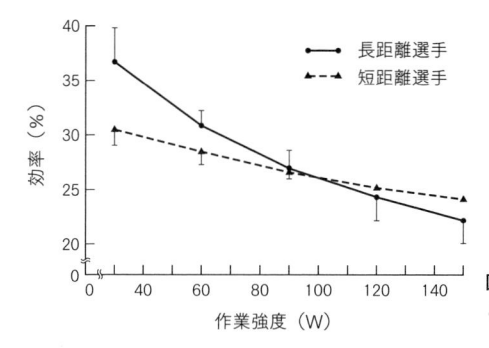

図 III. 5. 13 自転車運動における長距離選手と短距離選手の瞬間的効率（[123]）

としてそこから仕事率を $d\dot{W}$ だけ微小に変化させた時に単位時間当たりのエネルギー消費（$\dot{E}$）の変化量が $d\dot{E}$ であったとすると，$d\dot{W}/d\dot{E}$ を瞬間の効率（instantaneous efficiency）と呼ぶ．また自転車運動において運動中の総消費エネルギーから無負荷の自転車運動中に消費されたエネルギーを引いたものと考える場合は，仕事効率（work efficiency）と呼ぶ．

図 III. 5. 13 に，自転車運動中の瞬間の効率を示した（[123]）．瞬間の効率は，作業強度が高くなるにつれて低下する．また，低い強度において長距離選手の効率は，短距離選手より高い傾向が見られた．ランニングにおいても，低い強度において長距離選手の効率は短距離選手より高いという報告がある（[58]）．この理由は明確にされていないが，長距離選手が短距離選手に比べて，エネルギー効率が良いとされる遅筋線維の割合が高いことが理由として挙げられる．

(2) 経済性と有効性

効率においては，ランニングにおける過度の上下動など明らかにパフォーマンスを低下させる動きに関連した仕事もパフォーマンスに貢献する仕事と同じように評価してしまう．パフォーマンスとより関連する指標として，経済性や有効性という概念がある．経済性は，運動のパフォーマンスとその運動を行う際に消費されたエネルギーとの関係を見る指標である．例えばランニングの経済性は，ある一定の速度で走る時の体重当たりの酸素摂取量で評価される．経済性には代謝に関わる生理学的側面と技術的・力学的側面の両方が関係する．一方，運動の技術そのものを評価するために，運動中になされた機械的仕事に対するパフォーマンスに有効な力学的エネルギーの割合として定義される力学的エネルギー利用の有効性指数という概念が阿江と藤井により提唱された（[3]）．走運動においては，進行方向の並進の運動エネルギーがパフォーマンスに有効な力学的エネルギーと考えられる．

5.3 スポーツバイオメカニクスの実際

(a) 歩行のバイオメカニクス

ヒトの歩行の矢状（進行方向）面内の動きは，単純には倒立した振り子が途中まで倒れては，軸を反対側の脚に替えて起き上がることのくり返しとして考えることができる（図 III. 5. 14）．時計の振り子のように，身体質量中心（COM）の位置エネルギーの減少が

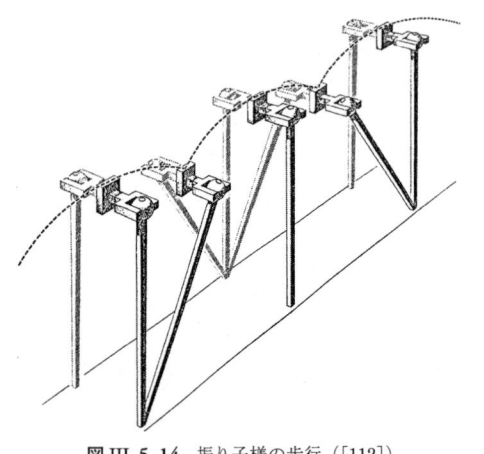

図III.5.14　振り子様の歩行（[112]） 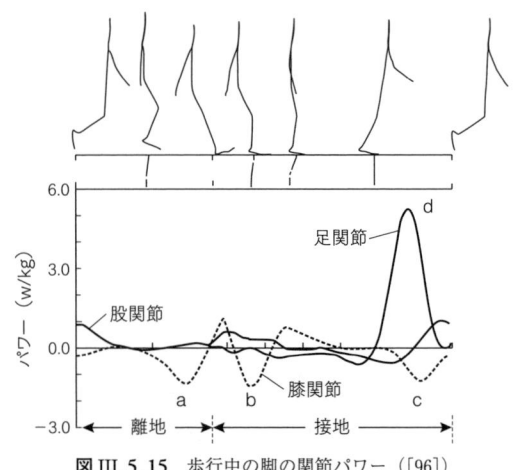　　　図III.5.15　歩行中の脚の関節パワー（[96]）

100% COMの運動エネルギーの増加に結びつくのであれば，歩行を続けるためのエネルギー消費はCOM周りの体肢の加速・減速に要するエネルギーだけですむ．しかし，実際にはそのようにはならず，倒れかかった振り子の向きを変えて起き上がらせるためにエネルギーが必要となる（図III.5.15）．快適な速さ（5-6 km/h）で歩いているときには，COMへの上方向の仕事と前方向の仕事を互いに独立したものと仮定して加えた値の約35%のエネルギーを補給することで，COMの運動を続けさせることができる（[18]）．

具体的には，接地した前足側の脚の屈曲により，主に膝関節伸展筋群が伸ばされながら力を発揮する（負仕事，III.5.2（h））ことによりCOMの運動にブレーキをかけ，運動エネルギーが一部失われる（図III.5.15 b）．そして，後脚の主に足底屈筋群の働き（図III.5.15 d）により，前脚を軸にしてCOMの運動の方向を変えて上昇させ，歩行中に失われた力学的エネルギーを新たに補給する．前足接地期以外では，膝関節屈筋群が下腿の振り出しにブレーキを掛けること（図III.5.15 a）と，足が離地する直前の膝関節の屈曲（図III.5.15 c）に伴う同伸筋群の負仕事によって，力学的エネルギーが失われる．

歩行速度が快適な速さを超えて増すと，COMの加速・減速だけでなく，体肢の加速・減速のためにも多くのエネルギーが必要となる（[149]）．消費エネルギーは，歩幅の約4乗に比例すると考えられている（[22]）ので，障害に注意できれば，腕の振りと歩幅をやや大きくして歩くことは，健康の保持・増進のための運動として有効であろう．

(b) 走動作のバイオメカニクス

走は，左右交互に地面を蹴り地面反力を受けることによって身体を水平移動させる運動である．走動作は，腕と脚それぞれの左右交互動作，上体と下体の捻り動作によって成り立っており，そのスピードはピッチ（歩/秒）とストライド（m/歩）の積により決まる．幼児から成人までの走スピードの発達を見ると，ピッチはほとんど変化なく，走スピードはストライドと平行して増加する．ただし，身長当たりのストライドは6歳まで増加するがその後はほぼ一定となる．つまり，スピードを決定するストライドの伸びは身長の発達

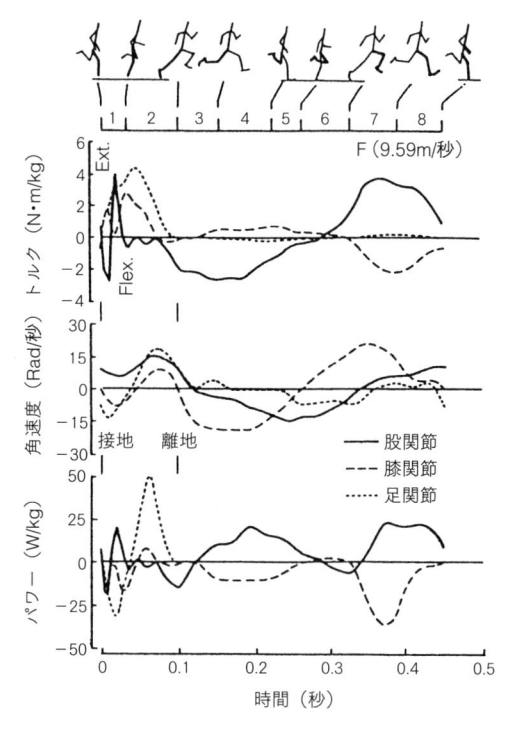

図 III.5.16 疾走中の下肢トルク，角速度，パワーの変化（[2]）

に関係している．

走運動は，100m 走を例にとると，スタート後速度が増加していく「加速局面」，速度が一定となる「等速局面」，疲労によって速度が減少する「減速局面」からなる．それぞれの局面ごとの地面反力のパターンを見ると，垂直方向の地面反力は局面によって差がなくピーク値は体重の 3-4 倍である．一方，水平方向の地面反力は，必ずブレーキとしてのマイナスの力と加速のためのプラスの力からなるが，この両力積は局面によって異なり，加速局面はマイナスよりプラスの力積が大きく，等速局面では両者同等そして減速局面ではマイナスの方が大きくなる．

最近の研究で，走運動中の下肢 3 関節の発揮トルクが明らかになり，動作中に選手がどのように力を入れて走っているかがわかってきた（図 III.5.16）．足関節は接地時のみに働き，空中ではリラックスしている．膝関節は走運動中にほとんど使われず，これまで考えられていた脚を巻き込む局面でも働かない．ただし脚を前に振り出したときに下腿が前に行き過ぎないように屈曲のトルクを発揮する．これらに対し，常に大きく働くのが股関節である．脚を後ろから前に振り出す（速く股関節を屈曲させればリラックスした膝は屈曲して下腿は巻き込まれる）．その後，脚を前から振り降ろし接地するが，接地中の脚は膝の屈曲をせずに脚を 1 本の棒のようにして前から後ろに引き戻す．この股関節の発揮トルクによる脚のスウィング動作が走スピードに大きく影響している．

(c) 跳動作のバイオメカニクス

跳躍は，自力で身体を空中に投射する運動である．重力場にあるものを地面から離すに

は，重力よりも大きな上向きの推力，つまり地面からの抗力が体重より大きくならなければならない．離地後は地面に対する抗力はゼロとなり，外力は重力だけとなることから，身体は弾道運動となり重心は放物線となる．すなわち，跳躍における重心の方向や飛距離は，離地するときの初速度ベクトルによって決定される．ただし，スキーのジャンプ競技のように空気抵抗が効く競技では，揚力をいかに得るかが勝負のカギを握る（Ⅲ.5.2 (c)）．

(1) 跳躍の踏切における地面反力

垂直跳びにおける垂直地面反力では，運動開始直後に沈み込みによる抜重がある．重心の最下点から離地までの地面反力の大きさ（力積）によって，踏切初速度（跳躍高）が決定される．なお，地面からの抗力（地面反力）は，時間積分することにより重心の速度を，再度積分することにより重心の変位を算出できる．一方，助走後の跳躍，走り幅跳び・三段跳び・走り高跳びは，踏切に入る時点で身体がすでに大きな水平速度を得ているので，地面反力は運動の方向を変えるという役割をもつ．踏切では，助走スピードを落とさないようにしながら腰を低くして，身体重心の運動量の方向をうまく変えるように踏切の力積を発揮することが重要となる．

(2) 跳躍の踏切における身体の回転運動

身体の回転は，重心周りに身体を回転させようとする力（トルク）が働くことにより生じる．トルクは一般に，物体に働く力の大きさと，力の作用線と回転軸との距離との積によって定義される．走り幅跳びの踏切中に生じる回転トルクは，前方回転としての成分がその大部分を占め，したがって前方回転の角運動量をもって踏み切っているといえる．その状態で着地に至ると，上体が前に倒れて記録をロスすることになる．したがって，空中で前方回転を相殺する動作，つまり四肢を回転する「はさみ跳び」や四肢を上下に伸ばす

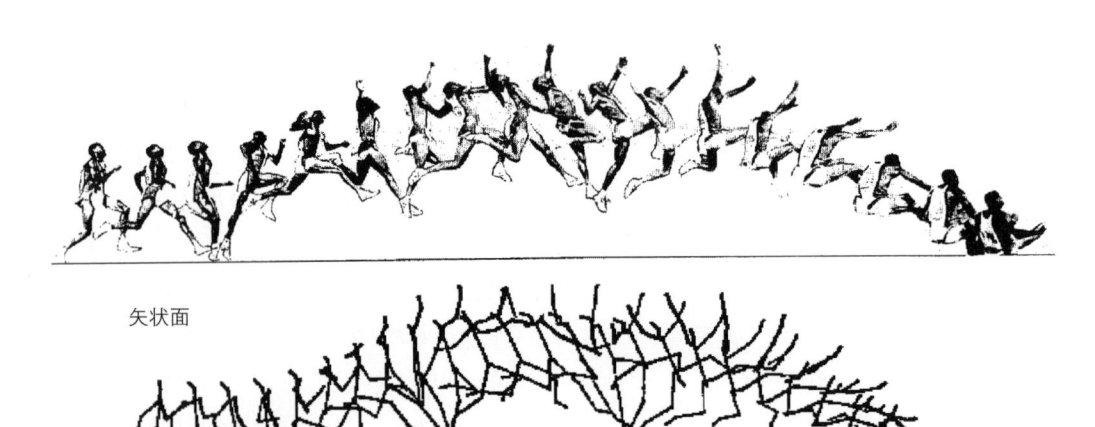

矢状面

図Ⅲ.5.17 パウエルの走り幅跳び．1991年東京世界陸上で優勝したパウエル選手の走り幅跳び動作．踏切に入る速度は100m優勝のルイス選手とほぼ同じ11m/秒ながら，投射角約20度という高い跳躍を実現して8.95mという世界記録を出力した．空中の身体重心の高さは1.90mにも及んだ．

「そり跳び」を行う必要がある.

(d) 蹴・打・投動作のバイオメカニクス

(1) 蹴動作

Jリーグチームのフォワードの選手が,できるだけ速いボールを蹴るという条件で約10歩助走後,蹴脚を垂直面内でスイングしたサッカーのプレースキックについて説明する.

図Ⅲ.5.18に,側面から見た蹴り脚のスティックピクチャーを示した.図Ⅲ.5.19に,そのときの大腿,下腿,足の角速度と各関節周りの発揮トルク（いずれも反時計回りが正）,および仕事率を上から順に示した.まず,大腿の角速度が大きくなり,下腿の角速度の増加に伴い大腿の角速度は減少し始めた.トルクは股関節屈曲の値がとても大きかった.ボールインパクト直前には膝関節伸展角速度（下腿角速度−大腿角速度）が大きくなり,伸展筋群の短縮速度も大きくなったために,膝関節伸展トルクはほとんど発揮されていなかった.この筋群の主な役割は,スイング前半の膝関節屈曲運動の減速と,同時に大腿から下腿へとエネルギーを移動させることであろう.仕事率は股関節周りの値が大変大きく,膝関節周りのそれは小さかった.足と下腿が得た運動エネルギーは,主に助走により得られた体幹の運動エネルギーや股関節周りの筋の仕事によるエネルギーの下腿と足への移動によっていた.

(2) 打動作

卓球やテニスのストローク,野球のバッティングやゴルフのドライバーショットでは,体幹のその長軸周りの打球方向への回転が,打具とそれをもつ腕に速度を与えるために大変重要である.実際の動作では,まず下肢と体幹の筋の仕事により,体幹と腕がほぼ同じように回転をして運動エネルギーをもつ.ついで,肩関節周りの筋活動により,腕が体幹

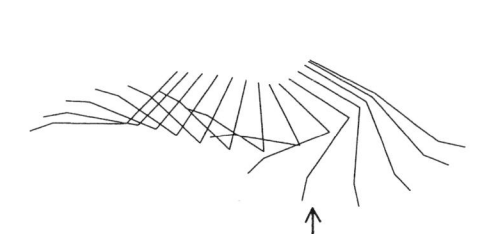

図Ⅲ.5.18 側面から見た蹴り脚の動き.矢印はボールインパクトを示す（1/60秒毎）.

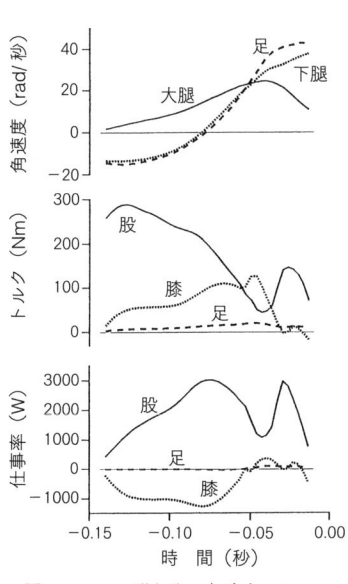

図Ⅲ.5.19 蹴り脚の角速度,トルク,仕事率（0秒：インパクト）

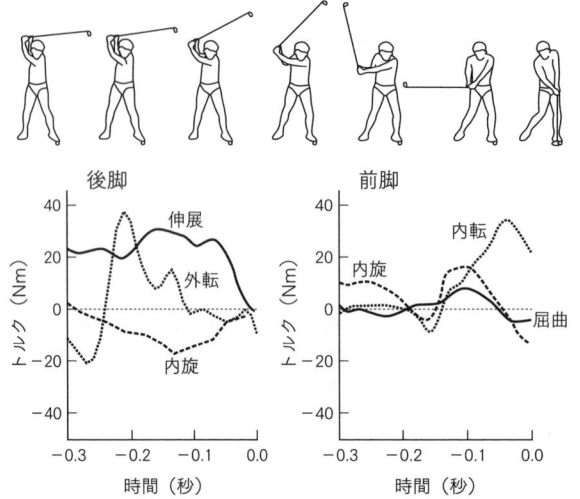

図III.5.20 ドライバーショット中の股関節トルク成分の骨盤回転への寄与．上のフォームは0.05秒毎．

に対して回転をする．その際，腕は筋の仕事によるエネルギーと，体幹のエネルギーの一部をその移動により得る．

動作のおおよその仕組みがこのようになっているので，上半身の回転を生みだす下肢の働きも同様に重要である．股関節でこの回転を生みだす作用は，左右の両股関節の筋トルクと関節力である．**図III.5.20**は，右利きのゴルフ選手がドライバーショットを打ったときの，両股関節トルク成分の骨盤の長軸周りの回転作用を示している．右股関節伸展トルクと左股関節内転トルクの回転作用が大きいことがわかる．

上述した他の打動作でも，この回転作用はよく似ている．テニスや卓球でトップスピンボールを打ち出す時には，膝関節の屈伸が強調される．これはラケットを下から上に振り抜くために重要と考えられているようであるが，この屈伸はバランス保持の必要性から股関節の屈伸をも同時にもたらすので，体幹をその長軸周りに打球方向へ回転させるという重要な動きにも同時に貢献している．野球の長距離打者のお尻が大きいというのは，この理由からであろう．

(3) 投動作

野球のピッチングでは，肩関節の水平内転，外転と内旋に大きなトルクが発揮される

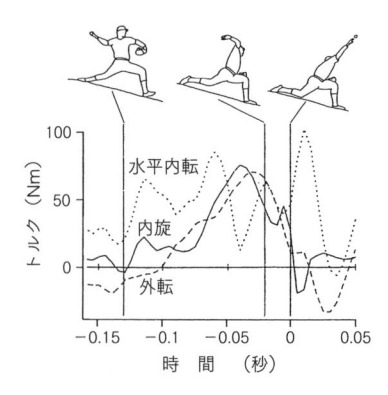

図III.5.21 野球のピッチングでの肩関節周りの発揮トルク（[26]を一部改変）

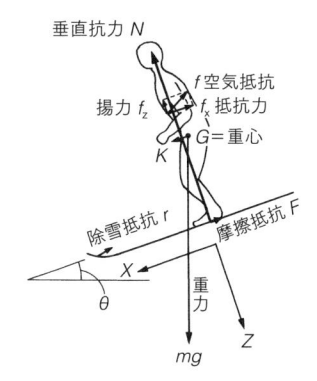

図III.5.22 浅い雪上を高速で直滑降するスキーヤーに働く力．進行方向への加速力 $K=mg\sin\theta-F-f_x-r_x$ である（r_x は除雪抵抗の斜面平行成分）（[62] より改変）．

（図III.5.21）．水平内転トルクが大きくなると，肘の屈曲でL字型になっている腕の前腕と手が慣性で取り残され，肩関節は外旋される．上腕が上がる（外転）ことも，この外旋に拍車をかける．ついで，内旋トルクの増大と水平内転トルクにより，上腕が前方へ水平内転しつつ，前腕は上腕の長軸周りを前方へ回転し，ボールをリリースする．

(e) 滑走動作のバイオメカニクス

スキーやスノーボード，橇で雪上を滑ること，またスケートで氷上を滑ることを滑走という．滑走動作では，滑りが起こる物体（スキーでいえばスキー板と雪面）の間に生じる摩擦力と空気抵抗が運動の抵抗力として働く．以下，スキーの滑走動作について解説する．

スキーの直滑降を考える．スキーヤーに働く力は，重力，雪面との摩擦抵抗力，雪面からの垂直抗力，空気抵抗および除雪抵抗である（図III.5.22）．

雪面との摩擦抵抗力（F）は，雪面からの垂直抗力（N）に比例し，$F=\mu N$ と書くことができる．比例定数 μ を摩擦係数と呼ぶ．一般に，相対運動のない（滑りが起こらない）場合に働く摩擦力を静摩擦力と呼び，ある場合に働く摩擦力を動摩擦力と呼ぶ．滑りが起こらない最大の摩擦力を最大静止摩擦力と呼び，そのときの摩擦係数を静摩擦係数と呼ぶ．ボウデンの研究によれば，氷面とスキー板との動摩擦係数（後の研究により雪面との摩擦係数も大きく違わないことが明らかにされた）は0℃で0.02程度であり，静摩擦係数（0℃で0.2-0.4程度）よりずっと小さい．ボウデンは，この理由を，スキー板の底面と接触する雪の粒が摩擦熱によって溶け（摩擦融解），その結果できるごく薄い水の層が潤滑作用をもつためであると説明した．

空中を進む物体の前後には空気の圧力差が生じるために抵抗が働き，その抵抗力は速度の2乗に比例する．進行方向に働く力を抵抗力（drag）と呼び，進行方向に垂直に働く力を揚力（lift）と呼ぶ．抵抗力は $1/2\rho CSV^2$ で与えられる．ただし，ρ は空気密度，C は物体の形状に依存する抵抗係数，S は進行方向へ射影した物体の断面積，V は物体の気流に対する相対速度である．スキーヤーの姿勢により空気抵抗は大きく変わる．

最後に，スキー板が雪を変形圧縮して進む時に板の前面に働く除雪抵抗がある．なお，ターンはエッジングによって生じた除雪抵抗が向心力として働くことで可能となる．

III 6 スポーツ医学

6.1 スポーツ医学とは

　病気の治療や予防に運動やスポーツを使うことは，医学の歴史を見ると昔から行われてきた．インドのヨガ，中国の導引，気功などであり，ギリシャのヒポクラテスの記載にも登場し洋の東西を問わない．近世に至ってドイツ体操，スウェーデン体操など産業革命を機に集団で行う体操が開発され，明治の日本にも導入された．これは，良質な兵士や労働者の育成が当時の社会に必然であったためであり，学校の体育がその使命を行っていた．

　近年の科学技術の発達は個々人の肉体的な重労働を減らし，歩かなくてすむ交通機関を生み，衛生環境の整備は感染症を減らすなど我々の生活を快適に変えてきた．これらの大きな社会の変化に応じて疾病構造の変化も大きいものとなった．結核などの感染症から動脈硬化・がん・心疾患などの慢性に進行する成人病に死因の上位が変化していった．現在これらの成人病は成人・高齢者のみならず，若年者にも見られるようになり，より本質的な意味をもつ生活習慣病という名称で呼ばれるようになった．長期にわたる食生活や運動不足などの結果生じてきた疾病に対して，定期的な運動の効用が処方されるようになった．すなわち医学はキュア（cure）からケア（care）に方向転換しつつある．少子高齢社会において，高齢者の自活，医療費の高騰などの問題の解決の手段としても運動やスポーツが注目されている．一方，現代ではスポーツを職業としている者，しようとしている者，生き甲斐としている者も増えてきている．しかしそのスポーツにより障害，疾病が生ずるこ

表 III.6.1　スポーツ医学の対象

1. 健康のためのスポーツの効果の研究
　　　体力の維持・向上
　　　心理社会的効果
　　　生活習慣病の予防
2. 慢性疾患の治療，リハビリテーションにおけるスポーツの応用
　　　生活習慣病の治療，変形性脊椎症，関節症の治療
3. スポーツマンの競技への復帰
　　　チャンピオンスポーツの問題点
　　　診断と治療法の開発研究
　　　競技復帰のための手術の適応
　　　アスレティックリハビリテーション
　　　薬物・サプリメントなどの研究
4. スポーツによる障害，疾患の研究
　　　種目特性
　　　メディカルチェック
　　　女性，成長期，中高年の問題点
　　　ハンディキャップのある人たちのスポーツ参加の問題点
　　　異常環境下のスポーツによる障害疾患
　　　用具，ウエア，路面などの問題点

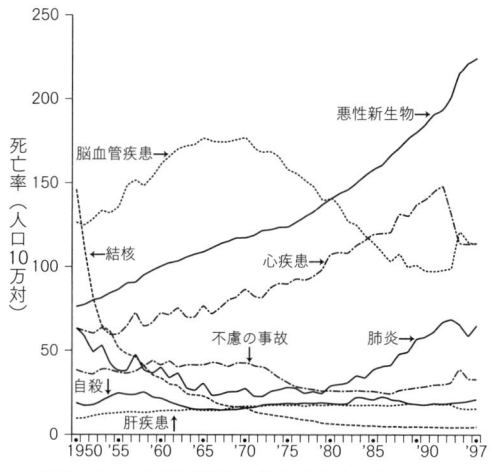

図III.6.1 主要死因別に見た死亡率（人口10万対）の年次推移（[68]）

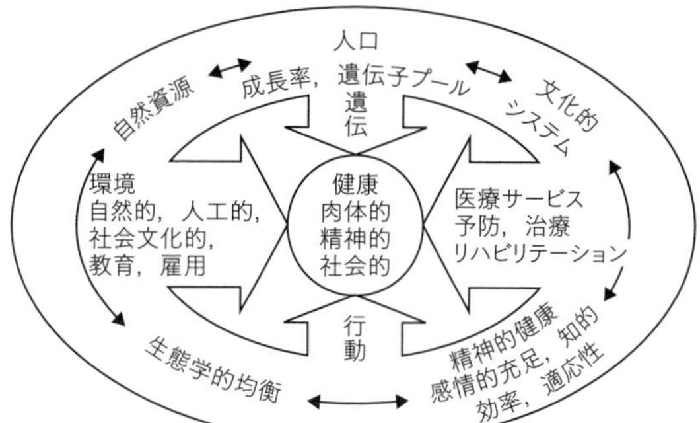

図III.6.2 健康へ及ぼす要因（[13]）

ともあり，異常な環境下や極限下での試合・練習が必要なこともある．治療や予防にスポーツ医学の必要性が大きくなってきている．

スポーツにはけがのリスクがある．スポーツ障害やスポーツによる疾病にはパターンがあり，スポーツマンが知っていれば防げるものも多い．また，けがをした後の処置ひとつで後遺症を大きくも小さくもすることがある．医学は病院の中のものではない．一人一人が正しい医学知識をもち，予防と早期発見に努め健康を目指すべきであり，本章で学習する意義がある（**表III.6.1**）．

6.2 生活習慣病とスポーツ医学

がん，脳血管障害，心臓病の3疾患が結核に代わって我が国の主要死因を占めるに至ったのは，1950年代であるが，脳血管疾患（脳梗塞，脳出血）が1970年代から減少し1980年代にはがんが死因のトップを占めるようになった（**図III.6.1**）．がん，心疾患，脳血管疾患（脳梗塞，脳出血）に加え，高血圧，脂質異常症（高脂血症），糖尿病などの生活習慣病は遺伝的素因をもとに，加齢に伴って罹患率が高くなるが，生活習慣が大きく関与している．生活習慣病とは食習慣，運動習慣，休養，喫煙，飲酒などの生活習慣がその発症，進行に関与する疾患群と定義される．身体活動性または体力レベルと慢性疾患発生との関係について調べると，冠動脈疾患，高血圧，肥満，大腸がん，糖尿病，骨粗鬆症では運動が慢性疾患発生率を低下させているとする研究がいくつも行われている．健康へ及ぼす要因はたくさんあるが（**図III.6.2**），正しい知識を得て理性を働かせれば，健康であることはけっして難しいことではない．

6.3 肥満と食生活

肥満は生活習慣病に合併する大きな要因とされる（**表III.6.2**，**図III.6.3**）．肥満は体重に占める脂肪の量が多いものをいうが，標準体重より20%以上あるものを便宜上の定義

表 III.6.2 肥満の合併症

1. 皮膚疾患(接触性皮膚炎)
2. 糖尿病
3. 高脂血症(動脈硬化症)
4. 心疾患(心肥大,冠動脈硬化症)
5. 高血圧
6. 胆石症(コレステロール結石)
7. 肝疾患(脂肪肝,肝硬変)
8. 痛風
9. 関節疾患(変形性骨関節症)
10. 不妊症(向排卵性月経)
11. がん
12. 呼吸器疾患(ピックウィック(Pickwick)症候群,睡眠時無呼吸症候群)

表 III.6.3 健康づくりのための食生活指針([101])

1. 多様な食品で栄養バランスを
   ・1日30食品を目標に
   ・主食,主菜,副菜をそろえて
2. 日常の生活活動に見合ったエネルギーを
   ・食べ過ぎに気をつけて,肥満を予防
   ・よくからだを動かし,食事内容にゆとりを
3. 脂肪は量と質を考えて
   ・脂肪はとり過ぎないように
   ・動物性の脂肪より植物性の油を多めに
4. 食塩をとり過ぎないように
   ・食塩は1日10g以下を目標に
   ・調理の工夫でむりなく減塩
5. こころのふれあう楽しい食生活を
   ・食卓を家族ふれあいの場に
   ・家庭の味,手づくりのこころを大切に

1985年5月策定.食生活指針策定検討委員会.

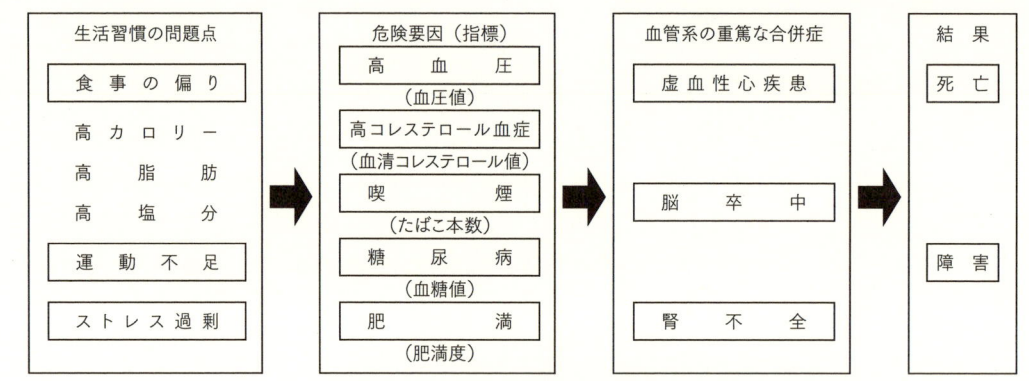

図 III.6.3 生活習慣の問題点と疾患([92])

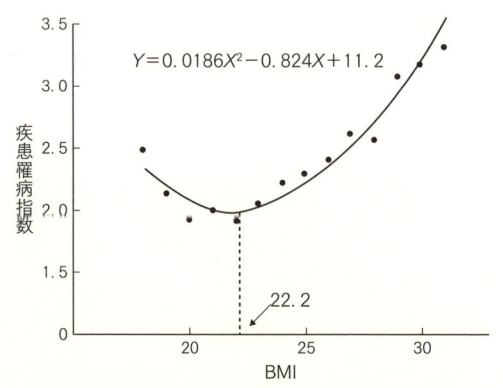

図 III.6.4 BMIと疾患罹病指数.BMI 22前後で最低になっている([135])

$Y = 0.0186X^2 - 0.824X + 11.2$

としている.標準体重の求め方はいろいろあるが,統計上罹患率の最も少ない,身長(mで表す)の2乗に22をかけたものを標準体重とする(図 III.6.4).死亡率曲線を見ると,昭和初期の栄養事情の悪いときには全体の平均より理想の体重が大きく,太っていることが健康とみなされた.昭和40年代以降は飽食の時代となり理想の体重を得るためにダイ

エットが必要な人が多くなった．健康づくりのための食生活の指針が**表 III.6.3** にある．食べたら動く，動くために食べるのが本来であるが，食べる楽しみも人間生活に大きな意味をもつ．理性を働かせて良い食習慣をうちたてよう．

6.4 運動と健康

適度な運動は体力を向上し，多くの生活習慣病の予防に有効であり，死亡率を低減させ，心理的な効果も見られることが明らかにされている（**図 III.6.5**，**表 III.6.4**）．健康のためには，適度な身体活動が必要であり，過度な運動は逆効果をもたらす．現代社会における運動，日常生活における運動量と相対的死亡率の関係を見ると週 500 kcal 以下が最も高く，運動量が増えるにつれ死亡率の低下が見られるが，3,500 kcal 以上になると逆に多くなっ

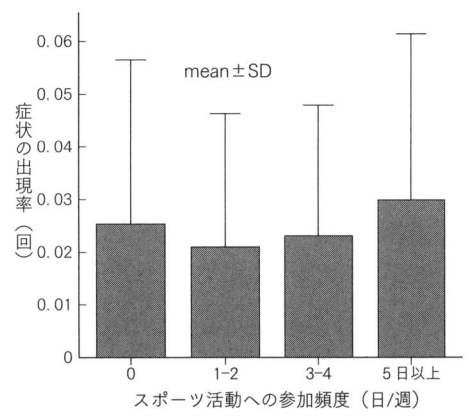

図 III.6.5 スポーツ活動と防衛体力．水海道市在住の小学児童約 700 名について，上気道感染症の自覚症状の有無をおよそ 2 ヶ月間にわたって調査した．図はのどの痛みの出現率をスポーツ少年団などのスポーツ活動への週当たりの参加頻度別に検討したもの．週に 1-4 日程度のスポーツ活動は上気道感染症への抵抗力を高めるが，不活動なライフスタイルや高頻度のスポーツ活動はむしろ感染症に罹りやすくする．ニーマンは，スポーツ活動と上気道感染症の罹患との関係について適度な運動は罹患率を低下させるが，過度な運動は罹患率を増加させるという J カーブセオリーを提唱した．

表 III.6.4 ハーバード大学卒業生 16,936 人の 16 年間における 1 万人 1 年当たりの死亡率（%）と身体活動量（[101]）

	身体活動量（kcal/週）		
	<500	500-1,999	2,000<
全死因	84.8	66.0	52.1
冠動脈疾患	25.7	21.2	16.4
脳卒中	6.5	5.2	2.4
呼吸器疾患	6.0	3.2	1.5
がん	25.7	19.2	19.0
事故・自殺	5.1	3.2	2.9

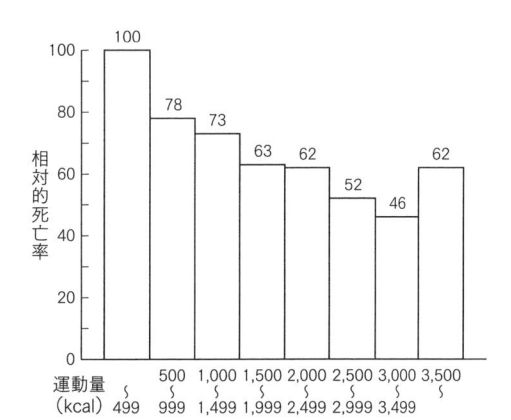

図 III.6.6 運動量（日常生活の中における身体運動量）と相対的死亡率の関係（[101]）

表 III.6.5　糖尿病の病態と運動の適否（[28]）

1. 積極的な運動を進めるべき例
   2型糖尿病（インシュリン非依存性糖尿病，代謝異常が軽度，合併症のないもの）
2. 注意して進めていくべき例
   肥満の著しい2型糖尿病，高齢者
   著明な代謝異常を有する2型糖尿病，1型糖尿病
   糖尿病性末梢神経障害
   単純性網膜症や初期の腎症のあるもの
   軽度な高血圧症，動脈硬化性血管障害合併例
3. いわゆる運動療法は禁忌とすべき例
   ケトアシドーシス
   重篤な血管障害合併例
   ｛出血の危険のある網膜症
   ｛進行した腎症（腎不全）例など
   合併した感染症がまだ活動期のもの

ている（図III.6.6）．免疫と運動量の関係でも適度な運動量が風邪の罹患率を最も低くするという．糖尿病の治療では運動を処方するが，状態により病状を悪化させることもあり運動が禁止となることもある．正しい知識と状態に応じた正確な診断が必要である（表III.6.5）．

6.5　異常環境とスポーツ医学

高所の登山や潜水など異常な環境でのスポーツが生体に及ぼす影響を調べたり，競技力向上のための高所でのトレーニングや低酸素環境でのトレーニングの問題点を研究するのもスポーツ医学である．夏の甲子園の大会など暑熱環境下の競技大会も行われているがい

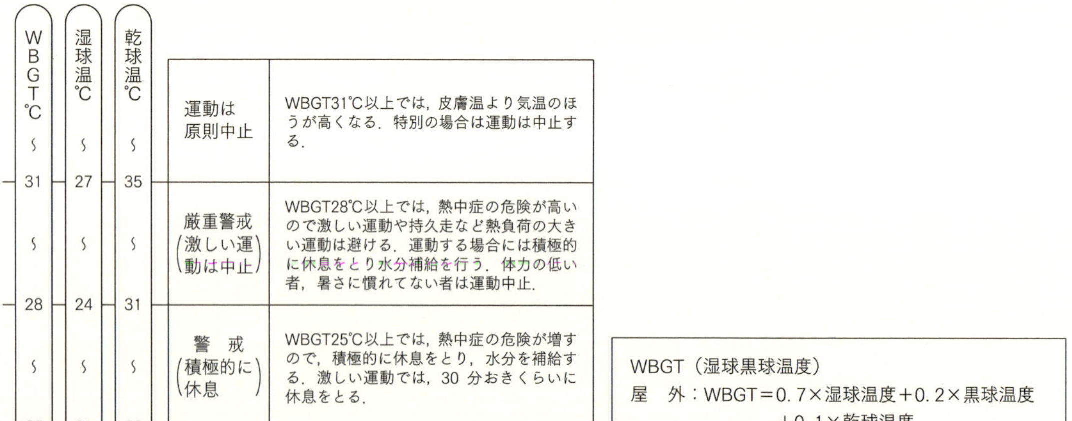

WBGT ℃	湿球温 ℃	乾球温 ℃		内容
～31	～27	～35	運動は原則中止	WBGT31℃以上では，皮膚温より気温のほうが高くなる．特別の場合は運動は中止する．
～28	～24	～31	厳重警戒（激しい運動は中止）	WBGT28℃以上では，熱中症の危険が高いので激しい運動や持久走など熱負荷の大きい運動は避ける．運動する場合には積極的に休息をとり水分補給を行う．体力の低い者，暑さに慣れてない者は運動中止．
～25	～21	～28	警戒（積極的に休息）	WBGT25℃以上では，熱中症の危険が増すので，積極的に休息をとり，水分を補給する．激しい運動では，30分おきくらいに休息をとる．
～21	～18	～24	注意（積極的に水分補給）	WBGT21℃以上では，熱中症による死亡事故が発生する可能性がある．熱中症の兆候に注意するとともに運動の合間に積極的に水を飲むようにする．
～	～	～	ほぼ安全（適宜水分補給）	WBGT21℃以下では，通常は熱中症の危険は小さいが，適宜水分の補給は必要である．市民マラソンなどではこの条件でも熱中症が発生するので注意．

WBGT（湿球黒球温度）
屋　外：WBGT＝0.7×湿球温度＋0.2×黒球温度＋0.1×乾球温度
室　内：WBGT＝0.7×湿球温度＋0.3×黒球温度

○環境条件の評価はWBGTが望ましい．
○湿球温度は気温が高いと過小評価される場合もあり，湿球温度を用いる場合には乾球温度も参考にする．
○乾球温度を用いる場合には，湿度に注意，湿度が高ければ，1ランク厳しい環境条件の注意が必要．

図 III.6.7　熱中症予防のための運動指針（[93]）

表 III.6.6　熱中症ⅠⅡⅢ分類（[156]）

- Ⅰ度（軽症）　足のふくらはぎがけいれんする（こむら返り），または立ちくらみ
- Ⅱ度（中等症）　強い疲労感，めまい，頭痛，吐き気，嘔吐，下痢，体温の軽度上昇
- Ⅲ度（重症）　38度以上の高熱に加えて，
  - （1）突然意識を失う（意識喪失），
  - （2）わけのわからないことを話し始める（せんもう状態），
  - （3）急なふらつき（小脳症状），
  - （4）けいれんなどの脳神経症状

表 III.6.7　熱中症予防8ヶ条（[93]）

1. 知って防ごう熱中症
2. 暑いとき，無理な運動は事故のもと
3. 急な暑さは要注意
4. 失った水と塩分取り戻そう
5. 体重で知ろう健康と汗と量
6. 薄着ルックでさわやかに
7. 体調不良は事故のもと
8. あわてるな，されど急ごう救急処置

ろいろな医学的問題を抱えている．特に熱中症は身近な問題であり，正しい知識をもつ必要がある（図III.6.7）．

運動による体温の上昇は主に皮膚の血流の増加による放射と発汗による蒸散で調節されるが，外気の気温と湿度で大きな影響を受ける．脱水に陥り体温の上昇をコントロールできなくなると多くの臓器の障害が起こり死に至ることもある．熱疲労，熱けいれんなど従来の分類では分かりにくいので熱中症をⅠ度，Ⅱ度，Ⅲ度に分ける分類を表III.6.6に示す．筋肉のけいれん，めまい，ふらつきなどの症状を観察し熱中症の危険を知り大事に至らないように処置する．また，水分，塩分を摂取し，予防に努めることが大切である（表III.6.7）．

6.6　スポーツによる急性の内科的障害

前述の熱中症以外にもスポーツで急性の病気が起こり得ることを知っておかなければならない（表III.6.8）．素因がなくても循環不全，電解質異常は起こり得る．遺伝的素因や既往がある人はスポーツの前にメディカルチェックが必要である．30歳以下のスポーツでの突然死では先天性の冠動脈奇形や肥大性心筋症の例が多く（表III.6.9），30歳以上では冠動脈硬化症がほとんどとなる（表III.6.10）．これらは自覚症状があるのが普通で体調のチェックと体力環境に応じた運動をすること，異常を感じたら中止する勇気が必要である．予防にはなによりもメディカルチェックが有効である．

表 III.6.8　スポーツによる急性の障害

1. 突然死・心筋梗塞・脳出血
2. 循環不全（脱水・血管拡張・迷走神経反射・不整脈）
3. 熱中症
4. 低血糖
5. 電解質異常（Na・Mg）・水中毒
6. 急性腎不全（ミオグロビン尿症）
7. 循環不全に伴う肝障害
8. 運動誘発アナフィラキシー
9. 低体温
10. 高山病
11. 潜水病

表 III.6.9 30歳以下のスポーツマンの運動時急死原因（[141]）

先天性冠動脈奇形	30 (34%)
冠動脈硬化症	4 (5%)
肥大型心筋症	19 (22%)
解離性大動脈瘤破裂	3 (3%)
弁膜症	4 (5%)
特発性拡張型心筋症	1 (1%)
心筋炎	1 (1%)
外傷	1 (1%)
不明（含10例の心肥大）	24 (28%)
計	87(100%)

表 III.6.10 30歳以上のスポーツマンの運動時急死原因（[141]）

先天性冠動脈奇形	1(1.5%)
冠動脈硬化症	58(97%)
肥大型心筋症	1(1.5%)
計	60(100%)

6.7　スポーツによる慢性の内科的障害

　連日の絶え間ない練習は運動器に疲労骨折など使い過ぎ症候群を引き起こすが，内科的にも貧血や月経異常，オーバートレーニングが問題となる．1996年の国体選手における低ヘモグロビンの頻度は男子高校生選手の17.5%，女子社会人の23.8%，女子大学生19.1%，女子高校生18.9%に見られた．成長期の女子の貧血には生理不順を伴うことが多く，長距離選手では骨塩量も少なく疲労骨折をきたすこともある．中年以降の骨粗鬆症の予防のため若いうちにスポーツをして，骨を増やそうと言われるが誤ったトレーニングはかえって逆効果になる．成長期の骨と筋の成長のアンバランスが障害を起こしやすい要因となることもあり，選手個々の特性を考えない画一的な練習を強制することは障害の元と理解する必要がある．オーバートレーニングというのは全身の疲労が回復されることなく積み重なり慢性疲労の状態となり，肉体的にも精神的にも異常をきたし競技を続けることができなくなる状態をいう（[37]）．原因不明の競技成績の低下，易疲労感，全身倦怠

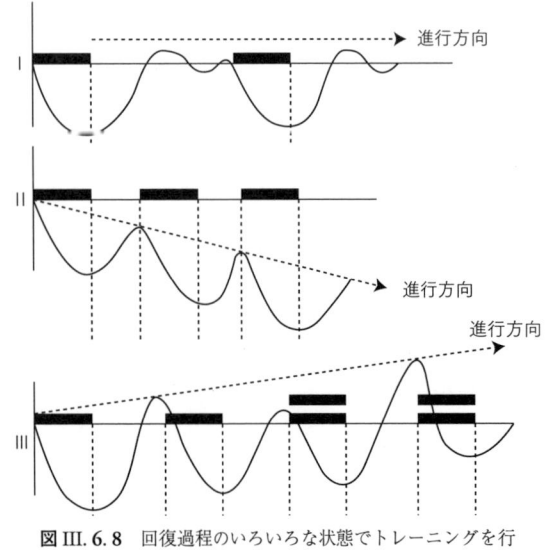

図 III.6.8　回復過程のいろいろな状態でトレーニングを行った場合の，トレーニング効果の差異（[100]）

図 III.6.9　トレーニング時と休息時における活動能力の変化（[100]）

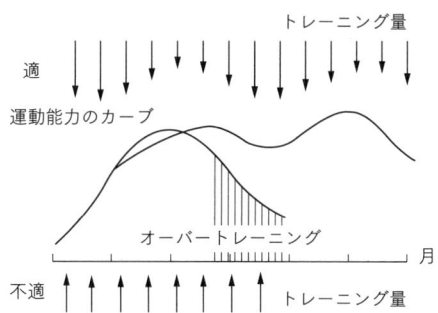

図 III.6.10 トレーニング量の適・不適による運動能力向上の違い（[105]）

感，睡眠障害，食欲不振，体重減少および集中力欠如を示すようになる．そして最悪の状態ではうつ状態や神経症に類似した精神異常を示すようになる（**図 III.6.8-図 III.6.10**）．

6.8 ハンディキャップをもった人のスポーツ医学

　病気や障害がなくても女性や成長期，高齢者には特有の考慮すべき問題点がある．我が国では女，子供，年寄りという言い方で成人男子の体力，身体特性に対し，ハンディキャップを認め区別してきた．女性特有のスポーツ障害は筋量の問題，性周期の問題，貧血の問題，妊婦のスポーツ，骨粗鬆症の予防などがあげられる．成長期には骨端線などの成長軟骨の問題など整形外科的な問題以外に，発育の程度がいろいろであること，燃え尽き症候群などの社会的，心理的な要因も考えねばならない．高齢者の運動・スポーツは医療費の高騰，介護の必要性の急増している現代の高齢社会で社会的な意味をもつようになっている．

　身体障害者のスポーツ・運動は第二次世界大戦以後取り入れられ，パラリンピックなど国際大会も開かれるようになった．車椅子の脊髄損傷患者から四肢切断，関節機能障害，

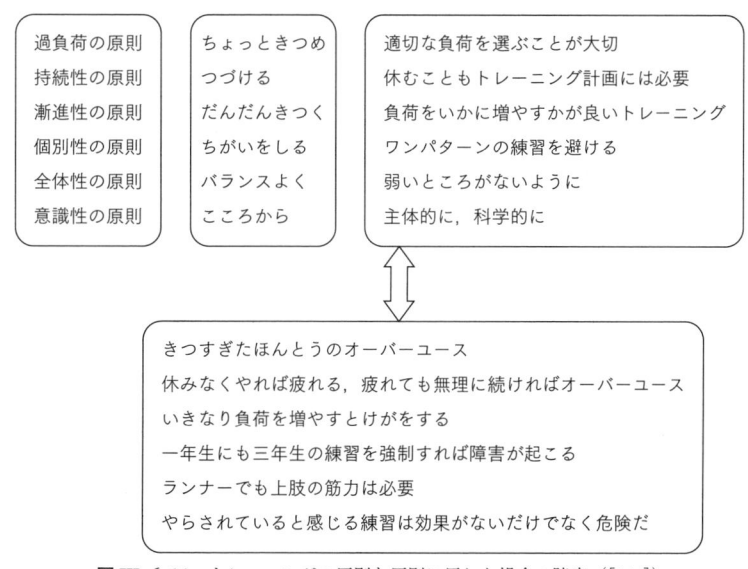

過負荷の原則	ちょっときつめ	適切な負荷を選ぶことが大切
持続性の原則	つづける	休むこともトレーニング計画には必要
漸進性の原則	だんだんきつく	負荷をいかに増やすかが良いトレーニング
個別性の原則	ちがいをしる	ワンパターンの練習を避ける
全体性の原則	バランスよく	弱いところがないように
意識性の原則	こころから	主体的に，科学的に

きつすぎたほんとうのオーバーユース
休みなくやれば疲れる，疲れても無理に続ければオーバーユース
いきなり負荷を増やすとけがをする
一年生にも三年生の練習を強制すれば障害が起こる
ランナーでも上肢の筋力は必要
やらされていると感じる練習は効果がないだけでなく危険だ

図 III.6.11 トレーニングの原則と原則に反した場合の障害（[144]）

脳性麻痺者，視覚障害者さらに知的障害者も参加するようになった．選手になって練習する中で障害を乗り越え協調性，耐久力の回復に計り知れない効果を示している．また自己主張，自己実現の機会としてスポーツの役割は大きいものである．パラリンピックに出場する選手たちの医学的問題点は，選手の適性，病態にあった種目の選定，トレーニング計画作成，コンディションを良好に保つことなどであるが，勝利志向が大きくなってきた近年，機能にあったクラス分けをめぐって公平，適切であることが求められている（[120]）．

多くのスポーツ障害には原因があって後になって気がつくものである．そうならないためにもスポーツ医学，科学の知識を身につける意義がある．トレーニングの原則といわれる言葉を覚えておこう．図III.6.11 には原則に反すると障害が起こることも示してある．

6.9 歯のスポーツ医学

(a) 口腔の身体運動への関わり

(1) 栄養補給（食物摂取，消化吸収の第1段階）

骨格，筋力の成長の必須条件．エネルギー補給．

(2) 発 声

正常な発音は意思の疎通を容易にする．

(3) 噛み締めと他部位の筋力との関わり

噛み締めることで，脊髄中枢の反応により神経の興奮性が上昇し，関節を固定する伸縮両方の筋肉の収縮力が増大する．

身体の安定を保つ，等尺性（アイソメトリック）運動に効果が大きい（図III.6.12，図III.6.13）．

有効と思われる種目：アーチェリー，ライフル，重量挙げ，ゴルフなど．

無効と思われる種目：バスケットボール，テニスなど（交互に速い速度で伸縮する筋肉では逆効果といえる）．

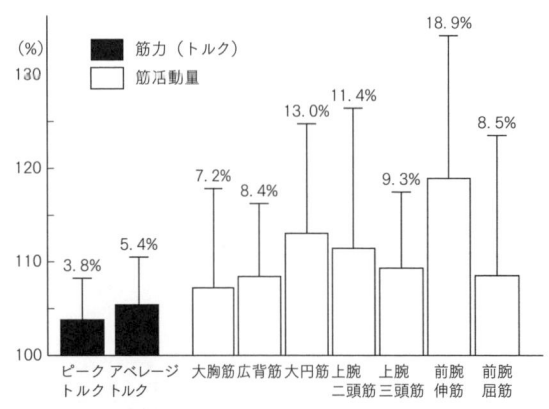

図III.6.12　随意性最大噛み締めによる等尺性肩関節内転筋力ならびに遂行関与筋7筋の筋活動量の変化．最大噛み締め時に筋力は約5%増大，筋活動量は約10%増加した（[138]）．

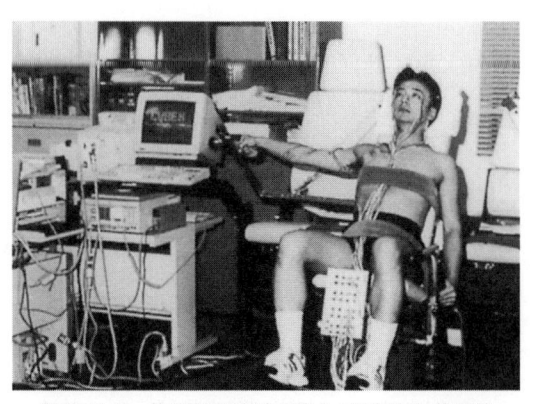

図III.6.13　等尺性肩関節内転筋力の測定風景（[138]）

例えば，ボート競技者で 1,000 m 到達時間を計測したところ，マウスガード装着と非装着で日を改めて 6 回計測の平均値を求めた結果，すべての被験者で 3 秒程度短縮した．マウスガードの MORA (mandibular orthopedic repositioning applyance：咬合挙上装置) 効果により筋力がアップしたと考えられる（[116]）．

(b) 咀嚼運動と脳・神経系メカニズムとの関わり

咀嚼運動は顎・舌・顔面筋などの協調運動であり，延髄を中心とする中枢性パターン発生器（パターンをもたない定常的な神経情報が入力された時，パターンをもつ神経情報が形成される）からの指令で咀嚼筋を支配する運動神経細胞ニューロンをリズミカルに興奮させる（[87]）．咀嚼運動で歯根膜などの感覚受容器から感覚信号が脳に送られ，運動の調節が行われる．咀嚼は運動効果器系（歯・顎骨・咀嚼筋），感覚器系（歯根膜・顎・舌・顔面），中枢制御器系（脳幹：中脳・橋・延髄）の個別の変化が咀嚼全体を変える協調運動といえる．歯（運動効果器系）に加えた治療は「感覚器系」にも影響を及ぼし，咬合力の調節などに異常を起こす可能性がある．

(c) 身体運動の口腔への関わり

(1) 咬合性外傷

慢性的な噛み締めなどの過重負担で歯周疾患を引き起こす．マウスガードなどの装着で予防が可能．

(2) 事　故

(i) 処　置

歯牙が脱落した場合は，経過時間が重要になる．理想的にはその場で歯を歯槽に戻し，歯科医院でそれを固定してもらうことだが，次善の策として，脱落歯を牛乳に入れ，歯牙が乾燥しないように保つことが重要になる．単に口腔内に含んでおくことでもよいが，口腔外にある時間が長いほど歯が喪失される可能性が高くなる．米国歯科医師会では 30 分以内に歯科医に連れていくことを薦めている（[16]）．

(ii) 予　防

最も多い外傷部位は上顎前歯であり，80% を占める．前歯部の突出した競技者は口唇の保護を受け難いため，より重症化する．早期の歯科矯正治療が薦められる（[16]）．

マウスガードの装着（米国のアメリカンフットボールでは高校，短大，大学での着用を 1962 年に義務化したほか，現在，ボクシング，アイスホッケー，男子ラクロスがアマチュアスポーツ組織として装着を求めている）により，米国ではフットボールだけで年間 20 万件の口腔外傷が予防されていると推計されている（[107]）．市販プロテクターはスポーツ用品店で安価に入手できるが，発声および呼吸を阻害する．温湯軟化プロテクターも不適合な物を作らぬよう，歯科医師に作製を委ねることが望まれる．カスタムメイド・プロテクターは高価だが，診療所で精密に作製され，競技者や競技種目の特性に適合した

形態を付与できる（プレー中に発声への影響を極力小さくすることが特に大事であり，呼吸障害が少なく装着しやすい，カスタムメイドの使用が求められる）．審判やコーチなどの指導的立場にある者の理解が是非とも望まれる．

6.10 スポーツ外傷の特徴

スポーツ外傷は，年齢，性別，種目，レベルで一定のパターンがある．自分の参加するスポーツではどんなけがが起こりやすいのか知っておくことは有意義である．

以下，スポーツ安全協会の資料（1999年度）のデータに基づいて述べる．統計データを見るときは，背景を考えなければならない．スポーツ安全協会はスポーツ活動中のけがに対する保険業務を行っている．このデータは加入者である学校や地域スポーツクラブなどの請求に基づくもので，授業中のけがや個人のスポーツでのけがは対象にならない．年齢別，男女別に見ると31-40歳の女子の外傷発生率が高い（**図Ⅲ.6.14**）．この年代の女性たちがママさんバレーなどでスポーツを盛んに行っている現代の日本を表しているといえる．

安全協会への加入者が一番多いのは軟式野球，バレーボール，サッカーの順でソフトボ

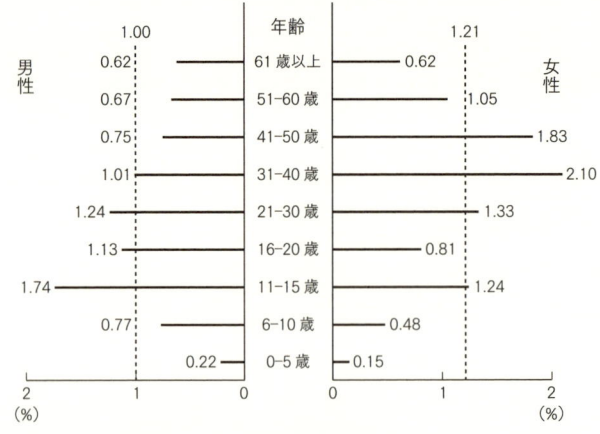

図Ⅲ.6.14 男女年齢別外傷発生率（[119]）

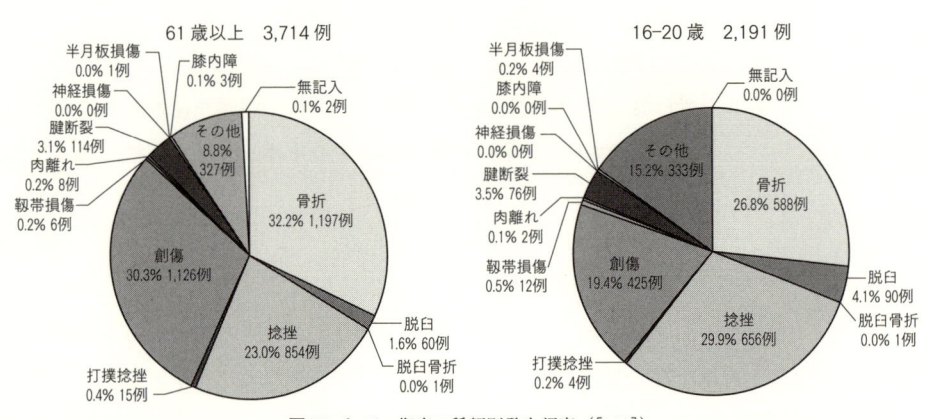

図Ⅲ.6.15 傷害の種類別発生頻度（[119]）

表Ⅲ.6.11 スポーツ外傷保険加入者が多い種目の外傷発生頻度（[119]）

順位	種目	加入者数	外傷発生率(%)
1	軟式野球	1,066,752	0.99
2	バレーボール	1,024,506	2.71
3	サッカー	992,698	1.54
4	ソフトボール	714,896	1.15
5	バスケットボール	411,198	2.06
6	剣道	325,842	0.49
7	バドミントン	246,394	1.66
8	空手	213,082	0.81
9	水泳	204,146	0.12
10	卓球	132,778	0.66
11	柔道	118,824	2.53
12	体操・新体操	110,804	1
13	テニス	91,665	1.25

表Ⅲ.6.12 外傷部位別頻度（[119]）

1	足関節	20.6%(20,633例)
2	手指部位	19.8%(19,747例)
3	膝	12%　(12,034例)
4	下腿	7.9%(7,916例)
5	手関節	4.5%(4,470例)
6	足部	4.2%(4,192例)
7	前腕	3.1%(3,070例)
8	肩	2.8%(2,780例)
9	顔面	2.7%(2,693例)
10	骨盤	2.6%(2,636例)

ール，バスケットボール，剣道と続く．けがの発生率の高いのはアメリカンフットボール，自転車競技，ラグビー，バレーボール，柔道である．外傷発生率が種目によって異なるのが興味深い（**表Ⅲ.6.11**）．

けがの内容を見ると，全体では捻挫33.6%，骨折29.4%，創傷20.3%の順であるが，年齢でけがの内容が異なっている．16-20歳のけがの内容と61歳以上のを比べてみると，高齢者で創傷，骨折が増え靱帯損傷，捻挫が減っている（**図Ⅲ.6.15**）．

けがの部位で最も多いのは足関節で，ついで手指，膝，下腿と続く（**表Ⅲ.6.12**）．

6.11　スポーツ外傷の種目特性

スポーツ外傷には種目特性がある．コンタクトスポーツとハイスピードで動くスポーツはけがの発生率が高い．運動様式が違うため種目によって起こりやすいけがと障害がある（**図Ⅲ.6.16**）．さらに年齢，性別，レベルで差が生じる．足で蹴るサッカーで手や肘のけがが多いのは転倒して手をつくときにけがをするからである．野球で突き指が多いのは周知のことであろうが目の外傷が多いことは知っておくべきであろう．柔道では肩のけがが多いのは投げられて肩周囲を強打するからである．バレーボールにアキレス腱断裂が多いのはママさんバレーといわれる中年選手が多いためであろう．成長期のスポーツ指導では成長のスパートの時期，関節周囲の未熟さ，個々の筋力・体力を知ることが必要で，非常に個人差があることに配慮することが必要である．個人差は中高年になるとまた大きくなる．これまでの生活習慣が差を大きくする．スポーツを中年になって行うときは，まず自己評価をしっかりする必要がある．女性の体脂肪は男性より大きい．サイズも小さい．ゆえに筋の量が小さいのでハンディなしで男女一緒に競うことは平等でなく，危険である．己を知り，スポーツの特徴をスポーツ障害まで含めて知って行うべきである．

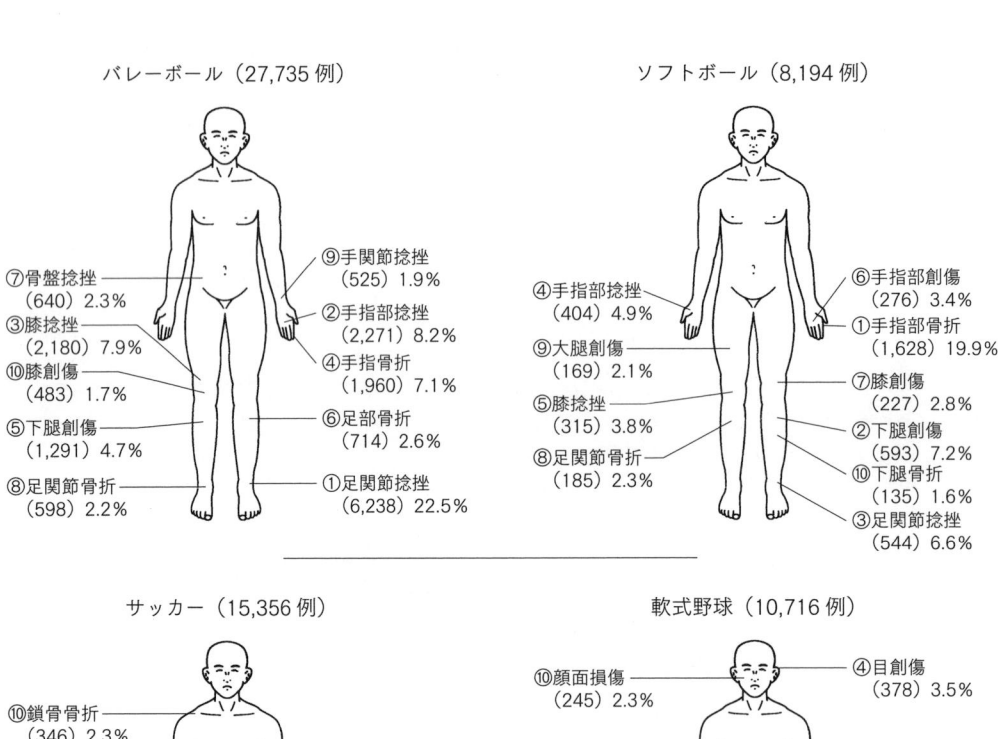

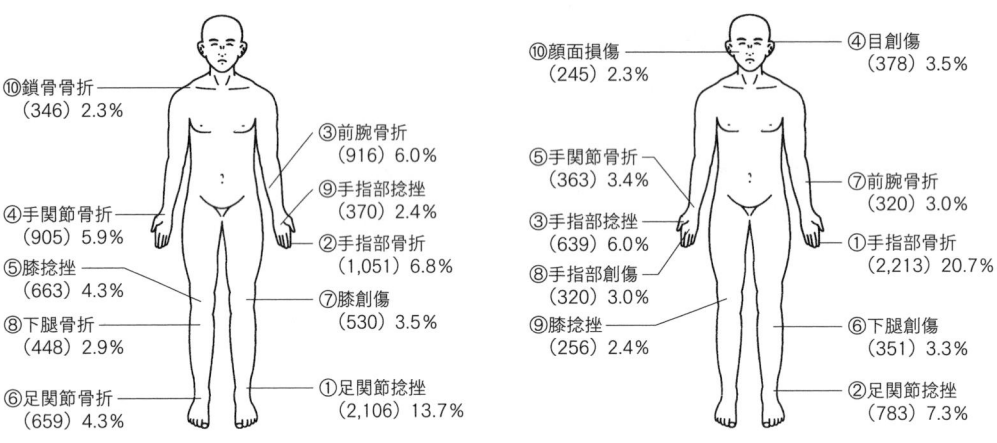

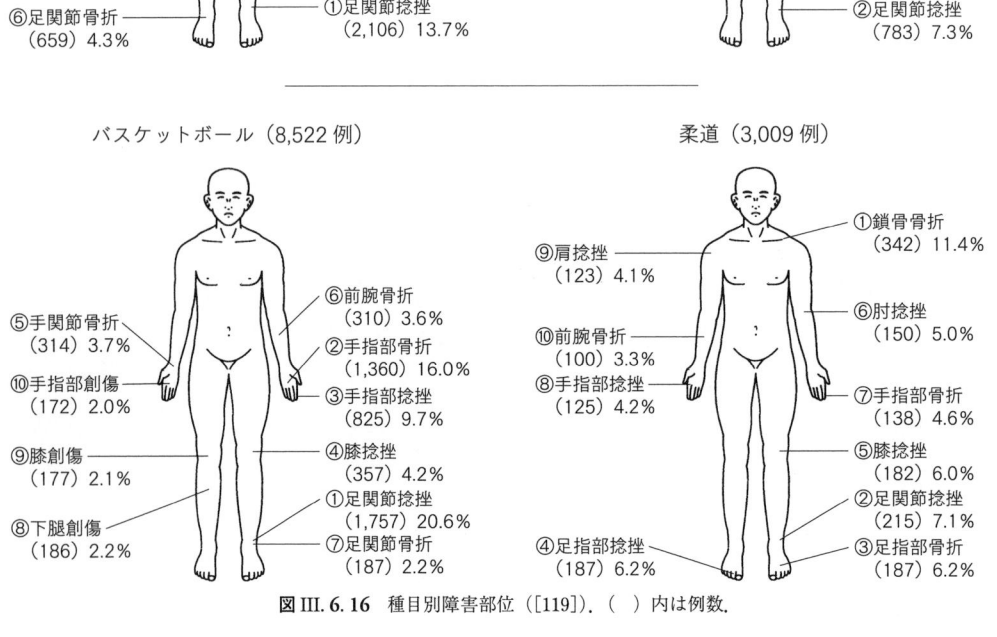

図 III. 6. 16 種目別障害部位（[119]）．（　）内は例数．

Ⅳ 身体運動の実践

Ⅳ 1 運動を始める前に

1.1 運動を行う前後にすべきこと

(a) ウォーミングアップ

激しいトレーニングやスポーツは，生体にとって大きなストレスである．突然激しい運動をすることは当然ながら危険であり，運動を行う場合には，徐々に身体を適応させてゆく必要がある．

ウォーミングアップには，軽いウォーキングやジョギング，ストレッチング（Ⅵ.1.2参照）を行う．適度な筋活動を行うことによって，血液が筋肉全体に循環し，筋肉の温度は一定に保たれる．これにより，骨格筋の収縮に関わる化学反応の速度が安定する．つまり，ウォーミングアップは協調的な運動を円滑に行うために不可欠な準備といえる．また，ウォーミングアップ不足のままアンバランスな状態で運動をすると，筋や結合組織に局所的に負荷が集中し，障害の原因にもなる．

(b) ストレッチング

障害予防には，筋や腱を伸張させるストレッチングを行うとさらに有効である．また，ストレッチングによって関節可動域を広げることは，運動場面で高いパフォーマンスを発揮するためにも重要である．

ストレッチの際には，筋を徐々に伸ばしほどよく緊張したところ，つまり痛みを感じる手前の段階で動作を止め，10-15秒間その姿勢を維持する．痛くなるまで無理に伸ばす必要はない．このようなストレッチングを，スタティック・ストレッチングという．一方，反動をつけて行う動的なストレッチを，バリスティック・ストレッチングという．

(c) クーリングダウン

運動後にこのような状態から，体温・心拍数を下げて身体を安静時の状態に戻していくことがクーリングダウンである．この際にも，ウォーミングアップ同様，急激な変化は避け，心拍も体温も徐々に下げていくのが望ましい．運動後すぐ安静にするのではなく，軽い運動を行いながら回復を図ることを積極的回復というが，このことにより疲労回復が早まることが知られている．また，激しい運動後には，関節周りが熱をもつことがあるが，このような際にはアイシングの処置をすることが望ましい．

1.2 ストレッチングの実際

表 IV.1.1 スタティック・ストレッチ（1人で行うもの）

ストレッチ部位/姿勢	ポイント	ストレッチ部位/姿勢	ポイント
上腕三頭筋	・手のひらを背中から離さないようにする． ・背中の中央を手が降りるようにストレッチする． ・顔を下に向けないようにする．	腓腹筋およびアキレス腱	・膝を伸展し，足関節を背屈させて踵を浮かせないで行う． ・膝とつま先の方向を同じ方向にする． ・膝を屈曲させるとヒラメ筋のストレッチになる．
三角筋および肩甲帯	・腕の伸展方向(上方，水平，下方)によって伸展部位が変わる． ・伸展されている側の手のひらの向きによっても伸展部位が変わる．	下肢後面	・膝伸展位で行う． ・足関節の位置(底屈位・背屈位)によって伸展部位が変わる． ・上体の使い方によっても伸展部位が変わる． ・大腿四頭筋をリラックスさせる．
大胸筋	・肩甲骨をつけるように行う．	下肢後面および内転筋	・膝に手を当て，股関節を外転させる． ・膝とつま先の向きをそろえる．
腰背部	・顔を後ろに向けると伸展感が増す． ・肘で膝を押すようにする．	大腿四頭筋	・かかとを臀部につける． ・膝が浮かないように行う．
腰背部から下肢	・膝の位置(伸展位)に注意する． ・大腿四頭筋をリラックスさせる． ・首，肩の力を抜く．	腸腰筋・大腿直筋	・腰を入れて行う． ・膝をつま先よりも前に出さない．

1.3 栄養と休養

(a) 運動前の栄養・水分摂取

一般に，食事で摂取したものが完全に消化吸収され，エネルギーとして利用できる状態になるには 3-4 時間が必要なため，運動を始める 3 時間前には食事を終わらせておくことが望ましい．食後 1-2 時間での運動は消化不良の原因となり，身体は食後の血糖値上昇によりインスリン分泌が亢進した状態なので，脂質代謝が抑制されて持久力が低下し，場合によっては低血糖という危険な症状に陥る．やむをえず運動開始 1-2 時間前に食事をする場合は，糖質のうち特にグリセミック指数（血糖上昇作用の強さを表す数値）の低いものを中心に，量を控えめにする必要がある．また，暑熱環境下での運動など，多量の発汗が予想される時は，運動開始 15-30 分前に 500 ml 程度の水分を摂取しておくとよい．

(b) 運動中の栄養・水分摂取

運動中は発汗量に応じて，その 70-80% の水分を補給することが目標となる．できれば，15-30 分ごとに休憩して，こまめに水分を摂る方がよい．1 時間程度の運動であれば水を飲むだけでもよいが，汗からは水分だけでなく電解質（ナトリウムなど）も失われるので，多量に汗をかいた時に水ばかり飲んでいると，血中の電解質濃度は低下する．身体はこれを抑えようとして排尿を促したり，飲水行動を停止させたりするので，水分補給の効率が悪くなる．また，血中電解質濃度の低下は筋けいれんなどの原因にもなる．したがって，水分だけでなく電解質の補給も考慮すべきである．0.1-0.2% 食塩水の摂取がよいとされているが，もしけいれんなどの症状が現れた場合は生理食塩水（0.9%）の摂取が必要である．

長時間運動する際には，運動中のエネルギー補給についても考慮する必要がある．運動時にエネルギーとして使われるのは主に糖質と脂質であるが，脂質は体脂肪として身体に蓄えられており，その体内貯蔵量は糖質に比べて非常に多いので，糖質の補給だけを考えておけばよい．多くの場合，運動中のエネルギー補給は糖質を含んだ液体の摂取によってなされ，これは摂取時間や消化吸収時間をなるべく短縮したい運動中の補給としては理にかなっている．液中の糖質濃度は水分の吸収速度と関連するため，エネルギー補給よりも水分補給を優先したい場合はなるべく低糖質濃度のものを，逆の場合はより高糖質濃度のものを摂取する．特にどちらかを優先したいということがなければ，市販のスポーツドリンクの多くがそうであるように，5% 程度の糖質を含むものが無難な選択といえる．

(c) 運動後の栄養摂取と休養

運動後の栄養摂取における主な目的は，体内貯蔵量が限られており，運動によって枯渇しやすい糖質を素早く補給することである．体内では，糖質はグリコーゲンという形で肝臓や筋などに蓄えられている．運動直後に食事をした場合の筋グリコーゲンの合成量は，

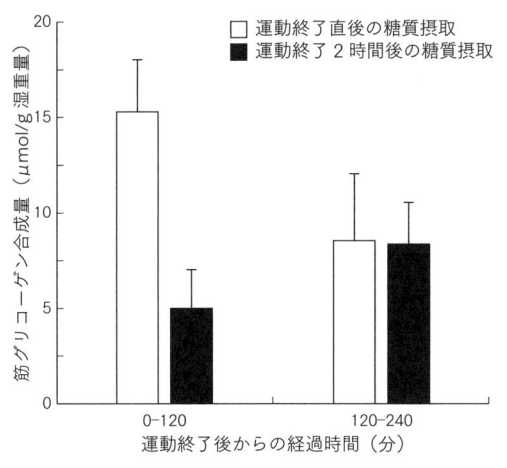

図IV.1.1　運動後の筋グリコーゲン合成量（[54]）

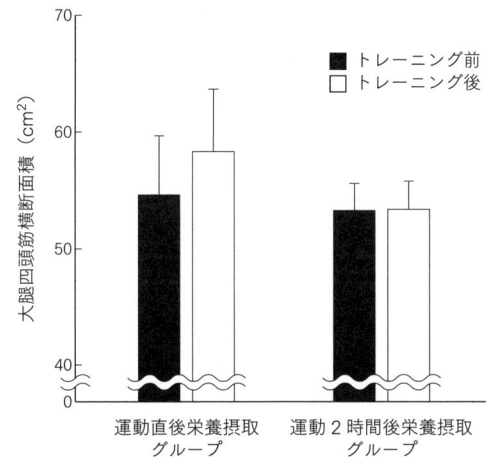

図IV.1.2　高齢男性における12週間のトレーニング前後の筋横断面積変化（[24]）

運動終了2時間後に食事をした場合に比べて多く，運動4時間後までの総合成量も約50％増える（図IV.1.1）．したがって，運動終了後なるべく速やかに，筋グリコーゲンの合成を促すクエン酸や酢酸と一緒に糖質を摂るとよい．また，体内にあるタンパク質は筋や骨などの主要構成物質であるが，運動後の食事が十分でないと分解されてエネルギー補給に利用されてしまう．その一方で，運動後の速やかな糖質とタンパク質の補給は筋でのタンパク質合成を促進し，長期的な筋力トレーニングによる筋肥大効果を増強する（図IV.1.2）．

運動そのものは身体に疲労や消耗などを引き起こすので，健康増進・体力向上の効果はその後の休養によって得られることになる．運動によって低下した身体機能が完全に，あるいは元のレベルを超えて回復（超回復）した時に次の運動を行うことが理想であるが，超回復は一種の概念であり，何日の休養後に現れると決まっているものではない．適切な休養日数は，体力レベルや運動の内容，栄養，睡眠時間などにより異なると考えるべきである．また，休養が適切な日数を超えたとしても，それにより運動の効果がゼロになることはなく，健康増進・体力向上のためには継続が何よりも大事である．

Ⅳ 2 スポーツコース

2.1 陸上競技

「走る，跳ぶ，投げる」を競う陸上競技はスポーツの原点である．陸上競技の授業の内容は競技性を重視するものでなく，体験し動作の特性を学ぶことを重視しているので，必ずしも競技にとらわれず，基本の運動としての陸上競技という視点でも述べる．

(a) 歴　史

古代オリンピックでは 200 m 弱の距離で競う短距離走であるスタディオン走がメイン種目だったようである．近代オリンピックでも陸上競技はメイン競技である．近年の夏季オリンピックは，全部でほぼ 300 種目行われるが，陸上競技は 47 種目行われており，種目数でも最も多い競技である．日本は 1912 年のストックホルム大会でオリンピックに初めて選手を派遣したが，選手はマラソンの金栗四三と，東京帝国大生だった短距離の三島弥彦である．近年ではオリンピックで日本が活躍している種目はマラソンが中心となっている．1964 年の東京大会の陸上競技では男子マラソンのみでメダルを獲得できた．また女子マラソンは 1984 年のロサンゼルス大会から実施されるようになったが，日本選手は高橋尚子選手と野口みずき選手の 2 大会連続金メダル，4 大会連続メダル獲得などの素晴らしい活躍があった．また 1983 年から開始された世界選手権は，1991 年東京，2007 年大阪とすでに日本で 2 回開催され，やはりマラソンで活躍した選手が多い．

(b) 種目特性

陸上競技は英語では，athletics だけでなく track and field とも呼ばれるように，トラックとフィールドでの走・跳・投の記録を競うものである．中長距離走を除けば，瞬発パワーが最も重要な種目が多く，そのパワーを速度や距離に結びつける技術が求められる．

(1) 短距離走

セパレートレーンで行われる短距離走は，ダッシュして 30-50 m 程度で最高速度に達し以降は速度が低下していく競技である．後半伸びてくるように見える選手にしても，実際には他の選手よりも速度の落ち方が小さいだけで，速度自体はゴールに向けて落ちており，速度が上がることはない．

(2) 中長距離走

800 m と 1,500 m を中心とする中距離走は，最大酸素摂取量レベルから少し上程度の強度で行われるきつい種目である．レース展開が激しく，見ていて面白い種目でもある．距離が長くなるにつれて相対的な運動強度も落ち，42.195 km を走るマラソンでは筋グリコ

ーゲンをいかに残すのかという争いになる．レースで順位を考えた場合には，駆け引きがレースのゆさぶりやスパートとなって現れる．

(3) 跳　躍

走り幅跳び，走り高跳び，三段跳び，棒高跳びがある．基本的には助走でスピードを利用して跳躍する．横方向の跳躍距離を競う幅跳びや三段跳びは，まずスピードである．一方，高さを競う場合には，助走スピードを上方向に変える必要があることから，あまり助走が速すぎると踏切時に潰れてしまうこともある．

(4) 投　擲

砲丸投げ，円盤投げ，やり投げ，ハンマー投げがある．危険が伴うので，授業では実施しにくいが，ものを遠くに投げるということも，古代オリンピックから行われている．投げるというと腕の力というイメージが強いが，実際には全身で投げている．

(c) 実　施

(1) 走り方

走り方といっても個人差が大きく，必ずしもこういう走りをしなければ早く走れないとは言い切れない．しかし基本的には，走る際の望ましいフォームとして，1.腰を落とさないこと，2.足をあまり後ろ方向に流さず早く前にもってくること，3.着地時に大きな衝撃なくスムーズに体重移動すること，4.上下動や動揺の少ない走り方であることが挙げられる．1については，腰を落とすと，1歩ごとに衝撃は大きくなるし，ストライド長も出なくなる．2では特に全天候舗装された走路を走るときには，地面からの反力が大きく，後ろに「蹴る」よりは，足を早く「前へ」とした方が良い場合が多い．3については，着地というのは衝撃を地面から受けることであり，これをいかにスムーズにするかが重要である．このことが障害の予防にもつながる．また着地の位置は重心に近い方が良い．こうしたことが走りの基本であるが，走り方は個人差があり一部分のみを見てあの一流選手がこうだから自分もこうするのが良いというようなことは，必ずしも当てはまらないことも多い．全体を見て，そして個人差があることを考える．

(2) 速く走るトレーニング

速く走るには，もちろん速く走る練習をくり返すということが第一になる．長距離走のトレーニングは，持久力トレーニングをするということとほぼ同一である．短距離については，その種目に近い距離を何本か走ることを練習の中心に組み立てていくことになる．さらに走るばかりでなく，全身の筋力のパワーの向上が必要不可欠である．走るということでは，身体の後ろ側の筋，例えば，大腿二頭筋，大臀筋，腓腹筋をよく使い，また，けがも多いので，その強化が有効である．それには，大腿と尻を意識したスクワット，レッグカールなどを行う．また全身のパワーアップにはクリーンなどが良い．特に大腿二頭筋は走行中に肉離れの起きやすい筋なので，この強化はけがの防止にもつながる．

表 IV.2.1　各レーンでの周回距離 (m)

周回数	1	2	3	4	5	6	7	8	9	10	11	12	13	14	15
1レーン	400	800	1,200	1,600	2,000	2,400	2,800	3,200	3,600	4,000	4,400	4,800	5,200	5,600	6,000
2レーン	408	815	1,223	1,630	2,038	2,445	2,852	3,260	3,668	4,075	4,483	4,890	5,298	5,705	6,113
3レーン	415	831	1,246	1,662	2,077	2,493	2,908	3,323	3,739	4,154	4,569	4,985	5,400	5,816	6,231
4レーン	423	846	1,270	1,693	2,116	2,539	2,962	3,386	3,089	4,232	4,655	5,078	5,502	5,925	6,348
5レーン	431	862	1,293	1,724	2,156	2,587	3,018	3,449	3,880	4,311	4,742	5,173	5,604	6,035	6,467
6レーン	439	878	1,317	1,756	2,195	2,633	3,072	3,511	3,950	4,389	4,828	5,267	5,706	6,145	6,584
7レーン	447	894	1,340	1,787	2,234	2,681	3,128	3,574	4,021	4,468	4,915	5,362	5,808	6,255	6,702

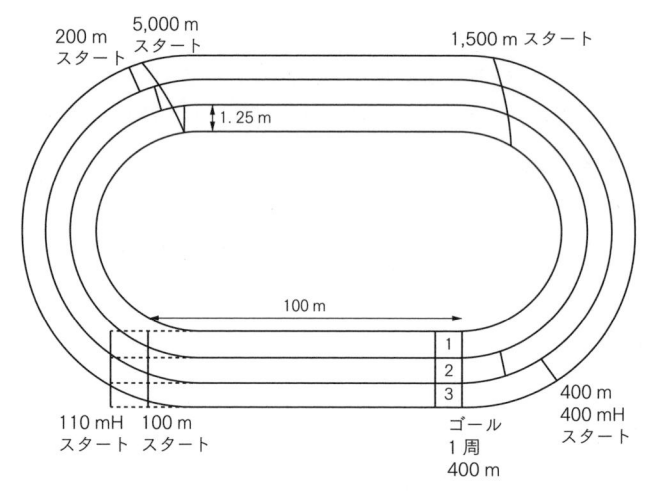

図 IV.2.1　駒場のトラック3レーンまでの模式図．直線部分 90 m，曲線部分単心円の 110 m となっていて，100 m 走の場合 10 m 分カーブにはみ出てスタートする．多くの競技場は直線部分 80 m で曲線部分 120 m である．

(3) トラックを走る際に

東京大学駒場キャンパスには全天候トラックがある．空いていれば個人的に走るのはかまわない．1レーンを避けて，できるだけ2レーンから外側を走るようにする．またいつも左回りばかりで走るとからだにゆがみができる可能性もあるので，6, 7レーンは右回りで走ってよい．各レーンの周回の距離を表 IV.2.1 に示した．またこの走路は熱に弱いのでグランド内では禁煙，禁花火である．全天候走路はアスファルトに比べれば柔らかいが，土に比較すればかなり硬いので，急に走行量を増やすことはけがにつながりやすい．頻度と量をよく考えて走る必要がある．特に脛骨に疲労性の痛みが出ることがよくあり，放置しておくと疲労骨折にまでなる場合がある．

(4) 長距離を健康維持のために走る

走ることは健康増進の運動として，また，場所と時の制約が少なく，やりやすい運動である．走るというと苦しいというイメージのある人が多いようである．しかし自分で走るのは競争ではないので，とにかくゆっくり走ることである．最初のうちトラックでいえば2周くらいは歩くくらいの感じでゆっくり入り，それから気持ちよければ上げていく．また走り続けなくて途中で休みを入れてもよい．そうした速度に余りこだわらないで，とにかく気分よく走るようにしていると，気がつけば随分走っている自分に気がつくこともある．42 km を一気に走るのは大変だが，10回に分ければ難しくない．

2.2 テニス

(a) 歴 史

(1) テニスは宗教的な行為として行われた

複数の人間が1つの球を互いに打ち合うという形態の球技の起源は紀元前にまで遡ることができる．エジプトでは宗教的な行為の1つとしてこのような球技が行われていた．紀元前15世紀の壁画で球を打ち合う球技を行う人々の姿が描かれたものが発見されている．

(2) 現在のテニスの直接の祖先に当たる球技は，8世紀ごろにフランスで発生した

エジプトに存在したこの球技は，古代ローマ帝国にもレクリエーションの1種類として引き継がれたが，現在のテニスの直接の祖先に当たる球技は，8世紀ごろにフランスで発生した．テニスのコートは僧院にあり，四方が壁と傾斜した天井に囲まれていて，現代のローンテニスのコートより大きかった．8世紀フランスでは，ラ・ソーユと呼ばれる球技が起こり，11世紀以降，中世フランスの修道院では，「ジュ・ド・ポーム（手のひらゲーム）」という，文字どおりの手のひらを使ったゲームが隆盛した．時のフランス皇帝ルイ14世がヴェルサイユ宮殿の「テニスコートの間」で貴族相手にテニスを楽しんだ．18世紀から19世紀にかけてヨーロッパの貴族の間で大流行し，多くのコートが建造された．フランスでこの球技が盛んになった理由としては，ローマ時代の直接の影響よりも，8世紀から11世紀まで，イベリア半島から南フランスまで進出していたイスラム教徒が，エジプト時代と同様に，宗教的行為として行っていたものに，キリスト教の僧侶が興味をもち模倣したことからはじまったといわれている．

(3) ウォルター・クロプトン・ウィングフィールドが現在のローンテニスを考案

1874年2月23日，イギリスのウィングフィールド少佐が屋外でできる新しいラケット・ゲームとしてラケットとネットとボールとそのルールをセットにした遊びに3年間の特許を取った．このゲームにウィングフィールドはスファイリスティク（sphairistike：ギリシャ語でball gameを意味する）あるいは，このゲームの特徴が芝生をコートとして使用したことからlawn tennisという名前を付けた．彼の発明したこのゲームは屋外で男女ともにでき，運動になるという点でこれまでのいかなるスポーツとも異なっていた．あっという間にこのゲームはローンテニスという名前で人気になった．現在の社会体育，生涯スポーツの概念の先駆けとなる発想で，ラケット，ネットなどをセットで商品化し，芝生の上ならどこでも楽しめる「持ち運びのできるテニス」などともいわれた．

(4) テニスの語源

(ⅰ) フランス語「トゥネー（tenez）」説
(ⅱ) 古代エジプトの町の名前「チニス（tinnis）」説
(ⅲ) イギリス「テンズ（ten's）」説
(ⅳ) 「テネッツ（tenetz）」説

有名ないくつかの説を載せたが，正確なことは何一つわかっていない．

(5) 日本でのテニスの始まり

1876（明治9）年，横浜の山手公園で我が国最初のローンテニスが行われ，1878年に我が国最初のテニスクラブが誕生した．その年に米国のリーランドが文部省の体操伝習所で紹介したものが最初とされる．用具の調達が困難であったことからゴムボールを使う日本の独自の軟式テニスを考案し，独自の発展を遂げた．その軟式テニスで育った選手が硬式テニスに転向し，欧州，米国に転戦し始める．清水善造は1920年のウィンブルドン選手権「チャレンジ・ラウンド」で決勝に進出し，当時の世界ナンバー1だった米国のビル・チルデンに肉薄した．熊谷一弥は主に米国で活躍し，クレーコートで無類の強さを発揮した．佐藤次郎は当時の世界ランキングで3位まで昇りつめた．1970年代には日本でもプロ選手が登場，そのプロ第1号（戦後初のトーナメントプロ）である神和住純（父が軟式テニスの全日本チャンピオン，本人も軟式出身）が世界を転戦する．

(b) テニスの用具

(1) テニスボール

(i) テニスボールの規格

項　　目	ボールの大きさ(最小)	ボールの大きさ(最大)
直　径	6.54 cm	6.86 cm
重　量	56.7 g	58.5 g

(ii) ボールの種類

項　　目	概　　要	特　　徴
プレッシャーボール	コアボールの中に外気圧より高いガスを封入することにより，より高い反発力，心地良い打球感が得られるボール．ガスが封入された缶の中に入れられた状態で販売されている．これは外気圧(1気圧)より高い気圧のガスが封入されたコアのガスが抜けるのを防ぐため．	時間が経つとガスが抜けるため，寿命は短い．値段が高いことがデメリットである．
ノンプレッシャーボール	プレッシャーボールと違い中にガスを封入していない．反発力を出すのはコアの弾力のみである．コアはより弾力を出すためにある程度の厚さを必要とする．ゴム自体の重量が増し，プレッシャーボールよりも重い．	プレッシャーボールに比べて重量があり，素材自体が硬いために，打った時にかなり硬い印象を受ける．

(2) ラケット

(i) 16世紀に現在のラケットの原型が登場した

(ii) ガット（羊の腸）を張ったラケットは14世紀にイタリアで発明された

(iii) ラケットの規格

項　目	フレームの大きさ(最大)	ストリングス面(最大)
全　長	73.66 cm	39.37 cm
全　幅	31.75 cm	29.21 cm

(iv) グリップの太さ

サイズ	1	2	3	4	5	6	7	8
4インチ＋	1/8	1/4	3/8	1/2	5/8	3/4	7/8	1(5インチ)
mm	105	108	111	114	117	121	124	127

(v) フェイスの面積

項　目	長　所	短　所
110インチ程度(大きめ)	多少真ん中を外しても，スウィートエリアが広く，ミスショットを減らしてくれる．小さいフェイスサイズに比べ反発力が高くボールの飛びが良い．それに加えスピンのかかり具合も多少良くなる．	小さいフェイスサイズに比べ，打球感やコントロールが多少低くなる．
95インチ程度(小さめ)	大きいフェイスサイズに比べ張るストリングの長さが短くすむ．つまり，インパクト時のストリングの遊び(伸び)が大きいフェイスサイズのラケットに比べ，遊び(伸び)が少ない分，より感触はダイレクトになり，コントロールも良くなる．	大きいフェイスサイズのラケットに比べ反発力が低く，スピンのかかり具合が多少低くなる．スウィートエリアが狭いので，コンスタントに真ん中(スウィートスポット)で打てるようでなければ難しい．

(3) テニスコート

(i) コートの規格

項　目	コートの横	コートの縦
シングルスコート	8.23 m	23.77 m
ダブルスコート	10.97 m	23.77 m

(ii) ネットの規格

項　目	ネットの長さ	ネット両端のポストの高さ	ネットの高さ(中央)
シングルスコート	9.91 m	1.07 m	0.914 m
ダブルスコート	12.65 m	1.07 m	0.914 m

(c) テニスのルール

テニスの試合形式には，1人 vs. 1人でシングルスコートで行うシングルス，ダブルスコートで行う同性の2人 vs. 2人によるダブルス，男女ペアの2人 vs. 2人によるミックスダブルスの3種類がある．

勝敗の決め方

基本的には，4ポイントを先に取れば1ゲームを獲得でき，通常は6ゲームを先取した

方が1セットを獲得する．一方が4点を取ると1ゲーム，6ゲーム取ると1セット取得できる．5セットマッチなら，3セット先取すると勝ちである．ポイントが両者3点（40）ずつになるとデュース（フォーティオールとはいわない）となり，相手に2点差をつけるとそのゲームを得る．なお，この時に1点リードしている状態を「アドバンテージ」という．また，ゲームカウントが5-5になると，そのセットを得るためには2ゲーム差をつけて7-5としなければならない．ただし，ゲームカウントが6-6となった場合は，次のゲームはタイブレークという特別ルールのゲームとなり，2ポイント以上の差をつけて7点以上先取したほうが取得し，このセットを得る．タイブレーク中のポイントは，普通にワン，ツー，スリー…と数える．主要な国際大会の最終セットでは，タイブレークのルールを採用せず，2ゲーム差がつくまで通常ルールでゲームを続行する場合もある．タイブレークのルールは1920年代に，試合時間短縮のために考案されたものである．4大大会でも，全米オープンだけは，最終セットでタイブレーク決着を採用している．

　2006年の全米オープンから，ボールの跡がコートに残る全仏を除くグランドスラム大会のメインスタジアムと第一コートにおいて，条件つきで判定に異議を唱えられる「インスタントリプレイシステム」（チャレンジシステム）が採用された．選手が審判の判定に疑問がある場合に「チャレンジ」と宣言すると（オンプレイの場合はラリー中のボールを止めて），「ホークアイ」というCGを用いた自動ライン判定システムのスロービデオを見て判定がやり直される．誤審であればそのプレーはノーカウント（エースだとポイント）となりチャレンジする権利は失われないが，審判が正しく判定が覆らなかった場合，その選手はチャレンジ失敗となり，チャレンジする権利を1回失う．権利は1セット2-3回（全米・全豪は3回）与えられる．ただしタイブレークになったセットでは1回，ゲームカウントが6-6となった最終セットでは2回権利が追加される．

2.3 卓 球

卓球の特色として，ボールの回転への対応の重要性とラリーのテンポの速さが挙げられる．ボール軌道の予測能力，回転しているボールの振る舞いの知識と，それらに基づき瞬時にラケット面角度およびスイング方向・速度を微妙に調整する能力の獲得とが，卓球を愉快な競技にする．技術の向上やゲームを楽しみ，卓球について理解を深めてほしい．

(a) 歴史，ルール
(1) 歴 史

イギリスで，屋内でゴムまりを用いてテニスを真似ていた遊びが，1890年代にセルロイド製ボールを利用するようになって，人気を得たようである．ゲーム中に発する音からピンポンという名が付いたが，後にテーブルテニスが正式名となった．1926年にヨーロッパで国際卓球連盟が設立された．日本に卓球が伝えられたのは遅くとも1902年であり，その後1921年に大日本卓球協会が設立され，1928年国際卓球連盟に加入した．

(2) ルール

卓球台の概略を図IV.2.2に示す．ボールはセルロイド製または同等のプラスチック製のもので，直径4.0 cm，重量2.7 gの白色またはオレンジ色のものを使用する．

(i) シングルス

サービスから始まり，レシーブから以後は自領コートに一度弾んだボールをラケット（手を含む）で打って（リターン），直接他領コートに入れることで勝敗を競う．他領コートにボールが入らないと，相手が得点する．サービスチェンジは2本ごとに行い，11点先取するとそのゲームに勝つ．10対10になると，以後のサービスチェンジは1本ごとになり，2点リードした方が勝ちとなる．各ゲーム終了後，エンドを交代する．その際，前のゲーム開始時にレシーブをした方が先にサービスを行う．最終ゲーム（5ゲームマッチであれば第5ゲーム）では，どちらかの得点が5点になると，エンドを交代する．

サービスは掌に載せたボールをほぼ垂直に16 cm以上投げ上げ，落ちてくるボールを

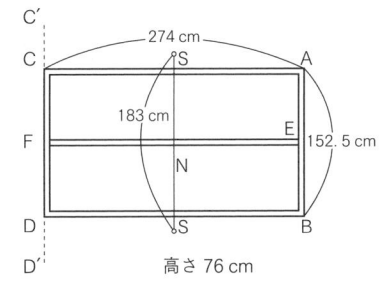

図IV.2.2 卓球台の概略図．A-B, C-D：エンドライン，C-C′, D-D′：エンドラインの仮想，延長線，A-C, B-D：サイドライン，E-F：センターライン，N：ネット，S：サポート．

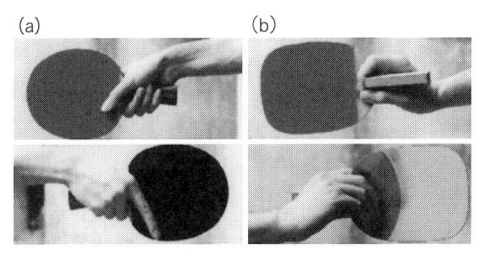

図IV.2.3 シェイクハンド型 (a) およびペンホルダー型 (b) ラケット

打って自領コートに一度弾ませ，ネットに触れずに他領コートに入れる．ネットやサポートに触れて入った場合，サービスをやり直す．サービス中，ボールは台よりも上にあるようにし，腕などで隠してはいけない．打点は，エンドラインまたはその仮想延長線の後ろである．サービスの構えに入った後，いったん手からボールが離れると，やり直せない．

リターンのボールはネットやサポートに触れて入ってもよく，ネットの外側を通過して入ってもよい．相手の打ったボールが自領コートに弾まずに直接ラケットや身体に触れた場合，その場所がコートの外であれば，ボールが台上を通過しなかった場合のサイドラインの横を除いて相手の負けである．ラケットをもっていない手が台に触れることと，ラケットや衣服がネットに触れることは反則である．

(ii) ダブルス

サービスコートは，サーバーから見て自領コートの右半分と他領コートの左半分である．リターンは，コート全面を用い，4名が交互に打つ．サービスは2本ごとにチーム間で交代する．その際，直前のレシーバーがサーバーとなり，直前のサーバーのパートナーがレシーバーとなる．第2ゲームからは，直前のゲーム開始時にレシーブを行ったチームがサービスを先に行い，レシーブ側はサーバーに対するレシーバーの組み合わせを前のゲームと変える．最終ゲーム中に得点が5点に達しエンドを交代するとき，レシーブ側はサーバー・レシーバーの組み合わせを前のゲームと同じにする．

(b) 技 術

(1) ラケット

シェイクハンド型（図IV.2.3 (a)）は，初心者にとってバックハンドが比較的容易であり，ペンホルダー型（図IV.2.3 (b)）は手首の運動の自由度が大きく，サービスなどで変化球を出しやすい．ラバーは，表面が平らな裏ソフトラバーと凹凸の表ソフトラバーの2種類がある．裏ソフトラバーは表ソフトラバーに比べるとボールとの接触面積が大きく摩擦が大きいので，ボールに回転をかけやすいが，自分の打球が相手打球の回転の影響を受けやすい．また，スポンジが厚いほどボールとの接触面積が増え，回転をかけやすい．

(2) ボールの回転と反発

ボールが順回転をしながら飛ぶと，ボールはその後方で空気を上方に押し上げ，その反作用として空気から下向きの力を受ける（[146]）．よって，ボールは下に落ちやすく，相手コートに入りやすい．ラバーにボールが衝突すると，回転しているボールは回転方向にラバーを押し，その反作用としてラバーから逆向きの力を受ける．したがって順（逆，横）回転ボールは無回転ボールより上（下，横）方向に弾む．

(3) サービス・レシーブ

サービスで順回転ボールを出すには，ボール後方斜め上のところをラケットで上方にこすり上げる（図IV.2.4 (a)）．ラケット面が斜め下を向いているので，ボールは自領コートに弾む．逆回転ボールの場合，ボール後方斜め下のところを下方にこする（図IV.2.4

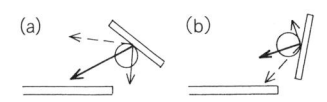

図IV.2.4　サービス時のラケットの面角度とスイング方向

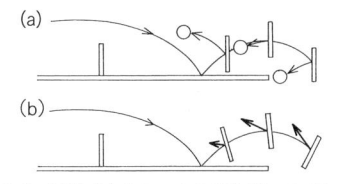

図IV.2.5　打球点とラケットの面角度，スイング方向

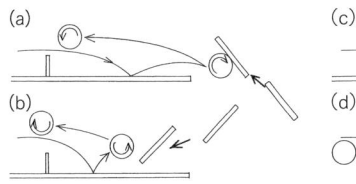

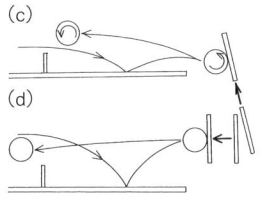

図IV.2.6　基本的な返球の仕方（(a)(c) ドライブ，(b) カット，(d) スマッシュ）

(b))．ラケット面が上向きなので，ラケットを上から下に振って，ボールを自領コートに弾ませる．レシーブでは，相手の打球時のラケットの面の向きと移動方向からボールの回転方向を，ラケット速度から回転数を判断し，返球に必要なラケットの面と動きを決める．

　　(4)　ストローク

　打球する際のラケットの面の角度，スイング方向および速度は，打球前のボールの回転，台上で弾んだ後の打球点，返球ボールの回転などによって決まる．打球点によりボールのラケットでの弾み方が違うので（図IV.2.5 (a)），順回転ボールを順回転ボールで返球するには，図IV.2.5 (b) のようにラケット面角度とスイング方向を変えて対応する．

　基本的な返球の仕方を図IV.2.6に示す：順回転ボールを順回転ボールとして強打で返球（図IV.2.6 (a)），台上の逆回転ボールを逆回転ボールで返球（図IV.2.6 (b)），逆回転ボールを順回転ボールとして強打で返球（図IV.2.6 (c)），高く弾んだボールに対して，返球方向に強くラケットを振り抜いて強打（図IV.2.6 (d)）．

　順回転での返球では，ラケットを下から上前方に振ることが多い．フォアハンドストロークでは，自分の身体のちょうど横ぐらいで打球すれば，この振りは比較的楽にできる．打球動作には，腕のスイングだけでなく，主に脚を用いた体幹のその長軸周りの回転が重要である（III.5.3 (d)）．また，打球後積極的にラケット腕を減速させたり，身体重心が両足の外へ出て体勢が崩れないように注意することなども重要である．さらに，相手の返球の球筋の予測のために，相手のプレースタイルや癖を把握することも重要である．

　　(c)　実施上の注意

　卓球台は，安定性を保つために1組を合わせて移動する．中央の仕切ネットを足で踏むと滑りやすいので，ぎりぎり後ろにまでは下がらない．ダブルスの際，パートナーの振ったラケットが凶器になり得るので，パートナーのプレースタイルに注意する．

2.4 バドミントン

(a) 種目の概要

ラケットを用いて，シャトルをネット越しに打ち合うスポーツがバドミントンである．シャトルは約 5 g しかなく，きわめて空気抵抗が大きい．トップレベルの選手ではスマッシュの速さが時速 350 km を超えるが，この空気抵抗のため地面に落下する時点では時速 60 km 近くにまで減速してしまう．一方，ラケットの重さも 100 g に満たないため，操作性がよく，フェイントを含めた多彩なショットを打つことが可能になる．このため，試合では緩急をつけたストロークの組み立てや相手の動きに対する読みが勝敗を左右する要因となる．

(b) 歴史．ルール

日本の羽根つきなど，羽を打ち合う遊びは古くから人びとの間で親しまれてきた．中世ヨーロッパでは，木の実に羽をつけて木製のバットで打ち合う遊びが行われていた．このような羽根つき遊びのルールが整えられてスポーツ競技となったものが現在のバドミントンである．このようなスポーツ・遊びの根底には，「空中にある物を地面に落とさない」ことを良しとする価値観がある．この価値観は，バレーボール・蹴鞠・セパタクロー・お手玉などにも共通している．

バドミントンの名は，ゲーム発祥の地がイギリスのグロスターシャー州バドミントンであったことに由来する．競技スポーツとしてのバドミントンは，統一ルールが制定された 1893 年に始まった．日本では，昭和初期より YMCA 体育指導者らによって普及活動が始まった．今日ある日本バドミントン協会の創設は，1946 年のことである．

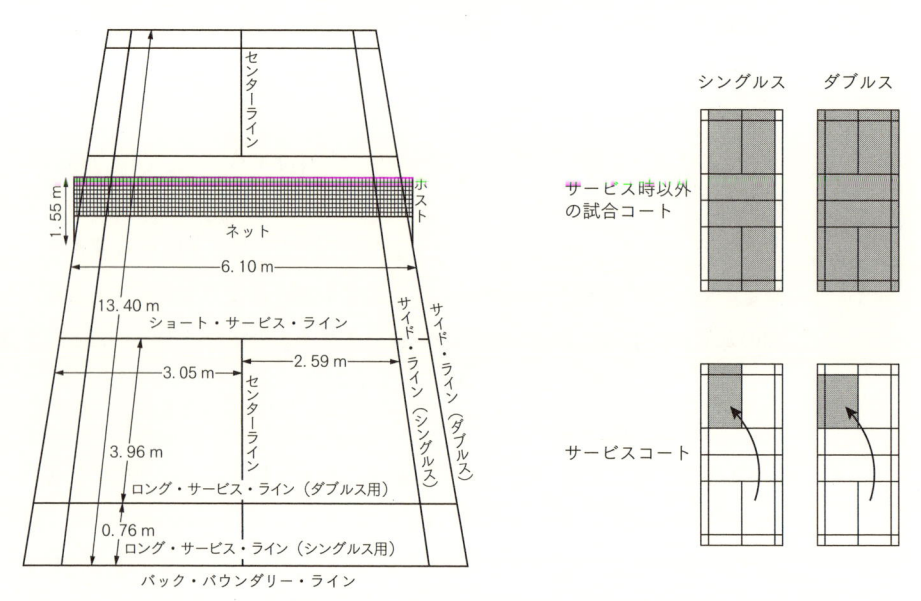

図 IV. 2. 7　バドミントンコート（図左は [1] より）

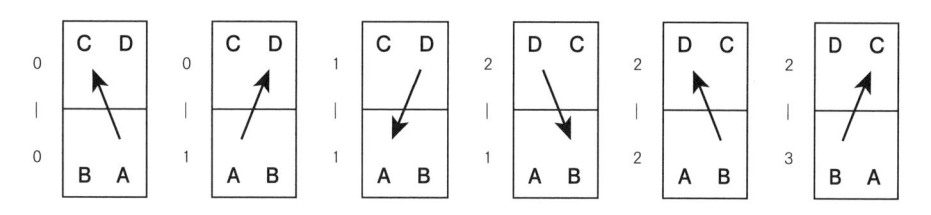

図 IV.2.8　ダブルスゲームの一例

AB得点　⇒　CD得点　⇒　CD得点　⇒　AB得点　⇒　AB得点

　バドミントンの試合形式には，1対1で行うシングルスおよび2対2で行うダブルスがある．公式試合では，3ゲームのうち2ゲームを先取した側が勝者となる．ゲームはラリーポイント制の21点先取で争う．つまり，サービス権の有無にかかわらず，ラリーに勝った側にポイントが入る．レシーバー側がポイントを取った際には，サービス権が移動する．20対20になった場合にはデュースとなり，2点差をつけるか，先に30点に達したほうが勝ちとなる．

　試合では，サービス権を得た側が右側のサービスコートから対角方向へ，アンダーハンドでサービスを行う．このときシングルスとダブルスではロング・サービス・ラインの位置が異なり，シングルスではバック・バウンダリー・ラインまで，ダブルスでは内側のロング・サービス・ラインまでが有効範囲となる．サービスの際には，シャトルを打つ位置が，腕を真下に下ろしたときの肘の位置よりも下でなければならない．なお，サービス時にシャトルがネットに触れた後サービスコートに入った場合には，フォルト，あるいはレット（無効）にはならず，有効打となる．

　サービス位置は，得点が0もしくは偶数の場合には右側から，奇数の場合には左側から行う．ダブルスにおいては，サービス権をもつペアの得点が0または偶数ならば右側のプレーヤーが，奇数なら左側のプレーヤーがサービスを行う（図IV.2.8）．

(c)　バドミントンの技術

(1)　ショットの種類

　図IV.2.9にバドミントンで用いられる代表的なショットを示す．ショットは大別すると6つのパターンに分類できる．高く，深く，バック・バウンダリー・ライン際に落ちるクリア，床と平行に飛ばすドライブ，ネット際ぎりぎりへ落とすドロップ，ネット際に浮いてきた球を押し込むプッシュ，ネット際に落ちてきた球を再びネットすれすれに返すヘアピン，素早い振りで強打するスマッシュである．

　これらのショットを受ける側の立場になってみると，余裕をもってオーバーヘッドストロークで打てるショットはクリアしかない．そのクリアも，ライン際に深く打ち込まれるため一発で決まるようなスマッシュはとうてい打つことができず，仮に打ったとしても特にシングルスでは相手にうまく切り返されて逆にこちらが不利になる場合が多い．その他のショットはすべて，手前のコートに達したときにはネットよりも低く落ちてくるため，

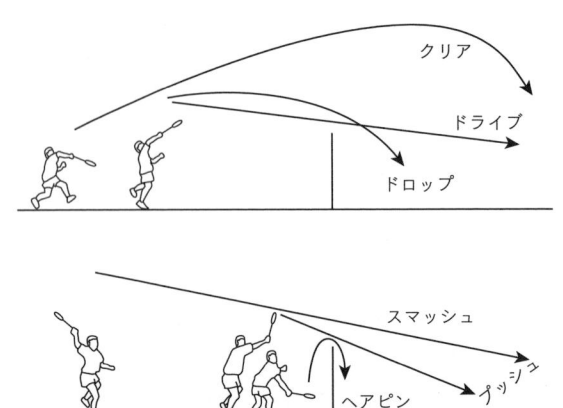

図 IV.2.9　バドミントンの代表的なショット

けっしてスマッシュすることができない．このように考えると，図 IV.2.9 に示すバドミントンの代表的なショットは，おおむね「相手の体勢を崩す」あるいは「相手の攻撃を封印する」ためのショットであることが理解できよう．このような特性は，同時にサービスにおいても認められる．特にダブルスでは，低くネットを越えてショート・サービス・ライン付近に落ちるショート・サービスが多用される．

(2) 初心者と熟練者のフォーム

図 IV.2.10 は初心者と熟練者のスマッシュ動作である．見比べると，両者の違いがいくつか見て取れる．はじめに，体幹のひねり動作に着目してみよう．構え（図 IV.2.10 (a)）とインパクトの瞬間（図 IV.2.10 (c)）を比べてみると，初心者は構えからインパクトまでずっと正面を向いているのに対し，熟練者では体幹のひねり動作が加わっている．この回転運動を効果的に利用することで，ラケットのスイングをより速くすることができる．

次に，ラケットの先端（ラケットヘッド）および肘の位置に注目してみる．図 IV.2.10 (b) は，ラケットヘッドが最も低くなった瞬間を捉えたものだが，このとき熟練者では，より肘の位置が高く，ラケットヘッドが低い．これは，打点をより高くし，インパクト直前にラケットヘッドを加速させるための技術である．

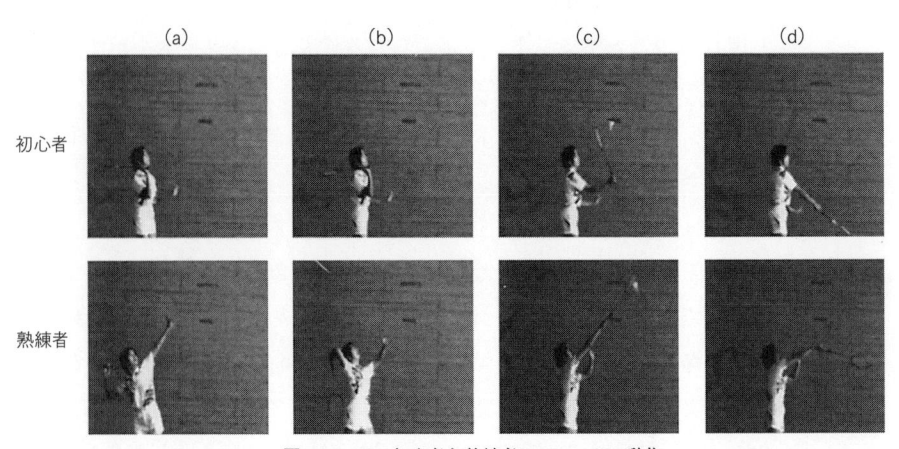

図 IV.2.10　初心者と熟練者のスマッシュ動作

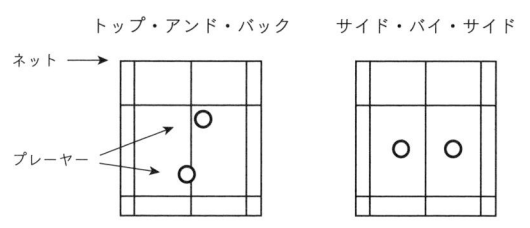

図 IV.2.11　ダブルスの陣形

さらに，ラケット面の向きに着目すると，初心者ではラケット面が終始正面を向いているのに対し，熟練者ではラケット面が前腕の長軸周りに回転している．このことから，熟練者が前腕の回内動作を有効に用いていることがわかる．

(3) ダブルスのフォーメーション

ダブルスの試合では，状況に応じてペアの位置関係を調整することが，試合を有利に運ぶために重要となる．陣形のパターンは大別すると2種類あり，それぞれトップ・アンド・バック，サイド・バイ・サイド，と呼ばれる（**図 IV.2.11**）．一般にトップ・アンド・バックは攻撃の陣形，サイド・バイ・サイドは守備の陣形とされるが，試合中にはこれらの体勢や中間的な体勢を臨機応変に組み合わせて多様なパターンに対処することになる．

(d) 実施上の注意

バドミントンにおけるけがは，圧倒的に下肢部が多い．プレーの前には必ず準備運動とストレッチを行う．また，ダブルスではペア間の距離が近いので，特に初心者では，シャトルを夢中になって追うあまりチームメイトの頭や肩を叩いてしまうことがある．このような事故を防ぐために，試合中は互いに声を掛け合ってシャトルを取りに行く必要がある．また初心者の試合では，試合中に後ろを振り向くと味方のショットがこちらの顔を目掛けて飛んでくる危険があるため，振り向くべきではない．

2.5 バレーボール

(a) 歴史

1895年に米国で，テニスをヒントにボレーをネット越しに打ち合うスポーツとして考案されたとされている．16人制，9人制を経て，6人制が導入され，国際的なスポーツとして定着した．1964年の東京オリンピックで正式種目となり，日本女子が金メダルを獲得した．その後，1972年のミュンヘン大会で男子，続くモントリオール大会で女子と，これまでオリンピックで日本は金メダルを3回とっている．日本の球技でオリンピックの金メダルを獲得したのは，2008年北京大会でソフトボールがとるまで長いことバレーボールだけだった．1990年代終わりにラリーポイント制が導入されセットの時間が短くスピードアップされ，またわかりやすさが増した．近年バレーボールはますます高さとパワーの要求されるスポーツとなっている．一方レシーブ専門であるリベロの導入など，バレーボールの面白さの1つであるラリーが続くような方向のルール改正も行われている．また砂の上で2人制で行うビーチバレーもオリンピック種目となっている．

見るスポーツだけでなく，やるスポーツとしてのバレーボールも，いわゆるママさんバレーに代表されるように日本では広く行われてきた．こうしたバレーボールの人気の理由は，ネット競技で対人接触がない，団体競技でお互いに助け合う競技である，運動強度が比較的低くまた自分で加減しやすい，といったことにあると考えられる．

(b) ルール

(1) 得点

ラリーごとに点が入る．ラリーに勝ったチームが次のラリーのサーブ権をもつ．1セットは25点．24対24となった場合は2点差がつくまで行う．5セットマッチの場合は，5セット目は15点までとなる．

(2) コート

自陣が9m四方の正方形で，ネットから3mの地点にアタックラインが引かれている．

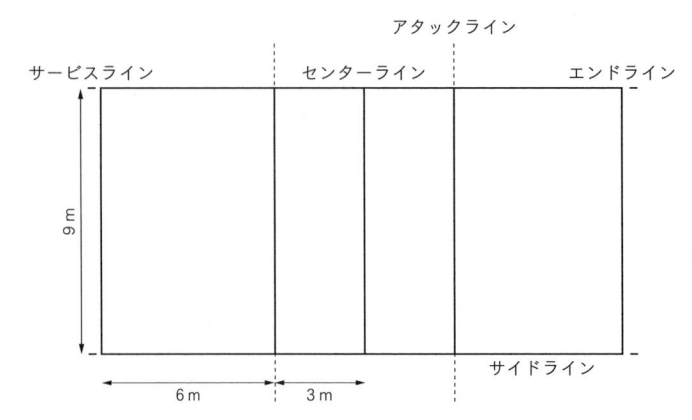

図IV.2.12 バレーボールのコート．ラインは5cm幅である．

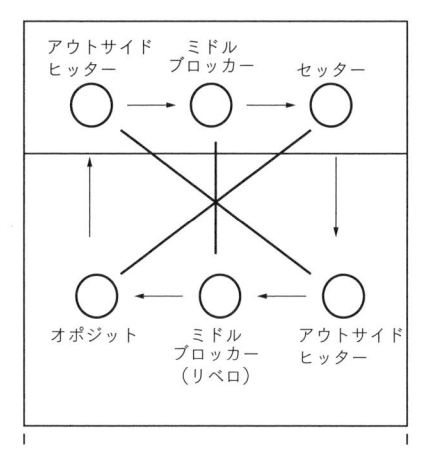

図 IV.2.13 ローテーションと役割分担．セッター対角に，チームのエースが入るか，あるいは左利きスパイカーが入ることが多い．ミドルブロッカー選手が後衛の場合にリベロが入ることが多い．

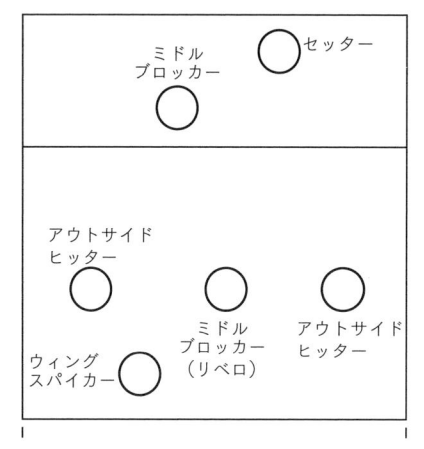

図 IV.2.14 図 IV.2.13 の場面でのサーブ・レシーブ体系の例

後衛プレーヤーはアタックラインより後ろ（足がラインを踏まない）でないと，ネットより上の高さから相手コートにボールを返せない．センターラインは完全に踏み越してはならない．ボールは落下点ではなく，上から見てボールが少しでもラインにかかっていればインである（図 IV.2.12）．

(3) ネット

高さが男子 2.43 m，女子 2.24 m で，サイドライン上にアンテナがある．アンテナにボールが当たればラリー終了．アンテナ間のネットにボールが当たってもよい．サーブでも同じこと．ネットにはさわってはならない．

(4) ローテーション

6人のうち3人が前衛，残りが後衛．ただしサーブが打たれた時の自分の前の選手と横の選手との位置関係でのみ位置が判断される．サーブ権がくるごとに時計回りに回り，前衛ライトから後衛に下がった選手がサーブとなる（図 IV.2.13，図 IV.2.14）．

(5) ダブルコンタクト

2回続けてボールにさわってはいけない．ただし自陣にきた第1球目のレシーブでは，同じ動作中であればかまわない．例えばレシーブ時に右手左手と時間差でボールが当たってもよい．ただしボールをもつ（キャッチ）のは何球目でもだめである．

(6) ブロック

本来はネットの相手側に手を出してプレーしてはならない（オーバーネット）．ただしブロック時にはかまわない．そこでブロックで大事なことは手を前に出すことである．ブロックしてよいのは明らかにネットを越えてくるボールに限る．つまりトスしようとしたボールや，トスそのものをブロックしてはいけない．サーブもブロックできない．ブロックは3回さわれる中には数えない．

(7) サーブ

サイドライン内 9 m のどこから打ってもよい．エンドラインを踏んではならない．審判の笛から 8 秒以内に打つ．アンテナ間のネットに当たっても相手コートに入ればよい．

(c) バレーボールの特徴

男女混合でできるスポーツ：バレーボールの良さはまずネット競技で相手との接触がないことがある．このことは男女混合でも違和感なくゲームができることに結びつく．授業でも多くの場合は男女混合となる．ただしそれにしても男女の体力差はあるので，特にネット際などでの注意は必要である．

(1) 次を読む

バレーボールは集団で行うスポーツである．いくらよいスパイカーがいても，よいトスが上がらなければ仕方がない．またバスケットなどではドリブルして時間をかけて自陣の配置を整えることが可能である．ところがバレーボールではボールはすぐに落ちてくるので，時間をかけることができない．そこで大事なことは次を読むことである．例えばレシーブが上がったら，自分がトスを上げるのか，そうでないならば，自分はスパイクの体制に入るのか，いつも次に起こることを考えて動くことである．

(2) け　が

バレーボールは大きなけがは少ないといえるが，小さなけがは多い．よく起こるけがは，足首の捻挫，突き指である．捻挫はネット際で別の人と接触して起こることが多い．これはブロックをしようとして，ネットに走り込んできてジャンプして，相手コートに足が出るというような状況で起きやすい．ブロックする役割にあるならば，早めにネット際にきておき，ブロックしないならばネットから離れてレシーブ体勢に入る．

(d) 基本練習

(1) パ　ス

パスではオーバーパスとアンダーパスがある．オーバーパスではボールの下に早く入ることが大事である．アンダーパスでは，手を組むことにはあまりこだわらないで，肘をしっかり伸ばすことである．どちらのパスも，膝を使い，体全体でパスすることである．

(2) スパイク

ボールを斜め前に見上げるくらい，つまり頭上よりも少し前の位置でボールを捉える．手は大きく回す必要はなく，手首だけでもスパイクはできる．打つ手と反対手でバランスをとることも大事である．

(3) サーブ

手首を硬くして回転をつけないサーブ，手首を使ってドライブ回転をつけるサーブを区別する．初心者は体を前に進ませながらサーブすれば，入りやすくなる．

2.6 バスケットボール

(a) 歴 史

　1891年,米国マサチューセッツ州スプリングフィールドの国際YMCAトレーニングスクールの教師ネイスミスが,冬季に屋内で行えるスポーツとして考案したのが始まりとされる.日本では,上記YMCAを卒業した大森兵蔵が1908年,東京YMCAではじめて本格的に紹介した.その後もYMCAを通じて世界中に広まり,1930年には大日本バスケットボール協会(現在の日本バスケットボール協会,JBA)が設立,1932年には国際バスケットボール連盟(FIBA)が結成された.オリンピックでは,1936年ベルリン大会から男子の正式種目,1976年モントリオール大会から女子の正式種目に採用された.

(b) ルール(国際競技会で採用されているFIBAのオフィシャルルール)

(1) 基本的なルール

　5名ずつの2チームのプレーヤーがボールを手で操りながら,4ピリオド計40分の間に相手チームのバスケットへゴールした総得点を競い合う.コート(図IV.2.15)は縦28m,横15m,ボールは一般男子用7号球で周囲749-780mm,一般女子用6号球で周囲724-737mm,バスケットリング(以下,リング)は内径450-459mmで,高さ3,050±6mmの位置にある.シュート成功による得点は,スリーポイントライン外側からを3点,スリーポイントライン内側からを2点,フリースロー(後述するファウルにより与えられるフリースローラインからのシュート)を1点として計算する.

(2) バイオレーション

　ボールを扱う際に起こる反則をバイオレーションと呼ぶ.バイオレーションがあった場合,相手チームのスローインでプレーを再開する.主なバイオレーションとしては,アウトオブバウンズ(ボールあるいはボール保持者がコート外に出る),ダブルドリブル(いったん終えたドリブルを再開する),トラベリング(ボールを保持したまま3歩以上歩く),

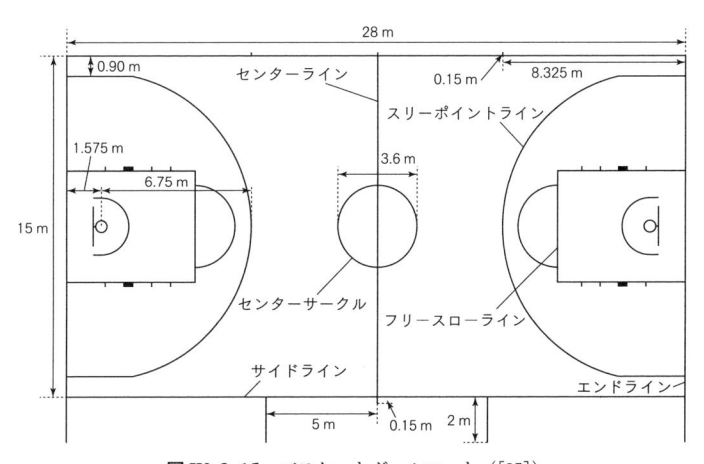

図IV.2.15 バスケットボールコート([95])

図 IV. 2. 16　シリンダーの原則（[95]）

バックパス（相手チーム側のコート内でコントロールしていたボールを自チーム側のコート内に返す），所定の動作実行までの時間超過などが挙げられる．

(3) パーソナルファウル

不当な身体接触やスポーツマンらしくない行為を総称してファウルと呼び，なかでもパーソナルファウルは身体接触によるものを指す．プレーに影響を及ぼさない接触や，リバウンドボール争いなど正当なプレーの結果として起こる接触は，パーソナルファウルとはならない．また，接触があった場合にどちらのプレーヤーのファウルとするかについては，「プレーヤーが立っている位置とその真上の空間内での身体接触はファウルにならない」というシリンダーの原則（図 IV. 2. 16）に基づいて判断される．

シュート動作中のプレーヤーに対してファウルが行われた時は，そのシュートが成功すれば得点が与えられ，さらにファウルを受けたプレーヤーに 1-3 本のフリースローが与えられる．それ以外の場合は，ファウルを受けた側のスローインでプレーを再開する．

(c) 技　術

ここではバスケットボールにおける主要技術であるシュートについて解説する．個人技術・チーム戦術の詳細については，他の技術書を参照されたい．

(1) 理論的側面

シュートにおけるボールの軌道は放物運動として記述でき，ボールの到達点はリリース時のボールの投射高，投射角，初速度で決まる（図 IV. 2. 17）．一般に，リングに対するボールの進入角が大きい（山なりである）ほどリング内径を有効に使うことができ，シュートが入りやすい．近距離からのシュートでは自然とボールの進入角は大きくなるが，遠距離からのシュートで進入角を大きくすることは高い投射角と初速度を必要とし，筋力や技術がなければ実現できない．このように，最適なシュート軌道は個人により多少異なる．

(2) シュート成功率の重要性

バスケットボールゲームにおける総得点は，単純にはシュート数とシュート成功率の積

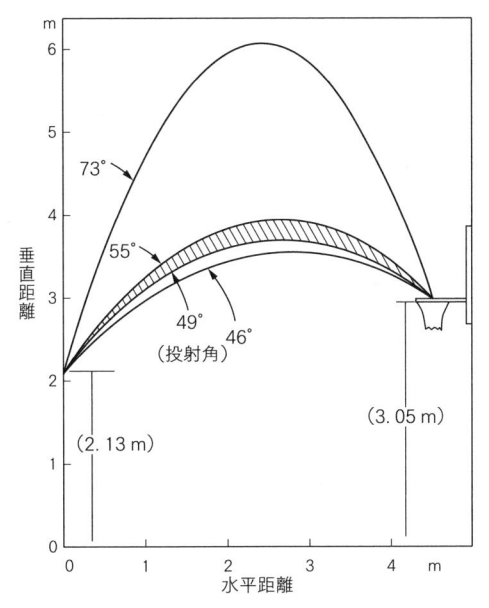

図 IV.2.17 投射角とボールの軌跡 ([40])

である．ボール運びに関する制限が少なく，コートが比較的狭い上にゴールが高い位置にあるバスケットボールでは，攻撃をシュートに結びつけることはそれほど難しくない．実際，ボールハンドリング技術が向上した近年のバスケットボールゲームではターンオーバー（シュート以外の原因による攻守交替）数が減少しており，シュート機会の差は少ない（[84]）．したがって，勝敗に直結するのはシュート成功率ということになる．

(3) シュート成功率を上げるには

シュート成功率は，リングからシュートを試みた位置までの距離と反比例する．したがって，シュート成功率を上げるには，安易に遠くからのシュートを試みず，制限時間を有効に使って，少しでもリングに近い位置までボールを運ぶ必要がある．

やむをえず遠距離からのシュートを試みる場合は，ボールの左右への方向性を第一に考える．方向性の良いシュートは，ボール到達位置が多少前後にずれてもリングやボードに触れることでシュートが成功する場合があり，仮に成功しなかったとしても，リバウンドボールがまっすぐに跳ね返ることが多いので，次の攻撃につながりやすい．

(d) 実施上の注意

バスケットボールは球技の中で最も運動強度の高い種目の1つである．試合前に入念なウォーミングアップを行い，心拍数を徐々に高めることで，試合開始直後から全力でプレーすることが可能となり，急性心疾患や突然死のリスクを減らすことができる．

バスケットボールに多い傷害は，ボールを扱う際に発生する手の突き指，ジャンプの着地やダッシュの急停止などが原因で起こる足・膝関節の靭帯損傷である．こうした傷害はプレーヤー同士の接触で起こることもあるので，プレーヤーはなるべく接触をしないよう心がけ，審判は厳しくパーソナルファウルをチェックする．

2.7 サッカー

小さな子供の足下にボールを転がしてみよう．おぼつかない足で蹴っては追いかける姿が見られるだろう．ヒトは最も巧みな操作性を発揮できるはずの手指を放棄し，しばしば「粗暴」の烙印を押される足技を求めて狂奔する．この倒錯が逆に華麗なファンタジスタを生み，連携の妙が陶酔をもたらすのである．

(a) 歴 史

現在のサッカーゲームといえる競技が正式に整備されたのは19世紀イギリスである．それ以前もイギリスでは民衆の間で，あるいはパブリックスクールの中で盛んであったが，騒音や危険性などから禁止されることも多かったといわれる．当時はルールが統一されていなかったが，1863年ロンドンでフットボールアソシエーション（Football Association: FA）が設立され，現在の形の基礎がつくられた．

イギリスに発したサッカーゲームの形式は20世紀初頭アジア・アフリカの植民地支配を通じて世界に広がる一方，オランダ，フランスを中心に1904年国際サッカー協会（FIFA）の設立を果たした．初代会長ロベール・ゲランが大規模な世界大会を企画し，最初はオリンピック大会で実現されたが，FIFA独自の大会として第1回ワールドカップ大会が1930年にウルグアイで開催された．この時の第三代会長ジュール・リメの名は長らくワールドカップ優勝杯に冠されることになった．

日本のサッカーは，1964年の東京オリンピック前にドイツからクラマー氏をコーチとして招いた影響で，正確なパスに基づくチームプレーが特徴になった．野球に比べ国民的スポーツとは言いがたい状況が長く続いた間にも，1968年メキシコオリンピックでの銅メダルを経て，1993年Jリーグ開幕により一気に人気が高まり，1998年フランスワールドカップ出場が叶ったことは大きな躍進として記憶に新しい．

競技スタイルは，FA成立以前の選手の配置はフォワード9人，ディフェンダー2人だった．現在は4-3-3システム（ゴールキーパーを除き，バックからハーフ，フォワードへと数える）など守備に重点を置くシステムが中心であり，基本的戦術が攻撃から守備への転換であったことがわかる．これにはルールの改正，ボールテクニックの飛躍的な向上，プレー全体のスピードアップなどの要因が関わっている．

(b) ルール

フィールドの概略を図IV.2.18に示す．国際サッカー評議会（IFAB）によるサッカールールは17項目からなるが，日常のゲームでしばしば問題となるものに絞って解説する．

- オフサイド：攻撃側の待ち伏せを防ぐルールである．攻撃側プレーヤーが相手陣内で後方から2人目のプレーヤー（通常はキーパー以外の最後方の守備）より深い位置にいれば「オフサイドポジション」とされる．その位置から攻撃に参加する時反則とな

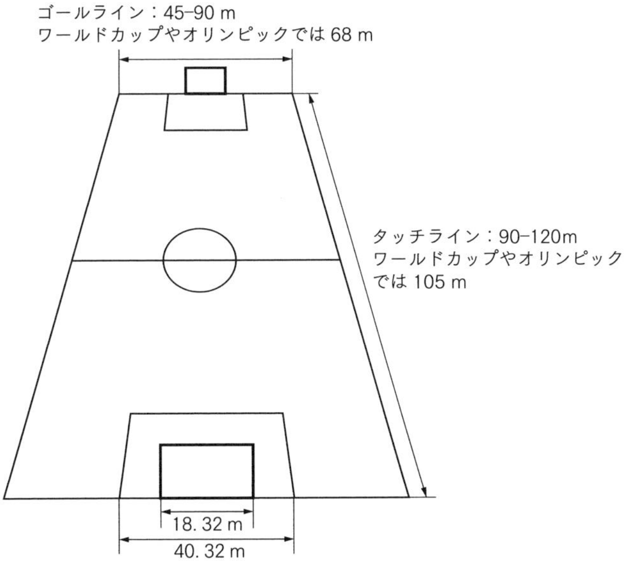

ゴールライン：45–90 m
ワールドカップやオリンピックでは 68 m

タッチライン：90–120 m
ワールドカップやオリンピック
では 105 m

18.32 m
40.32 m

図 IV.2.18 サッカーのフィールド

る（居るだけでは反則ではない）．パスを受ける以外にも相手プレーヤーの動きを妨げるなどその位置に居ることで利益を受ければ反則である．ただしゴールキック，スローイン，コーナーキックから直接ボールを受けたときには該当しない．罰則としては違反の起きた位置からの間接フリーキックが相手側に与えられる．

- フリーキック：直接フリーキックと間接フリーキックがある．直接フリーキックになるのはキッキングなど，主に相手に対するチャージや意図的ハンドである．間接フリーキックはペナルティーエリア内のキーパーに関わる反則（6秒ルール，味方によるバックパス，など）やプレーヤーの反則（危険な行為など）が該当する．
- 線審のシグナル：オフサイドの反則が起きたとき，旗を真上に揚げ，主審が認めて笛を吹いた後にフィールドのどの位置かを示す．ゴールキック，スローインはどちらが行うかを速やかに示す．旗をゴールキックではゴールエリアの方に，スローインでは攻撃方向に向けて斜めに掲げる．コーナーキックではコーナーアーク（角の部分）を指す．

(c) 体力と技術

サッカーにおける主要な動作は多岐にわたる．持続的な走行と瞬時のダッシュ，速く遠くまでボールを蹴り込むためのキック，正確なあるいは敵の意表をつくパス，複数の守備陣を切り裂くドリブル，いずれもサッカーの醍醐味といえる個人技の見せ所が多数ある．

キックに関してだけでも基本的なものとして，

① インステップキック：ボールを遠くへ正確に蹴るための基本．蹴り足の親指を下に向け足首を固めて足の甲の真ん中を当て，膝から下の振りを速く蹴る，

② インサイドキック：あらゆるキックの中で最も正確な方向へ導くのに適する，

③ インフロントキック：蹴り足の親指の付け根のあたりにボールをあてる．浮いたボールを蹴り遠くに飛ばすのに適する，
④ アウトサイドキック：ボールに回転をかけ外側（右足から右方向，左足から左方向）へと多彩なスルーパスに適する，

などがあるが，いずれも軸足の接地位置，方向とタイミングが重要であり，くり返し練習することが重要である．

次にこれらキックの基本を元に，パス（短い・長い，速いグラウンダー・逆サイドへの浮かせ球），シュート（キーパーなし・あり，静置位置から・パスを受けて），コーナーキック（ニアサイド，ファーサイド），などをくり返し練習する．

相手を抜き去る巧みなドリブル，フェイントなどには高いボールコントロール技術とイマジネーションが重要であるが，基本の型がいくつか存在するので，まずは基本型をゆっくりと踏襲反復し，実戦で活用することを試みる．

個人技とともにチームプレーが重要なことは言うまでもない．局所における展開と突破は，関わる個人技の線形和ではなく，予測性を裏切る「創出（emergence）」過程である．しかしそれも広い視野と的確な判断力に基づいた基本的なパス練習や連携の集成から可能になるといえる．3対1，4対2，5対3，などとパターンを反復させつつ基本から複雑なものへと連携プレー練習を進めてゆく．

大学授業でのサッカーは，熟練度，技術，体力に大きなばらつきのあるメンバーから構成されたチームで行わざるを得ない．熟練者は未熟練者に対し，常に温かく見守り小さな助言を与え，模範を示すことが期待される．ゲームの勝敗や自身の満足のゆくプレーにのみこだわるのではなく，学期間を通じてチームが成長することにも目標をおいてほしいものである．その意味でも初心者といえども，授業内の空き時間には常にリフティングやパス練習をする態度を身につけよう．また，何よりサッカーを好きになることが上達と有意義な授業のための近道である．そのためにはテレビや実際のスタジアムでのサッカー観戦を通じてより良い実践のイメージをもつことも有益であろう．

2.8 ハンドボール

(a) 種目の概要

ハンドボールは6名のコートプレーヤー（以下CP）と1名のゴールキーパー（以下GK）の計7名によって，2チーム間で行われる．攻撃側のプレーヤーは主に手を用いて，味方へのパス，あるいはドリブルで，防御側のプレーヤーをかわしながら，相手のGKが守るゴールにシュートを決め，点数が多いチームが勝ちとなる．走・跳・投の基本動作が含まれており，総合的な体力が養成される．屋内で実施されるオリンピック種目である．

(b) 歴 史

ハンドボールの成立は，20世紀初頭のほぼ同時期に，ドイツとデンマークで独自のボールゲームとして行われていたことに始まる．ドイツでは，フィールドで行う11人制の「トーアバル」が，デンマークでは7人制の室内種目として考案された．しばらくは7人制，11人制の両方が行われたが，1976年のモントリオール・オリンピックから7人制が正式種目として採用され数回のルール改正の後，今日に至っている．

日本では1922年に東京高等師範学校の大谷武一により，11人制ハンドボールが紹介された．ハンドボールは，体育的効果が大きいという理由から，学校の体操教授項目として積極的に取り入れられた．1952年，IHF（国際ハンドボール連盟）に正式に加盟した．

(c) ルール

ハンドボールはいかに多くのシュートを打ち，多くの得点を入れるかが大切である（[89]）．そのために，ゲーム中の判定も攻撃側に有利になることが多い（アドバンテージ・ルール：防御側に反則があっても攻撃側が不利になる場合は，笛を吹かずに続行させること）．しかし，そうであっても意図的に相手を傷つけることは絶対にしてはならない．

(1) 競技場

コート（図IV.2.19）は，2つのゴールエリア（図中の灰色表示）と1つのプレイングエリアで構成され，ゴールエリアラインによってそれらの境界が示される．ラインは競技

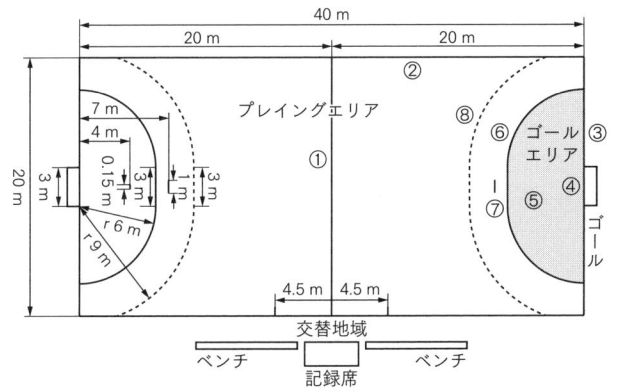

ライン名称
① センターライン
② サイドライン
③ アウターゴールライン
④ ゴールライン
⑤ ゴールキーパーライン
⑥ ゴールエリアライン
⑦ 7mライン
⑧ フリースローライン

図IV.2.19 ハンドボール・コート（競技場）（[88]を改変）

場に含まれる．

(2) ボールの扱いおよびゴールエリアの侵入

(i) CP
- ステップは3歩まで．片手の連続ドリブルは可能．ボール保有時間は3秒まで．
- 主に手を使用するが膝から上まで使用可．足または膝下の部位の使用不可．
- 基本的にプレイングエリアでのプレー（ゴールエリアは侵入不可，ただしゴールエリア上の空間は可）．ボールをもってゴールエリアに侵入する（ラインを含む），ゴールエリアに接しているボールに触れた場合は反則．

(ii) GK
- ゴールエリア内であれば3秒・3歩の制限を受けない．
- 全身でのボールの使用が可能．
- プレイングエリアでCPとしてのプレーも可能であるが，その際は，CPと同等の制限を受ける．

上記のボールの扱いおよびゴールエリア侵入の反則は，相手のフリースロー（後述）によりゲームを再開させる．

(3) 相手に対するプレー

CPは，開いた片手であれば，相手のボールに対してのプレーやボールを保持していない相手の進路を胴体で妨害することは可．相手に対するプレーの反則は，程度によって相手チームにフリースロー（ホールディングやプッシング）または7mスロー（シュート時の違反，後述）が与えられる．また，相手に対する違反のうち，ボールではなく明らかにプレーヤーを対象としている場合は，段階的罰則を適用（警告・退場・失格・追放）．

(4) フリースロー

違反のあった地点からレフェリーの笛の合図なしで行う．フリースローが行われるときは，相手側プレーヤーはフリースロー地点から3m以内に入ることはできない．

(5) 7mスロー（ペナルティスロー）

明らかな得点のチャンスが妨害された場合や防御側CPがゴールエリアに入って防御した場合に適用される．レフェリーの笛の合図後3秒以内に7mラインから行う．

(6) ゲームの進め方

ゲームの開始および得点後のゲーム再開は，スローオフを行う．スローオフを行うチームの1名がボールをもち，センターラインから行う．ゲーム開始後，攻撃側CPは協力してシュートを打ち，ボールの外周が完全にゴールラインを通過した場合は得点となる（1点）．シュートがGKに阻止された場合は，ゴールエリア内からのゴールキーパースローとなる．ボールがサイドラインを完全に通過して外に出た場合は，最後にボールに触れたプレーヤーの相手のスローインとなる．後半はサイドを交換し，前半にスローオフを行わなかったチームが開始する．

図 IV.2.20 ジャンプシュート

(d) 主要技術

(1) パスとキャッチ

パスは味方がキャッチしやすいタイミング、スピード、コントロール（顔から胸の高さ）で出すことが基本である。ボールは指を大きく開いて、親指と小指でボールを支えるようにして握る。長い距離や速いパスを行う場合は、肩の位置から腕のスイングを利用するショルダーパスを用いる。近距離のパスには、手首のスナップを使って、左右や前後にパスを出すラテラルパスを多く用いる。このパスは身体の向きとパスの方向が一致しないので、防御側 CP を長く引きつけることが可能である。

キャッチは両手を使い、指をボールに向かって突き出さないように、手掌をボールに向ける（突き指防止のため）。腕は軽く伸ばした状態から、向かってくるボールに合わせて腕を軽く引きながら、指でボールを包み込むようにキャッチし、ボールの衝撃を吸収する。

(2) シュート

ジャンプシュート（図 IV.2.20）は、ゲーム中に最も多用される、ハンドボール独特のシュートである。ディフェンスの上から、あるいはゴールエリア内に跳び込みながら打っていく。右利きであれば、左足踏切でジャンプし、踏切足で着地するのがやりやすい（左利きは右足踏切）。最初のうちは、ジャンプしても空中での姿勢が安定せず、シュートにも力がのっていかない。ジャンプしたら、一呼吸おいて踏切足の逆足を斜め後方に蹴るようにして打つと、空中での姿勢が安定してシュートが容易になる。3歩を気にせず、足が合った時点で打つとよい。慣れてきたら、踏切足やジャンプの高さ・方向・距離を変えることで、防御側 CP をかわしながらシュートを打つことができるようになる。

(3) パラレル・カットインプレー（攻撃側2名、防御側1名、2対1）

最も基本的な集団の遅攻技術で、味方の動きに合わせて少し遅れながら平行にカットインを行う。ハンドボールは CP 6名が全員で攻撃しても、最終的に2対1をつくって、得点に結びつけていく。2対1を習得することで、複雑な攻撃パターンへの応用が可能になる。

2.9　ソフトボール

(a)　概　要

　ソフトボールは，オリンピックで行われるようなピッチャーが速球や変化球を投げて打たれまいとするファーストピッチソフトボールと，山なりの遅いボールを投げてわざと打たせるスローピッチソフトボールとに大別される．ソフトボールの技術の要素としては，投げる，捕る，打つ，走る，が中心となる．ソフトボールの塁間は 60 フィート（18.29 m）で，これは野球の 3 分の 2 の距離であり，女性や一般人でも参加しやすい．

(b)　歴史とルール

　ソフトボールは，野球の屋内競技バージョンとして始まり，オリンピックでは女子のみの競技である．また，歴史はまだ新しく，1996 年の第 26 回アトランタ大会からである．日本にソフトボールが伝えられたのは 1921 年のことで，この年にアメリカ留学から帰国した東京高等師範学校教授の大谷武一が学校体操科の遊技として紹介したのが始まりとされている．

　用具やルールを野球と比較した場合，ソフトボールでは，グランドサイズ，使用球，投球方法，走者の離塁などで違いはあるものの，基本的にはよく似ている．一般大学の授業やレクリエーションとしてソフトボールを行うのであれば，スローピッチソフトボールが適している．以下に，スローピッチソフトボールの主なルールを紹介する．

- 投球は下手投げとし，地面から 1.5-3.0 m の空間を通過するように山なりで投げなければならない．
- 3 ストライクでバッターアウト，4 ボールで一塁へ出塁できる．投球が打者に当たった場合は死球ではなく，ワンボールが追加される．
- 2 ストライク後のファウルは三振扱いでアウトとなる．
- バント，盗塁，スライディング，ホームでのクロスプレーは禁止．これらを行うとアウト．
- ワイルドピッチ，パスボールでも走者は進塁できない．
- 1 チームは 10 人の野手で守る．10 人目の野手はショートフィルダー（SF）と呼ばれ，フェアゾーンであればどこを守ってもかまわない．
- 二塁，三塁も，一塁と同様に駆け抜けてもオーバーランにはならない．
- 走者は，投球されたボールがホームプレートに達するか，打者がボールを打つまで離塁できない．これを行うとアウト．
- フライを打った時にタッチアップは認められる．

　スローピッチソフトボールは，山なりの遅いボールを投げて，まずは打者に打ってもらってから始まるもので，参加者の誰にでも打つ楽しみが味わえるのが最大の魅力である．ルール面でも，バントや盗塁，ワイルドピッチなどによる出塁や進塁を禁止しているため

技術的にもやさしい．また，スローピッチソフトボールでは，打球が頻繁にフェアグランドに飛ぶため参加者がボールに触れる機会も多く，運動量も少なすぎることはない．

(c) 基本技術（投げる・捕る）

スローピッチソフトボールで必要となる技術としては，打つ，捕る，投げる，が中心となる．スローピッチソフトボールをより面白いものにするためには，野手の投球技術と捕球技術の向上が必要となる．以下に，安全かつ効率的な投球技術と捕球技術について簡単に説明する．

(1) 上手にボールを投げる

安全かつ効率的にボールを投げるためには，肩甲骨面上（図Ⅳ.2.21）に上肢を伸展させてボールをリリースすることが重要である．つまり，ダーツや砲丸投げと同じように，肩甲骨→上腕→前腕の正しい配列（正しいアライメント）で投げるのである．肩甲骨面は前額面（身体を前後に二分する面）に対して30-45°程度前方に傾いているため，投球方向に対して体幹を大きく回旋させないと正しいアライメントで投げることができない．ステップした前足を軸にして，その軸の上で体幹を大きく素早く回旋させ，肩甲骨面上に上肢を伸展させるのである．

このような投動作を身につけるための練習法の1つに真下投げ（図Ⅳ.2.22）がある．真下投げとは，ボールが真上に弾むように真下（リリースポイントの真下）の地面ポイントに向かってボールを叩きつける投動作であり，昔の外遊びである「メンコ」や「くぎさ

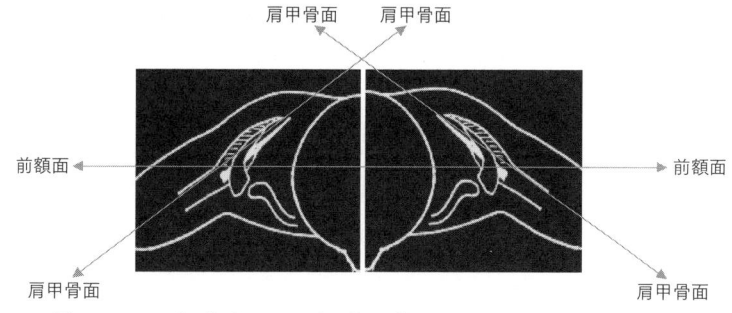

図Ⅳ.2.21 肩甲骨面上への上肢の伸展（構造や機能にあった上肢の使い方）

図Ⅳ.2.22 真下投げ

し」などからヒントを得た投動作である．重力方向へ向かってボールを叩きつけるこの真下投げでは，体幹を大きく素早く回旋させることができるため，肩甲骨面上に上肢を伸展させることができるようになる．そのため，肩甲骨，上腕，前腕は正しく配列され，解剖学的に肩・肘関節への負担も小さい．

(2) 上手にボールを捕る

　安全かつ効率的にボールを捕るためには，上手にボールを投げる時と同じように，肩甲骨面上（図IV.2.21）に上肢を伸展させてグラブをかまえるとよい．つまり，グラブ側の速い打球に対しては肩甲骨面上でフォアハンドにかまえ，利き手側の速い打球に対しては肩甲骨面上でバックハンドにかまえるのである（図IV.2.23）．打球を判断して，左右どちらかに身体を素早く回旋させ，肩甲骨面上に上肢を伸展させてグラブをかまえることで，肩甲骨→上腕→前腕の正しい配列（正しいアライメント）でボールを捕ることができるし，続くスローイングにもスムーズに移行できる．

　また，この捕り方は心臓震盪（致死的不整脈である心室細動）の予防の観点からも重要である．日本の野球界では，どのような打球に対しても「正面で」「両手で」「腰を落として」というのが捕り方の三原則とされており，バウンドが合わない場合には「胸でボールを止めろ」と幼少期から徹底的に指導を受ける．しかし，胸への衝撃は心臓震盪を誘発する可能性があるため非常に危険であり，早急に禁止にすべき捕り方である．ゆえに，正面の打球でも，左右どちらかに身体を素早く回旋させ，半身になってフォアハンドかバックハンドにかまえてボールを捕るべきである．

　以上をまとめると，「肩甲骨面上で捕って，肩甲骨面上で投げる」ことが安全かつ効率的な捕球・投球技術といえる．これらの技術を実現するためには，滑らかなフットワークと素早い体幹の動きが必要である．そこで，2人1組になって，1人は真下投げでボールを地面に叩きつけ，もう1人は落ちてきたボールをフォアハンドかバックハンドで捕るというキャッチボールを練習させる．さらに，イレギュラーバウンドの影響が最も小さいショートバウンドでボールを捕るように練習させ，技術の向上を図る．これらの基本技術が身についてくると，スローピッチソフトボールはより面白いものになってくる．

図IV.2.23　フォアハンドとバックハンドでの捕球姿勢

2.10 スキー・スノーボード

(a) 概　要

(1) ノルディックスキー

　北欧起源のスキーである．スキー板（以下，板）とスキーブーツ（以下，ブーツ）はつま先側でのみ固定され，踵が持ち上がるようになっている．競技としては，クロスカントリー（距離）とジャンプ（跳躍），両者を組み合わせたコンバインド（複合）がある．クロスカントリーは「歩く（走る）スキー」，ジャンプは「跳ぶスキー」と端的に表現することができる．

(2) アルペンスキー

　ヨーロッパアルプス地方で発展した「滑るスキー」である．速度をコントロールしながら斜面を滑り降りることが目的であるため，ターン（方向転換）の技術が発達した点に特徴がある．また，ノルディックスキーと異なり，板とブーツはつま先側だけでなく踵側でも固定される．競技としては，回転弧の大きさや滑降距離などが異なるスラローム（回転），ジャイアントスラローム（大回転），スーパージャイアントスラローム（スーパー大回転），ダウンヒル（滑降）の4種目と，コンバインド（回転と滑降の複合）がある．

(3) フリースタイルスキー

　広義にはアルペンスキーの一種だが，1960年代のアメリカで行われていたプロスキーヤーのデモンストレーションにその由来をもつ「見せる（魅せる）スキー」である．したがって，競技には審査員の採点要素が含まれる（後述するスキークロスを除く）．オリンピックの正式種目としては，モーグル（コブの深い斜面を滑り，ターンや空中技の完成度を競う）とエアリアル（キッカーと呼ばれる人工のジャンプ台を利用して空中に跳び出し，着地までに繰り出される技を競う）がある．これらに加え，2010年バンクーバー大会よりスキークロス（複数の選手が同時にスタートし，うねりやジャンプ台のある斜面を滑りながら，ゴールの着順を競う）が正式種目となることが決まっている．

(4) スノーボード

　特徴は，一枚の板の長軸方向に沿って両足を配置する（横向きに乗る）ことである．斜面を滑降するという点では，スキーと本質的に違いはない．1960年代のアメリカで発祥したとされ，1980年代半ばに名称が統一されるまでは，「スノーサーフィン」「スキーボード」などとも呼ばれていた．競技としては，国際スキー連盟（FIS）や全日本スキー連盟（SAJ）が統括団体であり，スキー競技に含まれている．オリンピックでは，1998年長野大会よりパラレル大回転（2つ並列された大回転コースを選手が同時に滑ってタイムを競う）とハーフパイプ（U字型に削られた斜面を滑り，振り子のように往復しながら，両側の壁で繰り出されるジャンプや技の完成度を競う）が正式種目に，2006年トリノ大会よりスノーボードクロス（スキークロスのスノーボード版）が正式種目となった．

図 IV.2.24 スキーの壁画（紀元前 2000 年頃）（[140]）

図 IV.2.25 アルペンスキーの父ツタルスキー（[140]）

(b) 歴　史

　ノルディックスキーは積雪の多い北欧地域において冬期の移動のための道具として発明されたもので，それは現在のクロスカントリースキーに相当している．スカンジナビア地方では紀元前3200年頃の木製の板や紀元前2000年頃の板を履いた人の壁画（図IV.2.24）などが発見されている．一方，アルペンスキーの発展はノルディックスキーよりもはるかに遅れ，19世紀末にオーストリア人のツタルスキー（図IV.2.25）によってなされた．彼は急斜面を安全に滑降するための「シュテム」という技術を発明し，アルペンスキーの父と呼ばれている．

　日本でのスキーの始まりは，1911（明治44）年にオーストリア軍人レルヒ少佐が日本陸軍高田連隊にツタルスキー式のスキー術を教授した時とされている．現在のような近代スキーは1930（昭和5）年に同じくオーストリア人のシュナイダーが来日，長野県菅平高原でスキー指導を行ったことにより普及した．

(c) 技　術

　ここではスキーにおける主要技術となる斜面での滑降とターンについて解説する．具体的なテクニックなどについては，他の技術書を参照されたい．

　(1) 理論的側面

　斜面を滑降する時，スキーヤーに推進力を与えるのは地球の重力である．推進力が作用する方向はその斜面における最大傾斜線（フォールライン）と一致する．スキーヤーの滑降に対する抵抗力としては，摩擦力と空気抵抗がある．板が滑るのは，板底面と雪面との

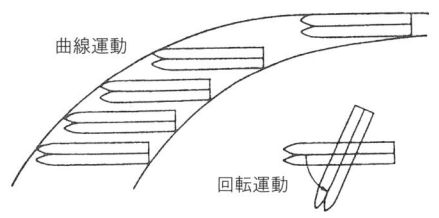

図 IV.2.26 スキーの曲線運動と回転運動（[62]）

わずかな摩擦によって融けた雪が水滴となり，「ころ」のように働くためと考えられている（摩擦融解説）．空気抵抗の大きさは滑降の速度や姿勢などにより著しく変化する．

大抵の斜面では，摩擦力や空気抵抗に比べて重力による推進力の方が大きくなるので，スキーヤーはフォールライン方向にまっすぐ進んでいく（直滑降）．ここで，曲線（公転）運動（図 IV.2.26）をするには，向心力が必要である．向心力は雪面抵抗力（板が雪面から受ける力の総力であり，板の性能や雪面の状態に影響される）の回転中心向き水平成分である．また，雪面抵抗力は板の前側で大きく，後側で小さくなるので曲線運動と同時に回転（自転）運動が生じ，結果として滑らかなターンが完成する（[127]）．

(2) 身体の動かし方・使い方

雪面抵抗力をコントロールし，自らをターンに導くための要素は，荷重・回旋・角付けである．荷重（抜重も含む）とは，主に身体重心の上下方向の移動により，板に加わる力を変化させることである．回旋とは，主に股関節の内・外旋により，板を進行方向に対して捻る（迎え角をつくる）ことである．角付けとは，股関節や足関節を使い，板を雪面に対して傾ける（エッジを立てる）ことである．熟練者が回転弧を自由自在に操ることができるのは，これら3つの要素を上手に組み合わせているからに他ならない．

(d) 実施上の注意

安全にスキー・スノーボードを楽しむためには，どのような傷害が発生しやすいのか知っておくことが重要である．ここでは，全国スキー安全対策協議会（[158]）のスキー場傷害報告書より，スキー場における傷害の実態について紹介する．

(1) 受傷率

受傷率は，受傷者数/リフトなどによる延べ輸送人員，として計算され，07/08 シーズンのデータによれば 0.0103% である．スキー場利用者が1日平均10回リフトを使用すると仮定すると，1,000人のうち1人は受傷していることになる．また，受傷率はスキーヤーよりスノーボーダーの方が1.7倍ほど高い．

(2) 原　因

滑降中にバランスを崩し，自分で転倒したことによる受傷が大多数である．最近はジャンプ・トリックといったフリースタイル系技術の失敗による転倒・受傷も増えている．

(3) 部　位

スキーヤーは膝の傷害が最も多いが，板の短いファンスキーでは下腿や足首の傷害も目立つ．一方，スノーボーダーは手首，肩，頭など上半身の傷害が多い．

2.11 ゴルフ

(a) 概要と特徴

ゴルフは，広大な自然の中でボールを打ち，楽しむことができるスポーツである．ティグランドからショットして，芝を短く刈ったフェアウェイ（横の深い芝をラフという）を通り，絨毯のようなグリーン上のカップにボールを入れるまでの打数を争う．コースは，ホールごとに基準打数のパー（3, 4, 5）が設定され（例えばパー4は2オン2パット），それらを組み合わせて18ホール（パー72）にし，それを1ラウンドとしている．基準打数のパーより1打少ないことをバーディ，2打少ないことをイーグル，逆にパーより1打多いことをボギー，2打多いことをダブルボギーという．他のスポーツと異なり，ルールに対しては審判員がなく，自らのフェアプレーの精神に基づいてプレーする．ゴルフは，ボールを追っているので苦もなく6～7km歩くことになり，また運動強度はそれほど高くないので老若男女が一緒になって楽しめる健康的なスポーツといえる．技術や経験に違いがあってもハンディキャップ・システムによって公平に競うことができる．

(b) 歴史

ゴルフは，スコットランドの羊飼いが，棒切れで小石を打って地面の穴に入れて遊んだのが始まりといわれている．1457年に政府からゴルフ禁止令が出されたほど15世紀にはスコットランドで盛んであった．ゴルフはスコットランド東部からイングランドに広がり，18世紀前半には最初のゴルフ倶楽部が結成された．米国でも1888年に最初のゴルフ倶楽部が結成され，翌年には米国ゴルフ協会が創設された．

我が国では，1903年にA. H. グルーム（イギリス）が神戸の六甲山に「神戸ゴルフ倶楽部」をつくったのが最初である．ゴルフが日本で盛んになったのは，1957年に霞ヶ関カンツリー倶楽部で行われたカナダカップ（現ワールドカップ）で，日本が米・英・豪・南アなどの強豪を抑え，団体・個人戦ともに優勝してからである．

(c) 技術

(1) 打撃のメカニズム

アイアンのフェースとボールの接触は図IV.2.27のようになり，ロフト角とアイアンの

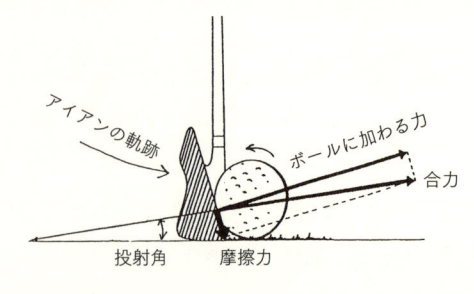

図IV. 2.27　インパクトのメカニズム（[40]）

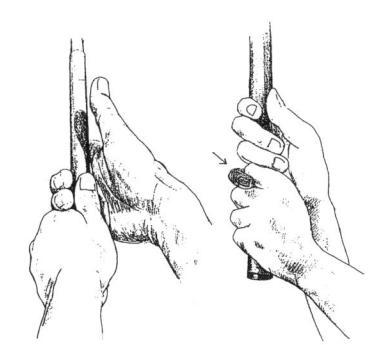

図IV.2.28 グリップのしかた（[90]）

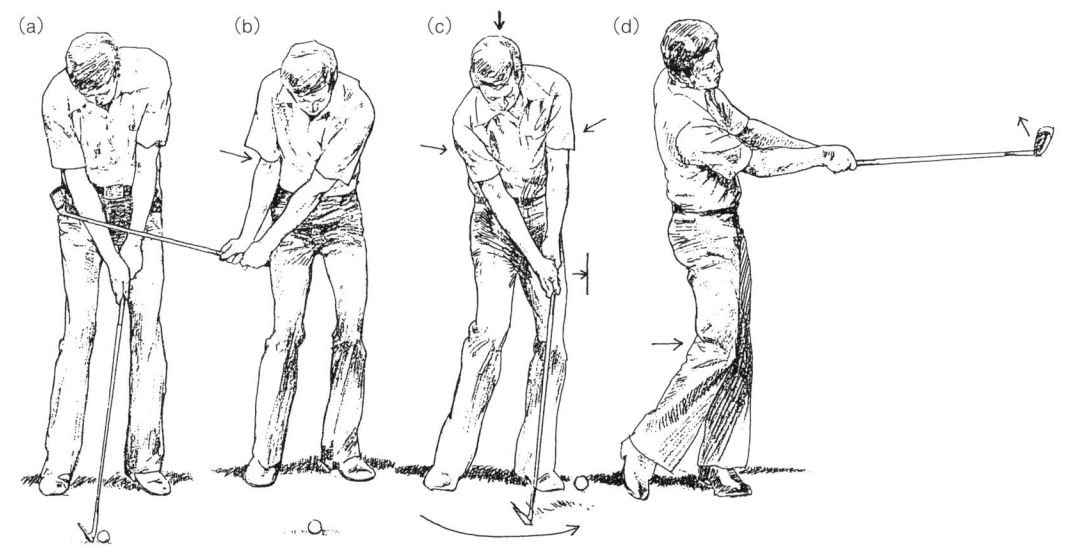

図IV.2.29 アプローチショットの動作（[90]）

上からの軌道により，ボールは逆回転しながら投射される．この逆回転はボールの表面の凹み（ディンプル）によってより大きい揚力（マグヌス効果）を得て，投射角よりも高い弾道となる．ボールに時計回りの回転がかかると右にスライスし，逆回転がかかると左にフックする．

(2) グリップ

左手の人差し指と右手の小指を重ねるグリップが一般的である．左手と右手をなるべく近づけてひとつにすると，スナップが効きやすい（図IV.2.28）．

(3) アプローチショット

アドレス（図IV.2.29 (a)）では，足は肩幅程度に開き，上肢は肩と両腕でできる三角形を保つようにする．若干ハンドファーストにかまえ，クラブフェースは飛行線上に向くようにする．バックスウィング（b）では，肩を回すようにしてクラブを上げていく．このとき右肘を体幹から離さないようにする．ダウンスウィング（c）では，両脇の下をしめ，アドレスの状態に戻すようにする．インパクトの瞬間はグリップの移動を腰の壁をつくって止めるようにするとヘッドが芝の上を走る．インパクト後もヘッドアップしないことが肝要．アプローチの距離は，スウィングの大きさ（(b) と (d) のシャフトの振り

図 IV. 2. 30　フルショットのトップとフォロースルー（[90]）

幅）で調節する．ボールを上げる高さは，クラブのロフト角にまかせる．

　(4)　フルスウィング

　基本的にアプローチショットを大きくしたものと考える．アプローチの局面2をそのままバックスウィングさせて，図 IV. 2. 30 の (a) までクラブを引き上げる（トップオブスウィング）．この局面では，左肩が真正面まで回っていること，左肘が伸びていること，頭が右に移動していないこと，などに注意する．身体が柔らかい学生は，左踵をなるべく上げない方がよい．その後，切り返してダウンスローに入り，迎えるインパクトはアプローチと同じようにし，そのままフォロースウィングを続けると，図 IV. 2. 30 の (b) の姿勢になる．この局面では体重を左脚に移動させること，ヘッドアップしないことなどが注意点である．

　(d)　19番ホール

　ラウンド後に「19番ホール」と称してバー（パブ，居酒屋）に集まり，ビール片手に，勝者の歓喜を盛り上げ敗者の無念を慰めるのがリンクスの慣例である．「ハンディキャップ」というルールが誕生したのも，この19番ホールからだったという説がある．ラウンド後に男達が居酒屋へ集まり，酔っぱらう前に，それぞれ自分の酒量に見合った飲み代を帽子の中に入れる（最後の精算時には当然足りなくなるが，不足分を払うのは名誉あるその日の勝者である）．この手を帽子に入れて自己申告すること（hands in a cap）をゴルフに置き換え，「自分の力量を自己申告して」勝敗を楽しむという方法を，18世紀当時のセント・アンドリュースの町長がハンディキャップとしてゴルフに採用したのだという（[6] を要約）．

2.12　太極拳（東洋的フィットネス）

　東洋の伝統的身体技法（太極拳，気功法，ヨガなど）は，その起源を古い文明における哲学まで遡ることができ，心とからだの調和を保つとされている．それらは，からだの姿勢の調整［調身］と，動いている時の気持ちや気分の調整［調心］と，呼吸の調整［調息］の三つの調整を同時に行うのが特徴である．また，身体内部に意識［エネルギー］のセンター（太極拳・気功法では 3 ヶ所（**図 IV. 2. 31**），ヨガでは 7 ヶ所）を想定し，身体内部でエネルギーのバランスをとりながら同時に身体外部との調和を図る（主要なこととしては，地球上に存在するものに共通の負荷である［鉛直方向］の重力（1 G）と自重のバランスをとる），という工夫が修行者によってなされ伝承されて今日まで受け継がれている．

　近年，欧米や日本においても心身両面の効果から一般に親しまれ愛好者も増えている．それらはその場でポーズをとったりゆっくり動くため，空間の位置移動はあまり行わない．

　ここでは，中でも空間移動を伴いつつ全身を有機的総合的に調和させて動かす太極拳について紹介する．太極拳は，攻防を同時に内包した護身術である．

(a)　太極拳の歴史

　太極拳という名称が最初に書かれた著述は，民間武術家であった王宗岳の『太極拳論』である．王宗岳は明代後半から清代頃「『周子全書』（宋代の道学家周敦頤の著作）によって易経の太極陰陽の哲理を解明し，これに基づいて拳法の道理を釈明して書いた」，とされている．

(1)「太極」と「太極拳」

　「太極」という言葉は，周代の哲学書『周易』の「繋辞上伝」にある一説，「易有太極　易生両儀」に由来し，続いて「両儀生四象　四象生八卦　八卦定吉凶　吉凶生大業」と記述され，天地万物の生成論を示すものであった．宋代には易学で太極図（宇宙生成を描いた図像）が用いられるようになった．太極拳のシンボルマーク（**図 IV. 2. 32**）はこれに由来する．

　「太極拳」は，太極の理論に基づき体系化された武術である．人体を一つの宇宙と考え，「丹田」を太極とし，両腰を両儀，両手両足を四象，それに両肘両膝を加えて八卦に当てている．人体の動きの中心は丹田にあり，腰・両手両足・八関節の運動の関わり方を検証していく作業が，太極拳の習得過程での一つの柱になる．

　もう一つの柱は「陰陽」である．『太極拳論』に，「太極者　無極而生　陰陽之母也」（太極は無極より生じ，陰陽の母なり）という記述がある．宇宙にたとえると，「無極」という混沌とした球体であった宇宙が，変化や動きにより天地に分かれて太極を形成し，陰陽の気を生じさせたという考えを述べている．

　太極拳はこの陰陽の気のバランス運動より成り立っていて，「気」は陰陽のバランスをとりながら，丹田より発し全身へと駆け巡ると解釈されている．出発点があり本流・支流

があるという見方からすると，骨髄でつくられた血液が心臓の動きで全身へ巡りまた心臓に戻ってくる循環システムに似ているが，「気」の通り道（経脈・絡脈）は解剖学的には証明されないという点と，循環サイクルが人体内部で完結するのでなく，天と地という外界（地球の重力場）とのサイクル形成を考慮するという点に特徴があるといえる．

(2) 太極拳の発展と動向

太極拳がいつ誰によって創始されたかについては諸説があるが，師から弟子へと授受のルーツが明らかに辿れる記録によると，「発祥地は中国河南省温県陳家溝で，明代末・清代初に陳王廷が，家伝拳法と導引術・医学理論などを結びつけ陳氏太極拳の原型を創出した」という記録にまで辿ることができる．

中国の哲理から始まり，造詣の深い民間武術家が理論をうちたて，その本質を守るために閉じた伝授法で保存されてきた側面や，人々が中国古来の健康法や拳法を背景として太極拳を取り入れ創意工夫・発展させてきた側面がある．清代後半までに「五大流派*」と呼ばれる太極拳流派を形成し，それぞれ発展してきている．

近代に入り中華人民共和国成立後の1956年，それまでの太極拳とは別に国民一般の体育・運動としての簡化太極拳（国家制定拳）が体育運動委員会により制定された．それは伝統のものに学びつつ，①動作の重複を避け左右対称動作を組み入れ，②武術的な動きを抑え，③動作説明が明確で，各流派独自の練習方法に比べ独習しやすく，新たに改編された．現在の国際的な太極拳競技会もこの国家制定拳が基本となっている．

現在，太極拳を学ぶ者はその目的が多様（健康体操として，競技として，武術として，また哲理の体現としてなど）となり，老若男女の広がりを見せ始めている．

ここでは，太極拳の哲理に則ってその基本を紹介する．

＊ 陳式太極拳，楊式太極拳，呉式太極拳，武式太極拳，孫式太極拳の五つの流派のこと．

(b) 太極拳の基本

(1) 太極拳は，自分のニュートラル（自然）な身体に気がつくことから始まる．

(2) 太極拳を行う上での主要な留意点［技法］

① 虚 領 頂 勁：頭，首を釣鐘が吊るされるように真っ直ぐにする
② 含 胸 抜 背：胸を張らないで，背を広く真っ直ぐにする
③ 鬆 　 　 腰：腰まわりを柔らかく使う
④ 分 　虚 　実：重心が右・左どちらに懸かっているかはっきりさせる
⑤ 沈 肩 墜 肘：肩や肘を挙げないで緩める
⑥ 用 意 不 用 力：力を入れず意識で動作を導く
⑦ 上 下 相 随：上肢と下肢をバランスよく動かす
⑧ 内 外 相 合：意識（精神）と身体の動きを合わせる
⑨ 相 連 不 断：一連の動作を間断なくつなぐ
⑩ 動 中 求 静：静かに落ち着きをもって動く

（3）太極拳はいくつかの護身術の型（ひとまとまりの動作）を繋いで，ゆっくり緩やかに連綿と動く練習システムをもつ．太極拳は最初の姿勢「無極式」から始まる．動きの時々刻々の変化過程で，護身の働き（エネルギー，勁力という）を生み出す意識が大切である．

そのポイントを以下にまとめた．

① 無極式

① 自然に真っ直ぐリラックスして立つ．この時，両足は肩幅に開いて平行に置き，足・膝・股関節を程よく緩めることが大事である．この立ち方を「無極式」（図 IV.2.31）という．身体の中脈を重力の方向に合わせるとしっかり立つことができる．

② 主宰於腰

② 「丹田*」を意識する．

③ 上下相随

③ 動く時はいつも，身体重心「丹田」を出発点として，その上下を連動させていき，手足の末端まで流れが途切れないように行う．腰を中心に上肢と下肢が調和のとれた動きをとるように注視する（図 IV.2.33）

④ 左右相連

④ 身体の身体重心が左右どちらに懸かっているかで左右軸を意識し，それに合わせて上体は捻じりながら左右連動させる．体重移動は片方の軸からもう一方へと徐々に行う．この左右軸と中心軸を加えた三軸を意識して，体重移動を徐々に行う．

⑤ 完整一氣

⑤ 身体の処し方と技としての動きの流れのまとまりが一気呵成であるよう心がける．

* 丹田は，動くときの意識の中心であり，調整された立位身体重心にほぼ等しく，臍下約三寸の身体内部中央部に位置する．

（4）自然立ちでニュートラルな身体に出会い，動くとき「上下相随」「左右相連」「完整一氣」を心がけると，「勁」が身体の中に連動して貫通し，身体が温かくなるなど「快」の方へ変化循環していくという内観を得ることは，太極拳がもたらす健康への寄与である．

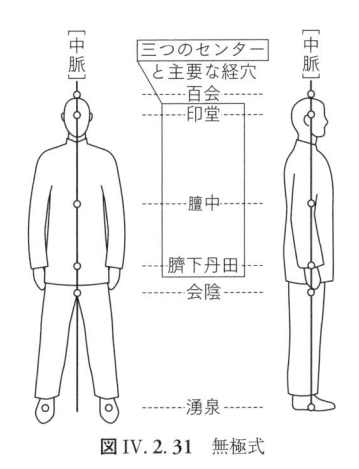

図 IV.2.31 無極式

図 IV.2.32 太極拳のシンボルマーク

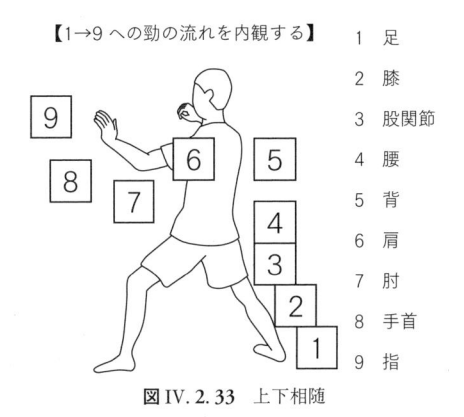

図 IV.2.33 上下相随

IV 3　フィットネスコース

「フィットネス (fitness)」は，本来，「適合」「適合性」「適応度」「良好」を意味する言葉であるが，身体運動科学や健康科学の領域では，「体力」を意味する「フィジカルフィットネス (physical fitness)」の略語として用いられている．また，体力の向上をねらいとする身体活動の営みそのものを指して「フィットネス」とも呼ぶ．フィットネスコースでは，体力の向上に有効なトレーニング法の理論と実際について学ぶ．

3.1　トレーニングのねらいと方向

身体運動やトレーニングのねらい，あるいは動機として，
① 健康・体力を維持増進させる，あるいは，病気や障害からの回復を図る（健康スポーツ）
② 競技として記録の向上をめざし，勝利を追求する（競技スポーツ）
③ 教養として仲間とともに楽しく過ごし，気分の転換を図るとともに自らの身体を創造する（教養スポーツ）

などが挙げられる．しかし，それぞれの目的の間には相互に密接な関係がある．例えば，オリンピック選手が，勝利を求めて自分の記録の向上を願い，激しいトレーニングを実施している場合でも，健康や体力を良い状態に保ち，仲間と楽しく過ごすリクリエーション的な要素も十分考えておかなければ，トレーニングを長期間持続することも難しく，結果的に良い成績も上げられないであろう．一方，健康マラソンなど自己の健康・体力づくり

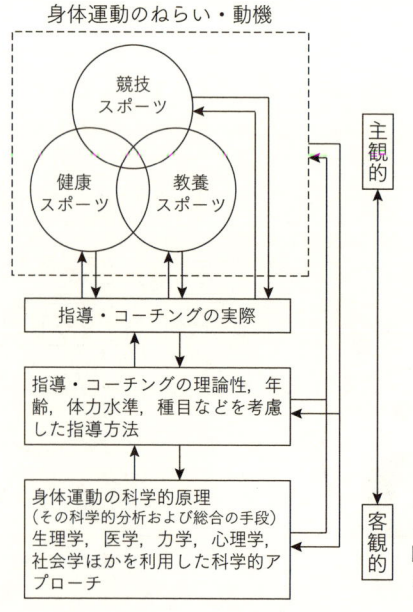

図 IV. 3.1　身体運動・スポーツに関わるトレーニングの科学（[137]）

を目的にトレーニングやスポーツを行っている人たちにしても，競技的あるいは，レクリエーション的な要素を取り入れることで，長期間にわたり楽しく効果的にトレーニングを実施することができる．また，教養スポーツの領域にしても，楽しさを増すためには競技的要素が不可欠であると同時に，日常生活レベル以上に身体を動かすに足りる体力が必要になる．したがって，上記3つのスポーツ領域は，それぞれの特有の部分と他の二者と相互に関係する部分をもつことになり（図IV.3.1），3領域に共通の課題として，「体力をいかにして維持・増進するか」ということが含まれる．

3.2　身体の適応性とオーバーロードの原理

いちがいにトレーニングといっても，その中に含まれる内容は体力要素別のものから運動技能の向上が主体となるものまで多岐にわたる．また，トレーニングとして採用される運動の種類や内容によって，効果の現れる体力要素に違いが生じ，得られる効果の大きさも異なる．一方，実施しようとするトレーニングプログラムが，実施者の身体能力に見合ったものでなければ，効果が得られないばかりでなく，けがや健康障害が引き起こされる危険性もある．より効果的な運動プログラムの展開を可能にするためには，身体の適応性とトレーニングの原理・原則についての理解が必要である．

(a) 身体の適応性

運動中，身体の諸器官・組織に要求される活動水準は安静時のそれに比べ高い．また，運動の強さあるいはペースが高くなれば，それに見合う活動水準の上昇が必要となる．その際，運動の発現に寄与する器官や組織は，活動水準が高い分ある種のストレスを受ける．この運動によってもたらされるストレスは，運動ストレスあるいは運動刺激と呼ばれる．

一方，身体の諸器官・組織は，運動が開始されると同時に，運動刺激に適応するよう働き，運動遂行に必要な活動水準を示す．例えばランニング中の呼吸数および心拍数は安静時より高い．それはランニングが安静時に比べエネルギーを供給するうえでより多くの酸素を必要としているためであり，その必要量を満たすために呼吸・循環に関わる器官および組織はより多くの酸素を体内に取り込み，動作の遂行に関与する筋群へと送りこむよう機能する．また，重い物をもち上げようとして大きな力を出そうとすれば，神経から強い刺激が筋に送られる．その結果，多くの筋線維が収縮に関与することで大きな力の発揮が可能になる．

このような身体運動の実施に伴う器官・組織の活動水準の上昇は，あくまでも一時的な適応現象にすぎない．運動刺激の解除，すなわち運動の中止によって安静時の状態に戻る．しかし，そのような一時的な適応現象を規則的にくり返すと，期間が経つにつれ運動に関与する器官・組織は運動刺激に対しよりスムーズに適応できるようになり，その形状もより高い適応現象を発揮しやすいものとなる．適応現象の規則的な発現の過程がトレーニングであり，それによって生じた器官・組織の機能的および形態的変化がトレーニング効果

に相当する．

(b) オーバーロードの原理

トレーニングによって目的に沿った効果を得ようとするのであれば，トレーニングプログラムの立案・実施に際し考慮されねばならない要件がいくつか存在する．その代表的なものが「オーバーロードの原理（overload principle：過負荷の原理）」である．ある特定の体力要素を高めようとしてトレーニングを実施した場合，それによって引き出される身体の活動水準は，少なくとも日常生活におけるものより高くなければならない．すなわち，トレーニングによって新しい適応を身体にもたらそうとするのであれば，一定水準以上の運動刺激を身体に与えることが必要である．その重要性を意味するものがオーバーロードの原理であり，プログラムの立案に際しては，実施する運動の「強さ（強度）」として具体化される．

しかし，トレーニングプログラムは，強度の条件のみで成り立つものではない．強度以外に運動の「時間」および「頻度」の条件を整えていくことが必要である．このなかで「時間」の条件は1回のトレーニングにおいて運動刺激を与え続ける時間の長さを意味する．すなわち，身体の諸器官・機能が運動刺激に適応し，ある活動水準を示すに至るまでにはそれなりの時間を要する．同時に，効果として新たな変化を獲得するためには，運動刺激に対して適応した状態をある程度の時間にわたり維持することが必要である．プログラム上，それらの要件を具体化するものが時間の条件であり，通常，運動強度との関連で決定される．また，運動の強度と時間の組み合わせによって，トレーニング中に身体に与えられる運動刺激の質・量が異なったものとなり，トレーニング中に主に活動する器官・組織に違いが生まれる．そのような運動刺激の質的・量的な差異は，効果の現れる体力要素の内容や効果の大きさを左右する．

一方，トレーニングは，身体を「疲労」させる行為でもある．時間経過に伴い疲労が増していけば，トレーニングとしての強度の条件を満たすことができなくなるばかりではなく，長期にわたる疲労の蓄積はオーバートレーニングの状態につながる危険性もある．回復の機会を適宜設けることは，それらを防止するための必須の条件であり，同時にトレーニングを習慣化するうえで不可欠な要因でもある．プログラム上，それを具体化するものが「頻度」の条件であり，1週間当たりのトレーニング日数がそれに該当する．強度をはじめ，時間および頻度の各条件は，運動の種類に関係なくすべてのトレーニング方法に当てはまることであり，実施の目的および実施者の体力レベル，障害の有無，あるいは運動歴などを参考に決定される．

3.3 トレーニングの実際

(a) 筋力のトレーニング

筋力トレーニング（レジスタンストレーニング）の方法は，筋の収縮様式（III.2.1参

照）に基づき，①アイソメトリック（等尺性），②アイソトニック（等張力性），③アイソキネティック（等速性），④オグソトニック（増張力性）などに分類される．最も一般的なものは，アイソトニックトレーニング（等張力性トレーニング）である．バーベルを用いたトレーニングや，ウエイトスタック式のマシーンを用いたトレーニングに代表される．多くの場合，厳密な等張力性条件にはならないが，一定の荷重負荷を用いることから便宜的にこのように呼ばれる．アイソメトリックトレーニングでは，固定された対象物に対して等尺性筋力を発揮する．アイソキネティックトレーニングでは，一定速度で動く対象物（例えばモーターで動くレバー）に対して筋力を発揮する．エキスパンダーやラバーバンドを引くものは，オグソトニックトレーニングである．これらの他，伸張性動作から短縮性動作（III. 2.1参照）への「切り返し」を強調したトレーニングとして，プライオメトリックトレーニングがある．

アイソトニックトレーニングでは，負荷強度の基準として，最大挙上負荷（1 RM）を用いる．表IV. 3.1に，負荷強度（% 1 RM），最大反復回数（RM），主なトレーニング効果の間の関係を示す．90% 1 RM（3-4 RM）以上の強度で低反復回数のトレーニングにより，神経系の抑制の低減（III. 2.2参照）が強く起こり，70-85% 1 RM（6-15 RM）の強度で中程度の反復回数のトレーニングにより，筋肥大が強く起こる．一方，60% 1 RM以下の強度では，筋力増強や筋肥大はあまり起こらず，筋持久力が向上する．こうした効果の要因の1つは，速筋線維を十分に活動させるために大きな筋力発揮が必要なことである（III. 2.1参照）．一方，伸張性動作では，負荷の大きさにかかわらず速筋線維が動員されるので，大きな筋力増強効果を得るためには，負荷を下ろすときにも十分に筋力を発揮する必要がある．

トレーニング動作中に実際に発揮される筋力は，負荷の大きさと挙上動作の両者に依存する．50% 1 RM以下の軽い負荷を用いても，これを素早く加速すれば，加速度と質量の積に比例する，きわめて大きな筋力が一過的に発揮される（図IV. 3.2）．このような原理に基づくトレーニングには，バリスティックトレーニング，クイックリフト（パワートレーニング）などがある．プライオメトリックトレーニングにも同様の要素がある．したがって，負荷が小さくとも，動作を工夫することで筋力を高めることが可能である．

一方，筋肥大をねらう場合には筋力発揮時間の総和を大きくするとともにセット間の休息時間を短くする必要がある．その理由の1つは，筋内の乳酸などの代謝産物の蓄積が成

表IV. 3.1 アイソトニックトレーニングにおける強度，最大反復回数（RM），主な効果の関係

強度 (% 1 RM)	RM	主 な 効 果
100	1	
~90	3-4	筋力（神経系の抑制の低減）
~80	8-10	筋肥大
~70	13-15	
~60	>20	筋持久力*

* バリスティックに行えば筋力とパワー．

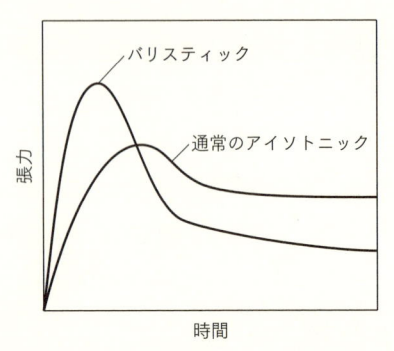

図 IV.3.2 軽い負荷を急加速した場合の筋力発揮（バリスティック）と，通常のアイソトニックトレーニング（中程度の負荷）での筋力発揮のパターン

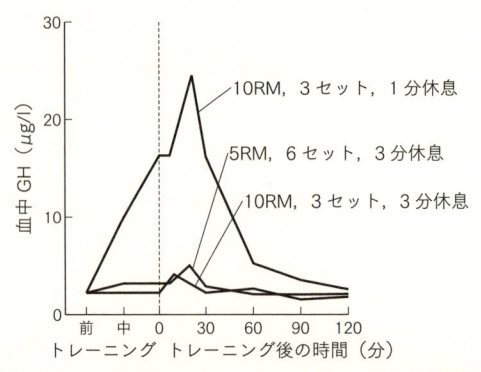

図 IV.3.3 大筋群のストラクチュラルエクササイズを強度とセット間休息時間を変えて行った場合の，血中成長ホルモン（GH）濃度の経時変化（[69] をもとに作図）

長ホルモンなどの分泌を刺激するためと考えられる（図 IV.3.3）．

(b) パワーのトレーニング

レジスタンストレーニングは，筋力の増大および筋の肥大の目的として，広く競技者が取り入れているが，実際の競技のパフォーマンスでは別の要素がパフォーマンスに大きく作用する．瞬間に爆発的な力を発揮できるかどうか，が競技においては重要となる場面が多い．同じ最大筋力をもつ競技者がいた場合，よりすばやく必要な力を出せる競技者が優れたパフォーマンスを発揮することがある．この場合，力だけでなく，発揮スピードも関係し，このような「（爆発的）パワー」は「力×スピード」で規定される（III.2.1 参照）．

一般的なレジスタンストレーニングでは「力」の向上を期待するが，「スピード」の側面を向上させることは少なく，「スピード」に特異的なトレーニングと筋力の向上が主体となるトレーニングと併用することが競技スポーツのパフォーマンス向上には重要である．

脊椎に長軸方向の負荷をかけるスクワットなどは構造的エクササイズと呼ばれるが，さらに直立またはほぼ直立の姿勢を体幹部が保持することが必要であり，非常にすばやい動作で実施されるエクササイズを特にパワーエクササイズと呼ぶ．これらにはクリーン，スナッチなどが含まれ，通常のレジスタンストレーニングと同時に行う場合には，最初にこのパワーエクササイズを行うべきである．さらに，ある程度のレジスタンストレーニングの経験と筋力を有する競技者がパワーの向上に主眼をおく場合，プライオメトリックトレーニングが効果的である．プライオメトリックトレーニングは，垂直跳び，立ち（助走なし）三段跳び，プッシュアップジャンプ（腕立て伏せから床を押して状態を浮かせる）などのエクササイズを含み，ハードルやメディシンボールなどを利用することもある．

また，スポーツ競技では正確にすばやく目標に到達する能力が必要不可欠である．スピードは高い速度を有する能力であり，アジリティは急激に減速，加速，停止，方向転換する能力である．競技の場面ではこのアジリティがパフォーマンスに大きく影響する．これらの能力の向上のために，競技・種目に特異な形態でスピード・アジリティトレーニングが取り入れられる．

(c) レジスタンストレーニング種目一覧

(1) 胸の種目

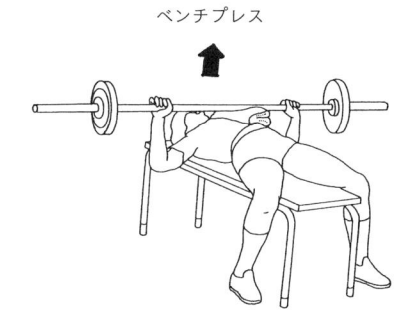

ベンチプレス　　　　　　　　　チェスト・フライ

(2) 脚の種目

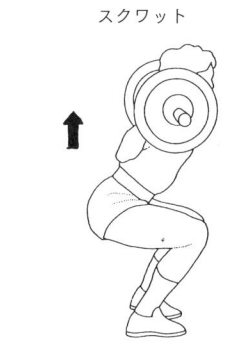

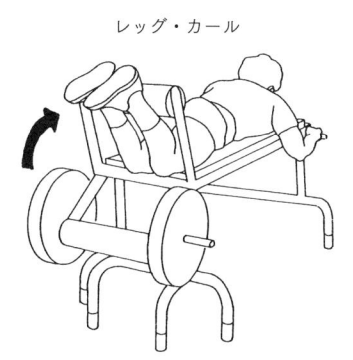

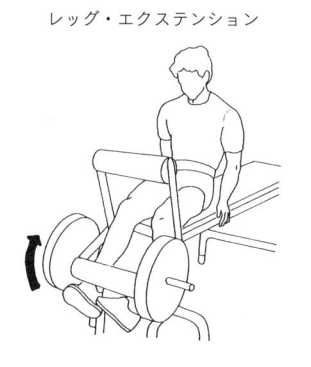

スクワット　　　　レッグ・カール　　　レッグ・エクステンション

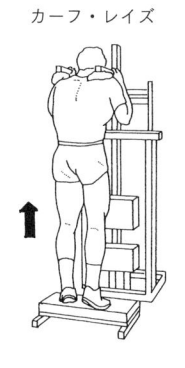

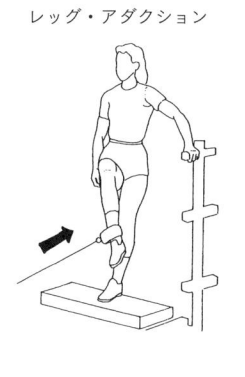

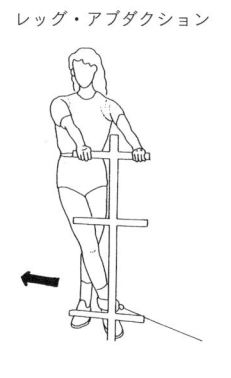

レッグ・ランジ　　カーフ・レイズ　　レッグ・アダクション　　レッグ・アブダクション

(3) 腰部の種目

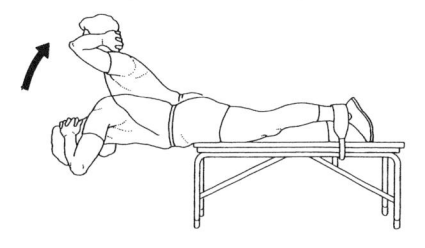

デッドリフト　　　　　　　　　バック・エクステンション

(4) 背部の種目

ラットマシン・プルダウン　　　　　　ベントオーバー・ローイング

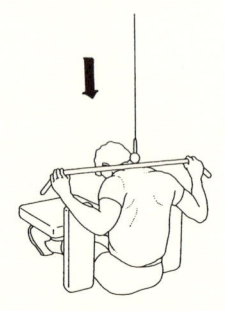

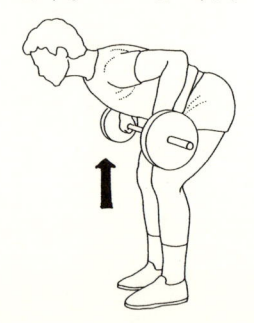

(5) 肩の種目

バック・プレス　　　サイド・レイズ 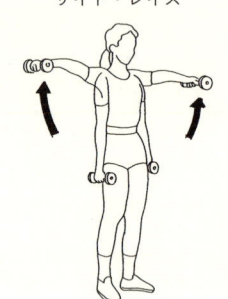　　　アップライト・ローイング

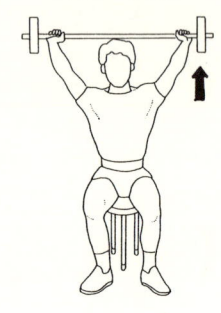

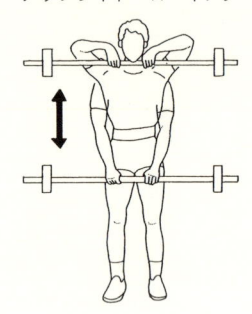

(6) 腕の種目

トライセップス・エクステンション　　ラットマシン・プレス・ダウン 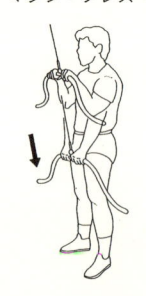　　アーム・カール

(7) 腹部の種目

レッグ・レイズ（ライイング）　　　　ベント・ニーシットアップ

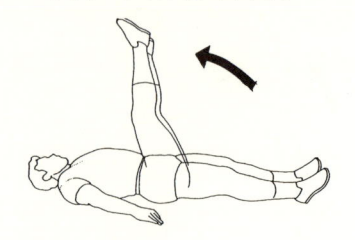

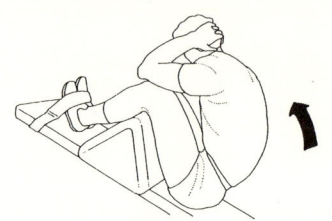

図はすべて［133］より改変．

(d) レジスタンストレーニングの進め方
　(1) 種目を配列する
　レジスタンストレーニングの種目は，大きくストラクチュラルエクササイズ（スクワットなど，大筋群を用いた複合関節動作）と，ボディパートエクササイズ（レッグカールなどの単関節動作）に分けられる．トレーニング効果は，セッションの開始直後に大きく，後半になると低下するので，重要な種目（一般的にはストラクチュラルエクササイズ）ほど先に行い，小筋群のボディパートエクササイズを後半に行うようにする（プライオリティーの原則）．

　(2) セットの構成を決める
　同一種目で数セット行い，他種目へ移る方法が基本である（セット法）．一方，トレーニングの効率化を図るために，複数種目を連続して行う方法があり，コンパウンドセットシステムと呼ばれる．2種目，3種目，4-6種目，7-12種目を組み合わせるものをそれぞれ，スーパーセット法，トライセット法，ジャイアントセット法，サーキットセット法と呼ぶ．同一筋群のための種目が連続しないように配列する（スーパーセット法では拮抗筋同士）のが原則であるが，あえて連続させる方法（フラッシング法）もある．

　(3) トレーニングの高度化
　より大きな効果をあげるため，挙上不能まで反復した後に，補助者の助けを借りてさらに3回程度反復する方法（フォーストレプス法）や，休息時間をとらずに段階的に負荷を下げていく方法（マルチパウンデージ法，ディセンディング法）がある．フォーストレプス法では，負荷を下ろす動作（伸張性筋力発揮）に重点を置くようにする．

(e) 特殊なトレーニング法
　(1) 血流制限下でのトレーニング（加圧トレーニング）
　加圧トレーニングは，四肢の基部を特製のベルトで圧迫し，末梢側の筋の静脈血流を適

図 IV.3.4　上腕の加圧トレーニング

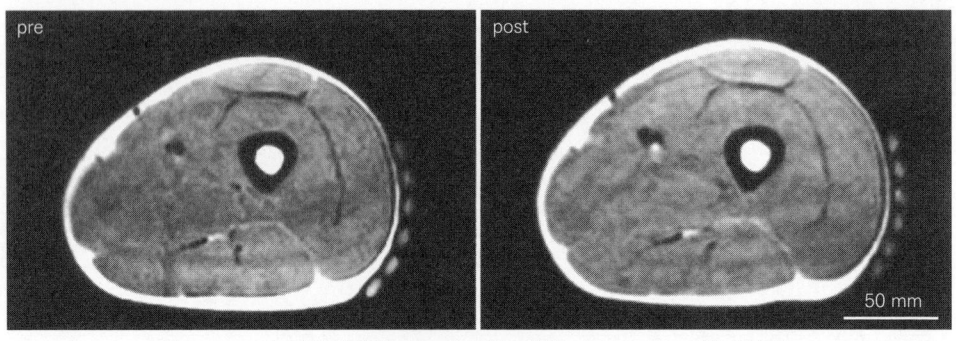

図 IV. 3. 5 筋発揮張力維持スロー法による筋肥大．トレーニング前（左）と後（右）の大腿中央部の横断像（MRI）．トレーニングは約 40%1 RM 負荷でのレッグエクステンション（8回×3セット，2回/週，10ヶ月）［130］

度に制限した状態で運動を行うトレーニング法である（図 IV. 3. 4）．この方法では，20% 1 RM という極低負荷強度の運動でも，80% 1 RM の負荷強度を用いた場合と同等の筋肥大と筋力増強が起こることが確かめられている（[129]）．高負荷強度を用いることのできない低体力者や高齢者のためのトレーニングや，加療後のリハビリテーションとしての有効性が検証されており，スポーツ競技での応用も期待されている．この方法には，筋内の著しい低酸素化と代謝物濃度の上昇を引き起こし，成長ホルモンやノルアドレナリンなどの分泌を著しく活性化するという特徴があり，これらのうちのいくつかが筋肥大効果に関連するものと考えられる．ただし，加圧の程度が適切でないときわめて危険なため，指導資格をもつ専門家のもとで行う必要がある．

(2) スロートレーニング

ゆるやかな動作で行うトレーニングを「スロートレーニング」と総称することができる．スロートレーニングのうち，方法が体系化され，効果のエビデンスも示されているものとしては，1980年代に米国で提案された「スーパースロー法」と，谷本と石井による「筋発揮張力維持スロー法」が挙げられる（[130]）．トレーニング方法の基本原理は両者で異なるが，いずれの場合も，低負荷強度で筋力増強や筋肥大をもたらす効果がある（図 IV. 3. 5）．

筋発揮張力維持スロー法では，筋力増強や筋肥大に必要な最低負荷強度は約 30%MVC（約 40% 1 RM）である．この強度では，筋力発揮による内圧上昇に伴い，筋血流制限と筋内低酸素化が生じる．したがって，筋力発揮を維持したまま負荷の挙上・下降動作を行うと，加圧トレーニングの場合と同様のメカニズムにより，筋肥大効果が得られる．スローな動きは必ずしも必要な条件ではないが，筋の発揮張力を維持したまま動作を行うためには，強い加減速は禁忌であり，結果的に「スローでなめらかな動き」となる．基本的には 3-4 秒で挙上，3-4 秒で下降，最下点で 1 秒静止，が適切な動作リズムと考えられる．この方法は，動的トレーニングの種目のほぼすべてに適用可能である．

(f) 持久力のトレーニング

身体の局所的な部位における筋の持久性の向上が主となる「筋持久力トレーニング」と，心肺機能の改善が主となる「全身持久力トレーニング」の2つに大別される．

筋持久力トレーニングでは，最大筋力の1/4-1/3程度に相当する負荷強度が至適であり，1セット当たりの反復回数をできる限り多くするというやり方がよい．全身持久力トレーニングは，ランニングや水泳といったほぼ全身の筋群を使用するような運動をトレーニングとして行うものであり，トレーニング実施中の運動の強度および時間の配分の仕方によって，持続トレーニング，インターバル・トレーニング，レペティション・トレーニングに大別される．個々のトレーニング手段のねらい，実施条件，並びに注意点を表Ⅳ.3.2に示す．健康スポーツという立場でのトレーニングであれば持続トレーニングが最適であり，競技スポーツにおける全身持久力の向上という点では，持続トレーニングのみならず，インターバル・トレーニングあるいはレペティション・トレーニングを適宜取り入れていくことが勧められる．

表Ⅳ.3.2 持久力のトレーニング方法の比較（[23][82][136]を再構成）

	持続トレーニング	インターバル・トレーニング	レペティション・トレーニング
トレーニング法	一定のスピードで休息なしに行う方法．	持続トレーニングよりも高い強度の運動を不完全な休息（ジョギングなど）を挟んで交互に反復する方法．	ほぼ全力の強度の運動（インターバル・トレーニングよりも高い）と完全休息（歩行など）をくり返す方法．
トレーニングのねらい	・有酸素性のエネルギーの供給を長時間保持する． ・運動の強度を上げると，高い酸素摂取水準の持続能力を高めることが可．	・最大酸素摂取量の改善． ・レースペースに近いところでの運動の効率を高める． ・負荷の設定によっては，乳酸性機構を高めることが可．	・最大酸素摂取量の改善． ・レースペースでの持続能力を高める． ・負荷の設定によっては，非乳酸性機構，乳酸性機構を高めることが可．
トレーニング条件（負荷・時間など）	心拍数：140-160拍/分 心拍水準：最高心拍数の60-85% 運動時間：30分以上 （種目によっては120分まで）	運動時（直後）心拍数：170-180拍/分 心拍水準：最高心拍数の約90% 走距離：50-2,000 m 全運動時間：20-30分は確保 反復回数：10-20回 休息心拍数：120-130拍/分 休息時間：45-90秒以内	全力あるいはレーススピードの約95%の速度 走距離：50-2,000 m 反復回数：2-5回 休息心拍数：100-120拍/分 休息時間：20-30分以内
注意点	非鍛練者，トレーニングの初期に最適である．運動時間は，30分以上であるが，最初は10分ぐらいから始めてもよい．個々の体力水準に合わせて行う．強度の高い持久的なトレーニングと平行する場合は，週1回でも可．持続トレーニングを単独で行う場合は，週3-4回行う．	強度が高いトレーニングなので，非鍛練者，トレーニングの初期の段階では用いない方がよい．持続トレーニングをある程度行ってからでも十分である．最初は運動時間と休息時間の比を1:3にし，運動の強度も落として実施．慣れてきたところで，休息時間を短くする，あるいは反復回数を多くする．トレーニング頻度は週2-3回実施．心拍数のチェックを忘れないようにする．	強度がきわめて高いトレーニングなので，非鍛練者，トレーニングの初期の段階，発育期の者は，用いない方がよい．最大酸素摂取量を高める場合は，1回の運動時間を3-15分以内に設定する．トレーニング頻度は週に1回，あるいはそれ以下でもよい．

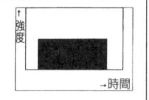

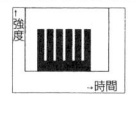

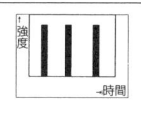

また，持久力の改善には，各種の運動を組み合わせた複合型タイプのトレーニングも有効である．その代表的な方法がサーキット・トレーニングであり，持久力に加えて，筋力，筋パワー，筋持久力，敏捷性など総合的な体力づくりを可能にする．一般的には6-12種目の運動を休息を入れずに行い，1巡したら最初の種目に戻り，トータルで3巡回する．

(8) 体脂肪を減らすためのトレーニング

人間は食事によるエネルギー摂取と身体活動によるエネルギー消費を常に行っており，身体の組成はこのエネルギー摂取・消費の収支の結果である．身体組成は脂肪組織と除脂肪組織に大きく分けられるが，エネルギーの摂取が消費よりも多くなると，過剰分は脂肪組織の形で身体に蓄えられる．脂肪組織はその大部分が皮下と内臓に存在する．皮下脂肪は全身に分布するが，部位によって厚さが異なる．内臓脂肪は大網や腸間膜などの内臓周辺部に蓄積する脂肪組織である．脂肪組織はエネルギーの備蓄とともに，断熱作用や衝撃干渉作用などの役割を果たす．

エネルギー収支のバランスが過度にプラスに傾いた状態が肥満（単純性肥満）である．体脂肪率（身体に占める脂肪の割合）が男性で20％以上，女性で30％以上の場合に軽度の肥満，男性25％，女性35％以上を中等度の肥満，男性30％，女性40％以上を重度の肥満と判断するのが一般的である．肥満（特に内臓脂肪型の肥満）は心疾患，脳卒中，糖尿病などの生活習慣病を誘発する因子の1つであることがわかっており，肥満傾向にある人は体脂肪を減らすことが望ましい．体脂肪を減らすには，身体活動量を増やしてエネルギーの収支をマイナスにすればよい．

身体活動によって消費するエネルギーは，身体内の糖質（グリコーゲン）や脂肪の分解によってまかなわれる．脂肪1gの分解によって得られる発生エネルギーは約8 kcalである．したがって，体脂肪1 kgは8,000 kcalのエネルギーになるが，これは，8,000 kcalの運動量に相当するわけではない．運動中に使われる基質の種類や運動の効率が変化するからである．脂肪は糖質と違い，有酸素性代謝によってのみ分解することができ，分解に必要な酸素量も糖質に比べて多い．このために，運動強度が低く，運動継続時間が長いほど，脂肪がエネルギーとして使われる割合が高まる．したがって，体脂肪を減らすにはこのような運動形態をとることが効果的である．

運動中にエネルギーを消費するのは筋肉である．筋量の多い人ほど消費エネルギーは多く，エネルギー消費量には個人差がある．ウォーキングの場合，1分間におよそ3 kcalのエネルギー消費量になるので，8,000 kcalを消費するためには44時間以上歩き続けなくてはならない．しかし，運動中に使われる基質は脂肪だけではないため，1 kgの脂肪を減らすためにはさらに長時間の運動が必要になる．

体脂肪を減らすためには食事の内容をコントロールすることも必要であるが，これは必ずしも食事の量を減らすことを意味しない．食事の量が少なすぎたり内容が偏ったりした場合，身体を構成するタンパク質が分解され，筋量が減少する．脂肪を消費する役目をも

つ筋肉の減少は結果的に脂肪の減りにくい状態をまねく．効果的な減量のためにはレジスタンストレーニングも行い，筋量を適度に保っておくことが大切である．また，食事量の過度な制限や食事内容の偏りは貧血や骨・皮膚の代謝の低下などの他，身体諸機能に悪影響を及ぼす．食事内容に糖質，脂質，タンパク質，ビタミン，ミネラルがバランスよく含まれるように心がける．健康的な減量のためには，1日のエネルギーバランスのマイナス分は1,000 kcalを超えないようにし，月に2 kgの減量を上限とするようにする．

3.4　トレーニングのプログラミング

トレーニングのプログラミングにあたっては，具体的な目的と数値目標を立てること，年齢・トレーニングキャリアなどを考慮すること，ウオームアップ，ストレッチ，クールダウンを取り入れることなどが必要である．プログラムを構成する主な要素は (1) 強度，(2) 量，(3) 頻度であり，これは筋力・筋パワーのトレーニング（レジスタンストレーニング）でも全身持久力のトレーニングでも同様である．

(1) 強　度

レジスタンストレーニング，全身持久力トレーニングのそれぞれにおける強度と効果については，IV.3.3を参照．

(2) 量

正確にはトレーニング容量で表す．全身持久力トレーニングでは総仕事量や走行距離，レジスタンストレーニングでは（負荷）×（挙上回数）を負荷ごとに加算したものになるが，簡略化してセット数で表すことが多い．一般的に，十分な効果を得るためには，ターゲットとなる負荷で3セット以上行う必要がある．

(3) 頻　度

トレーニングを行うと，目的とする体力要素（筋力，持久力など）は，疲労によって一過的に低下する．この疲労が前水準を上回るまで回復（超回復）した時点で次のトレーニングを行うのが理想的と考えられる（図IV.3.6）．最適の頻度を決めるにはさまざまな要素を考慮する必要があるが，全身持久力トレーニングでは-4回/週，レジスタンストレーニングでは（同一筋群に対し）2-3回/週（中2-3日）とするのが一般的である．

また，トレーニングの進行に伴い，定期的に体力診断や健康診断を実施し，効果の有無を確認すると同時に，適宜，プログラムの内容を調整する必要がある．一方，長期間のプログラムでは，トレーニングの段階に応じ，強度と量を逆位相に（図IV.3.7），あるいは

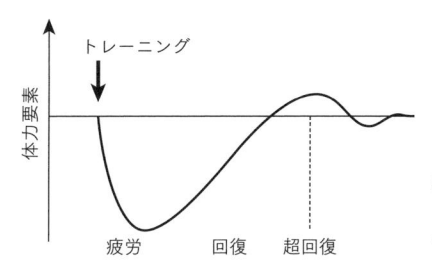

図IV.3.6　トレーニングによる体力要素レベル（筋力，スピード，持久力など）の低下とその回復の様子を模式的に表したもの

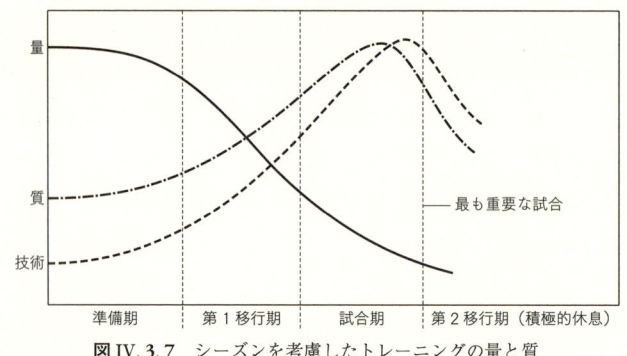

図 IV.3.7　シーズンを考慮したトレーニングの量と質

波状的（波状負荷の原則）に変化させることもトレーニング計画を立案するうえでの重要なポイントとなる．このようなプログラムの調整は生体適応の飽和を避けると同時に，オーバートレーニングを回避するうえでも有効である．このようなプログラムの変更は，一般に2-3ヶ月前後を1つのサイクルとして行われ，競技スポーツの領域では，トップコンディションを形成する手段として重要視されている．

3.5　フィットネス関連のトレーニング機器

(a)　使用機器の特徴

　トレーニング機器には，レジスタンストレーニングにおいて主に使用されるものから心肺機能の向上をねらいとしたものまでさまざまなものが含まれる．それらの特徴を把握することは，目的に合致したトレーニングを実施するということだけではなく，安全にトレーニングを実施するためにも重要である．心肺機能のトレーニングに関連する機器は，ランニングやウォーキングを可能にするトレッドミルとペダリング動作が主体となるバイク型のものによって代表される．それに対して，レジスタンストレーニングでは，運動の目的，強化の対象となる筋群などによってタイプの異なるさまざまな機器が利用されている．ここでは，主に後者に属するトレーニング機器について説明する．

　バーベルやダンベルを中心とした「フリーウェイト」と総称される機器と，一般に「マシーン」と呼ばれ，負荷を与える装置，身体の支持台，レバーなどが1つのシステムとして構築されているものに大別される．後者の場合に，抵抗として重量負荷（ウェイトスタック），油圧あるいは空気圧が利用される．

　フリーウェイトでは，
① 1つのトレーニング器具でさまざまな動作が可能であり，部分から全身に至る各種の筋群を強化の対象とすることができる，
② トレーニング動作そのものに変化をつけやすく，筋の活動様式をトレーニングのねらいに適合させやすい，
③ 重量物を支持するのは自己の身体のみであり，力発揮における身体のバランス，タイミング，複数の筋群の協調的な作用を改善しやすい，

といった特徴をもつ．それに対して，マシーンでは，
① 動作方向が規定されており，トレーニング動作を正確かつ安全に行うことができる，
② 負荷の変更をピンの差し替え，あるいはダイヤルの操作でスムーズにかつ容易に行える，
③ 局所あるいは特定の筋群の強化に優れている，

などの長所をもつ．しかし，ここに挙げたフリーウェイトおよびマシーンの各利点は，トレーニングの目的および対象者によっては短所ともなりうる．したがって，二者択一ではなく，それぞれの機器の長所を生かし，より充実したトレーニングを展開していくことが大切である．一方，レジスタンストレーニングでは筋骨格系や腱組織に対し強い負荷を与える．それゆえ，使用する機器のいずれにかかわらず，不正確な動作でのトレーニングは思わぬけがや事故を引き起こす危険性も高い．また，フリーウェイトの場合に，トレーニング中およびトレーニング終了後のプレート，シャフト，ダンベルなどの整理・整頓が徹底されないと，器具の保全面だけではなく，実施者の安全性の確保という点で大きな問題となる．トレーニングの実施に際しては，そのようなトレーニング機器の扱いについても十分に注意を払う必要がある．

(b) 体力測定への活用

最大筋力の評価

トレーニング前およびトレーニング進行中における体力の状態を把握することは，効果の確認やプログラムを調整するうえで重要である．レジスタンストレーニングでは，最大挙上重量（1 RM）を筋力の評価指標として活用できる．1 RM の測定は以下のような手順（[52] に加筆）で行う．

① 通常のウォームアップを行った後，1 RM 測定を行うトレーニング動作で，シャフトでのウォームアップを行う．
② 重量を付け，ウォームアップとしてのセットを3セット前後行う．最初のセットでは容易に5-10回反復可能な負荷とし，ウォームアップ最終セットでは3回前後の反復が可能な重量とする．なお，ウォームアップの試技では，各セットにおいて挙上不可能となるまで追い込まず，挙上フォームや1 RM 試行における設定負荷の確認をねらいとする．また，セット間の休息は2分前後とし，ウォームアップ試技終了後，2-4分の休息をとる．
③ ウォームアップ最終セットの重量に上半身の種目であれば，5-10%，下半身の種目であれば10-20% 重量を増加し，1 RM 測定試技を行う．
④ ③の試技が成功したら，再び2-4分間の休息をとり，③と同一基準により負荷を増量し，1 RM 測定試技をくり返す．逆に失敗した場合は，上半身の種目であれば2.5-5%，下半身の種目であれば5-10% 重量を減少し，再度，1 RM 測定試技を試みる．
⑤ 最後の成功試技における最大挙上重量を1 RM として記録する．

さまざまなトレーニング動作における1RMを測定することで，それらの動作に関与する主働筋群の動的な最大筋力を知る手がかりとなる．なお，1RMの測定は体調不良や疲労した状態で行ってはならず，その実施には補助者を必ずつけること，実施者のトレーニング動作がある程度適切なものになった後に行うこと，10-15RM程度の負荷で実際にトレーニングの経験を経た後に行うことなどの注意が必要である．また，トレーニング動作によっては，1RMの測定が困難なものもある．そのような場合には，3RMから10RMの範囲内で測定試行として採用するnRMを決め，規定の回数をクリアーできる最大重量をチェックし，それを1RMの代用とするか，あるいはnRMと％1RMとの関係（表IV.3.1）に基づき1RMを推定してもよい．

(c) 心肺持久力の評価

心肺機能のトレーニング機器は，運動の強度と心拍数との関係に基づき，全身持久力の評価に活用することができる．酸素摂取量を実際に測定するのは容易ではないため，酸素摂取量と比例関係にある心拍数を測定し，酸素摂取量を推定するという方法がとられることが多い．特定の運動負荷の範囲においては心拍数（酸素摂取量）と運動負荷との間に直線関係が存在することを利用する．運動負荷を与えるためにさまざまな装置が用いられるが，ここでは自転車エルゴメータを用いた測定方法を例にとって説明する．

まず，自転車エルゴメータのサドルを調節し，ペダルに乗せた足が一番下にきた時に膝が軽く曲がるような高さに合わせる．自転車に腰をかけた状態で1分間の安静を保つ．その後，最小負荷で3分間こぎ，最後の1分間の脈拍を記録する．そのまま休息を挟まずに負荷を上げる．自転車エルゴメータは手動もしくは自動で負荷が変えられるようになっている．このようにして低い負荷から徐々に高い負荷まで上げ，そのときの心拍数を記録する．各負荷での運動は心拍数が定常レベルに至る3分間とするのが望ましい．最初の負荷を50Wから始め，3分ごとに男性の場合は50W，女性の場合は25Wずつ負荷を増やす．ペダルの回転数は最も効率的な運動となる50回転/分とし，負荷が変わっても回転速度を一定に維持する．最後の負荷のときに心拍数が160-180拍/分になるようにする．

各段階の負荷と各段階の最後の1分間の心拍数を図IV.3.8のようにプロットし回帰式

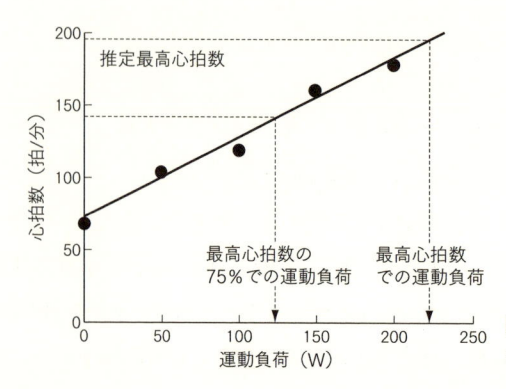

図IV.3.8 運動負荷と心拍数の関係を用いた運動負荷の決定

表 IV.3.3 最高心拍数の 75% の運動負荷の評価表（単位は W）（[83]）

	年齢(歳)	20-24	25-29	30-34	35-39	40-44	45-49	50-54	55-59	60-64
男性	非常にすぐれている	215-	209-	203-	197-	191-	185-	179-	173-	167-
	かなりすぐれている	187-214	181-208	176-202	170-196	164-190	158-184	152-178	146-172	140-166
	すぐれている	159-186	153-180	147-175	142-169	136-163	130-157	124-151	118-145	112-139
	ふつう	130-158	125-152	119-146	113-141	107-135	101-129	95-123	90-117	84-111
	劣る	102-129	96-124	91-118	85-112	79-106	73-100	67-94	61-89	55-83
	かなり劣る	-101	-95	-90	-84	-78	-72	-66	-60	-54
女性	非常にすぐれている	138-	134-	130-	125-	121-	117-	113-	108-	104-
	かなりすぐれている	119-137	114-133	110-129	106-124	102-120	97-116	93-112	89-107	85-103
	すぐれている	99-118	95-113	91-109	86-105	82-101	78-96	74-92	69-88	65-84
	ふつう	80-98	76-94	71-90	67-85	63-81	59-77	54-73	50-68	46-64
	劣る	60-79	56-75	52-70	48-66	43-62	39-58	35-53	31-49	26-45
	かなり劣る	-59	-55	-51	-47	-42	-38	-34	-30	-25

を求める．下の式を用いて最高心拍数を求めそれを回帰式に代入すると，各人の運動負荷の最大値を推定することができる．

男性の場合：最高心拍数 = 209 − 0.69 × 年齢

女性の場合：最高心拍数 = 205 − 0.75 × 年齢

　最大運動負荷が高い人ほど，最大酸素摂取量が大きく，全身持久力が高い．また，最高心拍数の75%に当たる運動負荷を同様に代入法によって求め，全身持久力の評価や持久力トレーニングのための負荷として利用することができる．**表 IV.3.3** に，最高心拍数の75%の運動負荷の評価表を示す．さらに，45-50%の運動負荷は脂肪の燃焼に効果的である．

Ⅳ 4 メディカルケアコース

メディカルケアコースは通常のスポーツコースでのスポーツ活動ができない学生のための身体運動の実習の場である．スポーツ活動ができなくなった原因として，一過性に外傷，疾病を被った場合，慢性あるいは先天性疾患，障害をもっている場合がある．それぞれ分野別に内科的疾患，運動器疾患，精神性疾患などがある．そうしたハンディキャップがあっても学生として通学，勉学しているわけで，動くことはできるのであり，主治医と連絡相談して，残されている能力を発揮してスポーツ活動を行わせるのがねらいである．実習の中で身体の仕組みを学び，運動の価値を学び，身体能力の向上を目指す．以下に内科的疾患，障害とスポーツ，運動器外傷とアスレチック・リハビリテーション，スポーツ障害と運動療法，早期発見・予防のためのメディカルチェック，その他の障害とスポーツについて述べる．

4.1 内科的疾患・障害とスポーツ

気管支喘息，気胸などの呼吸器系疾患，先天性心臓疾患，不整脈，川崎病などの心疾患，タンパク尿，血尿，慢性腎炎，ネフローゼなどの腎臓疾患，筋ジストロフィーなどの筋疾患，肝炎などの肝臓病，高血圧，貧血，心身症などさまざまな病態が対象となる．その病気の重症度もまちまちであり，各人の正確な病態の把握に基づいて運動処方がなされる．

気管支喘息は，発作時の運動は厳禁であるが，非発作時は，病態に応じた運動処方がなされる．気胸，先天性心臓疾患，不整脈，川崎病なども病態に応じた運動処方がなされる．タンパク尿，血尿，慢性腎炎，ネフローゼなどの腎臓疾患は，運動が制限される．筋ジストロフィーなどの筋疾患は，病態に応じた筋力を維持する運動処方がなされる．肝炎などの肝臓病は，血液検査による肝臓機能検査のデータ（GOT, GPT など）を参照して，無理のない運動処方がなされる．高血圧は，軽度の高血圧と中等度以上の高血圧では，運動処方が異なる．軽度の高血圧における運動（有酸素運動）は，高血圧改善に効果があるが，中等度以上の高血圧では，運動が制限される．貧血は，血液検査データ（ヘモグロビンや赤血球数）を参照しての運動処方が必要である．心身症は，その原因に応じて対処法が異なるため，各人の正確な病態の把握に基づいての運動処方が必要である．

4.2 運動器の外傷とそのリハビリテーション

(a) 主なスポーツ外傷

現代の学生生活では運動器の外傷はスポーツによるものが多い．外傷は骨折と捻挫，靱帯損傷，脱臼，腱断裂，肉離れなど軟部外傷に分けられる．そのうち頻度が高く特に注意を要する外傷は，足関節捻挫，膝靱帯損傷，肩関節脱臼など関節のけがである（図

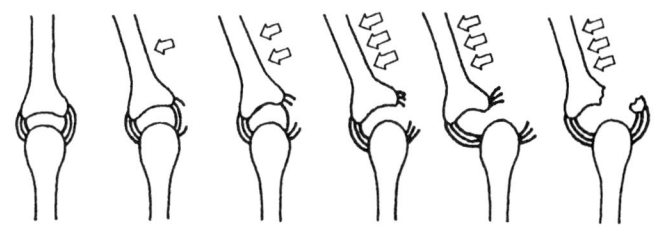

| 正常の関節は靱帯が支えている | 靱帯損傷I（軽い捻挫） | 靱帯損傷II（重い捻挫） | 靱帯損傷III | 脱臼 | 脱臼骨折 |

図IV.4.1 関節のけが．捻挫から脱臼骨折まで外力によって程度がある．ある程度以上の関節のけがは整形外科の診断を受けるべきである（[132]）．

IV.4.1）．足関節捻挫はバスケットボール，バレーボールでの着地や，サッカーの切り返し動作時に，足関節が内反して受傷する例が大半を占め前距腓靱帯と踵腓靱帯を損傷する．膝靱帯損傷はスキー，ラグビー，バスケットボール時に膝関節が外反外旋して内側側副靱帯や前十字靱帯を損傷することが多い．内側側副靱帯は保存的治療で治癒するが，前十字靱帯損傷は手術による再建術を要することが多い．肩関節脱臼は肩から転倒したり，肩関節が外転外旋位になったときに生ずる．初回時固定とリハビリテーションが適切になされないと，反復性脱臼となり，軽微な力で再脱臼をくり返す例となることも多い．関節のけがはある程度以上の場合は整形外科医の診断を求めるべきである．

(b) 回復までのリハビリテーション

スポーツでのけがはまずRICE（局部の安静（rest），氷冷（icing），圧迫（compression），高挙（elevation））の処置が大切であるが，急性期を過ぎ患部の腫れや痛みが一段落するとリハビリテーションの時期に入る．リハビリテーションはウォームアップで始まり，クールダウンとアイシングで終わるが**表IV.4.1**はそのメニューである．

まず患部をウォームアップし，運動療法を行うのに適した筋温にもってゆく．患部のウォームアップには温熱療法としてはホットタオルや温浴などがよく用いられる．患部がある程度温まったところで患部を中心として全身のストレッチングを行う．

ストレッチングには原則としてスタテックストレッチングを用い，特に患部に対しては痛みのない範囲で30秒以上のストレッチングを行う．次に全身のウォームアップと全身持久力の維持をかねて自転車エルゴメータやトレッドミルを15-20分程度行う．痛みや腫脹のでない範囲で自転車エルゴメータの負荷量やトレッドミルのスピードを徐々に増していくとよい．

次に患部および患部外の筋力トレーニングを行う．筋力トレーニングはこのアスレチック・リハビリテーションの最も重要な部分であるが，一般トレーニングと比較して，負荷量を押さえ，その分回数を多くすることが望ましい．なお初期においては負荷なしでの自動運動による関節可動域の増大と，徒手抵抗を用いてのアイソメトリックを中心とした筋の収縮運動に重点を置くようにする．可動域が十分に得られスムーズな関節の動きができ

表IV.4.1 1日のトレーニングメニュー

1. 患部を温める	10-15分
2. ストレッチング	10分
3. 持久性トレーニング 自転車エルゴメータ，トレッドミル	15-20分
4. 筋力トレーニング 負荷は軽く，回数を増やして	20-40分
5. 協調性トレーニング ステップ，バランス動作	10-20分
6. 専門別種目トレーニング	0-30分
7. クールダウン，アイシング	15-20分

るようになったらアイソトニックなトレーニングを取り入れていく．このときはチューブやダンベルなどを使用し，比較的低荷重でのトレーニングをゆっくりと行わせることが望ましい．

　一般トレーニングではスピードトレーニングやプライオメトリックスが重要視される場合があるが，リハビリテーションでは患部の安全性を重要視し，このような患部に過大な負荷がかかる可能性のあるトレーニングは最終段階まで控えることが望ましい．

　協調性トレーニングは巧緻性トレーニングとともにスポーツ復帰のためには重要なトレーニングである．ピボット動作や細かい踏みかえ動作，さらにはサイドステップ，クロスオーバーステップ，カリオカなどのステップ動作が基本になる．このとき受傷肢位を再現するようなアライメントの動作をとらないよう教育していく必要がある．

　なおバランスボードを使用しての室内でのトレーニングや，各種コーン，ミニハードルなどを使用してのグランドでのトレーニングは，協調性と巧緻性を養うドリルとしてリハビリテーションの後期には有用なトレーニングである．専門練習はリハビリテーションへの意欲を維持させ，かつゲーム勘をすこしでも落とさないため初期より安全面を考慮しながらすこしずつ入れていくのが望ましい．

　クールダウンとしては通常自転車エルゴメータや軽いジョギングを5分程度行わせ，その後軽くストレッチングを行い，患部をアイシングする．アイシング時間は通常15分程度でよい．なおリハビリテーション中やリハビリテーション後痛みや腫れが発生しないように注意しながら毎日1-2時間程度すこしずつメニューを変えてリハビリテーションを行う必要がある．元のスポーツが可能になるまでに，足関節捻挫で1-2ヶ月，膝の靱帯損傷で2週間から2ヶ月程度を要する．

4.3 メディカルチェック

　メディカルチェックはスポーツ障害なくスポーツを楽しみ，競技力を向上するために行われる．スポーツを遂行することにより，内科的・整形外科的に不利益をこうむる疾患をもっていないかを確認することから始め，過去の病気・障害の影響，現在の状態を調べる．運動に必要な体力を調べ，障害を軽症のうちに早期発見すること，危険因子を見出し障害を未然に防ぐことなどを目的として行われる．

表 IV.4.2　スポーツによる慢性の障害

内　科	貧血，オーバートレーニング，高尿酸血症，こころの障害，月経異常，心臓障害
外　科	疲労骨折，腱炎，腱鞘炎，関節軟骨障害，靭帯炎，関節不安定性，神経障害，脊椎疾患

表 IV.4.3　内科的メディカルチェック項目

問　診	呼吸困難，動悸，胸痛，胸部不快感，失神などの既往の有無，親族の若年性突然死，遺伝疾患の有無，生活習慣病の既往，アレルギー，生活習慣のチェック（飲酒，タバコ，睡眠時間，食事習慣，運動習慣）
身体所見	身長，体重，皮下脂肪，甲状腺，血管，血流状態，血管雑音，心音の異常，腹部臓器の触診，尿検査（タンパク，糖，潜血，沈渣），血液性状チェック（赤血球数，白血球数と生化学），胸部 X 線像，心電図（要すれば負荷心電図）

表 IV.4.4　整形外科的チェック項目

問　診	過去の外傷の既往のチェック，現在の愁訴のチェック
視　診	萎縮変形のチェック
測　定	アライメント，関節のラキシティ，タイトネス
診　察	関節の痛み・圧痛，関節の不安定性，可動域制限，変形，神経の症状
形態計測	身長・体重・体脂肪率，頸部周径，ウエスト周径，ヒップ周径，上下肢周径，上下肢長
筋力評価	握力，頸部筋力，肩回旋筋筋力，腹筋背筋筋力，膝屈曲伸展筋力

表 IV.4.5　使い過ぎ症候群の病期分類

早　期	運動の後に痛むが，運動に制限はない
中　期	運動中の痛みで満足に運動を遂行できない
末　期	運動制限著明，日常生活にも支障がくる

　チェックする項目は既往歴の聴取，血液データ，形態測定，可動域測定，筋力測定，障害好発部位の圧痛などである．チェックを受ける選手は自分の行っているスポーツで起きやすい障害を知っておくべきであり，自分でチェックできるものは練習の中に取り入れてフィードバックしていくとよい（**表 IV.4.2-表 IV.4.4**，**図 IV.4.2**，**図 IV.4.3**）．

(a) 筋力の計測

　筋力の評価はスポーツ障害の予防や治療に必要である．弱ければ疲労しやすく，障害が起こりやすい．障害をきたした関節の周囲筋は十分に筋力を発揮できない．長期間続くと萎縮する．障害の早期発見に筋力低下のチェックが役立つ．膝の障害では大腿四頭筋筋力が指標になる．肩では回旋筋の筋力の評価が指標となる．肩の回旋筋の測定は徒手的に可能であるが，膝の筋力評価は徒手的には無理で等速性マシーンなどによって行われる．

(b) 運動器の障害

　運動器の障害は決まったところに起こる（**図 IV.4.2**，**図 IV.4.3**）．我慢すると**表 IV.4.5**

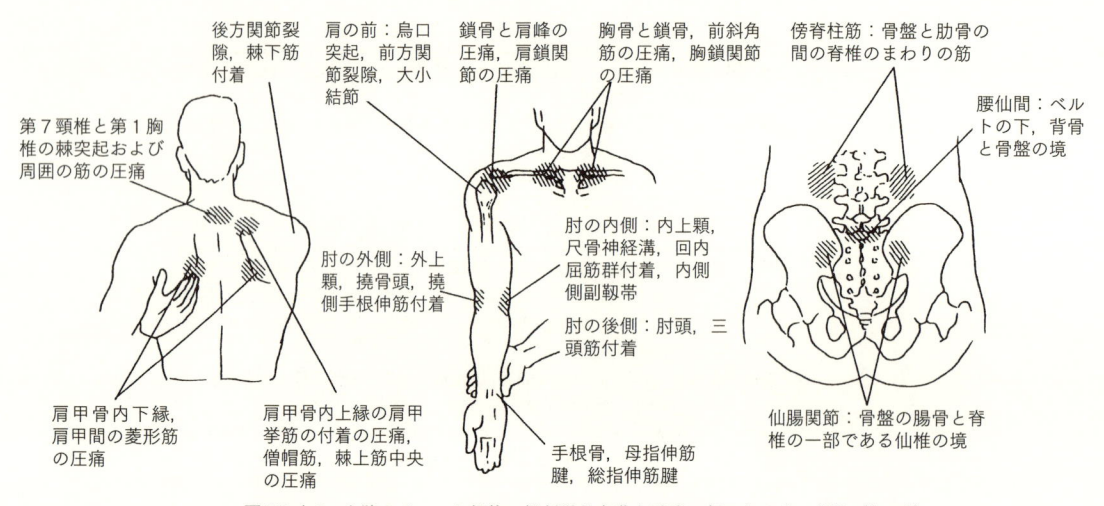

図 IV.4.2　上肢のチェック部位の解剖学的名称と障害の起こりやすい部位（[145]）

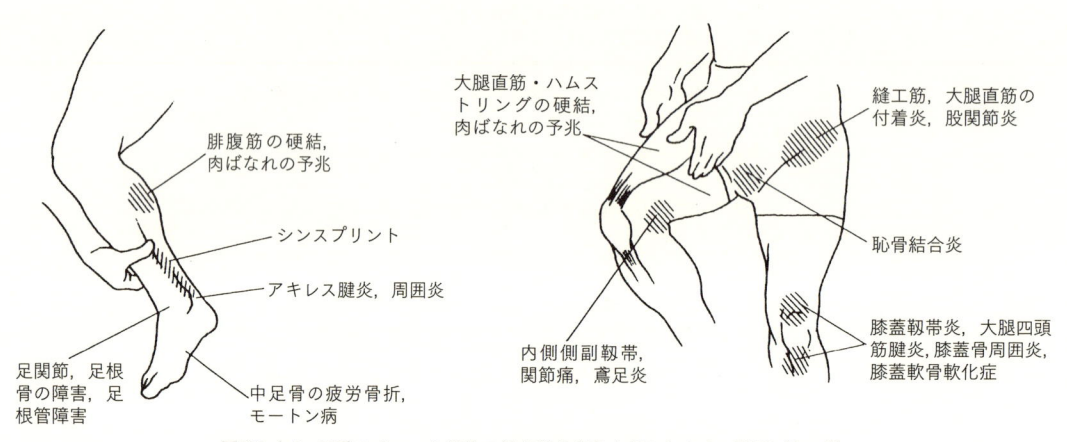

図 IV.4.3　下肢のチェック部位の解剖学的名称と起こりやすい障害（[145]）

のように進行していく．末期になると治療が困難となる．知識があれば診断は容易である．

(c) 種目特性

　各種目のレベルによってパターンがある．好発部位を知っておくことはスポーツ選手にとって障害の予防と早期発見につながる．早期より前に見つけることを考えると，好発部位の圧痛が運動痛の出現の前に起こる．関連の筋力が十分発揮できなくなる，周囲の関節，筋が固くなるなどの徴候が見られる．筋力トレーニングやストレッチングの意義がここにもある．圧痛は自分が一番わかる．自分でチェックしよう．

(d) 形態・ラキシティの計測

　形態測定では身長，体重，体脂肪率，上下肢の長さ，周径を測定する．関節可動域の測定や上下肢の周径の測定，筋力の評価は障害の早期発見にもつながるものである．
　可動域の確認をかねて，関節弛緩性（ラキシティ）テストを行う．図 IV.4.4 の 7 項目

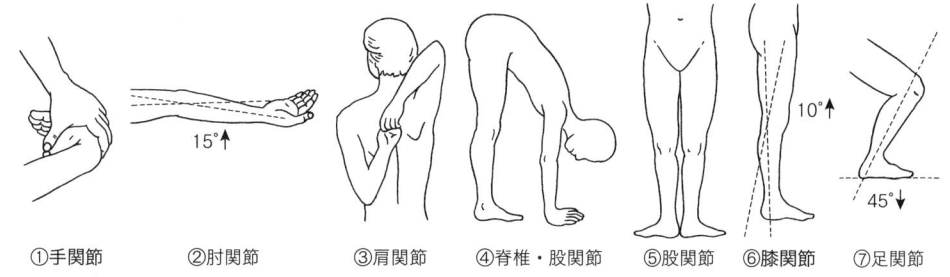

①手関節　②肘関節　③肩関節　④脊椎・股関節　⑤股関節　⑥膝関節　⑦足関節

図IV.4.4　関節弛緩性（ラキシティ）テスト．①手関節，指が前腕の掌側につく．②肘が15°以上伸展する．③背中で指を組むことができる．④お辞儀をして手のひらが床につく．⑤股関節が180°以上開く．⑥膝が10°以上反張する．⑦足首が45°以上背屈できる．可能な場合は1ポイントとする．

のうちいくつできるかで，身体の柔らかさをみる．可能な項目につき1ポイントと数えると，通常は3-4ポイントの間である．0や1ポイントの選手は硬いと評価しストレッチングを薦める．6と7ポイントは柔らかいとポジティブに評価するのではなく，ゆるくて危険と評価し筋力トレーニングを薦める．

下肢の硬さ（タイトネス）テストとして仰臥位での伸展下肢挙上（straight leg raising; SLR）角度と伏臥位での膝屈曲角度（踵と尻の距離で表す）でチェックする．両者とも硬いものは少ない，偏った使い過ぎを指摘する．

(e) アライメントの計測

アライメントは骨・関節の並び（べ）方である．わずかなアライメントの異常が，くり返されるスポーツ動作の中で使い過ぎ症候群の要因となることがある．これをマルアライメント症候群という．上肢では外反肘が尺骨神経麻痺の要因になる．腰椎の前彎が大きいと腰痛の要因になる．ランニング障害の要因となるアライメントは脚長差，大腿骨の過度な前捻，反張膝，膝のX脚・O脚，脛骨捻転，足の回外・回内足などが挙げられる．回内足は扁平足に通じアーチの障害が起こる（図IV.4.5）．

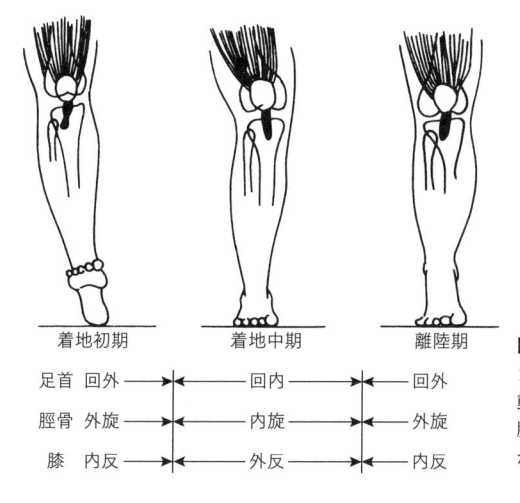

	着地初期	着地中期	離陸期
足首	回外	回内	回外
脛骨	外旋	内旋	外旋
膝	内反	外反	内反

図IV.4.5　ランニング障害の生じるメカニズム．着地期に正面から見た下肢の動き，膝蓋靭帯の方向，足の外反角，下腿の筋電図などバイオメカニクス的研究がされている（[157]）．

(f) 周　径

周径は頸部，上腕，前腕，大腿と下腿を測る．上腕，前腕は最大部で測る．成長期の初期では前腕の方が太いが成熟につれ上腕の力こぶが大きくなる．大腿周径は膝蓋骨上縁から 5 cm 近位と 10 cm 近位で測る．5 cm 近位では大腿四頭筋の内側広筋の発達と萎縮を見る．膝関節の障害が続くと，同筋の萎縮が起こる．左右差を調べ，差があったらもう一度測定する．1 cm 以上の差があれば精査を必要とする．しかし剣道では右の大腿が太く，左の下腿が太い，テニスでは利き腕が太いなど，種目によっては左右差があることを知っておかなければならない．

ヒトの頸部周径と下腿周径は等しいとされている．バランスよくトレーニングされた一流の選手はほとんど同じ周径である．下腿周径が頸部周径と比べ小さかったら下半身の強化を図る．

4.4　代表的スポーツ障害と運動療法

疾病の治療のためや予防のために運動・体操が工夫されてきた．導引，ヨガ，気功，整体，操体法など伝統的・体系的なものから各疾患に対処する形で工夫されたものまでいろいろある．そのなかでスポーツ障害で多い腰痛・膝痛，肩肘痛に対する治療体操を紹介する．

(a) 腰痛体操

腰痛に限らないが問題を解消するためには正確な知識に基づく巧みな技術が必要である．腰痛に悩むスポーツマンに必要なのは身体を上手に動かす技術（arts）とスポーツ医学・科学の知識（sciences）である．腰痛の原因疾患は表 IV.4.6 のようであり，急性に発症するものと慢性に経過するものとがある．

病院に行くべき状態は，じっとしていても痛いとき，熱があるとき，排尿障害があるとき，ただならぬ痛みがあるときなどで決める．通常，ほとんどの腰痛は運動痛であり，安静を保てば痛みはなく，動く場合でも痛くない動作があるものであり腰痛体操の適応となる．

腰椎とは腰部の脊椎を指す．脊椎の機能は身体の支持と脊髄の保護，そして運動に際して動くことである．骨盤と一体となっている仙椎に隣接した下部腰椎が腰椎椎間板ヘルニア（図 IV.4.6）や分離症の好発部位となるのは，大きな動きのない骨盤と可動性のある腰

表 IV.4.6　腰痛の分類

腰椎の疾患
椎間板ヘルニア，腰椎分離症，腰椎分離すべり症，変形性脊椎症，
腰椎の炎症・腫瘍
いわゆる腰痛症
内臓の疾患
婦人科疾患

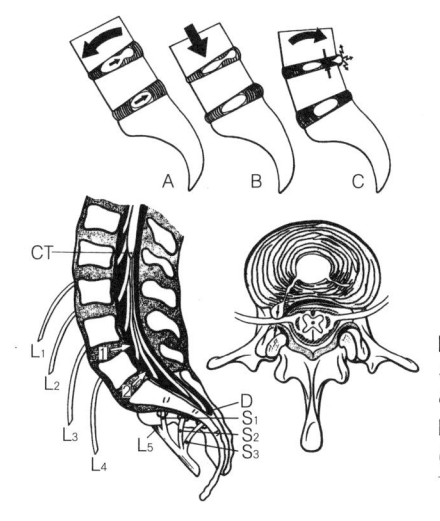

図IV.4.6 腰椎椎間板ヘルニア．腰椎椎間板ヘルニアは下部腰椎に発生する．上ABCは椎間板の中の髄枝が前後屈と軸圧により変性脱出するイメージ図である．突出したヘルニアは坐骨神経（L_5S_1．Lは腰髄神経根，Sは仙髄神経根を表す）を刺激して，下肢の痛みや麻痺などをきたす（[59]）．

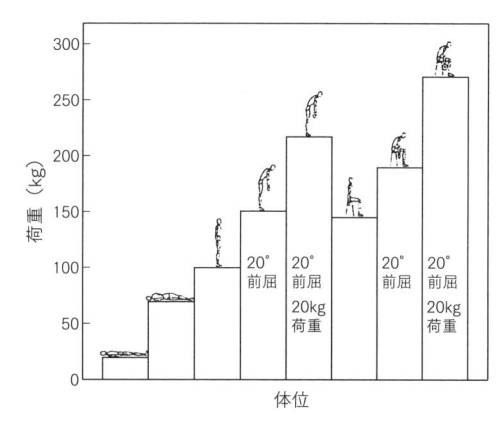

図IV.4.7 いろいろな姿勢と椎間板にかかる内圧．体重70kgの人にいろいろな体位をとらせて第三腰椎椎間板に加わる力を測定した．寝ているとき一番小さいのは当然として，立っているほうが坐位より椎間板にかかる力が小さい．中腰は椎間板の内圧も一番高い（[85]）．

表IV.4.7 腰痛の対策

腰痛予防のために
・1ヶ所のみに負担をかけない
・同じ姿勢を続けない（全身を適度に動かす）
・背筋，腹筋など周囲の筋力の強化
・動きのなかでよりよい姿勢，フォームを求める（アライメントを知る，空間的にも時間的にも順序よく上手に並べる）

椎のつなぎめに大きなメカニカルストレスがかかることを物語る．

椎間板にかかる力は姿勢でかなり変化する．**図IV.4.7**のように立位のほうが坐位より内圧は低く，中腰がいちばん内圧が高くなる．

腰痛の予防のために行うべきことが**表IV.4.7**に述べてあるが，体力を鍛え，身体を上手に使うことが必要とされる．本来スポーツはそのような目的で行われるものであるが，遺憾なことにスポーツによる障害が起こる．スポーツの使い過ぎ症候群としての腰痛に対しては，使い過ぎとなる要因・原因を正し，腰痛体操を行う．

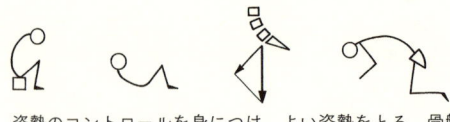

姿勢のコントロールを身につけ，よい姿勢をとる．骨盤の動き，腰椎前弯後弯の認識→テイルタッグ，へそのぞき，リラクゼーション．

硬く短くなっている筋を伸ばす．ハムストリング，腸腰筋，大腿四頭筋，腓腹筋の短縮→下肢のストレッチング．

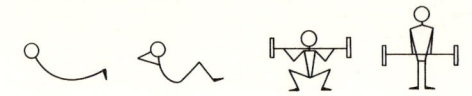

不十分な筋力に気がつき，弱い筋力を強くする．背筋，腹筋など→スクワット，デッドリフト．

図 IV.4.8　腰痛体操（[144] より改変）

図 IV.4.9　スクワットの注意．曲げる膝が足の2趾に向かうように下肢のアライメントをつくる．曲げる膝が爪先を越えないよう股関節の伸筋であるハムストリングに力を入れる．腰仙間の姿勢に注意を払い腹筋と背筋に力を入れて行う．

(b)　腰痛体操の実際

　まず骨盤と脊椎をスムーズに動かすことを目的としていくつかの動きをマスターする．
　次に股関節を動かし，脊椎・骨盤・下肢の間の筋群を十分にストレッチングする．表の骨盤から下腿を結んでいる筋をストレッチングする（図 IV.4.8）．
　背筋と腹筋をバランスよく鍛えるべきである．腹筋背筋下肢の筋強化をかねて，上手に立つトレーニングであるスクワットを薦める（図 IV.4.9）．
　悪いフォームのスクワットで腰を痛める者もいる．正しいフォームを身につけることが必要である．

(c)　膝痛の治療体操

　スポーツ障害で膝の疼痛は多い．膝蓋骨周囲の運動痛は膝伸展機構の障害といわれる．成長期ではオスグッドシュラッテル症として脛骨付着部に見られるが青年期では膝蓋靱帯炎（ジャンパー膝）として発症する．女性では膝蓋軟骨軟化症という病態が多い．膝の内側からすねの内側の運動痛も多い．膝外側には腸脛靱帯炎が起こる．これらの多くは使い過ぎ症候群で，トレーニング計画，筋力，体力，アライメントなどと関連する．治療体操は膝だけでなく足底から股関節まで含めたストレッチングと大腿四頭筋を中心とした下肢の筋力の強化である．腰痛体操でも述べた正しいスクワットを薦める（図 IV.4.10）．

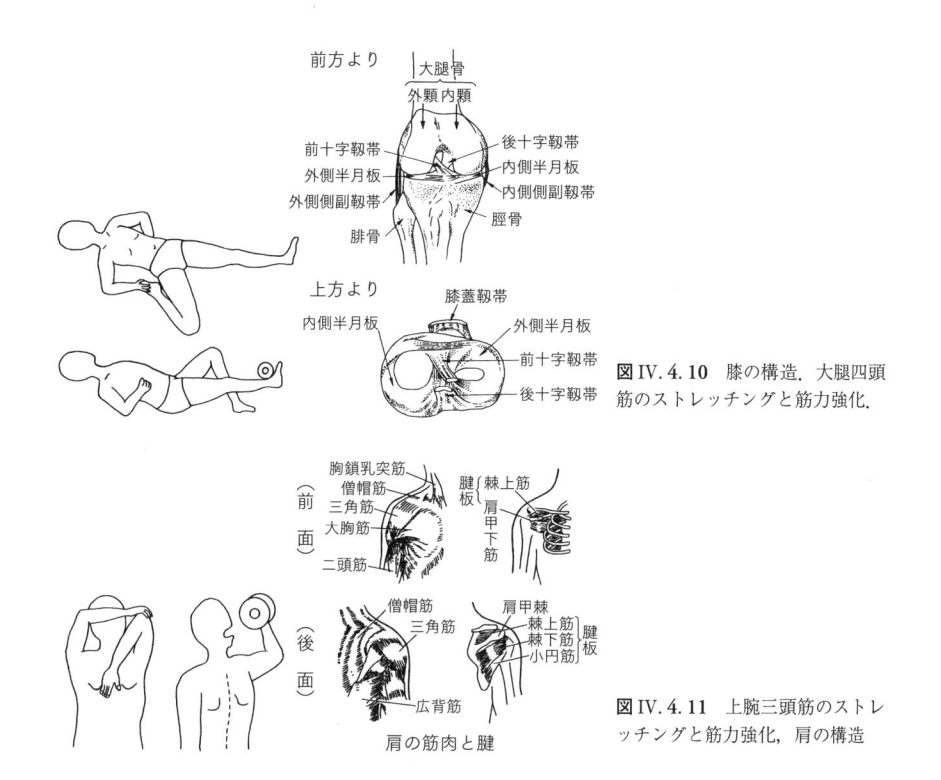

図 IV.4.10 膝の構造，大腿四頭筋のストレッチングと筋力強化．

図 IV.4.11 上腕三頭筋のストレッチングと筋力強化，肩の構造

(d) 肘・肩痛の治療体操

上肢を使うスポーツでは肘や肩の障害が見られる．成長期の野球肘は上腕骨骨端の障害をきたし骨軟骨の変化も起こすことがある．成人のテニス肘は筋の付着部炎である．野球肩は肩を深部で支える回旋筋腱板の障害であることが多い．ほとんどが使い過ぎ症候群でありスケジュールの見直しと体力と技術の要因を解消することが必要となる．治療体操として手指から胸郭までストレッチングを行い，全身を使って投げたり打つフォームを身につけ，低下している肩の回旋筋群の強化を行う（図 IV.4.11）．

4.5 その他の疾患とスポーツ

視覚障害者のためのスポーツとして徒手体操，筋力トレーニング，手をつないでのジョギングなどできるものは多い．聴覚障害者はメディカルコースでなくてもよく通常のスポーツコースを履修することが多い．うつ病など現代社会の中でも問題となっているメンタルヘルスのケアとして運動，スポーツは効果があるとされている．また，各種の障害をもつ学生仲間と過ごす運動の時間はメンタルストレスが減少すると考えられる．その他，義肢や車椅子の学生が対象の時は今後卒業後，社会人になっても続けられる実行可能なスポーツを選ぶことが望ましい．

Ⅳ 5　サイエンスコース

5.1　身体活動と認知・情報活動のつながり

　この授業の目的は身体活動一般の維持・向上がどのような生理学的裏付けのもとに可能になっているか，将来の生活設計の基本に資することができるように「科学的」考え方を身につけることにある．その際に身体活動を単に肉体的行動と限定せずに身体の一部としての脳機能（認知・情動）も考える．

　生命体がどのように「健康な」基礎的状態を維持し，さまざまな積極的行動に参加対応できるかはそれほど自明で簡単なことではない．しかしすべての思考や行動の源である「自分が生きている」という事実からスタートするならば，とりあえず，今ここで左胸に鼓動を感じ，眼の奥 2 cm に何か思考が凝固する，手と足が不自然でなく動く，という現象を認めればそれで事足りるのである．その後は自然に，なぜ，どうして，が湧き出すだろう．

　また，「科学的」であるとは単に最新の測定技術を用いることではない．まず広範な知識に基づいて検証可能な仮説を立て，その後に比較対照（コントロール）を有効に設定し，それとの差異を示すデータを，客観性・再現性のある形で得る，という実験的態度である．

(a)　総論テーマ：自分を知る

　常日頃から自分自身の身体の状態をチェックする習慣をつけておく．

　まず，一般的な状態として，①体重（器械により体脂肪率も計測可能），いわゆる vital sign（生命徴候）と呼ばれる生理的指標として，②体温，③脈拍数，④血圧，⑤呼吸状態（呼吸数），もう少し体力に関わるものとして，⑥握力，⑦垂直跳び，⑧立位体前屈．精神的な状態も含め総括的であくまで主観的な，⑨気分（5 段階にスコアー化）．以上を毎回の出席時に各自計測記入しておく．メモ欄には前日や授業直前の特記事項を記入する（個人情報が多く含まれることになるが，女子学生はもとより，自分のデータが仮に他人に見られても問題のないようにコード化することを薦めている．例えば体重はある基準値からの差分のみを記入するなど）．

　最終的には授業と離れても個人的に自己管理を続けること，各自計測可能な指標は定期的に観察することが望ましい．血圧計などは近年数千円程度で十分信頼性のあるものが購入できる．特に自律神経症状を自覚するものは今後長期的に計測することが一法であろう．

　いずれの項目も学期末にはグラフ化して視認性をよくし，変化（あるいは無変化の場合ももちろんある）の意味を考察してレポートにする．

(b) 各論テーマ：心身機能の生理学的メカニズム

(1) 自律神経系の調節機能—適応とQOL（quality of life, III.4.2参照）

- 心肺機能，循環，血圧調節の実際

 自ら被験者となり（多くの場合2人1組で記録係を務めつつ）各種の身体的条件での脈拍数，血圧を測定する．姿勢（立位，座位，仰臥位），呼吸（呼気相，吸気相），寒冷刺激，痛み刺激，驚愕，などが条件項目となる（図IV.5.1）．

 また，「共通基礎実習」での「呼吸循環と健康」項目（IV.6.4）を実施し，漸増運動負荷による脈拍数，呼吸数，主観的苦しさ，の運動強度依存性を定量化する．

- 物質的・生物学的基盤

 ウシガエル動物実験による摘出心臓標本「八木式心臓カニューレ」のデモンストレーションを観察する．

(2) 認知機能

- 「葛藤課題」として，前頭葉機能と考えられるストループテスト（IV.5.4）を行う．
- 単純数値計算であるクレペリンテストを行う．くり返し行うことで知的作業による疲労の効果が評価できる．
- 時間予測：60秒を眼を閉じて予測する．

(3) 自律神経・認知機能，骨格筋力調節の物質的基礎—カフェインの薬理効果

- (1)の自律神経系機能，(2)の認知機能に加え，骨格筋機能（握力，垂直跳び）を計測する．
- カフェインという生理活性物質（でありながら日常嗜好品）を摂取してその上記3項目の身体・認知機能への薬理作用を検証する．仮定する効果が「有意差」として抽出されるためには実験計画を適切に組むことが重要であること，大げさに言えば一種の人体実験であり，インフォームドコンセントを始めとする手順を踏む必要性を学習する．
- 方法は，まず，プレ状態を測定，被験者は2群に分かれてカフェイン入りとカフェインレスコーヒーがランダム化されたカップのコーヒーを摂取，30-45分後に再度各項

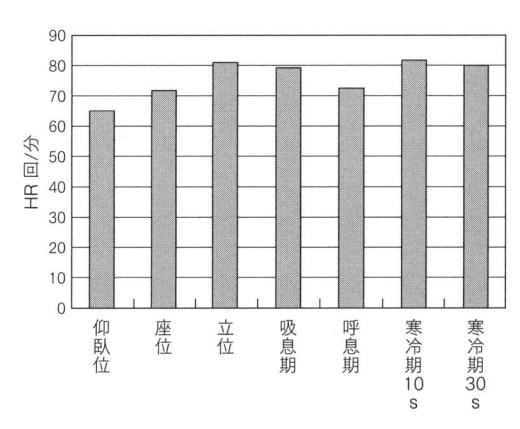

図IV.5.1 種々生理的条件が脈拍数に及ぼす影響

目を測定する．授業後2群間での各成績の差の検定を行う．

(4) 情動と精神的平静
- 気分の変化がどのような要因で起こるか，特に運動や知的作業が気分にどのような影響を及ぼすかを検討する．
- POMS（profile of mood status，気分の主観的評価法）テストに記入する．その他の認知課題もあわせて実施する．
- エクササイズ群と対照群に分かれ，30-40分間実施する．
- 循環機能チェックの後，再びPOMSなどの課題を実施する．結果を集計し，事後的に分析する．

(c) まとめ，考察と発表

結果が予測や期待に関してどのようなものであれ，どこまで結論が言えるかを論理的に考察し，また他人に理解されるように（決められた形式，時間内で）プレゼンテーションすることは非常に重要である．

5.2 日常に活かす身体運動の科学的知識

近年，急速な人口高齢化の進展に伴い，疾病構造も変化し，疾病全体に占めるがん，虚血性心疾患，脳血管疾患，糖尿病などの生活習慣病の割合が増加し，死亡原因でも生活習慣病が約6割（がん30.5%，虚血性心疾患15.7%，脳血管疾患13.0%，糖尿病1.3%，高血圧性疾患0.6%）を占めている．生活習慣病の予防と身体活動・運動との間には，内外の研究により関係が示唆されており，国民の身体活動・運動が促進されることにより，生活習慣病の予防に対する効果が強く期待される．身体活動・運動と生活習慣病や総死亡率に関する科学的研究は急速に発展し，冠状動脈疾患ばかりでなく，糖尿病などの生活習慣病罹患に対する身体活動・運動の予防効果が科学的に明らかにされている．

一般に身体活動量が多い人の体力は高い．しかし，体力を高めるための運動強度には下限があり，必ずしも総エネルギー消費量（kcal/日）で定量化された身体活動量と体力との相関関係は高くない．特に，日常生活における低い強度の身体活動量が多くても，体力が高いとは限らない．また，体力は遺伝的素因も大きく影響している．さらに，最近の欧米の研究によると，身体活動量ばかりではなく，体力も生活習慣病の独立した罹患予測因子であることが示唆されている．

そこで，本授業では生涯の生活を見据え，楽しく健康な生活を送るための一手段としての身体活動の方法について，科学的根拠をもとに学習する．

(a) 運動の意義

運動の効果やトレーニングの効果は筋活動に伴う内分泌系や神経系の活動によってもたらされるものと考えられ，筋活動そのものの意義についてはあまり着目されてこなかった．

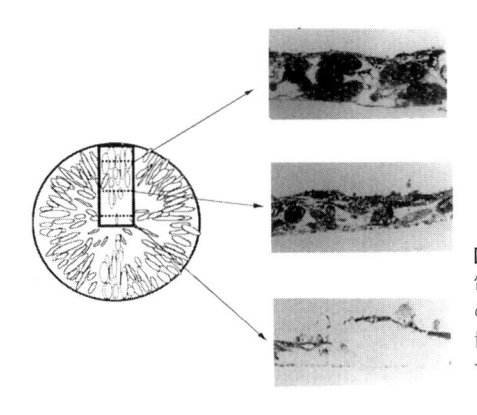

図 IV.5.2 機械的伸展刺激後の培養筋細胞の電子顕微鏡像．左：シリコンゴム膜培養皿上での筋細胞像の模式図．右：模式図上の点線の位置での横断面（上から外周，中周，内周）を示す．

しかしながら，近年，図 IV.5.2 に示すように，筋細胞をシリコンゴム膜上に播いて，その筋細胞に伸展刺激を加えた結果，強く引き伸ばされる箇所が非常によく発達しているのが判明した．つまり内分泌系ホルモンや神経支配がなくても筋（骨格筋・心筋）細胞は機械的刺激のみで発達することが明らかにされた．筋細胞への機械的刺激が機械的受容体やコスタメアを介して筋細胞にシグナルを伝達し，環境に適した形態や機能が形成されるものと理解されている．このように筋肉細胞をそれ自体を他動的あるいは自動的に伸長させることによって生理的な発達が期待されることから，リハビリテーションや介護予防などでも積極的に行われるようになった．

(b) 筋肥大を促す刺激

一般的に筋力を増す方法としては次のようである．

強度：最大筋力の 40-50%，時間：疲労困憊に至る時間の 10-20%，頻度：1 日 1 回．

骨格筋の伸長負荷は関節の柔軟性を高め可動範囲を広げることによって達成される．あるリズムでくり返し関節を介した曲げ伸ばし運動が効果的であることが理解されるが（図 IV.5.2），運動不足や加齢に伴い，可動範囲が狭く，曲げ伸ばし運動が痛みなどを伴う場合があり，注意して行うべきである．その場合無理に可動範囲を広げるのではなく，ゆっくり行うことが大切である．

(c) 心臓の機能を高める刺激

心容積は生活習慣によって大きく変化する．静脈環流量を増やすことによって，心筋は引き伸ばされる．心筋が伸長され，心拍出量がほぼ最大に達するのは酸素摂取量を運動強度として考えた場合，その 50% 程度の負荷である（図 IV.5.3）．運動負荷をあげることによって心拍出量は直線的に増えることから，心筋に対する負荷は確実に増している．しかしながら，50% 以上の負荷でも心筋への伸長負荷は同じである．したがって，全身持久的な運動は無理に強度を最初から 50% 以上に設定しなくてもよい．

一般的に，呼吸循環機能を高めるための方法として次のような方法が推奨されている．最大酸素摂取量改善のための全身持久性トレーニングの最低基準を次のように提案してい

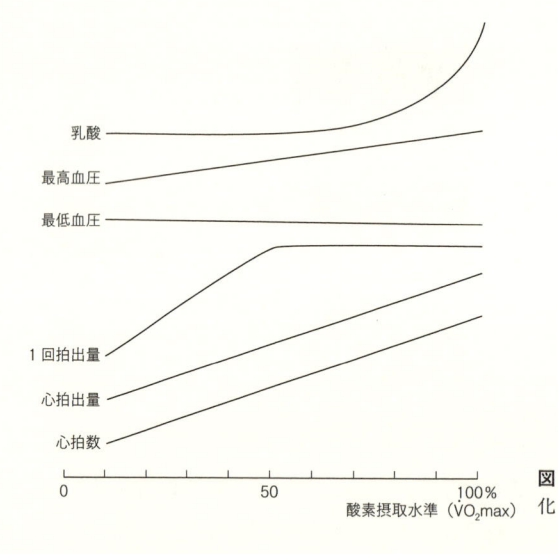

図 IV.5.3 運動強度と循環器系の変化

表 IV.5.1 減量プログラムについてのアメリカスポーツ医学会の提言の要約（[64]）

1. 体重を除脂肪体重と脂肪とに二分する身体組成の考え方を基本におく．
2. 食生活を改善するとともに，全身持久性トレーニングをしながら，中等度のカロリー制限となる栄養的にはバランスのとれた食事が大切である．
3. 運動は大筋群を用いる全身運動とする．
4. 全身持久性トレーニングの基本は，強度は最大心拍数の60%（最大酸素摂取量の約50%強度），時間は，20-30分，頻度は週3回以上とし，1回の運動で300 kcalを消費する．
5. 1回の運動の消費量が200 kcal程度であっても頻度が週4回であれば効果がある．
6. 1回の運動の消費量を300 kcal以上にしたり，頻度を多くすれば身体組成への望ましい効果は大きくなる．
7. 体重の望ましい減少量は週0.45-1 kgである．

る．

強度：酸素摂取水準の40-50%，時間：20-30分，頻度：週に2-3回，期間：数週間．

(d) 身体組成を変化させる刺激

身体はさまざまな臓器組織で形成されているが，心臓や肝臓や腎臓などの重量は環境に対して大きく変化するものではない．各臓器組織の重量には性差は幾分あるものの，発育・発達に見合った重量を示す．一方，筋や脂肪組織は運動不足や過食などによって大きく変化する．この変化が肥満，体力の低下，生活習慣病を導くものと考えられている．すなわちこれらの組織の割合が大きく健康状態に大きな影響を及ぼすものと考えられている（表IV.5.1）．

そこで，この授業では骨格筋や心臓に対する伸展刺激の時間・頻度・強度を調節しながら身体の変化について観察を行う．生活習慣予防のチェック項目として，一般的に挙げられている，体重・体脂肪率・内臓脂肪・筋肉量・基礎代謝量・推定骨量・体水分率などを毎時間測定する．

5.3 運動の学習と両手間転移

(a) 授業の概要

目標物に手をのばす，落下してくるボールを捕球する，ゴルフやフットボールにおいて，止まっているボールをクラブや足で打つ，蹴るなどの動作はすべて目標到達運動であり，その他のさまざまな運動・スポーツにおいても頻繁に見られる運動様式である．この際，最初に我々が行うのは視覚的に目標物の位置に関する情報を的確に捉えることである．そして，その目標の位置に対して，動かすべき手，足，あるいはクラブやグローブなどの道具を，現在ある位置から的確に動かすことが重要になるが，脳はこの際にどのような情報処理を行っているのであろうか．神経生理学や心理物理学の研究から，視覚の空間，すなわち3次元の作業空間（外部座標）において，現在の手先の位置から目標までの軌道が計画されることが行われていると考えられる（図 IV.5.4）．

単に手先を動かすといっても，そこには手首，肘，肩などの関節という多関節の協同的な動きが必要とされるが，外部座標で表現・計画された軌道を，それぞれの関節の角度変位やそこに関わる筋の長さといった運動学（kinematics）上の座標（身体座標）にて表現・計画するように座標変換しなくてはならない（図 IV.5.4）．そして，それぞれの関節角度の変位を的確に生じるために各関節においてトルクを計算した上で，多関節を時間的・空間的に協調させて動かして，滑らかな軌道を描く目標到達運動は実現されると考えられている．鏡に映った鉛筆，手先を見ながら図形や文字を書く鏡映描写課題は，古くより心理学や生理学において用いられ，視覚系による外部座標から運動系への身体座標への座標変換を考察するのに適した実験課題である（図 IV.5.5）．ここでは，この鏡映描写課題を実際に行ってもらい，1) 運動の学習の際にその成績はどのような経過をたどるのか，2) 右手（あるいは左手）で練習した効果が，まだ練習していない左手（あるいは右手）で行った際に現れるのか，すなわち転移が生じるのかについて調べる．実験結果に基づき，

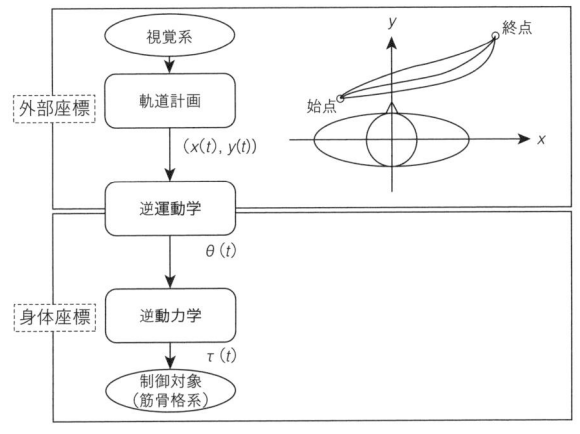

図 IV.5.4　視覚系による外部座標と運動系による身体座標．t は時間，θ は関節角，τ は関節トルクを示す．

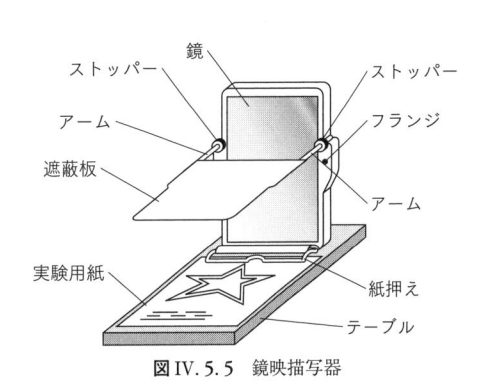

図 IV.5.5　鏡映描写器

鏡映描写課題での学習において，座標変換に関わる脳機能および両手間転移が生じる原因などについて考察する．

(b) 実験機器

鏡映描写器（竹井機器工業株式会社製），ストップウォッチ，鉛筆．

(c) 実験方法

1. 実験は2人1組で行い，実験者と被験者を交互にして行う．
2. 実験者は，被験者に鉛筆をもたせ，星型の枠の中のスタート地点に被験者のもつ鉛筆の先を置く．
3. 実験者は「目を開けて，用意，はじめ」の合図を行い，スタート地点に戻ってくるまでの所要時間をストップウォッチで測定する．被験者は鏡に映っている星型の枠から鉛筆の先が逸脱しないように，できる限りはやくスタート地点まで戻ってくるように心がける．
4. 所要時間と枠からの逸脱回数を測定，記録し，交代する．どちらか一方の手によって，少なくとも3-5試行は行い，学習した後で，今まで行ってきた手と反対側の手で行い，3-5試行測定する．すべての測定が終了した後で，x軸に試行，y軸に所要時間また逸脱回数をプロットした図を作成する．

5.4 ストループテスト

運動後の脳機能の変化を検出するために，いくつかの課題が考案されている．Go-no-Go課題（特定の刺激に応答反応をする課題），dual task（作業を並行処理する課題），クレペリンテスト（反復計算の単純作業）などを挙げることができるが，ここではストループテストについて述べる．

ストループテストは1935年にストループ博士が考案し（[121]），認知心理学の課題として多様な領域で研究が行われてきている．一般的には彼の名前をとってストループテストと呼ばれ，正式には葛藤課題などと呼ばれる（[122]）．この課題では，色に関する単語だけのカード（Wカード），色のインクだけのカード（Cカード），色文字の意味と色のインクが一致しないカード（CWカード），が使用される（図IV.5.6）．CWカードにおいて色と単語の意味が不一致である色文字に対して色命名反応がなされる時には，反応が困難となり，反応時間が増大するという現象が見られる．単に単語を読む，色を命名するだ

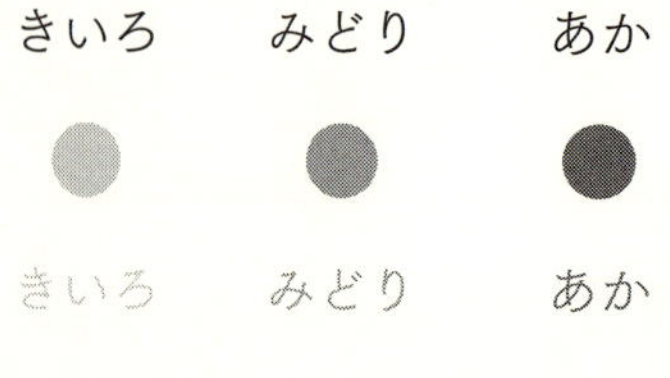

図IV.5.6　ストループテストの一例．上段，Wカード；中段，Cカード；下段，CWカード．実際には単語数が100の課題を行う．

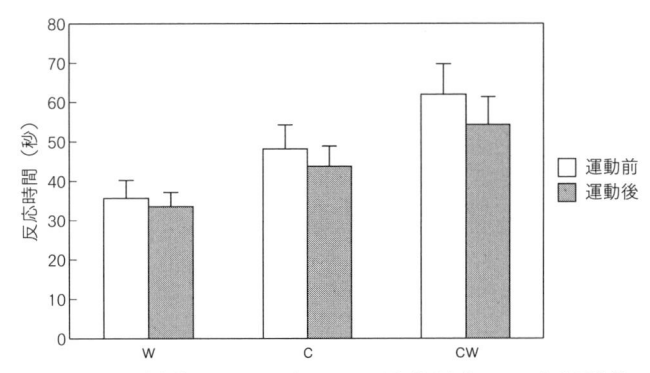

図IV.5.7　運動前後のストループテストの反応時間変化．2008年度夏学期サイエンスコース受講生の結果．$n = 25$．

けではなく，色の判断と単語の意味という2つの異なる情報が同時に脳に入ったときの「葛藤（conflict）」により色を命名する反応が遅くなる現象のことを，ストループ効果と呼ぶ．

ストループテストの評価については研究者によりさまざまな得点式が用いられているが，簡便のためにW, C, CWのそれぞれのカードの反応時間を評価として用いると，運動後にはCとCWのカードの反応時間が短くなる傾向が認められる（図IV.5.7）．また，有酸素運動を行う児童ではストループテストの成績が良いという報告（[14]）など，運動によるストループテストの成績向上効果が報告されている．

ある刺激による効果を確かめるためには，練習の効果は排除されなければならない．課題を実施する際には，事前に反応時間の短縮が生じなくなるまでくり返し練習を行い，練習の効果を排除する工夫が必要となる．

5.5　動きを生み出すための身体の仕組み

運動を行うためには，動きを生み出す骨格筋組織，酸素と栄養を供給する呼吸循環系の組織が必要である．それらを制御する神経系の組織の詳細についてはIII.4を参照のこと．

(a)　動きを生み出す骨格筋

骨格筋は直径約100 μmの筋線維と呼ばれる筋細胞の束からなり，筋細胞は直径約1 μm筋原線維の束と他の細胞内小器官からなる．筋原線維内には約2 μmの長さのサルコメアと呼ばれる収縮単位が整然と配列されている（図IV.5.8）．骨格筋は腱を介して骨に結合する．神経から伝達された刺激により骨格筋が収縮して張力を発揮することで骨を動かし，大きな動きを生み出す．骨格筋と骨の結合部位のうち，身体の中心に近い方を起始，もう一方を停止と呼ぶ．起始と停止の間に関節が1つ存在する単関節筋，2つの関節が存在する二関節筋があり，それらの骨格筋の動きを制御することで身体全体として滑らかで複雑な動きを生み出すことができるようになっている．ある関節の屈曲は，通常その関節よりも身体の中心に近い骨格筋を収縮させることで実現される．例えば，体幹が固定され

図IV.5.8　筋肉の階層的模式図

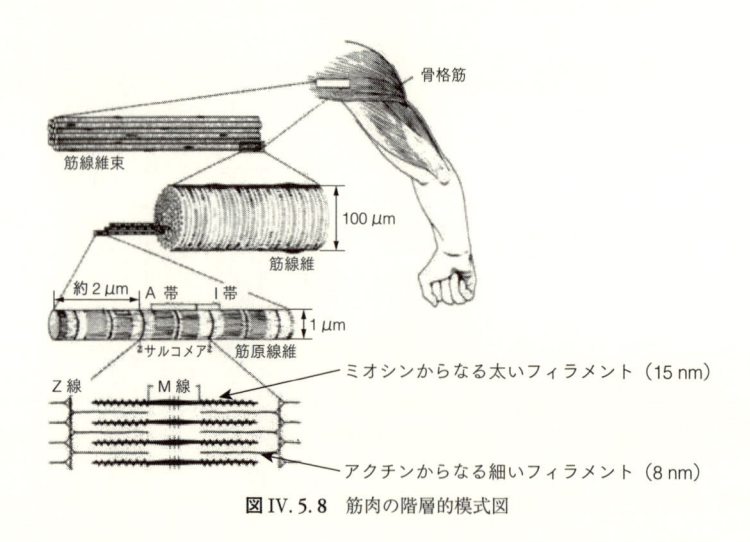

ている場合，足首を背屈させるためには下腿の前脛骨筋，膝を屈曲させるためには大腿の大腿二頭筋，股関節を屈曲させるためには体幹の大腰筋の収縮がそれぞれ必要である．

(b) 骨格筋の収縮

大脳皮質の運動ニューロンの興奮は末梢に伝達され，骨格筋との神経筋接合部にアセチルコリンが放出される．筋細胞のアセチルコリン受容体が細胞外から細胞内へナトリウムイオンを取り込むことで筋肉の収縮が始まる．筋細胞は平常時には細胞内が負に帯電しており，細胞内外には約 -70 から -90 mV の静止電位と呼ばれる平衡電位差が存在する．筋細胞膜のアセチルコリン受容体によりナトリウムイオンが細胞内に取り込まれると，細胞膜の電位差が変化し，近傍の電位依存ナトリウムチャネルによりさらに多くのナトリウムイオンが細胞内に取り込まれる．正の電荷をもつナトリウムイオンが細胞内へ急激に移動することにより，細胞内外の電位差は減少して脱分極し，細胞内が約 $+20$ から $+30$ mV に達する．脱分極の直後にはカリウムイオンが急速に細胞外に流出し，膜の電位が元の状態に再分極される．これら一連の電位変化を活動電位と呼ぶ．脱分極の電位差変化の刺激は筋細胞膜の他の部位に伝播し，細胞膜全体に波及する．筋細胞膜での電位差変化の刺激は，筋細胞膜の電位依存カルシウムチャネルを活性化し，さらにそれに連結している筋小胞体膜のカルシウム放出チャネルが活性化することで筋細胞内に伝達される．筋小胞体膜のカルシウム放出チャネルの活性化により，筋小胞体内に蓄積されているカルシウムが筋肉細胞内に放出される．カルシウム濃度の上昇によりミオシンとアクチンの相互作用が可能となり筋肉が収縮する．後に，カルシウムイオンが再び筋小胞体内に取り込まれて，筋肉は弛緩する．筋細胞膜が細胞内に入り込んだT管と呼ばれる構造の存在により，これら一連のチャネルの活性化が，神経からの刺激とほぼ同時期に筋細胞全体で起こり，筋細胞内のすべての筋原線維が同時に収縮する構造になっている（図IV.5.9）．

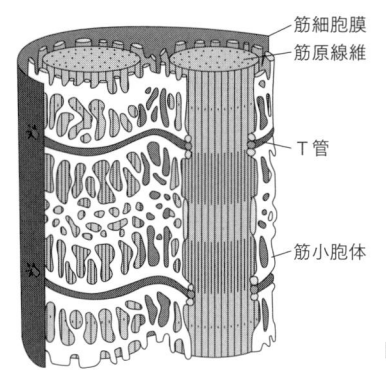

図 IV. 5.9　筋細胞の模式図

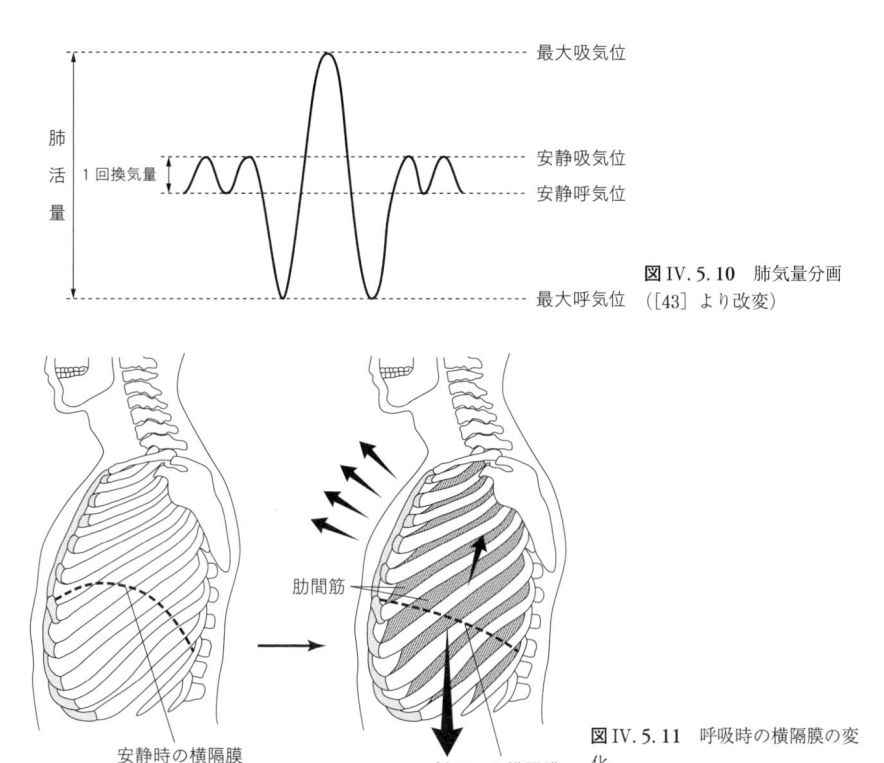

図 IV. 5.10　肺気量分画（[43] より改変）

図 IV. 5.11　呼吸時の横隔膜の変化

(c) 酸素摂取のための呼吸

　エネルギー生産のための酸素を体内へ取り込むため，呼吸が行われる．一般男性の通常の1回換気量は約500 mlである（図IV. 5.10）．呼吸に関係する筋肉は主に横隔膜と肋間筋である．横隔膜は胸腔と腹腔を隔てる膜状の筋肉組織で，弛緩状態ではドーム状であるが，収縮すると腹腔方向へ移動して胸腔の体積を広げ，外気を胸腔内の臓器，つまり肺へと流入させる働きをもつ（図IV. 5.11）．呼吸は延髄の呼吸中枢により無意識的に制御されるが，横隔膜や肋間筋は意識的に動かすことも可能であり，呼吸は一部随意的に制御することが可能である．呼吸に連動して心拍数が変化する反射があることが知られており，呼吸性不整脈と呼ばれる．吸気時には心拍数が増加し，呼気時には心拍数が低下する．この反射により呼吸の酸素摂取効率を向上させていると考えられている．運動時には酸素摂取

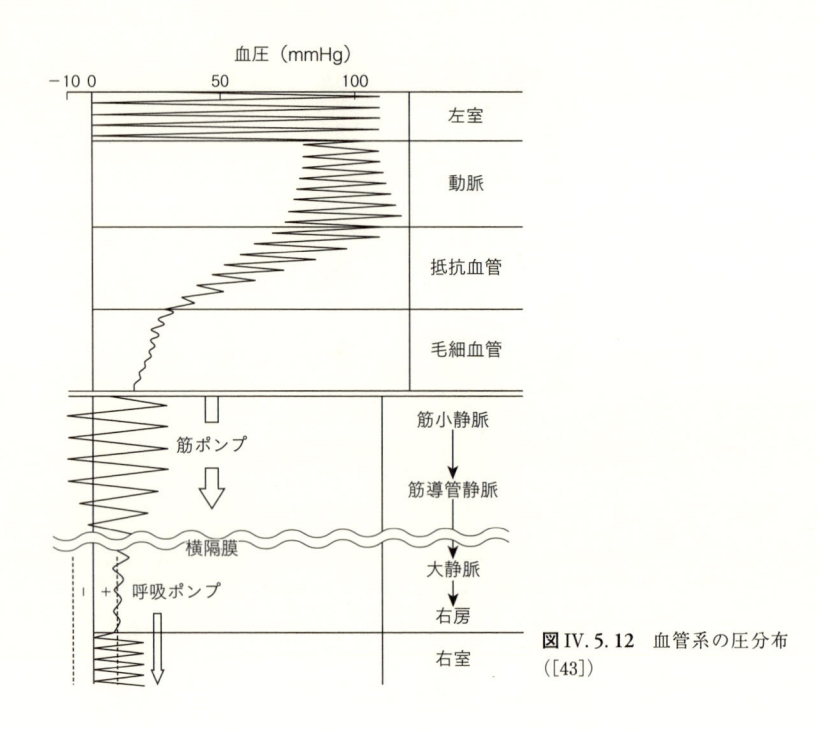

図IV.5.12 血管系の圧分布 ([43])

量を高めるために呼吸が亢進し，換気量および呼吸数が増大する（IV.6.4参照）．

(d) 血液を全身に巡らせる循環系

栄養素や肺で取り込まれた酸素は血液の循環システムにより身体全身に運ばれる．血液循環の駆動力は心臓によるポンプ作用である．心臓は主に心筋細胞から構成され，心筋細胞の中部には骨格筋細胞と同様の収縮構造であるサルコメアが存在し，骨格筋細胞とほぼ同様の機構で収縮する．さらに，細胞と細胞をつなぐ機構が存在し，刺激時に心臓全体を効率的に収縮させることができるようになっている．単離培養された心筋細胞は独立して規則的に拍動を続ける自律能を有するが，生体内では心臓という1つの臓器として多数の心筋細胞が協調して働いている．心筋細胞の協調した動きによるポンプ作用により血液が全身を循環するが，動脈で最大 120-140 mmHg，最低 70-90 mmHg ある血圧は，毛細血管付近では非常に低圧となり，末梢の静脈の血液が心臓に戻されるためには筋肉による筋ポンプが重要な働きをもつ（図IV.5.12）．

5.6 ハートレートモニターの原理と使用方法

(a) 心拍数測定の原理

心臓の細胞一つ一つは興奮性の心筋細胞でできており，一定のリズムで興奮する．皮膚上でそれらの電気活動の総和をひろうと一定の波形として検出することができる．他の筋肉などの収縮による電気活動やその他のノイズを除外するフィルターを用いることで心臓の電気活動だけをひろうことができる．心臓の電気活動の周期は 1 Hz（60 拍/分 = 1 Hz）

から約 3 Hz（200 拍/分）であり，骨格筋の収縮の際の 10-200 Hz と比べてはるかに周波数が短いので容易に分離することができる．

　授業で用いる機械はポラール社のハートレートモニターで，胸に装着するトランスミッターに 2 つの電極があり，電極を肌に密着させることで心臓の拍動を検出する．肌への密着が弱い場合や肌が乾燥している場合などは検出感度が悪くなるため，確実に電極を肌に密着させて，場合によっては電極部位を水で濡らして伝導効率を高める必要がある．検出された心拍は，12 拍分の移動平均の値が 1 分間当たりの心拍数に変換されて腕時計型の受信機に表示される．原理的にわずかな時間差が生じることが避けられないが，ほぼリアルタイムの計測が可能である．

(b)　ハートレートモニターの使用方法

　ハートレートモニターは胸部に装着するトランスミッターの裏側両端に電極が埋め込まれており，心臓の電気活動を検出する．検出された情報は無線で発信され，腕時計型受信機に心拍数が表示される．心拍数は 12 拍分の移動平均値を 1 分間当たりの回数に変換したものが表示される．使用開始時にトランスミッターと受信機を 1 対 1 で認識させるために，周囲に他のハートレートモニターがない状態で測定開始ボタンを押す．CODED と記載されているトランスミッターは 30 チャンネルの周波数をランダムに使用するため，対応後には混信の心配が少ない．

　電気活動の測定のためには電極部を皮膚に密着する必要がある．装着が不十分である場合はハートレートモニターが正常に作動しない．正常に動作しない時には，電極が皮膚に十分密着して固定されているかどうか，皮膚が乾燥していないかどうか，をまず確認するとよい．電極が皮膚に密着せず固定されていない場合，ベルトの長さを調整してきつく締めなおす．または，密着しやすい布製トランスミッターを用いる．ベルトが緩い場合には運動時にトランスミッターが外れることもあるため，きつめに装着すること．また，皮膚が乾燥している場合には両端の電極部位に水もしくはゲルをつけて，肌の伝導率を上げる．冬など，外気が乾燥している時期には特に注意が必要である．

　使用後の注意としては，トランスミッターおよび腕時計型受信機の汗などの付着した部位は，アルコール綿で拭いて，清潔にしてから保管すること．ベルトは使用後には洗濯する．布製トランスミッターは破損防止のために洗濯ネットにいれて洗濯すると良い．

(c)　**生体活動と電気現象との関係**

　生体からは多くの電気活動を検出することが可能である．その主なものは神経細胞と筋細胞（心筋細胞・骨格筋細胞・平滑筋細胞）の活動から生み出される．細胞は電気を通しにくい脂質の二重膜である細胞膜で区切られているが，内外ともに水を含む環境にさらされており，細胞膜の内側にはマイナスの電荷をもつイオンが集まり，外側にはプラスの電荷をもつイオンが集まるという状態（分極）が維持されている．心筋や骨格筋細胞では細

胞外液に対して細胞内の電位が −70 から 90 mV と低くなっている．細胞への刺激によりこの電位差がなくなり，脱分極してさらに刺激が伝達される．それらの細胞内外の電気的勾配を維持しているのは，細胞膜に埋め込まれているチャネルタンパク質とポンプ作用をもつタンパク質である．神経細胞や筋細胞ではこれらのチャネルタンパク質やポンプタンパク質がたくさん発現しており，生体電気の主な起電力を生み出している．

5.7 循環系諸因子の測定法と計算

(a) 心拍数

単位時間（1分間）当たりの心臓の拍動回数を心拍数という．生体は運動強度に応じて酸素を必要とする．心臓の拍動によりこの酸素運搬が行われるため，運動強度が高くなると，生体における酸素需要も高まり，心臓の酸素運搬量も増大する．心臓の酸素運搬量は，心拍出量として捉えられ，次の式で表される．

$$心拍出量（l/分）＝1回拍出量（ml）×心拍数（拍/分）$$

酸素需要の増大に伴って心拍出量は増加するが，1回拍出量の増大がほとんど認められないため，この心拍出量の増加は心拍数の増加に依存する．したがって，心拍数は，心臓の酸素運搬量を知るための重要な情報である．

一般に，動脈は深部に位置するが，手根関節の掌側面においては，橈骨動脈が浅部に位置するため，この橈骨動脈の拍動回数を測定することにより心拍数を捉えることが可能である．この方法を触診法と呼ぶ．利き腕の血管網の方が発達しているため，触診法により心拍数を測定する際，被験者の利き腕の橈骨動脈を触診した方が，血管の拍動を捉えやすい．橈骨動脈を触診する際，被験者の手首が動かないように親指で背側面を支え，人差し指，中指，薬指の3本で橈骨動脈を触診する（図IV.5.13 (a)）．その際，人差し指と薬指で動脈上皮膚面を触診する圧を調整し，中指で動脈の拍動を数える．人によって手根関節部における橈骨動脈の位置が微妙に異なるので，測定する前に触診しやすい場所を確認すること．また，皮下脂肪が厚い人は，橈骨動脈が捉えにくいので，手根関節を背屈すると動脈の拍動を確認しやすくなる（図IV.5.13 (b)）．測定は，30秒間の脈拍数を2倍するこ

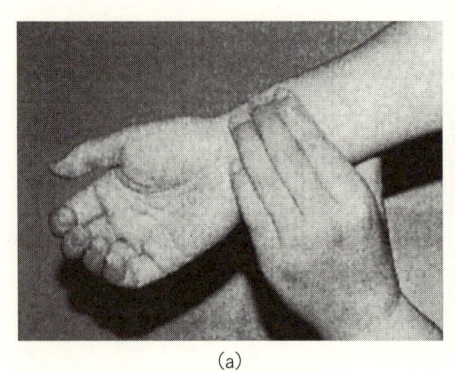

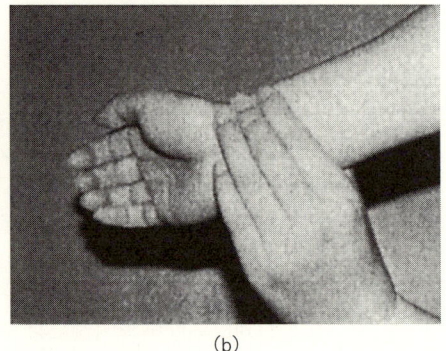

(a)　　　　　　　　　　　　　(b)

図IV.5.13　橈骨動脈の触診の仕方

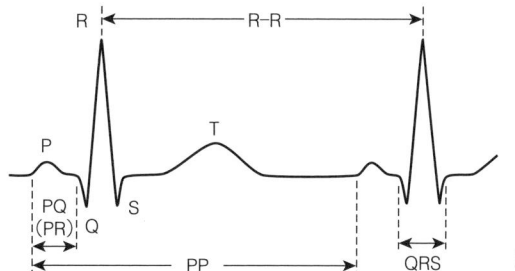

図 IV.5.14　心電図（[126]）

とで1分間当たりの心拍数を算出する．また，運動負荷試験後の心拍数を触診法で測定する場合，運動直後の10秒間の脈拍数から心拍数を求めなければならない．理由は，運動中に高まった心拍数は，運動終了と同時に急激に低下するからである．以上述べた触診法は，運動中の場合や時間的経過を追う場合の心拍数の測定方法には適していない．特にその方法で一般的に用いられているのは心電図の記録による方法である．テレメータの普及により，生体の動きを制限せず，あらゆる運動中の心拍数の測定が可能になった．心電図は，心筋の興奮に伴って発生する電位の変化を体表または身体内の2点間の電位差を時間的変化として記録したものである．双極誘導法による心電図の電極貼付箇所は，心尖部，胸骨上縁部およびアースとして胸骨中点の3ヶ所である．心臓の1回の収縮において心電図には，心房の活動電位（P波），心室の活動電位（QRS波），心室の興奮終了（T波）が記録される（図IV.5.14）．心拍数は，この心電図で記録されたR-R間隔から次式によって算出される．

$$心拍数（拍/分）= 60/R\text{-}R 間隔（秒）$$

連続的に心電図を記録することにより，あらゆる運動中の心拍数の時間的変化や瞬時の変化を観察することが可能である．

(b) 血圧

　一般に「血圧」という場合は，動脈の内圧を指す．心臓の拍動は周期的であるから，動脈の血圧もそれに伴って増減している．すなわち，動脈部においては心臓の収縮期（最高血圧）と拡張期（最低血圧）の血圧とが区別される．また，平均血圧は次式によって求められる．

$$平均血圧 = 最低血圧 + 脈圧/3$$

　また，脈圧は最高血圧から最低血圧を減じて求める．

　血圧測定法には，圧力センサーもしくはカニューラを動脈内に挿入して動脈内圧を測定する直接法と，これを非侵襲的手技により推定する間接法がある．今日広く利用されているのは後者の方法であり，特にコロトコフ音による聴診法は，簡便，小型でしかも精度の高い血圧測定法として認められている．以下に，水銀圧力計，空気ポンプ，ゴム管，およびマンシェットからなるリバロッチ型血圧計を用いた聴診法を述べる．

　血管が発達している利き腕で聴診法による測定を行う．被験者の上腕部にマンシェット

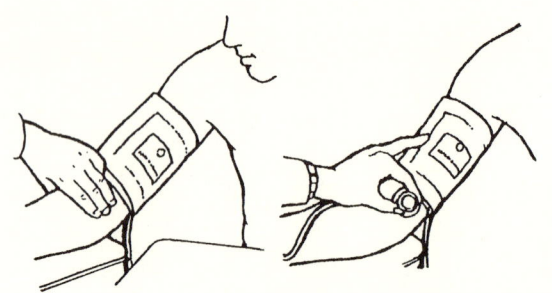

図 IV.5.15 触診により上腕動脈の位置を確認し（左），聴診器をその位置に軽く当てる（右）（[134]）

を軽く巻き，上腕中央部と心臓がほぼ同じ高さになるように肘の高さを定め，前腕を伸ばす．測定の前にあらかじめ，肘窩部の上腕動脈の拍動が最もよく触れる位置を確かめ，その位置に膜型の聴診器を軽く当てる（図 IV.5.15）．被験者の年齢プラス 90 mmHg（最高血圧の平均値）よりも 20-30 mmHg 高いところまで急速に加圧し，空気ポンプのねじをわずかにゆるめ圧力を下げていく．そうすると，聴診器によりコロトコフ音（血管音）が聞こえ始め，このときの水銀柱を読む（最高血圧）．さらに水銀柱を下げていくとコロトコフ音が強くなるが，しだいに雑音が含まれるようになり，やがてコロトコフ音は消失する（最低血圧）．血圧は，種々の環境条件できわめて敏感に反応するので，先にマンシェットを巻き，被験者に血圧測定するときと同じ体位で安静をとらせ，5-10 分後に測定を開始するのが好ましい．この方法による血圧測定は時間がかかるため，時間経過および瞬時の血圧の応答を観察することは不可能である．また，雑音が大きくなる運動中の血圧応答を測定するのは困難である．近年，指周囲径に合わせて可変できるマンシェットを指先に巻き，空気圧制御サーボ方式により間接的に指動脈圧を連続的にモニターすることが可能である Finapress 血圧計が開発された．しかし，この血圧計も振動に弱く，また精度的にも問題がある．

(c) RPP

RPP（rate pressure product）は，上述した心拍数と収縮期血圧の測定により次式で算出される．

$$RPP = 収縮期血圧（mmHg）× 心拍数（拍/分）$$

この RPP は，心筋の酸素消費量と高い相関があることが示されていることから，これは，心臓の仕事を間接的に表す指標と考えられている．最大運動負荷時において，この RPP は左心室の血液を拍出する機能を非侵襲的に評価するのに妥当な方法といえる．また，心筋の酸素消費量は，LT を境に急増するので，漸増負荷運動中にこの RPP をモニターすることで，LT を簡便に推定することも可能である．

5.8 運動持続のエネルギー

有酸素性作業能力の計測

(1) 意 義

動的な全身運動を持続させる能力は，有酸素性エネルギー供給機構の利用能力に依存し，これを有酸素性作業能力と呼ぶ．有酸素性作業能力は，呼吸循環系による酸素運搬能力と，骨格筋における酸素利用能力の総合力を示すものであり，全身の筋が時間当たりに利用できる酸素量の最大値である最大酸素摂取量（$\dot{V}O_2 \max$（l/分））で評価する．運動強度の増加に伴って酸素摂取量と心拍数は直線的に増加し，心拍数が最大値に達した時点で最大酸素摂取量が発現する．運動強度，心拍数，酸素摂取量の直線関係を利用した以下の方法により，有酸素性作業能力を間接的に評価できる．

(2) 測 定

自転車運動，ランニング運動，踏台昇降運動など，活動筋量の多い運動様式を用い，3-4段階の強度（仕事率）の異なる運動を，それぞれ3-4分間，段階的に行う（図Ⅳ.5.16）．各段階での運動終了直前の安定した心拍数をそれぞれ測定する（図Ⅳ.5.17）．心拍数は触診法でも良いが，自動測定器（ハートレートモニターなど）を用いれば簡便である．

(3) 分 析

① 各段階の心拍数（縦軸）と運動強度（横軸）の関係をグラフ化する．
② 各測定点との偏差の総和が最も小さくなるように直線を引き，

$$心拍数 = a \times 運動強度 + b$$

の式を導く（図Ⅳ.5.18）．

③ この式に運動者の推定最大心拍数（220 − 年齢）を代入し，推定最大運度強度を求める．

(4) 解 釈

推定最大運動強度が高いほど，有酸素性作業能力が高いと評価される．自転車運動の場

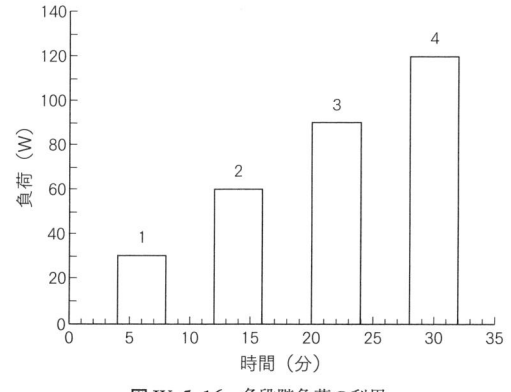

図Ⅳ.5.16 多段階負荷の利用 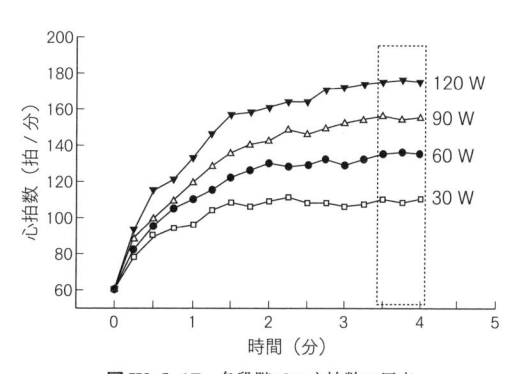　　　　図Ⅳ.5.17 各段階での心拍数の反応

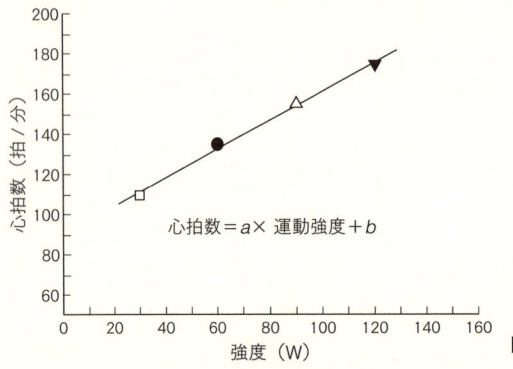

図 IV.5.18 心拍数–強度関係

合には，エネルギー効率（発揮パワー/消費エネルギー）が約22%であるため，以下の式に運動強度（W）を代入することにより，心拍数–運動強度の関係を心拍数–消費エネルギーの関係に変換できる．

$$消費エネルギー（kcal/分）＝運動強度（W）\times 1.433/22$$

さらに，生体では酸素1lに対して約5kcalのエネルギーを消費するため，心拍数–酸素摂取量の関係を得ることができる．

$$酸素摂取量（l/分）＝消費エネルギー（kcal/分）/5（kcal/l）$$

推定最大運動強度（W）を代入すれば，最大酸素摂取量の推定値が得られる．また，心拍数〇〇拍/分での運動を〇〇分間行えば，〇〇kcalを消費する，というような概算が可能になる．

5.9 主観的尺度について

RPE

主観的運動強度（rating of perceived exertion：RPE）とは，被験者が運動中に主観的に感じる負担度を数量化したものであり，RPEはスウェーデンの心理学者であるボルグに

表 IV.5.2 ボルグスケール

	日本語表示	英語表示
20		
19	非常にきつい	very very hard
18		
17	かなりきつい	very hard
16		
15	きつい	hard
14		
13	ややきつい	somewhat hard
12		
11	楽である	fairly light
10		
9	かなり楽である	very light
8		
7	非常に楽である	very very light
6		

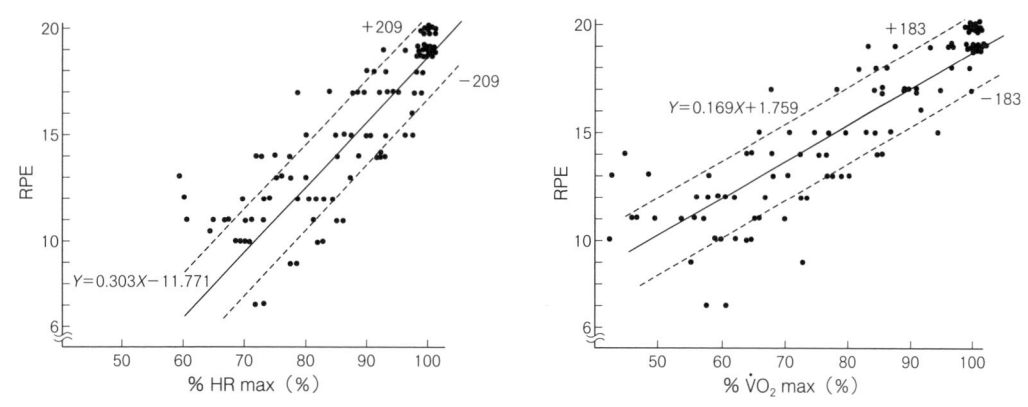

図 IV.5.19 トレッドミル運動中における RPE と心拍数（最大心拍数を 100 として規格）および酸素摂取量（最大酸素摂取量を 100 として規格）([97])

よって提唱されたため，ボルグスケールとも呼ばれている（**表 IV.5.2**）．もともとは，スウェーデン語であったが，その後，アメリカの科学雑誌で英訳され，それが小野寺と宮下により日本語訳された（[97]）．一般的に，運動時の RPE を 10 倍すると心拍数（拍/分）と近い数字になるといわれている．

RPE の有用性は，RPE と運動時の心拍数が高い相関関係にあり，また酸素摂取量（ml/kg/分）と相関があること（**図 IV.5.19**）から，RPE を知ることにより運動量およびエネルギー消費量を推定できることである．心拍数のモニターなどの機械がなく，さらに多くの人を対象に運動処方をしなければならないときに RPE を用いることにより，例えば，「心拍数 110 拍/分になるような速さで走ってください」ではなく，"楽である"と感じる速さで走ってください」と指示することが可能である．また，心拍数と運動強度とが対応しない薬物の投与条件下において，運動強度を知る手がかりは，被験者の主観的な強度（RPE）が有効である．

RPE と血中乳酸濃度を経時的に調べた結果，RPE の 13 を変曲点として血中乳酸濃度は急激に増加することを確認している．また，息切れや下肢筋群の疲労に関しては RPE の 12-13 に相当したことも観察されたことから，無酸素性作業閾値関連指標は RPE の 12-13 に該当すると考えられる．したがって，血中乳酸濃度をモニターすることが困難な競技者においても，「ややきついと感じる速さでトレーニングしなさい」と教授することで，LT に相当する運動強度でのトレーニングが可能である．

5.10 動作における関節機能評価

(a) 関節運動測定の注意

可動域の測定に際しては，運動の面に角度計を正しく置くこと，基本軸から角度計を動かさないように注意する（**表 IV.5.3**）．

表 IV.5.3　関節可動域測定法（[91]）

関節名（部位名）	運動方向	正常可動範囲	角度計のあてかた			注意	備考
^	^	^	基本軸	移動軸	軸心	^	^
肩 shoulder（肩甲骨の動きも含む）	屈曲（前方挙上）flexion	0-180	肩峰を通る垂直線（起立または坐位）	上腕骨	肩峰	体幹が動かないように固定する．脊柱が前後屈しないように．	
^	伸展（後方挙上）extension	0-50	〃	〃	〃		
^	外転（側方挙上）abduction	0-180	〃	〃	〃	角度計は前後どちらにあててもよい．体の側屈が起こらぬように90°以上になったら前腕を外旋することを原則とする．内転の計測は20°または45°屈曲位で測る方法もある．	
^	内転 adduction	0	〃	〃	〃		
^	外旋 external rotation	0-90	床に垂直（右図）	尺骨	肘頭	1. 上腕を体幹に接し，肘関節を前方に90°屈曲した位置を原点とする．	
^	内旋 internal rotation	0-90	〃	〃	〃	2. 肩関節を90°外転した位置で測ることもある．	
^	水平屈曲 horizontal adduction（flexion）	0-135	肩峰を通る前額面の投影線	外転90°より水平面を移動した上腕骨長軸	肩峰	手掌は原則として下向き．	
^	水平伸展 horizontal abduction（extension）	0-30	〃	〃	〃		
肘 elbow	屈曲 flexion	0-145	上腕骨	橈骨	肘関節	角度計は外側にあてる．	
^	伸展 extension	0-5	〃	〃	〃		
前腕 forearm	回内 pronation	0-90	床に垂直（右図）	伸展した母指を含む手掌面	第3指尖	肩の回旋が入らないように肘を90°に屈曲する．0°の位置は前腕の中間位．回外は手掌が天井を向いた状態．回内は手掌が床面を向いた状態．	
^	回外 supination	0-90	〃	〃	〃		
手 wrist	背屈 extension（dorsal-flexion）	0-70	橈骨	第2中手骨	手関節	前腕は中間位．角度計は橈側にあてる．	
^	掌屈 flexion（palmar-flexion）	0-90	〃	〃	〃		
^	橈屈 radial flexion	0-25	前腕骨（前腕軸の中心）	第3中手骨	〃		
^	尺屈 ulnar flexion	0-55	〃	〃	〃		

204——Ⅳ　身体運動の実践

関節名 (部位名)	運動方向	正常可動範囲	角度計のあてかた			注意	備考
			基本軸	移動軸	軸心		
股 hip	屈曲 flexion	0-90 0-125 (膝屈曲のとき)	体幹と平行に	大腿骨 (大転子と大腿骨外顆の中心)	股関節 (大転子)	骨盤を固定する	
	伸展 extension	0-15	〃	〃	〃		
	外転 abduction	0-45	左右の上前腸骨棘を結ぶ線への垂線	大腿中央線 (上前腸骨棘より膝蓋骨中心)	上前腸骨棘	骨盤を固定．外旋しないようにする．内転計測のときは反対肢を屈曲挙上して，その下を通して内転する．	
	内転 adduction	0-20	〃	〃	〃		
	外旋 external rotation	0-45	膝90°屈曲位で膝蓋骨より下した垂線	下腿長軸	膝蓋骨	膝関節を屈曲(90°)し，股関節回旋の角度を下腿骨の移動角度で計測できる肢位(背臥位で膝から下をベッドより出す．または腹臥位．骨盤の代償を少なくするように．	
	内旋 internal rotation	0-45	〃	〃	〃		
膝 knee	屈曲 flexion	0-130	大腿骨(大転子と大腿骨外顆の中心)	下腿骨(膝骨小頭より腓骨果)	膝関節	原則として腹臥位で行うが股関節の屈曲拘縮などがあり腹臥位がとれないときは背臥位で計測することもある．	
	伸展 extension	0	〃	〃	〃		
足(関節) ankle	背屈 dorsi-flexion	0-20	下腿骨軸への垂線(足底部)	第5中足骨	足底	腰かけ坐位(腹臥，背臥位もあり得る)．膝を屈曲して2関節筋の緊張を除いて測ること．	
	底屈 plantar-flexion	0-45	〃	〃	〃		
足部 foot	外がえし eversion	0-20	下腿骨軸への垂線(足底部)	足底面	特に定めず	同 上	
	内がえし inversion	0-30	〃	〃	〃		
	外転 abduction	0-?	第1第2中足骨の間の足軸	同 左	前足部関節	足底で，足外縁または内縁で計測することもある．膝伸展位．	
	内転 adduction	0-?	〃	〃	〃		

(b) 複合関節運動の評価

現実の身体運動は多くの筋が共同して働く（複合関節運動）．パフォーマンステストで評価されることが多いが，いろいろな評価法がある．動作を規定してワイヤの張力で筋力の評価をするのも1つである．体前屈計のように股関節と脊椎間の多くの関節の動きを長さで表現することもある．

Ⅳ 6 共通基礎実習

6.1 共通基礎実習全体の目的と概要

1年生の「身体運動・健康科学実習」において，夏学期に2回，冬学期に3回，全学生共通の「基礎実習」が計画されている．この実習の目的は，Ⅰ.4 にある「身体運動関連授業の教育目標」を実現するため，スポーツから労働作業や日常生活行為まで，あらゆる行為に共通する基礎である「動くからだ」の科学的原理を，実際に自分の身体を使って学ぶことにある．

運動や力が，脳・神経・骨格・骨格筋・心臓や，それらを構成する細胞などの基本的な生命システムによって，どのように生み出されているのか（人間の基本動作，呼吸循環と健康，身体運動と生命科学），脳が生み出す感覚や感情などの心的過程が運動や力とどのように関わっているのか（つもりと実際），生命体としての身体を適切に保全するにはどうすればよいのか（救急処置）など，「自身（自分の身体）」を知り，からだとこころの調和のとれた，本質的な健康のあり方を学ぶなどであり，以下の5項目から構成されている．

項目1 「つもりと実際」：握力計を用いて，学生本人の意図する筋力を結果を見ないまま5段階で発揮させ，実際の結果と対照させる．

項目2 「人間の基本動作」：ヒト骨格の特徴，脊椎骨盤のアライメントなどにつき種々身体計測を通じて学ぶ．また筋電図測定を行い，歩行などの基本的動作時の筋活動を観察する．

項目3 「呼吸循環と健康」：運動とホメオスタシスのメカニズムを理解するため，循環機能（心拍数），呼吸機能（呼吸数）をモニターしつつ種々のレベルの運動負荷を加え，各自の至適運動強度を知る方策を教える．

項目4 「身体運動と生命科学」：身体組織が生命の基本単位である細胞から構成され，自律的に適応が可能であることを知るために，心筋細胞などを顕微鏡観察し，あわせて心拍数の適応的調節を知る．

項目5 「救急処置」：救急救命の手順を学ぶ．人形を用いた心肺蘇生を体験し，AED（自動体外式除細動器）の取り扱いを学習する．あわせて局所外傷に対するRICE処置，テーピング，アイシング実習を行う．

6.2 つもりと実際：握力のグレーディング

(a) 概 要

握力を主観で5段階，等間隔に出し分け，実際に発揮された筋力と主観的強度との関係を観察する．

(b) ねらい

自分の感覚による主観的運動出力強度（S）と実際の物理的出力強度（I）との対応関係（スティーブンスのベキ法則：$S=k(I-\theta)^n$, θ は閾値）を確認し，他者との比較や自分のスポーツなどの身体運動経験との関連から，測定結果の意味を考察する．

(c) 実施手順

2人1組となる．実験は，5段階の握力を各段階1回ずつ発揮して1セットとし，左右各2セットずつ行う．準備としてまずセット内の各段階の順序をくじ引きなど*でランダムに決める（4通りつくる）．次に各自最大握力を発揮（開眼で2回）し，最大握力発揮の感覚を覚える．そして，その最大握力感覚を100％（段階5）の出力感覚とし，その80％（同4），60％（同3），40％（同2），20％（同1）と思う力を，上記の順序で発揮する．

*　くじ引きの理由：任意に0-9の数字をデタラメ（random）になるように意識して多数回書いたり言ったりしても，無意識に好みが出て各数字の出現確率は必ずしも同じにならない．また，順序効果（前試行の残存効果，疲労，慣れ，ウォームアップ効果など）を全条件（この場合は5つの段階）に等しい確率で割り当てることによって，統計学的に順序効果を実験誤差として条件の効果から分離することができる．この操作をランダマイズという．ランダマイズの方法としては，いわゆるくじ引きが一般的である．識別不能な5個の均質な物（均質なカードなどに被験者に見えないように1-5の番号を書いておくなど）を被験者に選ばせるのが最も簡単な方法である．乱数を用いてもよい．

(d) 実施時の注意点

左右の全試行が終了するまで，自分の記録が絶対に見えないようにする．握力計や記録用紙が筋力発揮者の視野に入らないように配置し，次試行の段階の指示および記録はすべてパートナーが行う．パートナーは交代時に記録用紙を裏返す（記録用紙の裏に目印をつけておくとよい）．

握力発揮の方法は，必ずしも文部科学省体力テスト方式でなくてもよいが，セットの途中で力発揮条件（握り幅，姿勢，力の出し方など）を変えてはならない．

疲労を軽減するために，左右交互，1セットごと被験者交代などが有効である．時間が足りなくなる恐れがあるので，1人が全部やってから交代することは避ける．

(e) データ処理

① 縦軸に主観的強度（1-5），横軸に実際の力（物理的強度）をとってグラフを描く．
　原点（0, 0）．セット別＋平均値．段階1-5の測定値を直線で結ぶ．

② 平均値に傾向線（すべての点に最も近く，かつ線の上下に同数の点が分布するような変曲点のない滑らかな線）を引き，外挿して閾値（横軸との交点）を求める．閾値（threshold）とは感覚が生じる最低限度の物理的強度（閾値が小さいほど敏感）を意味する．

③ 各段階の平均値から閾値を引いた値と主観的強度を用いて両対数グラフを描いてみ

る．スティーブンスのベキ法則に適合していれば傾向線が直線で描け，その傾きがベキ指数となる．

④ グレーディング誤差を算出する．1-4の各段階の測定値を，各セットごとにグレーディング中に実際に発揮された段階5の値*に対する％値に換算し，その値と客観水準（20, 40, 60, 80%）との差の絶対値を求める．4段階平均した値をその種目の1段階当たりの個人グレーディングスコアとして算出する．

* グレーディング誤差の算出基準となる100％の値は，セットごとの段階5とするのが最も正確である．疲労による筋力減少やウォームアップ効果による筋力増加がなければ便法として最初の最大筋力を用いてもよいが，これらの影響や効果があると，見かけ上グレーディング誤差は大きくなる．

(f) 必要物品

握力計，クジ1セット/2人，データシート1枚/人，グラフ用紙1枚/人，机1台/4人，椅子，電卓，定規，筆記用具．

6.3 人間の基本動作

(a) 脊椎・骨盤の動き

人間の動きには歩く，立つ，座る，這う，寝返りなどの基本動作がある．これらの基本動作を当たり前にできることと思わず，なぜヒトは基本動作を行えるのか考えてみる．基本動作の理解のためには，ヒトの身体の構造を脊椎・骨盤の解剖によって知ることが必要である．脊椎は頸椎7個，胸椎12個，腰椎5個，仙骨（5個の仙椎が癒合したもの），尾骨からなる．脊椎動物でも魚，ウシ，サルで違う形をしている（図IV. 6.1 (a)）．

(1) ヒトの骨格の特徴

① 脊椎が座位，立位では正面から見るとまっすぐに鉛直方向に並ぶ．
② 側方向から見ると頸椎前弯，胸椎後弯，腰椎前弯，仙椎後弯のカーブをもつ．
③ 腰椎が大きく頸椎が最も小さい．
④ 各脊椎で形態・機能の違いがある．
⑤ 骨盤が頭尾方向には短縮し，左右に大きくなった（股関節の伸展と股関節伸展筋で

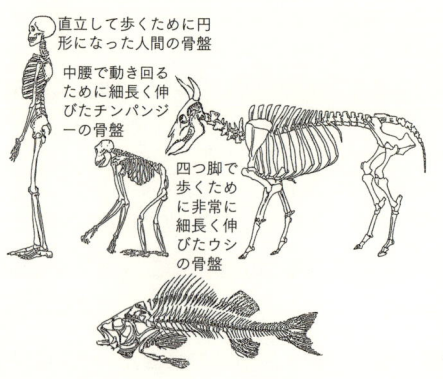

図IV. 6.1 (a) 脊椎動物の骨格の違いは生活環境，生態での違いである

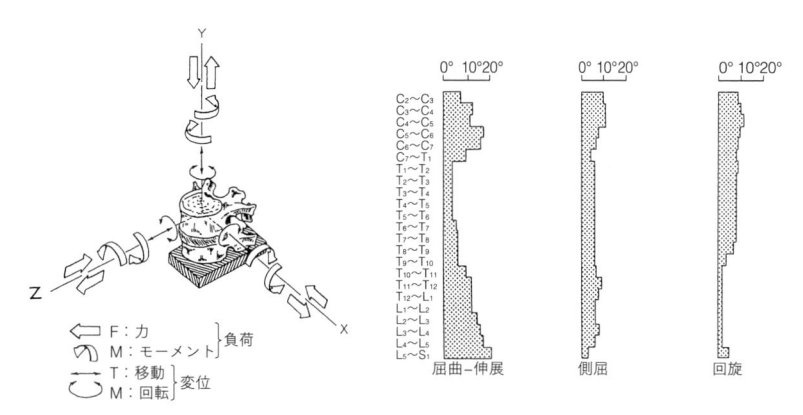

図 IV.6.1 (b)　脊椎の機能単位と各基本軸周りの動き（[115]）

ある大殿筋，立位保持の中殿筋の発達）．

脊椎の運動を分析するときは2つの隣接する椎体と椎間板からなる機能単位を考える．脊椎には3方向の座標軸があり，この周りに働く6方向のモーメントと6方向の並進運動を測定分析する（図 IV.6.1 (b)）．1つの機能単位の測定は困難なので脊椎全体の動きを調べてみよう．

(2) 脊椎・骨盤の動きの体験

角度計を1個用い，2人1組で行う．立位で3つの基本軸周りに脊椎を動かす．すなわち前後に屈曲伸展，左右に側屈，左右に回旋，どのようにどれくらい動くか試してみよう．まずメルクマールとして第7頸椎と第1胸椎の棘突起を触診で同定する．頭を回旋して動くのが第7頸椎である．

図 IV.6.2 (a) に示すように，屈曲と伸展では角度計（傾斜計）を眼と耳の穴を結んだ線にあて，線分の傾きの前屈と後屈の間の移動量を測る．次に第1胸椎以下上位胸椎の傾きと骨盤の傾きを測り，動きにおける移動量を測る．頭の動きと胸椎の動きの差で頸椎，骨盤の動きと胸椎の動きの差で胸腰椎の動きを測る．

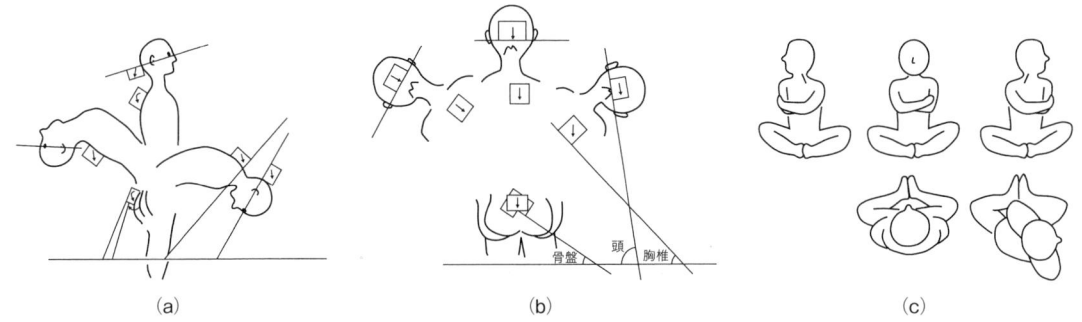

図 IV.6.2 (a)　矢状面に角度計を置き脊椎の前屈，後屈を測る．頭部，上部胸椎，骨盤の傾きを測る．各姿勢での傾きの差で動きを測る（[59]）．(b) 側屈を測る．（頭部の傾き）−（胸椎の傾き）＝頸椎の動き，（胸椎の傾き）−（骨盤の傾き）＝胸腰椎の動き（[59]）．(c) 坐骨を床から浮かさぬよう垂直軸周りの左右回旋を測る．意外と背骨は回旋しない．合計で90-95度である（[59]）．

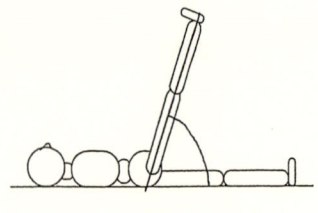

SLR 右（　）度　左（　）度
SLR（膝を伸ばし股関節を曲げたとき）の床と大腿の角度

図IV.6.3 SLR．仰臥位で膝伸展し，下肢中央に角度計を置き，伸展下肢挙上角度を測る

左右の側屈の計測では，左右の眼あるいは耳を結んだ線分の傾きが全身の動きであり，肩峰を結んだ線分の傾きを引くと頸椎の動きになり，骨盤の傾きを引くと頸椎と胸椎と腰椎の動きとなる．骨盤の測定はズボンが引っかかる腸骨を触れ左右を結んだ線分の傾きを測る（図IV.6.2 (b)）．

回旋は座位をとり坐骨が床から浮かないように意識しつつ体全体を回す．顔の向きと胸の向きと骨盤の向きの差で頸椎と胸椎，腰椎の回旋を比較する（図IV.6.2 (c)）．

一方向にスイングすることが多い野球・バレーボール選手では体幹の回旋の動きに左右差がある人が多いという報告がある．超一流選手では左右差がなく，背骨の一つ一つの動きを識別できるという．

(3) 立位体前屈計による体前屈の計測

体前屈に関係すると思われている脊椎と股関節の動きを数値化する（立位体前屈計と踏み台昇降台を使う）．仰臥位で伸展下肢挙上角度（straight leg raising：SLR）を測る（図IV.6.3）．脊椎，骨盤，下肢を連絡する筋肉のストレッチング（表IV.1.1）を行い，その直後に再び体前屈とSLRを測る．多くは体前屈およびSLRの可動域が改善する．体前屈に影響するのは脊椎であると思われがちだが，脊椎よりもハムストリングの固さが体前屈の制限因子といわれている．

(4) 立位姿勢のチェック

（前方から，側方から）互いにチェックする．前方から両目を結ぶ線，両肩を結ぶ線，骨盤を結ぶ線が平行か調べる．前屈したときの背中に角度計を当てて左右同じ高さかどうかを調べる（図IV.6.2 (b) 正面）．

側方からのチェック，立位や座位姿勢では脊椎の中でも骨盤のアライメント（骨関節の並び方，並べ方）の理解が必要である．例えば，骨盤前傾の強いアライメント（姿勢）や

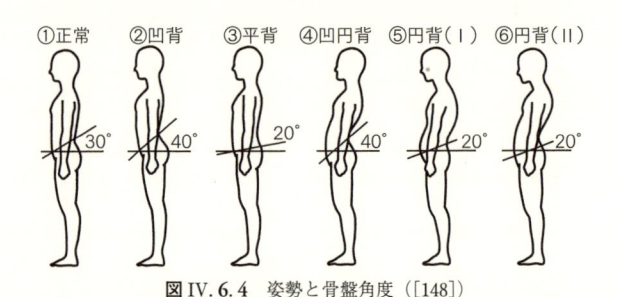

①正常　②凹背　③平背　④凹円背　⑤円背（I）　⑥円背（II）
30°　40°　20°　40°　20°　20°

図IV.6.4　姿勢と骨盤角度（[148]）

仙椎の後傾した座り方は腰痛の一因となる（図IV.6.4）．X線写真を撮ることなく脊椎の湾曲を記録する装置，スパイナルマウスを使ってアライメントを確認する．

(5) 骨盤，仙椎の前傾，後傾を強調する動きによる観察

座位で骨盤の前傾を強くして坐骨前部に体重をかける，後傾を強くして尾骨に体重をかけてみる，立位で腰のそりを強くする，あごを前に出して頸椎の前への湾曲を強くすると背中が曲がってくる（高齢者の特徴）など，互いに観察して脊椎のアライメントが変化することを確認する．また，普段の自分の姿勢で胸椎および骨盤がどの程度前傾しているのかを測定する．姿勢の変化を足の裏で感じてみよう．リアルタイムに足底圧分布を記録するフットビューに乗って，荷重位置の変化と脊椎のアライメントの変化を観察する．

(6) 脊椎機能テスト

腰痛は現代生活をおくるうえで克服すべき障害である．脊椎の使い方を誤ると腰痛がおこる（図IV.4.6）．腰痛には内臓疾患などいろいろな原因があるが，脊椎由来のものとしては以下のものが挙げられる．

① 腰椎椎間板ヘルニア：椎体の間のクッションである髄核が飛び出してしまう病態．
② 腰椎分離症：成長期に見られる椎体の間の関節突起の疲労骨折．
③ 変形性脊椎症：主に中高年に見られる椎体の間の関節の変形，椎体の変形を示す病態．
④ いわゆる腰痛症：X線変化など構造的な病態が見られないものを指す．これが最も多い．

腰痛対策は局部に力を集中させない良い姿勢と支える筋力をもち，スケジュール管理をして疲れをためないことである．良い姿勢でも長い姿勢は疲労の原因となるので休憩と適度に身体を動かすことを心がける．

(7) 脊椎・骨盤を支える筋力の測定

2人1組で，簡便なクラウス・ウェーバー・テスト変法で脊柱機能テストを行い（図IV.6.5），腹筋，背筋の筋力を測る．

上体起こしの腹筋力と腹筋背筋の持久力を各種測定し数値化する．上体起こしの腹筋力は膝を伸ばしたままと膝を曲げたものとを行う．支持なしで起きることができれば5点，支持があれば起きられる場合は4点となる．持久力は腹筋3種目，背筋2種目で1分間できると6点であり，合計30点で上体起こしとあわせて40点満点である．運動選手は負荷をもって行う．体重の7％の負荷をもって行えることが目標である．

ここで注意することは痛みを我慢して行わないことである．腰痛を抱える人は脊椎機能テストの成績が悪いことが多い．腰痛あり，時々ありを腰痛あり群とし，まったくない，かつてあったが最近数年間はないという腰痛なし群に分けて集計し比較検討する．

(8) 腹筋を鍛える意義

腹圧をかけると脊椎にかかる負荷が減る（図IV.6.6）．腹部横断図（図IV.6.7 (a)）を見ると腹筋（腹直筋，腹斜筋，腹横筋），腰方形筋，大腰筋，背筋（多裂筋，起立筋）と脊

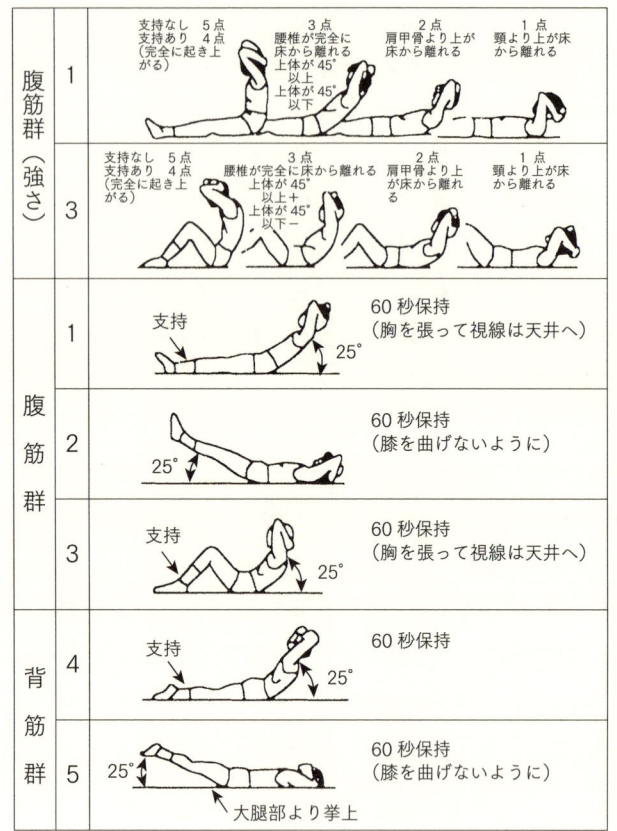

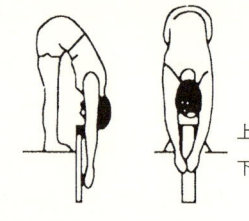

図IV.6.5 脊柱機能検査（クラウス・ウェーバー・テスト変法）（[46]）

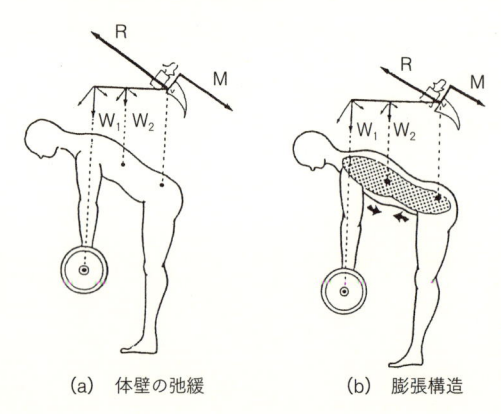

図IV.6.6 腹に力を入れると腰を支えられる（[59]）．丹田やパワーハラス（ピラティス）といういい方もある．

(a) 体壁の弛緩　　(b) 膨張構造

椎が体幹を形成している．腹筋・背筋の強化は競技力の向上に必要なものであるが，意識して力を入れて骨盤・脊椎の姿勢を制御できるようになることを目指すことで，腰痛対策にもなる（図IV.6.7 (b)）．腰痛体操の基本は骨盤・脊椎・下肢を上手に動かすこと，腹筋背筋を含めた関連する筋のストレッチングと筋力強化である（図IV.4.8）．

(9) まとめ

ヒトの身体の基本的な構造を知り，立位の基本的動きを改めて考える．骨関節の並べ方，アライメントを理解してさらによりよい使い方を目指す．

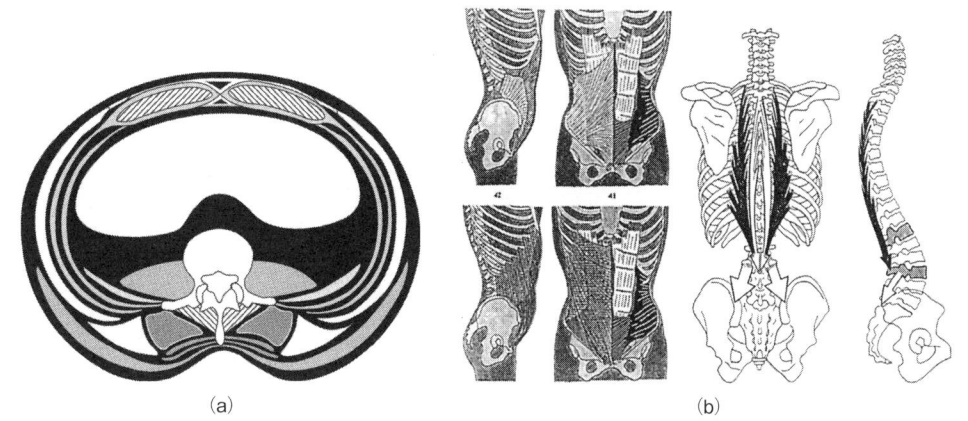

図 IV.6.7 (a) 腰部横断面．脊椎とその周囲筋（[59]）．(b) 腹筋と背筋のイメージ（[59]）．

(b) 動作と筋電図

いくつかの基本動作を題材にして，身体運動が神経系からの指令に基づく筋活動によって制御されていること（III.4.1）を，運動に関係する骨格筋の活動電位を導出することを通して学ぶ．

(1) 筋電図

神経系から筋への運動指令は，中枢神経および末梢神経からの電気的なパルスである（インパルス）．インパルス頻度が高いほど筋の興奮水準が高まり，筋の長さや短縮速度が同じ（III.2.1）であれば，筋はより大きな力を発揮する．脳による身体運動制御の出力面の主な仕事は，運動に関係する筋を選択し，α および γ 運動ニューロン（III.4.3）へのインパルス頻度の時系列を決めることである．

筋細胞（筋線維）はインパルスによって興奮し，活動電位を発生する．よって，運動に関係する筋の活動電位を記録することで，神経系による運動制御の様子の一端を知ることができる．筋の活動電位を時間経過に沿って表示したものが筋電図である（III.4.6）．

皮膚に電極を貼って導出した筋電図（表面筋電図）の電位は高々数 mV なので，見やすくするために電位を増幅器で増幅する．この実習で用いる電極は，電極と増幅器が一体化されたものである（**図 IV.6.8**）．

(2) ゴニオメータ

ゴニオメータは，関節角度を測定する装置である．この実習では，回転型の可変抵抗器を用いて作製したものを用いる（**図 IV.6.9**）．運動時に筋電図に加えて関係する関節の角度を記録することによって，筋活動と動作との対応関係を知る手がかりとする．

(3) 動　作

① 静止立位：直立姿勢で静止する．
② 身体の前傾・後傾：立位のまま，足関節を支点にして，軽く身体の前傾と後傾を行う．
③ 脚の屈伸：直立位からゆっくりと脚の屈伸を行う．

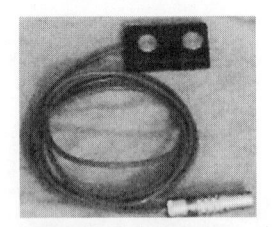

図IV.6.8　増幅器付電極

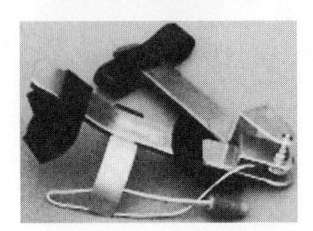

図IV.6.9　ゴニオメータ

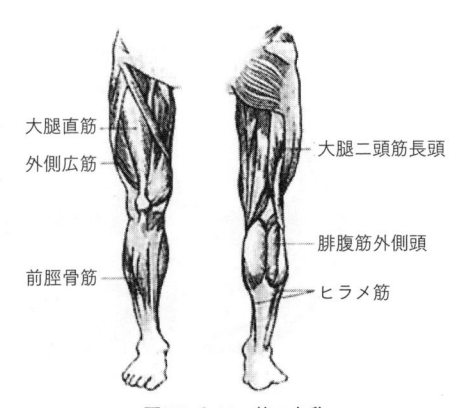

図IV.6.10　筋の名称

④　歩行，走行：いくつかの速度で歩行と走行を行う．

⑤　上体の前傾・後傾と旋回：立位のまま，股関節を支点とした上体の前傾・後傾と上体の回旋を行う．

(4) 筋電図の記録

①-④の動作については，右脚の大腿直筋，外側広筋，大腿二頭筋長頭，前脛骨筋，腓腹筋外側頭，ヒラメ筋（図IV.6.10）に電極を貼り，筋電図を導出する．⑤の動作については，右側の腹直筋と外腹斜筋（本書表表紙裏参照）に電極を貼り，筋電図を導出する．

(5) 関節角度の記録

右脚の膝関節と足関節にゴニオメータを装着し，関節角度を記録する．

(6) 観　察

①　静止立位時に興奮水準が高い筋に注目する（III.4.1 (b)）．

②　足関節を支点にして身体を前後傾させたときの下腿の筋の活動に注目する．

③　脚の屈伸の際の各筋の興奮水準を静止立位時と較べ，その異同の理由を考える．

④　歩行での興奮水準の高い筋を探し（III.5.3 (a)），その理由を考える．

⑤　走行での興奮水準の高い筋を探し，その理由を考える（III.5.3 (b)）．

⑥　腹直筋と外腹斜筋の働きの違いを考える．

＊　関節の運動については，本書裏表紙裏を参照．

6.4　呼吸循環と健康

運動のエネルギー消費量と酸素摂取量，きつさ

運動時のエネルギーは，主として糖や脂肪からミトコンドリアが酸素を利用してATPの形で生み出されている．運動のエネルギー消費量を求めたい場合に糖や脂肪が消費された量を直接測定するのは困難だが，酸素が使われた量は，酸素が肺から取り入れられた量＝酸素摂取量とみなしてよいので，測定することができる．そこで酸素摂取量は，運動時

のエネルギー消費量の測定としてよく行われる．酸素摂取量の最大値は最大酸素摂取量と呼ばれて，持続的にエネルギーを消費できる最大能力を表すことから，持久力に特に関係する運動能力として，古くからよく測定されている．

酸素摂取量（VO_2）は最大酸素摂取量（$\dot{V}O_2\,max$）までの範囲で，運動強度に比例して増加する．つまり速度が2倍になれば，酸素摂取量も2倍になる．このことから，運動強度はその時の酸素摂取量の最大酸素摂取量に対する割合（%$\dot{V}O_2\,max$）で表すことができる．身体は，運動時にどれだけ酸素摂取量＝エネルギー需要が必要なのかを判断し，精密に調節している．そのメカニズムは複雑だが，例えば血液中の二酸化炭素濃度は1つの重要な因子で，血中二酸化炭素濃度の上昇は呼吸を活発にする．また脳からの神経を介した要因，ホルモンの分泌などにもよっている（図IV.6.11, 図IV.6.12）．ただしこうした精密な判断によってその運動時における酸素摂取量が上昇して一定の値になるには，運動を開始してから30秒から1分程度は必要である．

ここで酸素の摂取は，血液が肺を通り抜ける際に，ヘモグロビンに酸素が結合することで行われる．そこで酸素摂取量は肺を通り抜ける血液量に大きく依存する．そして肺を通り抜ける血液量はすなわち心臓が送り出した血液量であり，これを心拍出量という．心拍出量＝1回に送り出す量×送り出す回数である．そして1回に送り出す量（1回拍出量）はあまり大きく変化できないので，心拍出量は心臓が送り出す回数，つまりは心拍数に大きく依存する．そこで酸素摂取量は心拍数に大きく依存していることになり，心拍数から酸素摂取量を推定することができる．

運動時のきつさは様々な要因によって起きている．運動強度が高くなるときついのは誰でもわかるが，どのくらいの強度からきつくなるのかというと，大まかには50-70% $\dot{V}O_2\,max$，心拍数でいうと120-140（bpm）程度の強度が境目とされる．これより上の強度では，脂肪より糖を多く使うようになり，アドレナリンなどのホルモンが多く出るようになり，速筋線維を多く使うようになる，といった反応が出ることが，きつさと関係していると考えられる．そこで血中乳酸濃度や呼吸量も，こうした運動時のきつさの境となる指標を判定するのに用いることができる．

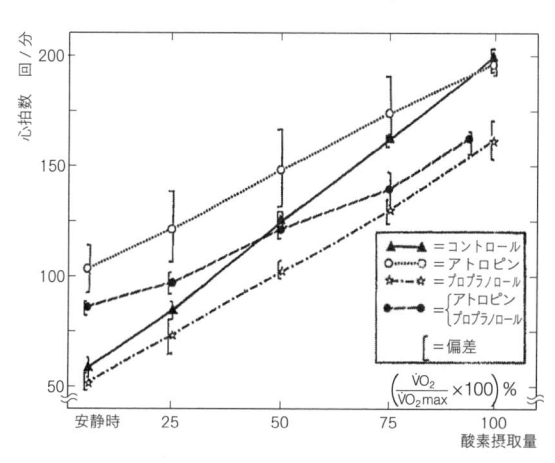

図IV.6.11 自律神経遮断剤投与時の運動強度と心拍数の関係（[9]）

持久走というときついから嫌だという意識を持っている人は多いかもしれない．それは中学高校時代の持久走大会のような，きつかった経験がもたらしていることが考えられる．しかし健康増進のために運動しようという場合にはきつく追い込む必要はない．きつくない運動強度で走っていれば快調だし，またランナーズハイと呼ばれるような快さが生まれることもある．そうしたことも，近年マラソンに挑戦しようとする人が増えている理由であろう．

この実習の目的

- 速度に対して心拍数が直線的に上昇していることを知る．またこのことからエネルギー需要を身体が把握して調整していることを学ぶ（教科書 pp. 52, 58, 198）．
- 運動強度によって，身体の反応が変わっていくことを知る．それを受けて主観的運動強度の考え方を学び，長距離走＝きついというのではなく，各人のきつくない至適速度を知り，きつくなく走れる速度があることを学ぶ（教科書 pp. 55, 202）．そしてその至適走行速度の心拍数，主観的運動強度を知り，実際の運動に役立てる．
- 運動強度は酸素摂取量の最大酸素摂取量に対する割合（%$\dot{V}O_2$ max）で表せること，そして酸素摂取量に近い指標として心拍数が運動強度の指標となることを学ぶ（教科書 pp. 52-53）．
- 発展として，速度—心拍数関係から，走運動の記録を推定してみる．

準備するもの

- ストップウォッチ
- 記入用紙　（裏に1周時間—速度換算表，主観的運動強度表）（教科書 p. 253）
- HR モニター
　胸に巻いたバンドによって，心臓の拍動を電気的に感知して，心拍数を腕時計式のモニターに表示する．ただし人によってうまくとれないことがある．胸のセンサーをぬ

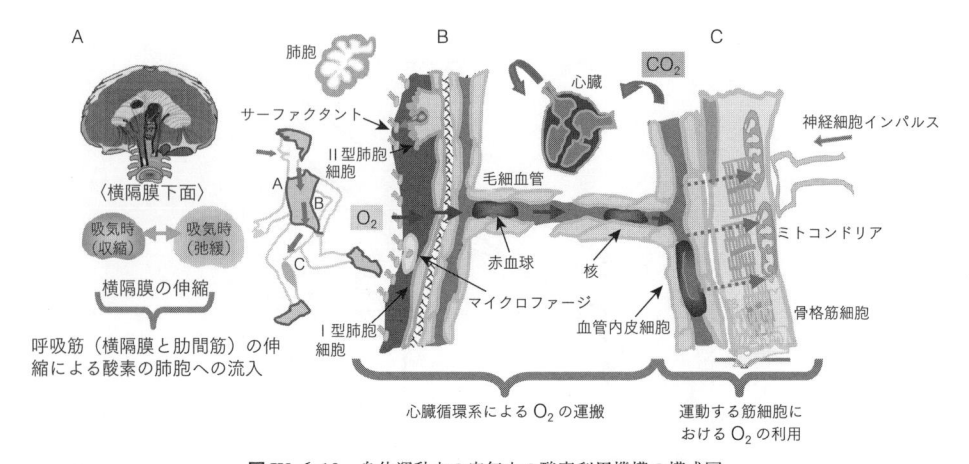

図 IV. 6.12　身体運動中の空気中の酸素利用機構の模式図

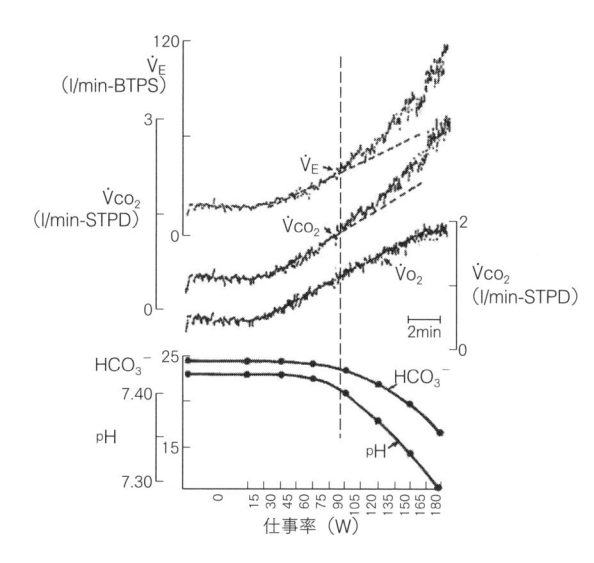

図 IV.6.13 運動時の換気量（V_E），酸素摂取量（VO_2），炭酸ガス排出量（VCO_2）および血液成分の変化（[143] から一部改変）

らすととれるようになることが多いので，軽くしめらせて装着する．それでもとれない場合は，自分の手首や首で測定する．

手　順

① 柔道場，または剣道場に集合．
② 手順の説明．HRモニターの装着．
③ 安静時心拍数を計測．
④ 第1グラウンドに移動．
⑤ 軽く準備運動．強度を上げない．
⑥ パートナーの合図で1周400mをできるだけ一定速度で走る．最初は「楽である」くらいの本当にゆっくりとした走行，または歩行でもよい．できるだけ一定ペースで400mを走る．1レーンだけでなく，2, 3, 4, ……レーンも使う．その場合スタート位置が1レーンごとに約7.5m移動した白いラインから走り，ゴールはどのレーンも同じゴールラインとなる．あるいは1レーンを1周さえすればよいので，スタート地点を変えて1周としてもよい．パートナーは400mゴールタイムを計測．運動者はHRモニターがとれているならば，最後の100mでの心拍数を申告する．とれていない場合はゴール後直ちに頸部，手首などから15秒の脈数を計測して心拍数を出す．また主観的運動強度を申告する．そしてすぐに次の走行に移ってよい．これを計3本もしくはもう少し増やして行う．速度は徐々に上げていく．違う速度の歩行や走行が3回できればよいので，3本目であってもあまり速度を上げる必要はない．3本をすべて歩行にしてもよい．またペア二人で一緒に走るのでもよい．

注意事項

準備運動であまり頑張らない．1本目をゆっくり走ることが，この測定の重要ポイント

で，1本目は歩行にしてもよい．希望者は4本以上走ってよいが，短距離走のような全力走はせずあくまで一定ペースで走れる速度にとどめる．全力走では速度―心拍数関係が直線からずれてしまう．体調の悪い者は無理しないこと．一定速度で400mを走行することができないのは走り始めの最初の30m程度が速すぎる場合が多いので，走り始めを抑える．

雨天の場合は1体か2体での測定になる．

安全第一でくれぐれも無理をしないこと．きつい速度で走る必要はない．

運動終了後の解析（体育館に戻ってだが，グラウンドでもできることはやってよい）

速度換算表で，1周のタイムを速度に換算する．

横軸に速度をとって，縦軸に心拍数をプロットする．座標は各自の速度，心拍数によって適宜変更する．安静はプロットしない．

速度に対して心拍数が直線的に上昇することを確認する（**図Ⅳ.6.14**）．主観的運動強度も，心拍数を元にした尺度なので同様になる場合が多い．

どのくらいの速度，心拍数から，運動にきつさが出てくるのかを知り，きつくならない速度を知る．

速度―心拍数関係の直線（大まかに妥当と思われる直線でよい）を引いて，下の発展を行う．

発 展

あくまで平均速度を仮定しての計算だが，速度―心拍数関係を利用し以下について求めてみる．

1. 最大心拍数を「220－年齢」として，速度―心拍数関係から，最大心拍数時の速度を求め，それが1500m走の平均速度として，1500m走の記録を推定する．走った際の心拍数が220－年齢を超えている場合はその値を使う．
2. 安静時の心拍数を10%$\dot{V}O_2$ max，最大心拍数を100%$\dot{V}O_2$ max として，その間に比例関係が成り立つとして60%$\dot{V}O_2$ max の心拍数を計算し，相当する走速度をグラフから求め，それがマラソン（42.195km）を走る際の平均速度とした場合に，自分のマラソンの記録を推定する．
60%$\dot{V}O_2$ max 時の心拍数＝(最大心拍数－安静心拍数)×(60-10)/(100-10)
 ＋安静心拍数

参 考

最大心拍数：心拍数の最大値は加齢によって低下する．「220－年齢」とするのが一般的だが，誰でも必ずこうなるというわけではない．

周回ペースと速度：表をみればわかるように，速くなるほど周回ペースを2秒アップさ

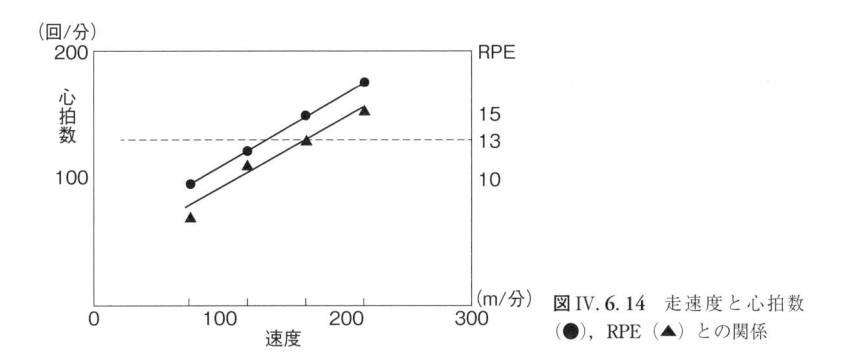

図 IV. 6. 14　走速度と心拍数（●），RPE（▲）との関係

せるために必要な速度の増加が大きくなる．言い方を変えれば速く走るほど，ペースを変化させるのが大変になる．速い選手は周回ペースが機械のように一定，遅い選手ほどペース変化が大きいともいわれるが，これは当然である．

周回ペースと 1 km の所要時間とマラソン：長距離走では 1 km あたりの時間もよく使われる．マラソン中継などによく出てくる 1 km 3 分ペースは 400 m 1 周 72 秒，4 分ペースが 96 秒，5 分ペースが 120 秒，6 分ペースが 144 秒である．1 周 72 秒の 1 km 3 分ペースでマラソンを走り続けると 2 時間 6 分 34 秒．これがいかに速いかがわかるだろう．一方 6 分ペースでも 4 時間 13 分でゴールできることになる．1 周 144 秒ペースならば走れそうに思う人も多いのではないだろうか．ただし実際には，マラソン後半にはグリコーゲンがなくなってくるなどによって，速度を維持するのが難しくなるので，ゴールまで同じペースで走ることはなかなかできない．

ランナーズハイ：少しきついというくらいの運動強度になると，緊急ホルモンであるアドレナリンが多く分泌されるようになってくる．これもきつい運動になったという証拠だが，一方アドレナリンを分泌させる指令が脳から副腎に伝わっていく途中で，ベータエンドルフィンという物質が脳にでき，これが快さを生むとも考えられている．少しきついかどうかくらいの強度で走り続けていると，非常に快い感覚が継続されることがあり，ランナーズハイとも呼ばれる．

LT と VT：運動強度に対して血中乳酸濃度をとっていくと，血中乳酸濃度が急に高まる強度がある．この強度のことを乳酸性作業閾値（LactateThreshold = LT）という．LT とアドレナリン分泌が高まる強度も一致することが多いので，アドレナリンが糖の利用を高めて乳酸産生が高まることが考えられる．また速筋線維が使われるようになる強度でもあり，速筋線維はミトコンドリアが少ないので，乳酸をつくりやすい．こうしたことから LT はきつさが出てくる運動強度の指標としてよく使われる．一方乳酸産生は呼吸を活発にする要素がある．また同様の強度からカリウムが筋肉から血液に漏れ出す量が増えることなどから，LT と同様の強度から呼吸量も増える．この呼吸が急に増える強度のことを換気性作業閾値（Ventilation Threshold = VT, 図 IV. 6. 13）という．糖が減ってくる状況などでは LT と VT は一致しないことなどから，本来は別のメカニズムによる閾値であるが，LT と VT とは通常の場合はおおむね一致するので，呼吸が急に増える点で，きつさ

が出てくる運動強度の指標とすることもできる．

6.5 身体運動と生命科学：身体運動から生命の本質を理解する

(a) 概　要

身体運動は生命の場（身体・細胞）を活性化しくり返し刺激を与えることで「場」の状態をよくする．すなわち外乱（さまざまなストレス）に対して「ホメオスタシス」が乱れにくいような適応効果を引き出す．ここでは身体運動を生命科学から理解するために次の5つの観点から実習する．

① 身体運動を支える器官・組織のダイナミクスと両者の関連性（ビデオ観察）
② 身体運動における細胞の自律性の基盤（細胞観察）
③ 身体運動と細胞の形・長さ・張力・エネルギーとの関係（ストレッチや心拍数（HR）応答/ビデオ/細胞観察）
④ 身体運動における細胞社会・組織の役割（理解）

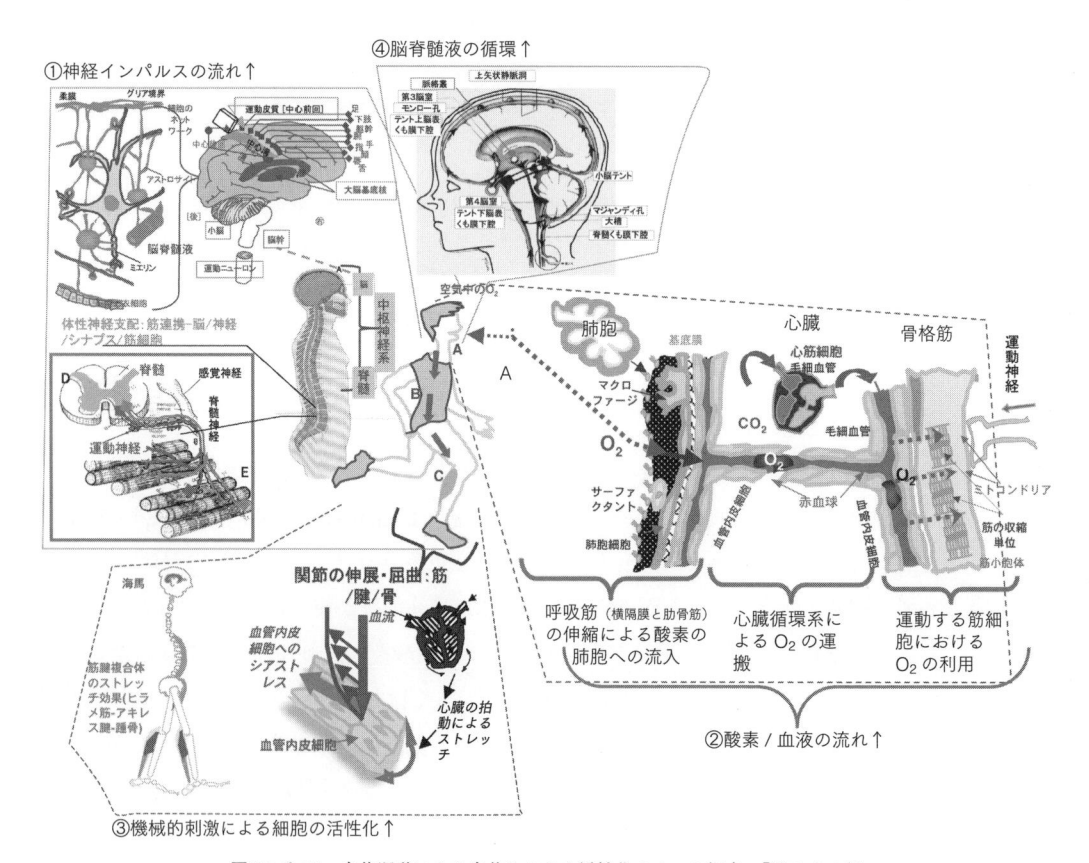

図 IV.6.15　身体運動による身体システム活性化の4つの視点．「脳の中の細胞」（①上），「脳脊髄–骨格筋」（①下）は [159]，「脳脊髄液の流れ」④は [12] から引用．

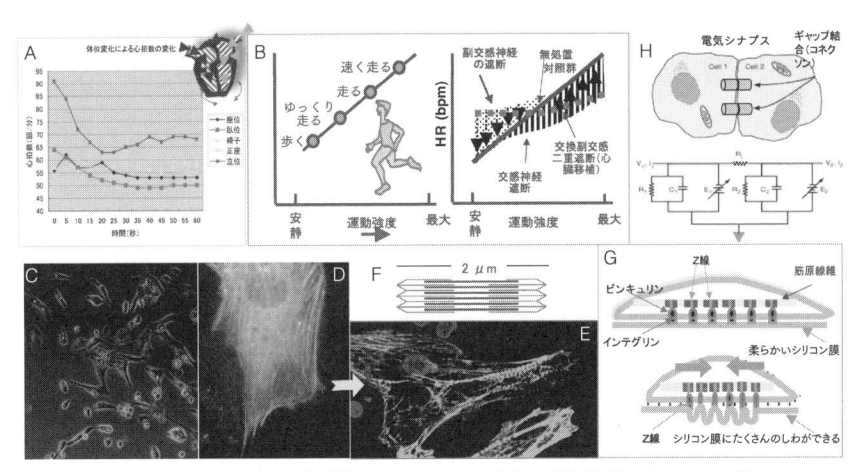

図 IV.6.16 心臓と心筋細胞をモデルとした身体・細胞共ダイナミクスと機能の創出．細胞の自律性・自動性の理解と心筋細胞に見られる細胞骨格の再編成による自律的リズム生成．A：姿勢による心拍数の変化．B：走運動中の自律神経による心拍数制御（[109]）．C：拍動している鶏胚心筋細胞培養細胞．D：分化前の筋芽細胞．E：横紋形成した心筋細胞．F：サルコメア構造．G：心筋細胞の張力伝達性．柔らかいシリコン上で収縮すると筋原線維のZ帯で張力が伝達されることがわかる（[21]）．H：電気シナプス（コネクソンによるギャップ結合）による心筋細胞同士の連絡（[159]）．D,E は GFP-β-actin による線維構造の可視化像．

(b) ねらい

自分の身体を分子や細胞からなるシステムとして生命科学の知識と関連させて客観的に理解する．そして，実際に自分自身の身体の運動機能と対応させて，自分を含む生きものがどのようにつくられているかを理解し，生命体として生きている自分との融合的視点を探る．観察したものを知識と連携させて理解したことを言語化（表記）・可視化描写する．

(1) **身体運動を支える器官・組織（ビデオ視聴）**

細胞がつくる組織から見た，身体運動の実現および持続に必須な4つのダイナミクス，すなわち，1) 運動の指令と実行（脳の運動中枢と神経筋連係：図IV.6.15①），2) 細胞におけるエネルギー産生に必須な酸素の取り込みと運搬（呼吸循環：図IV.6.15②），3) 細胞から個体まで運動が生み出す力の伝達（伸長する方向性と張力の伝達：図IV.6.15③），および 4) 運動時に広範囲に活動する脳の細胞環境である脳脊髄液の循環：図IV.6.15④），のメカニズムを考える．

(2) **細胞の自律性（自分の HR と心筋細胞を例に）**

全身へ血液を送り出す心臓とその主細胞である心筋細胞をモデルに，身体・細胞共ダイナミクスによる機能生成の仕組みを理解する（図IV.6.16）．目に見える動きをしなくとも，細胞は常に自律的にエネルギーを消費しながらエントロピーを減少させるダイナミックな働きによって細胞内部のホメオスタシスを維持している．心筋細胞ではそれに加えてさらに，細胞骨格の再編成により自律的にリズムを生成し，自動性を生み出している．つまり自律性と自動性がリンクしている．

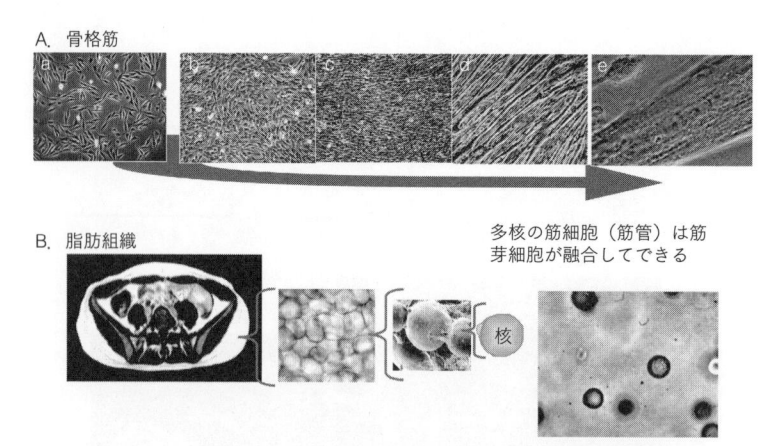

図 IV. 6. 17 細胞社会としての組織の形成．細胞が環境と動力学的に応答しながら組織をつくり身体をつくる．

(3) 細胞の形・長さ・張力発揮とエネルギー

拍動している細胞もしていない細胞も培養皿の上に張り付いてよく伸びていることがわかる．図 IV. 6. 16 D は分化前の筋芽細胞に，図 IV. 6. 16 E は心筋細胞に GFP-β-actin 遺伝子を導入し，細胞内アクチンフィラメント線維構造（横紋構造）を可視化したものである．

組織をつくる主細胞は分化して特殊な形態に再編成され新しい機能を生み出す．これには上記の自律性と細胞の張力発揮システムが連携し機能しなければならない．細胞骨格は，細胞骨格を構成するフィラメント同士の結合相手や結合様式を変えることによって細胞の形態を変化させる．それに加えて心筋細胞や骨格筋細胞のように収縮して張力を発揮する細胞では，細胞骨格タンパク質は収縮タンパク質と協力して図 IV. 6. 16 E のような横紋構造をつくる．心筋細胞は自律的な拍動を示す．拍動が停止しないのは，収縮系と 1 拍動ごとの細胞内外のイオンの連鎖的な流れが連携するように構造化されているからである．また心筋細胞は，隣接する心筋細胞同士の間のギャップ結合を形成するタンパク質により，互いの電位変化を共有することによって，リズムを合わせて収縮することができるようになり，血液を拍出することが可能となる（図 IV. 6. 16 H）．

本実習では，自分の脈拍の変化と心筋細胞の収縮を測定・観察することにより，細胞の形と力の生成および細胞の生存原理と機能，および身体の中における役割と制御を細胞の身になって理解することができる．

(4) 細胞社会としての組織の形成

身体も細胞も力学場で生きている．細胞は環境と動力学的に応答しながら組織をつくり身体をつくる．すなわち，細胞は，接着基盤で張力発揮の支点をつくり，引っ張り合いをしながら自己の力学環境に合った強度の細胞結合あるいは細胞外環境をつくってゆく．細胞からの組織形成の例を骨格筋と脂肪組織で見てみよう（図 IV. 6. 17）．ヒトの骨格筋組織（A）と脂肪組織（B）は，それぞれの組織を構成する骨格筋細胞，脂肪細胞から *in vitro* でつくり出すことができる．細胞同士が足場依存的に相互作用しながら結合して組織という細胞社会をつくる．上段は，筋および脂肪組織への分化過程を培養細胞系で見たもので

ある．aはラットの筋芽細胞L6，b→dはマウスC2C12筋芽細胞の筋管細胞への分化，eはヒト筋サテライトセルから分化し横紋を形成した筋管である．タイムラプスビデオで見るとaは，基質に接着し張力を発揮し拡がっているが，接着斑という「細胞の足」をダイナミックに踏み換えていることがわかる．筋管eもゲル状の基質上でダイナミックに収縮している．Bはラットの脂肪組織をコラゲナーゼで分離し，0.1%のコラーゲン溶液中に加えて脂肪組織をディッシュ上でつくった例である．脂肪細胞もゲル中でダイナミックに外界基質と相互作用している．

(5) 身体運動とDNA

コンピュータ情報と我々の身体をつくる生命情報との違いは何だろうか．コンピュータは2進法ですべての文字情報，音声情報，視覚情報（絵や写真などの）を点におきかえ，1次元あるいは2次元軸に再現する．生命情報は3次元の現実の世界に立体的な構造物として存在する身体や細胞の主構造をつくるタンパク質の設計図である．タンパク質も，そのタンパク質をつくる生命情報の担い手であるDNAも，立体的な構造をもつ小さな分子がひも状につながったものである．

細胞や遺伝子から考えてゆくことが重要なのは，トレーニングや練習によって身体が適応的に変化するのは，細胞の中のDNAが刺激にダイナミックに反応して情報を読み出し，生命システムを新しくつくり替えてゆくからである．身体運動により筋が肥大したり循環機能が改善されたり，最近では適度な走運動によって神経幹細胞からのニューロンの新生が促進されることが知られているが，それはDNAの働きによるタンパク質生成によっている．特に神経細胞や筋細胞ではactivity (use [20])/output [114]))-dependent（活動依存性）に細胞が活性化（遺伝子発現とタンパク質合成）する．その機構を明らかにする上でも細胞核内DNAの確認と遺伝子をコードしているDNAポリマーファイバーの物性と細胞の形や力のかかり方の重要性が示唆される（図IV.6.18）．

(6) DNAの性質

DNAは4種類の素材（塩基A, T, G, C）が重合してできた長い1本鎖が，AとT, GとCが相補的に結合しあうことにより2本のひも様のねじり構造（二重らせん）をとる．A-T, G-Cは図IV.6.18 Cのeに見るように平面構造なのでコンパクトに染色体を形成することができる．

(c) 実施手順

(1) 運動と測定［記録表］

自分の手で橈骨動脈あるいは頸動脈で脈をとり，姿勢による心拍数の変化を記録する（図IV.6.16 A）．静水圧重心に比較して頭位が高い姿勢ほど脈拍が高いことがわかる．走運動中の心拍数は，負荷強度（この場合は走速度）に対して線形性を示す．この線形性は交感神経および副交感神経の二重支配により実現している（図IV.6.16 B）．身体の中でも培養細胞でも実際にタンパク質の相互作用により動きが起こる．細胞骨格のダイナミクス

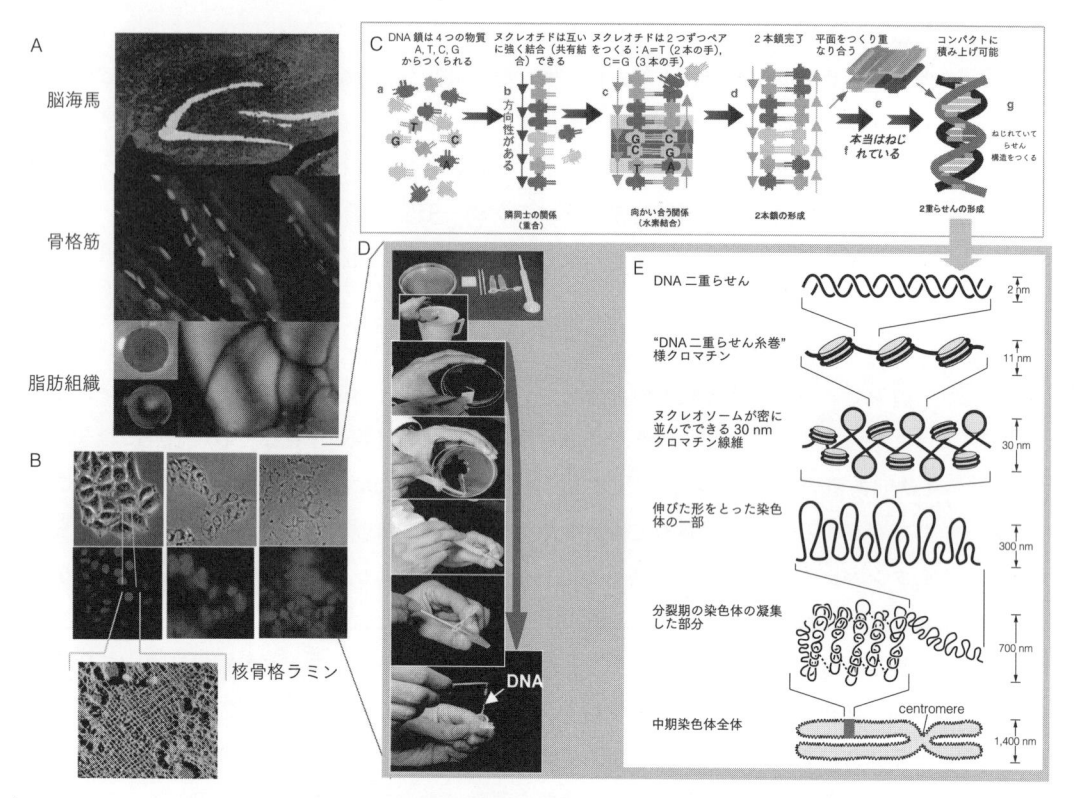

図 IV. 6. 18　細胞の核内 DNA と DNA ポリマーファイバーおよび高次構造化．A：脳海馬，骨格筋，脂肪組織切片のヘキスト染色像．細胞の分布を核 DNA から見る．B：培養細胞の核を見る．培養細胞の位相差像とヘキストで染色された DNA．SDS 可溶化剤の滴下による細胞膜の破壊および分子相互作用の切断による核内 DNA の流出．C：DNA 二重らせんの形成原理．D：ひも様重合巨大分子 DNA を見る．E：DNA の高次構造形成．

が機能するような構造化が行われている．この動的な状態は，細胞から個体まで共通である．

　HR モニターの装着後，3 つの姿勢（床上坐位 1 分→臥位 1 分，→立位 1 分，5 秒おきに記録）での脈拍の変化を 2 人 1 組で記録する．次に軽く 1 分走る→HR 測定をする．ストレッチ時に身体の伸長を感じ，次第に柔らかくなることを理解し，身体の内部のさまざまな部位で細胞が引き伸ばされていることの意味を考える（前もって教科書を予習すること）．

　(2)　ビデオ視聴

　1) 細胞から組織形成に至る生命の階層性，2) 細胞の自律性と接着・形態・張力発揮，3) 遺伝情報物質 DNA の特性と生命の組織化原理に関するビデオを視聴し，自分の身体のつくりや身体運動と生命の本質性との関係を身体も頭脳も動かして理解する．

　(3)　細胞の観察

　組織が細胞からなることは，細胞の核内にある DNA の蛍光染色像から確認することができる．組織から単離した細胞は可溶化剤（ここではドデシル硫酸ナトリウム（SDS）を

使用）で簡単に分子相互の結合が切られ，核内でタンパク質と結合して高次構造をつくり収納されていたDNA染色体は破壊されるため溶出することができる．

DNA二重らせん構造の間に入り込む（インターカレイション）蛍光色素ヘキストを加えると生きたまま染色されたDNAを見ることができる．この方法で細胞の分布を核DNAから見ると，脳海馬，骨格筋，脂肪組織切片の核の形も細胞相互の連携も組織により異なることがわかる（図IV.6.18 A）．細胞培養ディッシュ上に2次元的に接着した培養細胞の核内のDNAも同じ方法で見ることができる．核の形は，形をつくるタンパク質細胞骨格の1つである中間径フィラメントの仲間のラミンがつくる．SDS可溶化剤を滴下し細胞膜を破壊し，かつ分子相互作用を切断すると核内DNAが流出する（図IV.6.18 B）．

6.6 救急処置

(a) 救急車を直ちに呼ぶ必要がある状態

救急車を直ちに呼ぶ必要がある状態とは，意識を失い心肺蘇生を行う必要のある場合，手足の麻痺がある場合（脊髄損傷），ショック状態（血圧低下，頻脈，冷感，めまいなど），大きな出血がある場合，手足の変形があり非常に痛がる場合などである．

(b) 救急車を呼ぶまでのファーストエイド

バイタルサイン（生命徴候＝体温，呼吸数，脈拍数（心拍数），血圧）を確認する．

(1) 体温

体温が極端に低下すると生命に危険があるため，毛布で包むなど，保温する．

(2) 呼吸数

1分間に16-19が正常で，10以下が危険な徴候である．気道確保あるいは人工呼吸の必要がある．

(3) 脈拍と血圧

血圧計がない場合には，脈拍数で血圧を推測して状態を把握する．脈の計り方は，通常は手首の撓骨動脈と首の頸動脈を触れてみる．脈拍数は正常では1分間に50-99で，49以下が徐脈であり，100以上が頻脈である．生命を維持する血圧は，脳では40 mmHg，腎臓では50 mmHg，心臓では60 mmHg以上である必要がある．血圧が60 mmHg以下の時，救急処置が必要である．手首の撓骨動脈の拍動がよく感じられる時は，血圧が60 mmHg以上あると考えられる．拍動が認められない場合は，首の頸動脈を触れてみる．触れない時は心臓停止と判断し，直ちに気道確保，人工呼吸，胸骨圧迫（心臓マッサージ）の心肺蘇生を行う．頸動脈の拍動がわずかに感じられる場合は，血圧は40-50 mmHgと考えられる．この場合，チアノーゼ（唇や爪が紫色になる）がはっきり認められる場合は，心肺蘇生を行う．脳が酸素欠乏に耐えられる時間が4分までであるため，心肺蘇生は4分以内に行う必要がある．

心肺蘇生を始める前に，患者を安全かつ処置のやりやすい場所に運ぶ．そのためにも周

囲の人に呼びかけて助けを求める．1人が音頭をとって力を合わせて運ぶ．

(c) 心肺蘇生（CPR: cardiopulmonary resuscitation）

Airway（気道確保），Breathing（呼吸：人工呼吸），Circulation（循環：胸骨圧迫）がある．気道確保および人工呼吸は習熟が必要であるため必須でなく，胸骨圧迫を最優先する．

(1) 気道確保

仰向けにして，頭を軽く下げ，あごに指をかけて引き上げる（舌根沈下に対し下顎挙上）．

(2) 人工呼吸：口対口吹き込み法

片手で気道を確保し，もう一方の手で鼻をつまみ，空気が抜けるのを防止する．口で患者の口を覆い，大きく息を吹き込む．患者の胸が膨らむのを確認する．

(3) 胸骨圧迫

胸の中央の胸骨に両手を重ねて置き，手根部に体重をかけて，1分間に100回以上のリズムで胸骨が5 cm以上上下するように圧迫する．（図IV.6.19，図IV.6.20）．

(4) 自動体外式除細動器（AED: automated external defibrillator）

AEDは心臓に電気ショックを与えて，けいれん状態にある心臓の細動（心室細動：心室がけいれんして血液を有効に送り出せない状態）を正常化させて，心臓の拍動を再開させる医療機器である．

AEDの取り扱い方法と注意点

AEDは，意識がない，呼吸が認められない，脈が触診できない，心臓の拍動がないなどの場合に使用する．AED装置の蓋を開けると自動的に電源スイッチが入る．音声案内がなされるので，それに従う．図IV.6.21のように胸の2ヶ所に電極パッド（左右の区別はない）を貼ると，心室細動かどうかを自動的に判断して，音声で指示してくれる．電極を貼る際の注意点は，汗をよく拭き取り，皮膚に密着させること，である．水難事故などで上半身が濡れている場合などは，水をよく拭き取ることが大事である．心電図の解析が自動的になされて，除細動が必要な場合は，音声案内に従い，放電ボタンを押す．解析中や放電中は，体に触れないように観察する．心臓の拍動が再開されても，救急車が来るまでは，電極はつけたままにしておく．

(5) 心臓の仕組み

心室細動を理解するためには心臓の刺激伝導系（心臓が拍動する仕組み）および正常の心電図を理解する必要がある．

(i) 心臓の刺激伝導系

図IV.6.22に示すように，心臓は電気的活動を統括している洞結節（自ら興奮して刺激を産出する能力をもつ．これを自動能という）から電気的刺激をスタートさせ，房室結節，ヒス束，左脚・右脚，プルキンエ線維と，電気伝導路（電線のようなもの）を通して指令を送り，最後に心室の心筋に伝える．心筋は，指令を受け取ると，規則的に収縮，拡張を

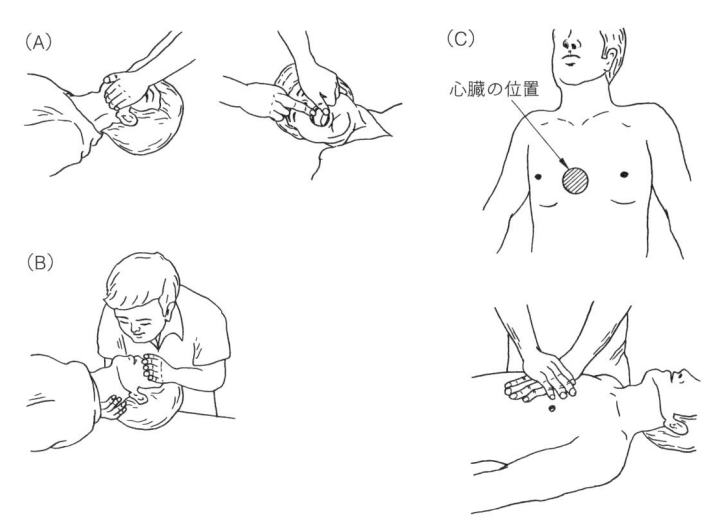

図 IV.6.19 救急救命法のABC．(A) 気道の確保と口の中の異物の除去．
(B) 人工呼吸．マウス-ツー-マウス（口-口）法が一般的である．鼻を押さえてゆっくりと息を吹き込む．スムーズに胸がふくらまなければならない．
(C) 心臓マッサージ．心臓は胸骨（胸板）の真下にある．固い床に寝かして胸板の真ん中を体重をかけて押す．押したときに脈が触れなければならない（[132]）．

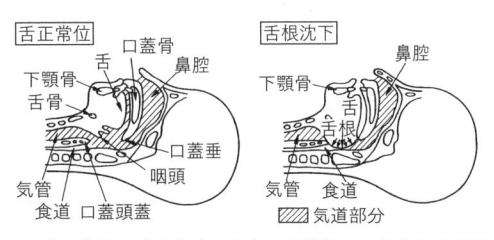

図 IV.6.20 舌の位置．舌は筋肉であり，意識がないと垂れ下がり，気道を塞ぐことがある（舌根沈下）．顎を上げるか横を向かせる．歯をこじあけて吐いたものをかきだす必要があることもある（[132]）．

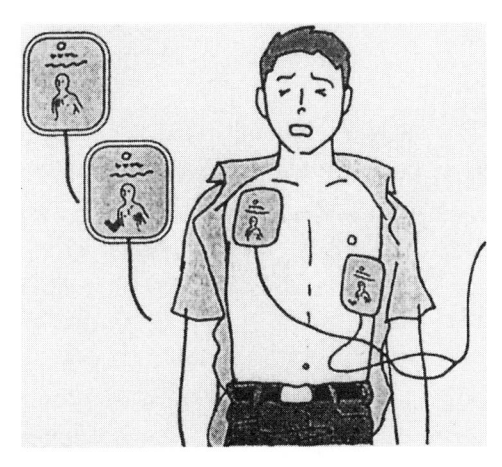

図 IV.6.21 AED 電極パッド

くり返して，ポンプ作用により血液を体の隅々にまで送り出す．その仕組みを，少し詳しく解説する．

心房の洞房結節の興奮により，心房が収縮する．心電図では，心房の心筋細胞からの電

図 IV.6.22　心臓の刺激伝導系

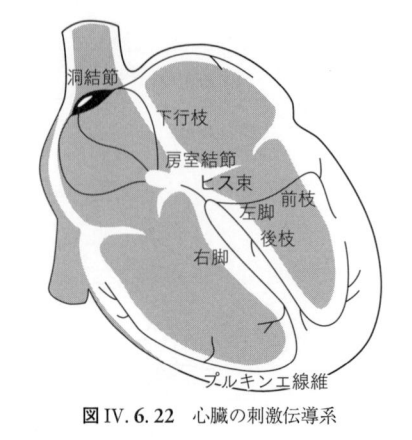

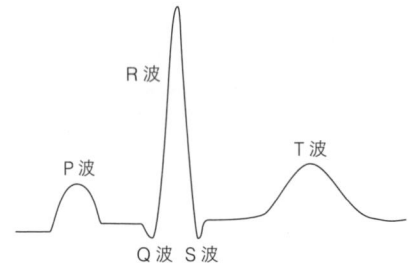

図 IV.6.23　正常心電図波形

図 IV.6.24　心臓の電気的活動

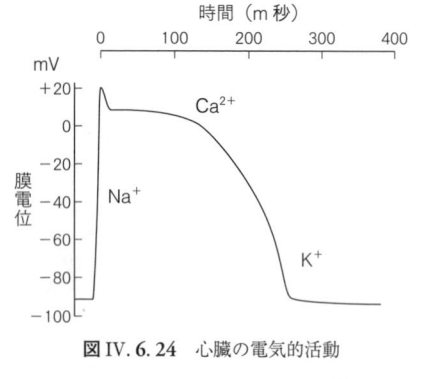

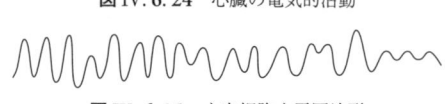

図 IV.6.25　心室細動心電図波形

気的エネルギーでP波が出る．心房が収縮すると，血液が心室へ流出する．心電図上は，心室の心筋細胞からの電気的エネルギーでQRS波が出る．心室が収縮し始めると，心房と心室の間にある房室弁が閉じて，心室内の圧が上昇する．次に，大動脈弁と肺動脈弁が開いて，心室から動脈へ血液が流れる．心室の圧が低下すると，大動脈弁と肺動脈弁が閉じる．さらに圧が低下して，房室弁が開くと，心房内から心室へ血液が入ってくる．心電図上は，心室の心筋細胞が電気的エネルギーを蓄える（再分極）と，T波が出る．正常の心電図を図 IV.6.23 に示す．

(ii)　不整脈

上記の刺激伝導系のどこかに障害が起こると不整脈（下記の心室細動や心室頻拍も不整脈の1つである．動悸，めまいが起こるような場合も不整脈の症状である場合がある）が起こる．障害とは，途中で電気的刺激が通りにくくなったり，途絶えたり，また，違う場所で電気的活動が起こったりすることである．

(iii)　静止電位，活動電位

心臓を構成する心筋細胞では，電気的活動が協調的に起こり，これが心臓の収縮につながる．図 IV.6.24 に示すように，この電気的活動は，活動電位により引き起こされる．活動電位（action potential）とは，脱分極による細胞の興奮状態，つまり，細胞内の電位が一時的にマイナスからプラスになる膜電位の一連の反応をいう．膜電位が閾値電位（threshold）に到達すると活動電位が生じる．活動電位はイオンチャネルの開閉で発生する．膜電位が閾値電位を超えるとNaチャネルが開き（透過性が亢進する），Naイオンが

細胞内に流入する．この透過性亢進は短時間で次第に元に戻っていく．引き続き，Caイオンに対するチャネルが開くとともに，Kチャネルが開き，Kイオンが細胞外に流出する．

(iv) 心室細動

図IV.6.25に示すように無秩序な心室の興奮で，心筋細胞の協調活動が乱れて有効に血液が送り出されないため，脈を触診できなくなる．中高年では心筋梗塞など心臓疾患に併発することが多いが，成長期では柔らかい胸郭にボールなどがぶつかった刺激で心室細動が起こる（心臓振盪）ことも知られるようになった．

(v) 実習で学ぶこと

心臓の刺激伝導系の仕組みおよび心電図の見方を理解したうえで，実習では，患者の運搬法と人形とAEDを用いて，心肺蘇生とAEDの使用法を体験する．

(d) 必ず病院に連れて行くべき状態

頭を打って意識を失った場合，頭痛が強い場合，けいれんが起こった場合，胸部・腹部の強い痛み，変形を認め骨折を疑うとき，ある程度以上の関節のけが，目の打撲などである．

(e) 外傷の救急処置（出血の処置とRICEの処置）

(1) 出血の処置

大きな傷でなければ近位部の緊縛は行わず，傷を清潔な布で上から圧迫する．泥などついている場合は水で洗浄する．血液を直接手で触らないようポリ袋などを用いる．圧迫しながらRICEの処置をどう行うか考える．

(2) RICE処置

局所の外傷に対する救急処置はRICE（IV.4.2）の処置であると覚えておこう．安静・氷冷・圧迫・高挙は炎症を少なくするための手技である．

安静とは，横になっておとなしくするというのではなく，外傷をこうむった局所の安静であり，二次損傷を防ぐための処置である．医療機関でギプスを巻いたり手術をするのも固定安静である．最も素朴なRestは「手当て」，つまり手を当てて支えることである．現場の処置としては包帯固定，添え木による固定，テーピングなどがある．

氷冷は氷で冷やすこと，氷がなければ水でもよい．冷やすことにより炎症反応を小さくする．炎症反応とは組織の損傷に対し白血球などが集合しヒスタミン，ブラディキニン，

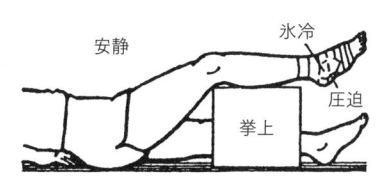

図IV.6.26 RICEの処置．打撲や捻挫などの局所の外傷に対する処置の原則を1つの言葉にまとめたもの．固定して痛みを減らし，炎症反応や腫脹浮腫を最小限にしようと図る（[132]）．

表 IV.6.1　アイシングの記録例

冷たく痛い	冷たい	冷たい
とても痛い	痛い	冷たい痛い
とても痛い	痛い	つらい
とても痛い	和らいだ	少し和らいだ
痛い	最初よりいい	痛い
痛い	冷たい	しびれる
痛い	危ない感じ	先がしびれる
あまり痛くない	手が冷たい	ぴりぴりする
あまり痛くない	また痛い	無感覚，手が冷たい
暖かい	手が赤い	はずす

サイトカインなどケミカルメディエイターと呼ばれる生理活性因子を分泌して行われる化学反応である．氷冷により化学反応に伴う熱を冷やすだけでなく炎症反応を抑える効果もある．圧迫・高挙は組織の損傷や出血などの水分やその後の炎症反応に伴う腫脹に対する処置で，機械的な圧迫と，高きに置くことで重力による水分の移動を図る．

これらの RICE 処置は，まずその場でできることをすべて行った後，確認するとき思い出す言葉として使うのがよい．また，冷やし過ぎや圧迫し過ぎは循環障害，神経障害をきすことがあるので経過観察を行うことが必要である．具体的には指先の色，循環状態，しびれ，痛みの推移の観察である（図 IV.6.26）．

(3) アイシング実習

アイシングに用いられる氷はクラッシュアイスがよい．冷え過ぎず，形が自在に変えられ，身体にフィットする．冷凍庫に入っている氷では凍傷をきたす恐れがある．1つかみをポリ袋に入れ袋の口から空気を吸い出す．薄く平らにした氷袋を非利き腕に置いて包帯で固定する．1分おきにどう感じたかを10回記録する（表 IV.6.1）．アイシングの4つの相があり，最初は冷たい相，すぐに痛みの相，次にポッと暖かくなる感じがする相のあと無感覚の相と続く．無感覚相は15分から20分といわれるが，無感覚となったらいったんアイシングを休んで，また熱感が出てきたら再開する．実習は10分間とするが，それ以前でも無感覚になったら中止する．

(4) 包帯固定法実習

RICE 処置の R は REST の略であるが，損傷を被った局部の安静である．打撲，捻挫，骨折など症状に応じて弾性包帯固定から，副木を用いた強い固定までその場にあるものを利用して安静を図る．包帯の巻き方は伸び縮みする弾性包帯を用いれば技術的には難しくない．均等にまんべんなく重なるように巻く．締めすぎて血流障害や神経麻痺を起こさないように注意する．

本実習では肘関節の外傷を想定して行う．90度屈曲位をとって，末梢から中枢側へ8の字を描くように巻き付けて固定する．さらに，あれば三角巾で腕をつるして固定する．

Ⅳ 7 東京大学教養学部体力テスト

　東京大学では実技授業の一環として垂直跳び，反復横跳び，腕立て伏せ，踏み台昇降の4種目による体力テストが行われている．大きな用器具を使わず実施できる内容で，1950年代から継続して行われてきているので，東京大学学生の体力レベルの変化がわかる貴重な資料となっている．実施するのは入学時，1年終了時である．

7.1　体力テストの実施方法

(a)　実施前に

　体力テストは，授業の一環であり，評価の対象となる．正規の時間に欠席した場合は，同じ時期には他の曜限でも実施していることが多いので，空いている曜限に行うか，あるいは学期末に行われる追テストを受けることが望ましい．実施場所はクラスや選択種目によって指定する．体育館で実施するので必ず体育館履きを準備する．また筆記具と教科書を各自もって，着替えて集合し，まず出席カードを受け取る．テストの結果をB面体力テスト欄と教科書の所定欄に記入していく．事情で正規ではない曜限で受ける場合や追テストの場合などでは，体力テスト用の記入用紙を受け取る．全体でまずウォーミングアップを行うが，各自でもウォーミングアップを十分に行う．踏み台昇降などはかなり高い運動強度に達することがあるので，体調が万全でない場合は，自分の判断で無理をせず中止してよい．また，けがなどで実施できない種目がある場合も同様である．その場合その旨わかるようにカードに記載しておく．

(b)　実施方法

(1)　垂直跳び

　大腿を中心とする全身のパワーに関するテストである．まず指高の測定を必ず教員が行う．壁に対して利き手を壁側にして立つ．足は壁よりすこし離して，足幅を肩幅程度にする．利き手を伸ばして指高を測る．指高の値は出席カードの指高欄に各自記入する．すでにカードに指高が記入されてある場合は指高の測定は省略する．指高の測定終了後，指高の測定時と同様に立ち，指先に水をつけ，足の位置を変えずに，膝を曲げて腕を使ってよいので反動をつけて跳躍し，跳躍の最高点で測定板に指先の水がつくようにする．2度続けて跳び，良い方の値をとる．四捨五入で1cm単位で水のついた高さを読みとり，指高を引いた値が，垂直跳びの値となる．着地で捻挫する場合があるので注意する．

(2) 反復横跳び

　全身の敏捷性だが，下肢を中心とするパワーや動作の調整能力も関係するテストである．1.20 m の間隔で引かれた 3 本の線を行き来して 20 秒間に何本またげるかを測定する．線の間には必ず片足を置いていく．外側の線は触れれば良いが，触れなかった場合はカウントしない．2 人 1 組となり，一方が実施しているときに他方がカウントする．全員が同じ向きで，中央の線をまたいだ状態から始め，線をまたぐごとに「1」「2,3」「4,5」と数えていく．床が滑りやすいので注意する．

(3) 腕立て伏臥腕屈伸

　肩，上腕，前腕の筋が主となるが，腹筋の筋力や持久力もかなり結果に影響している筋力と持久力のテストである．いわゆる腕立て伏せを，3 秒に 1 回の一定のペースで何回できるかを測定する．音に合わせて，身体はまっすぐにし，上腕が床に水平になるまで曲げ，そこで一度静止し，またペースを合わせて腕を伸ばす．かなりゆっくりと感じられるペースだが，これにしっかり合わせ，腕を曲げたところでも静止する．ペースに合わなくなったところで終了する．腕を曲げて伸ばしたところで 1 回と数える．男子 65 回，女子 46 回が満点である．

(4) 踏み台昇降

　同じ運動をするのに持久的能力のある人は運動による心拍数の上昇度が少なく，運動後の回復も早いことを利用する全身の持久的能力テストである．男子 50 cm，女子 40 cm の高さの踏み台を 3 分間上り下りし，運動後の 1 分から 1 分 30 秒，2 分から 2 分 30 秒，3 分から 3 分 30 秒の 3 回の心拍数を測定する．2 人 1 組で，運動しない 1 人が手首の付け根に指を当てるなどで測定するとともに，運動した本人も胸や首で測定して，2 人の値が一致するかを確認する．30 秒間の値をそのまま記入し，3 回の測定後 3 つの測定値を足す．3 分間の運動中体調が悪くなった場合は無理せず中止してよい．

(c) 体力テスト結果の処理

　各種目ごとに記録を所定欄に記入する．続いて換算表（巻末の付録参照）から各種目の換算点を求めて記入する．垂直跳びは指高を引いた値について，踏み台昇降は 3 回の心拍数の合計について換算する．4 種目の換算点の合計点を出す．合計点は出席カードの表側，出席印が押されている欄の下方の「体力テスト合計点」の欄にも記入する．出席カードは必ず提出する．体力テスト合計点が 81 点未満の場合は，体力アップを奨励することから，種目選択時には優先的に「フィットネス」を選択できる．

7.2　体力テスト平均値の年次変化

(a) 集計方法

　入学時と 1 年終了時について集計した．集計にあたっては，これまでの方法を踏襲し，科類のばらつきがないように，学生証番号の末尾が 0 または 5 の学生を抽出した．女子で

表 IV.7.1　2019 年入学者の身長，体重，体力テスト平均値（平均 ± 標準偏差）

上段入学時，下段 1 年終了時

	N	身　長	体　重	垂直跳び	反復横跳び	腕立て伏せ	踏み台昇降
男子19年入学時	492	171.1±5.6	61.1±9.6	52.6±8.6	50.0±5.8	25.9±10.3	178.1±25.7
1 年終了時				52.3±7.9	50.6±5.7	31.5±12.6	162.1±25.0
女子19年入学時	164	158.8±5.7	50.5±6.7	35.3±6.0	41.8±5.4	17.4±8.9	175.4±22.8
1 年終了時				36.0±6.4	41.5±5.2	22.7±9.8	160.8±24.7

は末尾が 1 の学生も抽出した．反復横跳びについては 1978 年に方式が変更されたので，それ以降は若干それまでよりも値が高くなっている．踏み台昇降についても途中で方式が変更されたことから，現行の方式となった 1979 年以降の値のみにより検討した．

(b)　男子の傾向

2019 年入学者の身長，体重，体力テストの平均値を表 IV.7.1 に示した．また 1950 年代から 2019 年入学者の身長，体重，体力テスト平均値の推移を図 IV.7.1 に示した．図は●が入学時，■が 1 年終了時である．男子ではまず身長，体重ともに 1950 年代から伸びていたが，1980 年代からは一定になってきて伸びは止まってきている．垂直跳びは，1950 年代から 1980 年代までは平均値が伸びており，1980 年代では平均が 60 cm を超えていたが，1988 年をピークに低下していき，現在まで低下傾向にある．反復横跳びでも同様に，1950 年代からの伸びが 1980 年代でほぼ止まったが，2000 年頃からまた少しずつ伸びてきている．また腕立て伏せについては，1960 年代以降あまり大きな変化はなかったが，1990 年代半ばから低下傾向にある．踏み台昇降では方法の変更により 1979 年入学者以降の比較であるが，1980 年代は徐々に平均値が低下する，すなわち能力が向上する傾向にあったのが，1990 年代後半以降の入学者では逆に平均値が上昇しており，体力の低下傾向が他の種目と同様に認められた．また入学時と 1 年終了時のテストの結果を比較して入学後 1 年間の変化を検討すると，垂直跳びや反復横跳びでは 1960 年代や，1970 年代では 1 年間で伸びが見られるが，1980 年代以降では入学時と 1 年後に大きな変化が見られなくなっている．また例えば垂直跳びで標準偏差が 1988 年で 6.7 cm が，2019 年では 8.6 cm というように，ばらつきが大きくなっている．

(c)　女子の傾向

女子では 1988 年以降の検討であるが，男子と同様に 2019 年入学者の平均値を表 IV.7.1 に，約 30 年間の平均値の変化を図 IV.7.2 に示した．入学時の身長と体重は 1988 年以降で大きな変化はない．令和元年度体力・運動能力調査結果（スポーツ庁）によると，18 歳女子の平均身長と体重はそれぞれ 157.61 cm，51.05 kg であり東大と同様である．また垂直跳びは 1988 年入学者では入学時に 44.2 cm であったのが，1998 年入学者から平均が 40 cm に達しなくなり，この 30 年で 8〜9 cm 低下している．反復横跳びも 1988 年入学者では平均 41.7 回だったのが，1994 年入学者からは 40 回を下回っている．腕立て伏せも，

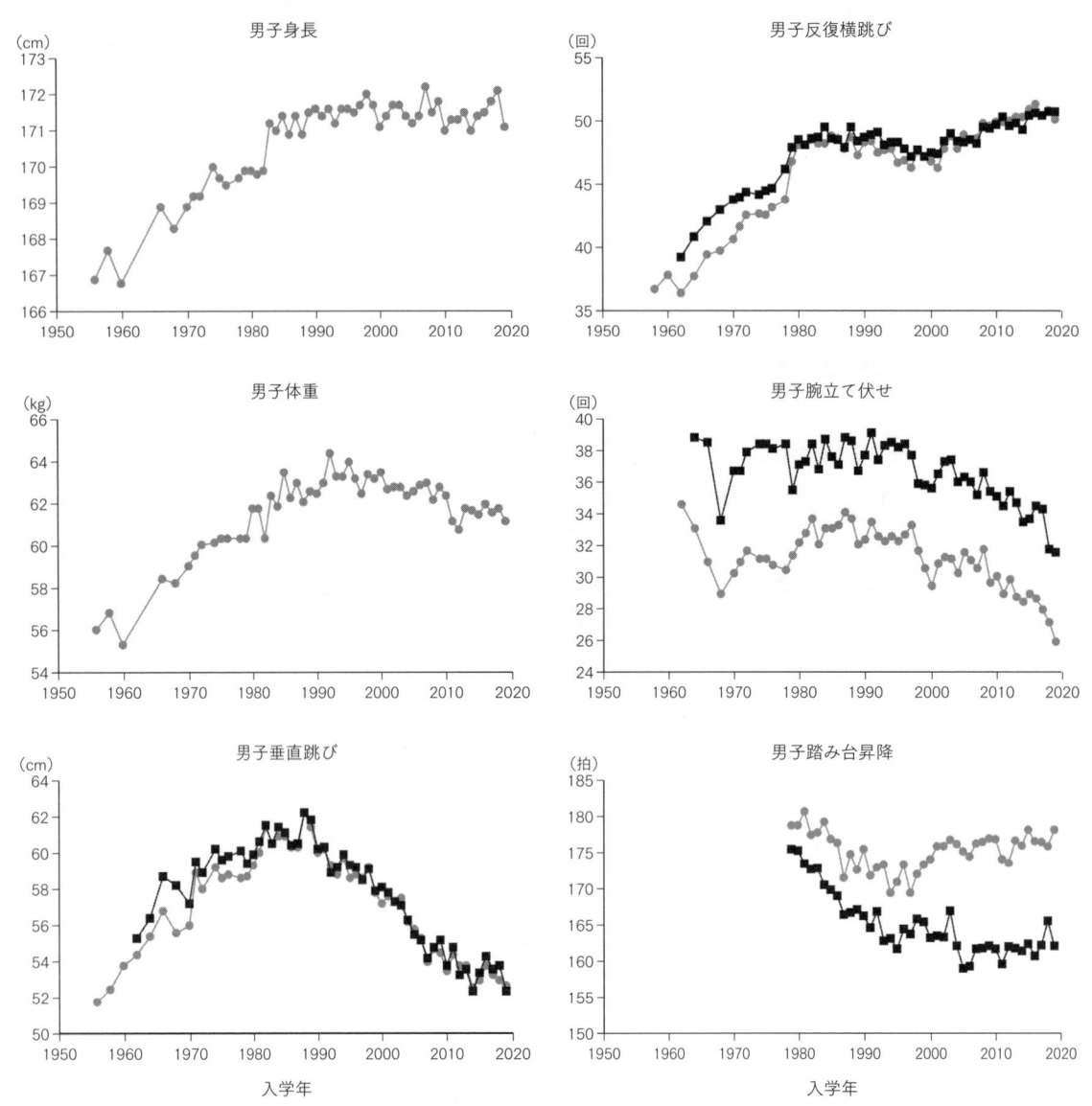

図IV.7.1 男子学生の身長，体重，体力テスト平均値．●が入学時，■が1年終了時を示す．踏み台昇降は1979年より方法が大きく変更されたことから，それ以前の値は掲載していない．

1988年以降一定の割合で低下してきているように観察されていたが，2000年を少し過ぎた頃から回復傾向にある．また踏み台昇降の値はあまり大きな変化はないが，入学時の値は2000年頃から少しずつ悪化しているように見える．このように女子でも男子と同様に1990年代後半以降の入学者の体力低下がうかがえたが，2000年代になってからは一部で下げ止まりまたは回復傾向が見られる．

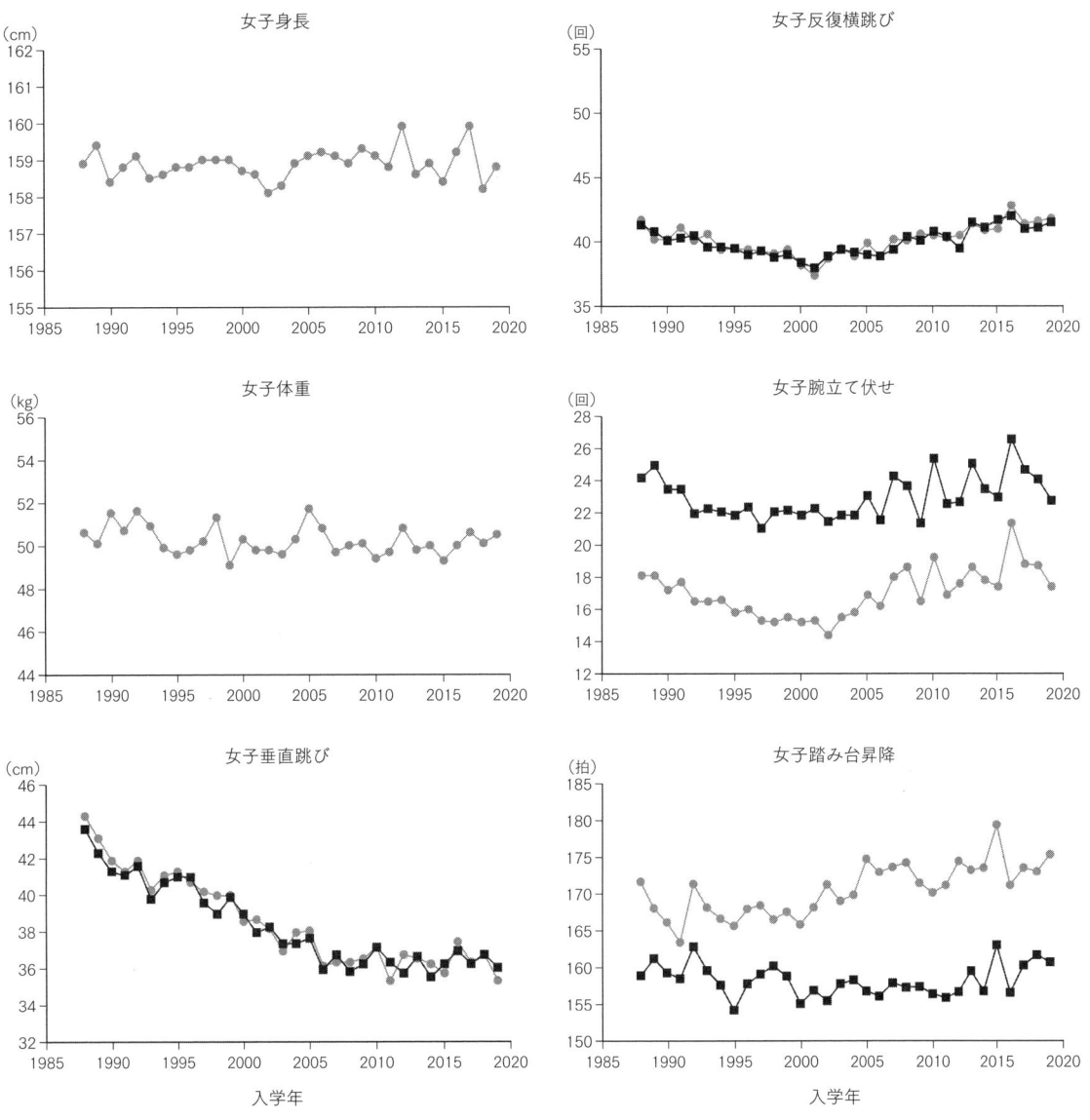

図 IV.7.2 女子学生の身長，体重，体力テスト平均値．●が入学時，■が1年終了時を示す．

(d) まとめ

　男女共体力テスト平均値は1980年代後半をピークに低下傾向であったが，下げ止まりまたは回復傾向がうかがえる種目もある．ただし男女とも下げ止まりから回復傾向もうかがえる種目もある．前述した体力・運動能力調査結果によると児童生徒の体力テスト結果もやはり1980年代後半から低下傾向，2000年代になってから下げ止まりまたは回復傾向が見られる．すなわち社会全体の環境などの変化を反映して，子供から大人までほぼ同時に体力に変化が起きているものと考えられる．

付　録

(資料)人間は身体運動をどのように考えてきたか([160])

(a) ヒポクラテス*の養生論

　……人間の「養生」(ディアイタ**)を論ずるものは，まず第一に人間の自然性について知っていなければならない．すなわち，人体の根源(アルケー)と成素(ストイケイア)を知らないで，人間に適した食養生を決定することはできないのである．日常，われわれが摂取する飲食は，それが自然なものであれ，人為的に加工されたものであれ，それらにはそれぞれの「性能」(デュミナス)がある．それがどのように作用するかを知らないでは，養生術として十分な処方を下し，その効果を発揮することができないのである．

　……上記のことがすべて理解されたとしても，人間に関する養生はまだ完全ではないのである．なぜなら食物を取るだけで人間は健康を保てないからである．人間は運動も行なわなければならない．というのも，食物と運動はそれぞれちがった性能をもっているけれども，相互に作用して健康をもたらすからである．……(岸野雄三『ヒポクラテースの養生法——食養生と体操』[63])

　　* ヒポクラテス(Hippocrates B.C.460？-375？)：古代ギリシアの医学者．各地を遍歴し，多くの医学者，哲学者に会って見聞を広め，経験的知識に基づく医術を主張，医道の基礎を確立．医学の祖．東京大学医学部図書館横には，彼の故郷から移植した「ヒポクラテスの木」(プラタナス)が植えられている．
　　** ディアイタ(diaita)：way of life を意味するギリシア語．これがラテン語の diaeta を経て英語の diet (ダイエット)になった．

(b) 貝原益軒*の養生訓

　人の身は父母を本とし，天地を初とす．天地父母のめぐみをうけて生れ，又養はれたるわが身なれば，わが私の物にあらず．天地の御賜物(みたまもの)，父母の残せる身なれば，つつしんでよく養ひて，そこなひやぶらず，天年(てんねん)を長くたもつべし，是(これ)天地父母につかえ奉る孝の本也．身を失ひては，仕ふべきやうなし．わが身の内，少なる皮はだえ(皮膚)，髪の毛だにも，父母にうけたれば，みだりにそこなひやぶるは不孝なり．況んや大なる身命を，わが私のものとして慎まず，飲食・色慾を恣(ほしいまま)にし，元気をそこなひ病を求め，生付(うまれつき)たる天年を短くして，早く身命を失ふ事，天地父母へ不孝のいたり，愚なる哉(かな)．人となりて此世(このよ)に生きては，ひとへに父母天地に孝をつくし，人倫の道を行なひ，義理にしたがひて，なるべき程は寿福(じゅふく)をうけ，久しく世にながらへて，喜び楽みをなさん事，誠に人の各(おのおの)願ふ処ならずや．如此(かくのごとく)ならむ事をねがはば，先(まず)右の道をかうが(考)へ，養生の術をまなんで，よくわが身をたもつべし．是(これ)人生第一の大事なり．人身は至りて貴(たっ)とくおもくして，天下四海にもかへがたき物にあらずや．然るにこれを養なふ術をしらず，慾を恣(ほしいまま)にして，身を亡ぼし命をうしなふ事，愚なる至り也．……養生の術は先(まず)心気を養ふべし．心を和(やわらか)にし，気を平(たい)らかにし，いかりと慾とをおさへ，うれひ・思ひをすくなくし，心をくるしめず，気をそこなはず，是(これ)心気を養ふ要道なり．又，臥(ふ)す事をこのむべからず．久しく睡(ねむ)り臥(ふ)せば，気滞(とどこお)りてめぐらず．飲食いまだ消化せざるに，早く臥しねぶれば，食気ふさがりて甚(だ)元気をそこなふ．いましむべし．酒は微酔(びすい)にのみ，半甜(はんかん)をかぎりとすべし．食は半飽(はんぽう)に食ひて，十分に満(み)つべからず，酒食ともに限(かぎり)を定めて，節にこゆべからず．又わかき時より色慾をつつしみ，精気を惜(おし)むべし．……もし飲食色慾の慎(つつしみ)なくば，日々補薬を服し，朝夕食補をなすとも，益なかるべ

し，又，風・寒・暑・湿の外邪をおそれふせぎ，起居（ききょ）・動静（どうじょう）を節にし，つつしみ，食後には歩行して身を動かし，時々導引（どういん）して腰腹をなですり，手足をうごかし，労働して血気をめぐらし，飲食を消化せしむべし．一所に久しく安坐すべからず．是皆養生の要なり．養生の道は，病なき時つつしむにあり．病発（おこ）りて後，薬を用ひ，針灸（しんきゅう）を以（て）病をせむるは養生の末なり．本をつとむべし．（貝原益軒『養生訓』[56]）

* 貝原益軒（1630-1714）：江戸時代前期の儒者，本草学者，教育者．福岡藩家臣．『益軒十訓』，『大疑録』，『大和本草』，『養生訓』など多数の書物を著し，『民生日用の学』を主張した．『大和本草』は我が国初の本格的な植物図鑑として，また『養生訓』は庶民のための具体的な健康増進法を記した手引き書として有名．

(c) ロック*の身体の健康について

　健全な身体に宿る健全な精神**とは，この世における幸福な状態の，手短かではありますが意をつくした表現です．この両者を具えている人はそのうえに望むものはほとんどありませんし，この両者のいずれかを欠いている人は，他のいかなるものを得ても，その埋め合わせはつかないでしょう．人間の幸，不幸もたいていは，各自の作りだしたことです．精神が正しく導いてくれぬ人は，けっして正しい道を歩むものではなく，身体が病弱で消耗している人はけっして正しい道を邁進することはできません．世の中には，身心ともにその素質に非常に活力があり，生まれつきできのよい人たちがあって，そのような人たちは他人から大して助けをかりる必要がなく，自分の生まれつきの才能で，ゆりかごにいる幼児の時代から，まっ直ぐに，いわゆる卓抜な人物になって行き，この彼等の仕合わせな素質の特権によって，世人を驚かすことを行なうことができるということを，わたくしは認めます．しかし，こんな人たちの例はほんのわずかで，われわれが出逢う万人の中で，十人の中九人までは，良くも悪くも，有用にも無用にも，教育によってなるものだと言って差し支えないと思われます．教育こそ，人間の間に大きな相違をもたらすものです．われわれの敏感な幼年時代に与えられた，わずかの，言いかえればほとんど感じられないくらいの印象が，非常に重大な，また永続きする影響を与えるのです．それは，ちょうど川の源におけるがごとく，静かに手をそえると，変り易い水の流れは水路を変えて，まったく反対の路をとるようになるのですが，最初にその源泉に与えられるこのようなわずかの指示によって，川は異なった方向を受け取り，しまいには非常に離れた遠くの場所に至るようなものです．
　健康がいかにわれわれの仕事と幸福に必要であり，また，困難と疲労に耐えられる頑強な体質が，なにごとにせよ世に秀でようとする人に，いかに必要であるかは，非常に明白で，なんら証明を要しないことです．（ロック『教育に関する考察』，第1章，「身体の健康について」[110]）

* ロック（John Locke 1632-1704）：イギリスの哲学者，政治思想家．人間は生まれながらにして平等で固有の権利を有し，政府はその権利を保証するために人民の同意によって設けられたものであるから，政府を変更廃止するのは人民の権利であると主張，名誉革命を擁護し，民主主義思想の発展に大きな貢献をなした．主著『人間悟性論』，『市民政府二論』．
** 健全な身体に宿る健全な精神（A sound mind in a sound body）：誤って「健全なる精神は健全なる身体に宿る」とよく表記されているこの言葉は，当時酒を飲んでは街で暴れ市民の顰蹙をかっていた格闘専門の奴隷たちを皮肉ったローマ時代の諷刺詩人ユベナーリス（Juvenalis A.C.60？-140？）の言葉「Orandum est ut sit mens sana in corpore sano」（mens＝精神，corpore＝身体，sit＝宿る，sana, sano＝健全な，orandum＝祈る）の言葉からきている．

(d) スペンサー*の知育・徳育・体育

　……われわれの一般的な結論というのは，日常生活における子供たちの取扱い方は，いろいろな仕方で強く偏見に支配されているということである．それは食事の与え方の欠陥，衣類の着せ方の欠陥，運

動のさせ方の欠陥（少なくとも女子において），そして過度の知的適用という点で誤っている．……胎児のときにその全生命的活動力が成長という方向に費されるように，幼児のときに成長に費される活動力は非常に大きいので，身体的あるいは知的な活動のいずれに対しても，残されているエネルギーはきわめて少ないという事実を見逃がしている．それゆえ，児童期および青年期を通じて，成長というのは，それに対して他の全てのことが従属させられなければならないような支配的な必要条件であり，多くのものを与え少ししか取り去らないということを規定する必要条件であり，それゆえ，成長の速さに比例して，その程度に応じて身心の努力を制限するところの条件であり，成長が減退する速さと同じ速さにおいてのみ，精神的および身体的活動を増すことを許容するところの条件である．

　別の観点からこれに関して言えば，この高度に圧迫的な教育は，明らかに，われわれの過去の文明からの結果として生じてきているものである．攻撃と防禦ということが支配的な社会的活動であった原始時代においては，勇気を伴った身体的活動力（bodily vigour）は必須のものであった．それゆえ，教育というのは，ほとんど完全に身体的なものであり，知的な教養（cultivation）というのはほとんど問題にされず，われわれ自身の封建時代におけるように，しばしば軽蔑の念をもって扱われたのである．しかし，今や，われわれの生活状態が比較的平和になり，筋力（muscle power）が手工労働の他にはほとんど必要でなくなり，そして社会的な成功のほとんどすべてが，ひじょうに大きく知的な能力（mental power）に依存するようになるにつれ，われわれの教育はほとんど例外なしに知的なものになった．身体を尊重し精神を無視するかわりに，われわれは，現在，精神を尊重し身体を無視している．これら二つの態度は誤っている．われわれは，まだつぎのような真理を十分に認識していない．すなわち，われわれの現実の生活においては，身体的なもの（the physical）が精神的なもの（the mental）の基盤になっているので，精神的なものは身体的なものの犠牲においては発達させられないということである．古代の考え方と現代の考え方は結合されなければならない．

　おそらく，健康を保持することは義務（duty）であるという信念が一般に浸透するときのように，身体と精神の両方が適切に考慮されるときがくれば，このこと以上に，その時代を推進させるものは他に何もないであろう．世間には，身体的道徳性（physical morality）ということを意識している人はほとんどいないようである．人びとの習慣的な言動は，自分たちの好きなように自分の身体を扱うことは自由であるという考えを暗示している．自然の命令に従わないことによって生ずる障害を，彼らは，たんに不当な圧迫であるとみなし，多かれ少なかれ極悪な行為の結果であるとは考えない．彼らの被保護者たちや未来の世代に与える悪い影響は，ときには犯罪によって引き起こされるものより大きいけれども，しかし，彼らは，自分自身をも犯罪者であるとは考えていない．酒に酔った場合，純粋に身体をふみにじったという不行跡が一般に認められることは事実であるが，しかし，もしこの身体的な罪悪が邪悪なものであるとするならば，それと同じように，すべての身体的な罪悪もまた悪徳であるということに言及している人は一人もいないように見える．事実は，健康の法則に対するすべての違反は，身体的な罪（physical sins）であるということである．このことが一般に理解されるようになるとき，そのとき，そしておそらくそのときになってはじめて，若者の身体的訓練（physical training）は，それに相応しすべての注意を払われることになるであろう．(Spencer, *Education: Intellectual, Moral, and Physical* [118])

　＊　スペンサー（Herbert Spencer 1820-1903）：イギリスの哲学者．ダーウィン進化論を取り入れて，「総合哲学体系」（第1巻：第一原理，2-3巻：生物学原理，4-5巻：心理学原理，6-8巻：社会学原理，9-10巻，倫理学原理）を著し，「全宇宙には進化と解体の振り子運動が限りなく続き，宇宙の全体は不可知である」と唱えた．

(e)　人間の生物学の必要性

　物質の科学は生物の科学がまだ幼稚な状態にあるのに，大きな進歩をした．生物学が遅れたのは我々

の祖先の生活条件や，生命というものの複雑さによるので，また機械のような組立や，数学のような抽象を好む我々の精神のためでもあった．科学的ないろいろな発見が採用されたために，我々の世界は物質的にも，精神的にも変わってしまった．その変化がまた我々に非常に深い影響を及ぼしている．それが甚だ悲しむべき結果を招いたわけは，元来人間を考えに入れずになされたからである．人間が人間を知らないために，力学や，物理学や，化学に人間の伝統的な古い生活形式を好き気ままに改造する権限を与えてしまったからである．

　人間はすべてのものの尺度であるべきだった．然るに人間は今自分が作った世界では全くの異国人である．人間が真に自分を知らなかったために，この世界を人間自身のために向くように建築することができなかったのである．あらゆる物質の科学が生物の科学をぐっと追い抜いて発達したことは，まことに人間の歴史の最も悲惨な出来事の一つである．人間を知らない人間の頭で作り出したこの世界は，人間の体力にも精神にも適しないものであった．これは全くいけない．こんな世界では我々は非常に不幸せである．道徳的にも精神的にも退化する一方である．工業文明が最も発達した国家や社会が必ず定って先ず衰えて行くではないか！　そして野蛮状態に戻るのも彼らが真っ先である！　彼らは科学が作り上げた恐ろしい魔境に，自分を守る術もなく立ちすくんでいるのである．実際，現代の文明は，遠き昔滅亡してしまった多くの文明の如く，不思議にも，人間が生きていることさえできなくなるような状態を作り出したのである．「新しい時代」という都の市民の不安と不幸せは，その政治的・経済的・社会的制度から生まれ，特に自身の堕落から来るのである．彼等は物質の科学に打ちまかされた生命の科学の犠牲である．

　人間を深く正しく知ることより他にこの不幸を救う方法はない．人間が分れば，我々の肉体や精神がこの近代的生活にどうして，どれほど毀（こぼ）たれつつあるかということが分るだろう．そしてどうして現代の環境に適応し，どうして自らを防禦し，更に，いざとなれば何をこの文明の代りに置くかということも分るというものである．自己を知ることによって，人間というものの正体と，それを生かす方法が分かれば，今日の人間の肉体の退化や，衰弱や，また頭と心の病的になった理由も分ろう．我々の肉体や精神の世界を支配する神聖侵すべからざる法則を我々に示し，許さるべきことと，禁じられていることとを，はっきり教え，我々の環境や，我々自身を，好き気ままに改造することが断じて許されていないということを説き聞かしてくれるのは，人間に関する正しい，深い知識より他には決してないのである．実際，近代文明が自然生活の条件を一掃してしまった今日では，すべての科学の中で最も必要なものが人間の科学なのである．（カレル*『人間この未知なるもの』［17］）

*　カレル（Alexis Carrel 1873-1944）：フランスの生物学者．リヨンに生まれ，1904 年渡米，1906 年 Rockfeller 大学教授，1912 年ノーベル医学・生理学賞を授賞．カレル縫合と呼ばれる血管縫合術や組織体外培養法を開発．細胞の発育・増殖を体外で簡単に観察できるようにした．臓器移植法の父とも呼ばれる．この文章は第 1 次世界大戦のドイツの敗北を念頭において書かれたものである．

(f)　柔弱なアメリカ人（The Soft American）

　……市民の身体的に良好な状態が国家のすべての活動の活力と生気の重要な基盤であるという認識は，西欧文明それ自体と同じように古いものである．しかし，それは今日のアメリカにおいてわれわれが忘却の危険に陥っているところのものである．アメリカの若い世代の体力や能力の低下の最初の徴候は，朝鮮戦争の初期にアメリカ人兵士の間に見られた．第二は，兵役検査によって 2 人に 1 人の若いアメリカ人が，精神的・道徳的，身体的に不適格であるとして不採用になった統計的事実であった．しかし若年層アメリカ人の一般身体的低下の最も驚くべき事実の証明は，アメリカの 4,264 名およびオーストリア，イタリアおよびスイスの 2,870 名に対する体力テストの結果を中心とするクラウス博士とウェーバー博士の 15 年にわたる研究の結果であった．

この知見は，われわれの比肩するものがないほどの生活水準，われわれの良い食事と多くの運動場，われわれの学校における運動競技の強調にもかかわらず，アメリカの青少年は体力においてヨーロッパ人よりはるかに劣っていることを示した．筋力と柔軟性のための6つのテストが与えられ，アメリカの子供たちの57.9％が1つまたはそれ以上のテストに不合格であったのに対して，ヨーロッパの子供たちの不合格者はたった8.7％であった．特に失望を感じさせるのは，5つの筋力テストの結果であった．35.7％のアメリカの子供たちがこれらの1つあるいはそれ以上のものに不合格であったのに対し，ヨーロッパの子供たちの不合格はたった1.1％で，しかも，オーストリアとスイスでは，不合格者の割合は0.5％であった．……昨年イギリスと日本で行なわれた体力テストは，これらの国の青少年がわれわれの子供たちよりも著しく体力があることを示した．……
　この事柄の厳然たる事実は，自分の身体を無視し柔弱化する若いアメリカ人がますます多くなりつつあるということである．このような個々の市民における柔弱さは，国家の活動力を奪い国を破壊することに力を貸すことになるだろう．というのは，われわれの市民の活力はアメリカの最も貴重な資源の1つであり，もしわれわれがこの資源を無視したり，減退させたり，柔弱にすれば，われわれ国民が直面する偉大で重要な挑戦に対して適合する能力の多くを破壊してしまうだろう．われわれは一国家としてのわれわれの十分な可能性を実現することができなくなるだろう．
　……体力はわれわれの社会のすべての諸活動の基礎である．そして，もしわれわれの身体が柔弱で不活発になるならば，また，もしわれわれが身体的発達と強健さを促進することに失敗するならば，われわれは，思想や労働，および発展しつつある複雑なアメリカにとって非常に重要な技能の利用のためのわれわれの能力を枯渇させることになるだろう．それゆえ，われわれの市民の体力は，アメリカが一国家としてのその十分な可能性を実現し，個々の市民が自分自身の能力を十分な成果をもって使用するためにも，非常に重要な前提条件である．
　……レジャーと豊富の時代は，活力と筋肉の状態を何らの努力なしに破壊することができる．今日，人間の活動や肉体的労働は，機械技術によって急速に労働生活から取り除かれつつある．多くの経済学者によれば，1970年代までに自分の手で働く人はほとんど消滅するだろうということである．初期のアメリカ人が当然のこととしていた多くの日常的な身体的諸活動は，もはやわれわれの日常生活の一部分にさえなってはいない．……もちろん，現代の諸発展や余暇の増大は，人生の安楽さと楽しみに多くのものを加えることができる．しかし，それらは怠惰や遊惰およびわれわれの体力の進行的退化と混同されるべきではない．というのは，われわれの青少年の力と成人の体力は，われわれの最も重要な価値であるからであり，この衰退の傾向は，思慮深いアメリカ人の緊急な関心事であるからである．これは1つの国家的問題であり，国家的行動を必要とする．……いまや，アメリカは，すべての国民の体力を改善するための国家的なプログラムをもって，前進する時である．（Kennedy, *The Soft American* [61]）

(g)　人間の身体は活動するためにつくられている

　人体は活動するためにつくられており，休息するためにではない．これは進化の歴史の必然的事実である．すなわち生存競争によって良い身体状態が必要とされたからである．最適な身体機能は，心臓，循環器，筋肉，骨格そして神経系統に規則的に負荷を加えること——すなわちトレーニングすること——によってのみつくることができる．昔は仕事と余暇の両方において身体を動かしていたが，現代社会では，従来筋力のみで行ってきた作業の大部分を機械が行っている．われわれの生活環境は坐ったり，乗ったり，横になったりする状態が支配的であろう．その結果，身体活動によって組織や内臓諸器官が受ける自然で本質的に重要な刺激はほとんどなくなってしまった．（Åstrand, *Health and Fitness* [10]）

(h) 第Ⅰ部扉写真解説

1. プラトン（ギ Platon 英 Plato: 427?-347? B.C.）古代ギリシアの哲学者．ソクラテスの弟子．ソクラテスの死後その教えや自分の考えをソクラテスと相手との対話という形式で著した．中でも，国家編，法律編は哲人政治を理想形態とする彼の思想の集大成として名高い．アテネに自分の学校アカデメイアを設立，政治家や立法家を養成した．彼は教育の基本を音楽と体育におき，自らもイストミヤ競技会で優勝するなど，身体鍛錬を怠らなかった．

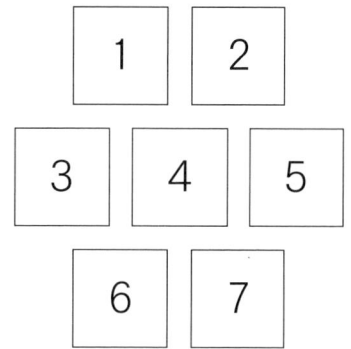

2. アリストテレス（ギ Aristoteles 英 Aristotle: 384-322 B.C.）古代ギリシアの哲学者．プラトンの弟子．毎朝彼の学校（リュケイオン）の中の散歩道（ペリパトス）を散歩（すなわち身体運動）をしながら，高級の学生と専門的な科目について議論したことから，その学派は逍遥学派（ペリパトス学派）と呼ばれる．午後は教室で初級者に対して講義形式の授業を行った．彼もまた師に倣って，その著「ポリティカ」の中で体育を教育の必須4教科のひとつとして重視している．

3. 嘉納治五郎（1860-1938）万延元年兵庫県生まれ．1877（明治10）年，東京大学に入学，81年卒業後学習院教頭，旧制第五高等学校校長，旧制第一高等学校（現東京大学教養学部）校長，東京高等師範学校（現筑波大）校長などを歴任．清国留学生のための学校（弘文学院）を設立．東京大学在学中，自分の虚弱体質改善のため柔術を学び，その教育的効果に着目，技術改良を加えて柔道を創始．1882（明治15）年講道館を設立．柔道および日本スポーツの普及と国際化に尽力，1909（明治42）年クーベルタンに請われて日本人初（アジア初）のIOC委員（1911 JOC初代会長）となる．1911（明治44）年日本体育協会を創立，初代会長となる．

4. ケネディ（John Fitzgerald Kennedy: 1917-1963）第35代アメリカ合衆国大統領（1960-63）．ニューフロンティア政策をかかげ，東西冷戦，ベトナム問題，キューバ危機，公民権運動などの難問に対処した．アメリカ青少年の体力がヨーロッパ，日本にくらべて著しく低いという運動生理学者の研究結果を重視，全米に体力向上のための体制づくりを推奨した．遊説中テキサス州ダラスで銃撃され死亡．

5. クーベルタン（Pierre de Coubertin: 1863-1937）フランスの貴族（男爵）．祖国の教育改革をめざして米英に遊学，英国高等教育におけるスポーツの隆盛に感銘し，古代オリンピックの理想を復活させ，スポーツを通じて世界平和に貢献する目的で近代オリンピック大会を創始．1894年国際オリンピック委員会（IOC）を設立，1896年アテネで第1回大会を開催した．また，国際教育学連合を組織，「イギリスの教育」「スポーツ教育学」「20世紀の青少年教育（第1巻 体育，第2巻 知育，第3巻 徳育）」「スポーツ心理学論集」などの著書を出版，教育家として活躍した．

6. シェリントン（Charles Scott Sherrington: 1861-1952）イギリスの生理学者．ケンブリッジ大学卒．近代神経科学の父．イヌやネコなどを用いた精密な動物実験により，屈曲反射，伸張反射など，運動に関わる脊髄反射のメカニズムを詳細に研究．相反神経支配などの重要な法則を発見，身体運動における神経筋協調の仕組みを初めて明らかにした．1932年ノーベル生理学医学賞受賞．

7. ヒル（Archibald Vivian Hill: 1886-1977）イギリスの生理学者．ケンブリッジ大学卒．筋収縮のエネルギーは解糖によって産出され，その結果生じる乳酸は酸素によってグリコーゲンに再合成される（Hill-Meyerhof反応）こと，負荷重量と筋短縮速度との間には直角双曲線関係（Hillの特性式）があることなどを発見，ヒトの運動を対象として酸素摂取量，酸素負債，パワー，効率などを初めて測定し，現在の呼吸循環系運動生理学およびバイオメカニクスの基礎を築いた．1922年ノーベル生理学医学賞受賞．

身体運動・健康科学実習関連実技科目履修の参考

(平成 27.4.1 改訂) 東京大学教養学部スポーツ身体運動部会

　東京大学における身体運動・健康科学実習関連実技科目は，1年次の「身体運動・健康科学実習」（必修），2年次の「スポーツ・身体運動実習」（選択），3・4年次の「スポーツ・トレーニング実習」（選択）に分かれている．以下にそれぞれの履修方法について説明する．

1年次　「身体運動・健康科学実習」（必修）

1　教科書「教養としての身体運動・健康科学」

　必修の身体運動・健康科学実習では，1Sセメスター1回目および3回目，1Aセメスター（または2Sセメスター）1回目の授業では，教科書を使用して教室で行われる．集合場所は掲示を参照すること．また各セメスターに2回ずつ，身体運動の科学的理解を目的とした共通基礎実習が行われる．この中でも教科書が使用される．この他の実技授業でも随時使用されるので，必ず持参すること．

2　身体運動・健康科学実習のコース分けと種目選択

　健康診断や1Sセメスターのはじめに実施する体力テストの結果を参考にして，個人の健康度や身体的能力に応じて，1Sセメスターでは3回目の授業で，1Aセメスター（または2Sセメスター）では1回目の授業で，次のようなコース分けに基づいて履修する．

　　スポーツコース　　　　：各セメスターごとに各自の希望するスポーツ種目を1種目選択し履修する．スポーツ実技実習を通じて身体操作技能を習得し，スポーツ動作を構成する基本動作の仕組みを学ぶとともに，体力の向上を目指す．
　　フィットネスコース　　：スポーツ実践や健康な日常生活に必要な基礎的体力を養い，身体のコンディション調整とトータルフィットネス向上の方法を学ぶ．身体活動に必要な基礎的な体力を養うことを目的としている．体力テスト低得点者は，トレーニングコースを優先的に選択できる．
　　サイエンスコース　　　：スポーツサイエンスを実習で学ぶ．
　　メディカルケアコース：M1　内科系疾病等のため，運動を禁止または制限されている者を対象とする．
　　　　　　　　　　　　　M2　内科系疾病等のため，スポーツコースあるいはフィットネスコースでの履修は不適当であるが，軽い運動は許可された者を対象とする．
　　　　　　　　　　　　　M3　運動器系の疾病・障害により，スポーツコースあるいはフィットネスコースでの履修は不適当であるが，個別に運動が許可された者を対象とする．

　メディカルケアコースは，入学時および定期検診等の結果，保健センターより指示された者だけでなく，本人の申し出等によりメディカルケア担当教員の判断によって編入を指示された場合には，各セメスター当初だけでなく各セメスター途中でもスポーツコースなどから編入することができる．また回復すれば元の授業に復帰することも可能であるので，担当教員とよく相談すること．

3　単位の認定と評価

（1）単位の認定

　「身体運動・健康科学実習」は，1Sセメスターで1単位，1Aセメスター（または2Sセメスター）で1単位の，合計2単位を取得しなければならない．ただし，1S・1A（または2S）セメスターの平均点が合格基準に達していればよい．

（2） 成績の評価
 1） 出席
　「身体運動・健康科学実習」の授業の意義は，定期的に身体運動を行い，身体運動を科学的に理解し，健康・体力の維持，増進の実をあげ，またその方法を学習することにある．したがって，出席状況（遅刻，早退，見学を含む）はきわめて重視される．
 2） 達成度
　各セメスターに，各自が選択履修している授業について，達成度の評価を行う．
 3） 体力テスト
　1Sセメスターの2回目の授業と1Aセメスター（または2Sセメスター）の終わりに実施する．
 4） レポート
　学期ごとに，授業に関連したレポートを提出し，評価する．
 5） その他
　授業中にどのような態度で参加し，またどのように自己の役割を認識し，実行に移しているか，学習内容をどれだけ理解しているかなどを評価する．

4　体力テストの種目と基準
　テスト種目：垂直とび・反復横とび・腕立伏臥腕屈伸・踏台昇降運動
　体力テストにおいて，合計点で81点未満，または1種目でも18点未満の者は，フィットネスコースを優先的に選択することができる．

2年次 「スポーツ・身体運動実習」（選択）

　2年次には，「スポーツ・身体運動実習」が総合科目Dの授業として開講される．「スポーツ・身体運動実習」は1コマ1単位であり，2Sセメスター終了時までに2単位，2Aセメスターに2単位，計4単位を上限として履修することができる．成績の評価は「身体運動・健康科学実習」と同様の基準による．授業は次の3つの形態（型）で実施される．

1	通常授業時間帯型	通常の総合科目の時間帯に開講し，毎週1回の授業を行う（一部授業に「5Tにターム制開講」を導入）．
2	一部集中授業型	通常の授業時間帯による授業のほか，一部集中授業を行う．ゴルフがこれに該当し，セメスター中に東大検見川運動場において半日間の集中授業を行う．
3	集中授業型	通常の授業期間でない時期に，集中的授業を行う．スキー・スノーボード実習がこれに該当し，ウインタープログラムで開講する．本授業のみ履修登録は1Aセメスターに行う．詳細は1Aセメスターの掲示やシラバスを参照のこと．本授業を履修した場合，2Sセメスターで取得できるスポーツ・身体運動実習の単位は1単位となる．

3年次・4年次 「スポーツ・トレーニング実習」（選択）

　3年次・4年次の実技科目として，「スポーツ・トレーニング実習」が，開講されている．駒場キャンパスではテニス，本郷キャンパスではバレーボール，バスケットボール，バドミントンなどの種目が開講されている．一部の学部では，卒業単位に含めることができる．

身体運動関連の講義

　総合科目（D人間・環境）の中に，「身体運動科学」「健康スポーツ医学」「身体生命科学」「身体運動メカニクス」が開講されているので，受講することをすすめる．

体力測定値記入表

この数値表およびグラフは，授業で実施している体力測定項目以外の体力テストや健康診断などの測定値を自由に記録できるように，自由記入欄を設けてある．また，教養課程修了後も長く使えるように，余分の欄を設けてある．必要に応じてコピーするなどして，各自の健康・体力管理のために有効に利用されたい．

	1夏 年 月 日	1冬 年 月 日	2夏 年 月 日	2冬 年 月 日	年 月 日
身長	cm	cm	cm	cm	cm
体重	kg	kg	kg	kg	kg
垂直とび	cm 点	cm 点	cm 点	cm 点	cm 点
反復横とび	回 点	回 点	回 点	回 点	回 点
腕立伏臥	回 点	回 点	回 点	回 点	回 点
踏台昇降	─ ─ 点	─ ─ 点	─ ─ 点	─ ─ 点	─ ─ 点

	年 月 日	年 月 日	年 月 日	年 月 日	年 月 日
身長	cm	cm	cm	cm	cm
体重	kg	kg	kg	kg	kg
垂直とび	cm 点	cm 点	cm 点	cm 点	cm 点
反復横とび	回 点	回 点	回 点	回 点	回 点
腕立伏臥	回 点	回 点	回 点	回 点	回 点
踏台昇降	─ ─ 点	─ ─ 点	─ ─ 点	─ ─ 点	─ ─ 点

氏　名　_____

身　長	( ) cm ( ) cm ( ) cm	
体　重	( ) kg ( ) kg ( ) kg	
垂直とび	( ) cm ( ) cm ( ) cm	
反復横とび	( ) 回 ( ) 回 ( ) 回	
腕立伏臥	( ) 回 ( ) 回 ( ) 回	

1夏　1冬　2夏　2冬

氏　名

踏台昇降 ( )拍
( )拍
( )拍

( )
( )
( )

( )
( )
( )

( )
( )
( )

( )
( )
( )

1夏　1冬　2夏　2冬

氏　名

体力テスト得点換算表（昭和54年改定）

男　子				得　点	女　子			
垂	反	腕	踏		垂	反	腕	踏
〜41	〜36	〜9	236〜	**10**	〜23	〜22	0	229
42・43	37	10	232〜235	**11**	24	23〜25		226〜228
44	38	11〜13	229〜231	**12**	25	26・27		223〜225
45・46	39	14〜16	224〜228	**13**	26	28・29	1	220〜222
47		17	220〜223	**14**	27	30・31		218〜219
48	40	18・19	214〜219	**15**	28	32	2	214〜217
49		20〜22	208〜213	**16**	29・30	33		210〜213
50	41	23	204〜207	**17**	31・32	34	3・4	207〜209
51		24	202・203	**18**	33	35	5・6	204〜206
52	42	25	200・201	**19**	34	36	7・8	200〜203
53	43		198・199	**20**	35	37	9	195〜199
54		26	195〜197	**21**	36			191〜194
55	44		192〜194	**22**	37	38	10	188〜190
56・57	45	27	188〜191	**23**	38	39	11・12	184〜187
58	46	28	183〜187	**24**	39		13・14	179〜183
59	47	29	180〜182	**25**	40	40	15・16	174〜178
60		30・31	175〜179	**26**	41		17・18	170〜173
61・62	48	32	172〜174	**27**	42・43	41	19・20	166〜169
63	49	33・34	168〜171	**28**	44	42	21・22	162〜165
64	50	35・36	164〜167	**29**	45		23	157〜161
65	51	37〜39	159〜163	**30**	46	43	24・25	151〜156
66・67		40・41	155〜158	**31**	47・48	44	26・27	146〜150
68	52	42・43	150〜154	**32**	49		28・29	138〜145
69・70	53	44・45	144〜149	**33**	50	45	30・31	134〜137
71	54	46〜48	139〜143	**34**	51		32	130〜133
72・73	55	49〜51	133〜138	**35**	52	46	33〜35	124〜129
74	56	52〜55	127〜132	**36**	53		36〜38	118〜123
75・76	57	56〜59	121〜126	**37**	54	47	39〜41	114〜117
77・78	58	60・61	115〜120	**38**	55		42・43	112・113
79〜81	59	62〜64	110〜114	**39**	56	48	44・45	110・111
82〜	60〜	65〜	〜109	**40**	57〜	49〜	46〜	〜109

握力グレーディング　　No.

学生証番号　　科類・組　　氏名　　　　年令　　才（男・女）　測定日　　年　月　日

右

試行	段階	測定値(kg)小数1位	%Max 小数1位	グレーディング誤差(%)小数1位
1				
2				
3				
4				
5				
6				
7				
8				
9				
10				

平均	段階	測定値(kg)小数1位	測定値－閾値	
	1			
	2			
	3			
	4			
	5			

閾値	kg（段階5平均の　　　%）

1強度当りグレーディング誤差	%

左

試行	段階	測定値(kg)小数1位	%Max 小数1位	グレーディング誤差(%)小数1位
1				
2				
3				
4				
5				
6				
7				
8				
9				
10				

試行	段階	測定値(kg)小数1位	測定値－閾値	
平均	1			
	2			
	3			
	4			
	5			

閾値	kg（段階5平均の　　　%）

1強度当りグレーディング誤差	%

強度：1=20%Max，2=40%Max，3=60%Max，4=80%Max，5=Max=100%

（参考：最大握力　　　　　　　　　）　　（参考：最大握力　　　　　　　　　）

スポーツ歴（幼少中高大社）・特に上肢をよく使う作業歴・活動歴など

握力レーティング グラフ

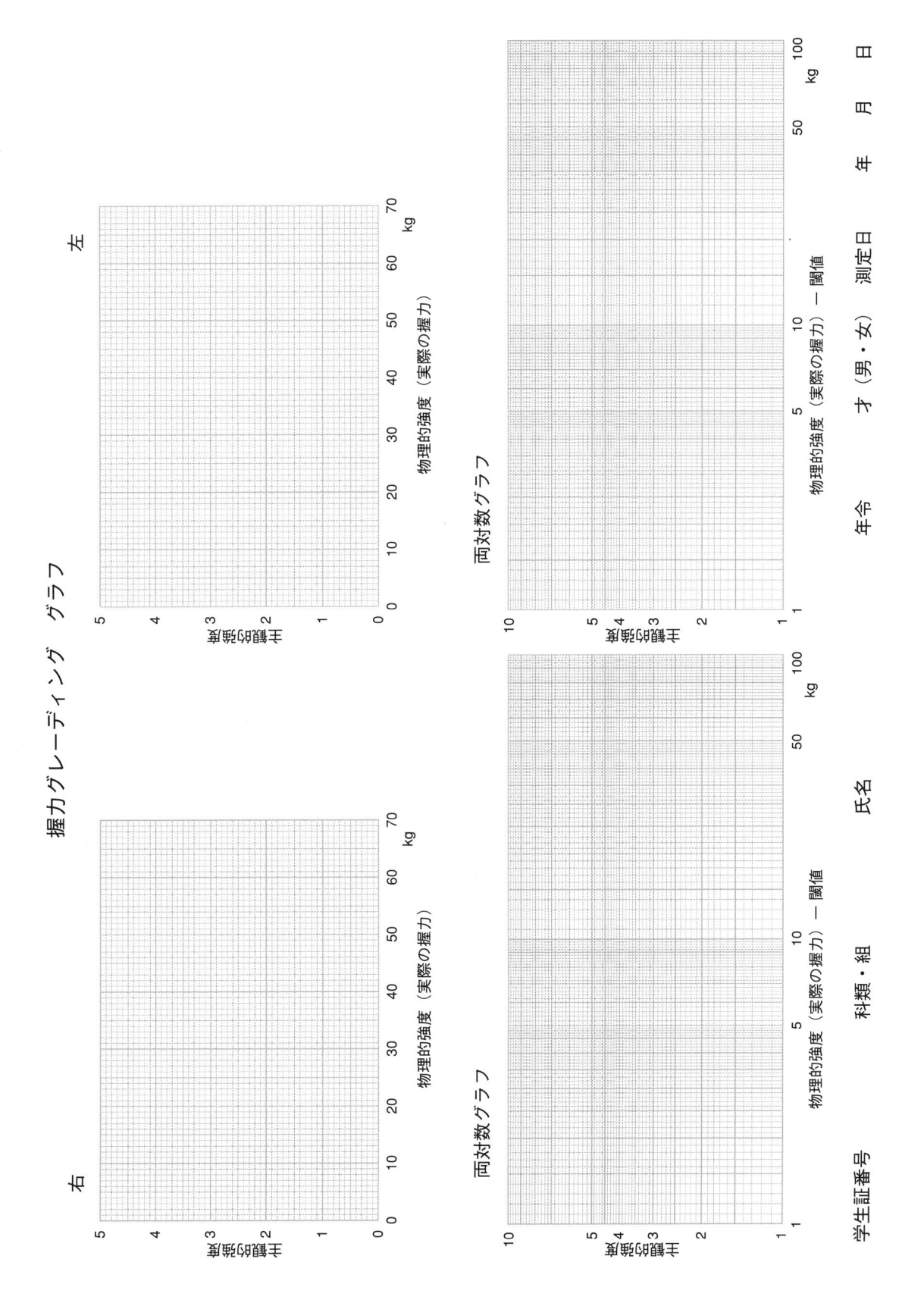

右　　　　　　　　　　　　　　　　　　左

物理的強度（実際の握力）　　　　　物理的強度（実際の握力）

両対数グラフ

物理的強度（実際の握力）－閾値　　　物理的強度（実際の握力）－閾値

学生証番号　　科類・組　　氏名　　年令　才（男・女）　測定日　年　月　日

_____ 年 _____ 月 _____ 日

「人間の基本動作」記録用紙

科類・組 _____　学生証番号 _____　氏名 _____

（1）体の傾き，柔軟性

	静止立位	左に側屈	右に側屈
両目の傾き	(　　　)度	(　　　)度	(　　　)度
両肩の傾き	(　　　)度	(　　　)度	(　　　)度
骨盤の傾き	(　　　)度	(　　　)度	(　　　)度

	ストレッチ前	ストレッチ後
右 SLR	(　　　)度	(　　　)度
左 SLR	(　　　)度	(　　　)度
長座体前屈	(　　　)cm	(　　　)cm

（2）体のバランス（フットビュー）

該当するものにすべてに○を付ける
　a. 足の指に荷重していなかった
　b. 踵に荷重が集中していた
　c. 荷重に左右差があった
　d. 土踏まずのアーチが明瞭でなかった

（3）脊柱機能検査（クラウス・ウェーバー・テスト変法）

腹筋群（強さ）1	(　　　)点	腹筋群1	(　　　)点
腹筋群（強さ）3	(　　　)点	腹筋群2	(　　　)点
		腹筋群3	(　　　)点
		背筋群4	(　　　)点
合計　　　　点		背筋群5	(　　　)点

実習の感想等

_____
_____
_____

呼吸と循環　記録用紙　　　　　　　学生証番号　　　　　氏名
　月　　日
　曜　　限　　　　　　　　　　　　安静時心拍数

	1周時間(sec)	速度(m/min)	心拍数(bpm)	RPE	
1					
2					
3					
4					
5					

発展

1. 最大心拍数を220−年齢とし，最大心拍数時の速度を求める．それが1500m走の速度として記録を求める．

2. 安静時の心拍数を10%VO2max，最大心拍数が100%VO2maxとし，その間に比例関係が成り立つとして，60%VO2maxの心拍数と走速度を求め，それがマラソン(42.195km)を走る速度とした場合の記録を推定する．
　60%VO2max時の心拍数−安静時心拍数=(最大心拍数−安静時心拍数)×(60−10)/(100−10)

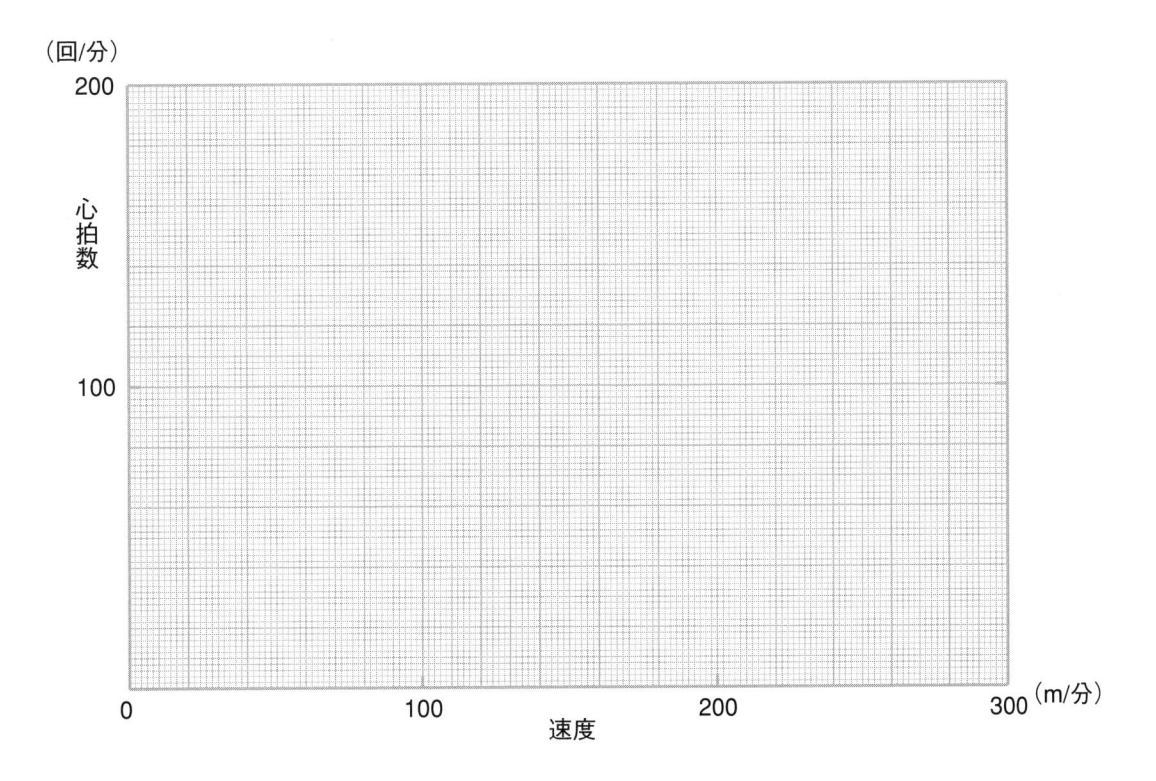

（回/分）
心拍数
速度　(m/分)

400m1周時間の速度換算表
400×60／（1周時間秒）

所要時間	速度						
sec	m/min	sec	m/min	sec	m/min	sec	m/min
500	48	310	77	234	103	158	152
495	48	308	78	232	103	156	154
490	49	306	78	230	104	154	156
485	49	304	79	228	105	152	158
480	50	302	79	226	106	150	160
475	51	300	80	224	107	148	162
470	51	298	81	222	108	146	164
465	52	296	82	220	109	144	167
460	52	294	83	218	110	142	169
455	53	292	83	216	111	140	171
450	53	290	84	214	112	138	174
445	54	288	85	212	113	136	176
440	55	286	85	210	114	134	179
435	55	284	86	208	115	132	182
430	56	282	86	206	117	130	185
425	56	280	87	204	118	128	188
420	57	278	88	202	119	126	190
415	58	276	88	200	120	124	194
410	59	274	89	198	121	122	197
405	59	272	90	196	122	120	200
400	60	270	90	194	124	118	203
395	61	268	91	192	125	116	207
390	62	266	92	190	126	114	211
385	62	264	92	188	128	112	214
380	63	262	93	186	129	110	218
375	64	260	94	184	130	108	222
370	65	258	94	182	132	106	226
365	66	256	95	180	133	104	231
360	67	254	96	178	135	102	235
355	68	252	97	176	136	100	240
350	69	250	97	174	138	98	245
345	70	248	98	172	140	96	250
340	71	246	99	170	141	94	255
335	72	244	100	168	143	92	261
330	73	242	101	166	145	90	267
325	74	240	102	164	146	88	273
320	75	238	102	162	148	86	279
315	76	236	103	160	150	84	286

主観的運動強度（RPE）

RPE	
6	
7	非常に楽である
8	
9	かなり楽である
10	
11	楽である
12	
13	ややきつい
14	
15	きつい
16	
17	かなりきつい
18	
19	非常にきつい
20	

引用文献

[1] 阿部一佳・渡辺雅弘.『基本レッスン バドミントン』大修館書店, 1996.
[2] 阿江通良ほか.『筑波大学体育科学系紀要』, **9**, 229-239, 1986.
[3] 阿江通良ほか.『筑波大学体育科学系紀要』, **19**, 127-137, 1996.
[4] H. Akima et al. *J.Gravitat. Physiol.*, **4**, 15-22, 1997.
[5] H. Akima et al. *Eur. J. Appl. Physiol.*, **82**, 30-38, 2000.
[6] ANA. Oct. 1988.
[7] 安部孝・福永哲夫.『日本人の体脂肪と筋肉分布』杏林書院, 1995.
[8] 青木純一郎. *Jpn. J. Sports Sci.*, **12**, 605-608, 1993.
[9] P. O. Åstrand. *Schweizerische Medizinische Wochenschrift*, **103**, 41-45, 1973.
[10] P. O. Åstrand. *Health and Fitness*, **18**, Barron's/Woodbury, 1977.
[11] 朝比奈一男.「生理学からみたスポーツ」,『スポーツの科学的原理1 スポーツの科学的原理』朝比奈一男・水野忠文・岸野雄三編, pp. 136-143, 大修館書店, 1977.
[12] 馬場元毅.『絵でみる脳と神経』医学書院, 2001.
[13] H. L. Blum. *Int.J. Health Services*, **4**, 1974.
[14] S. M. Buck et al. *Medicine & Science* in *Sports & Exercise*, **40**, 166-172, 2008.
[15] T. Byers et al. *CA Cancer J. Clin.*, **52**, 92-119, 2002.
[16] J. H. Camp, *Preventing and Treating Dental Injuries: What to Do in a Dental Emergency*, the 136th annual session of the American Dental Association, 1995.
[17] A. カレル. 桜沢如一訳.『人間この未知なるもの』角川文庫432, 角川書店, 1957.
[18] G. A. Cavagna et al. *J. Physiol.*, **262**, 639-657, 1976.
[19] W. M. Chen et al. *J. Clin. Invest.*, **118**, 2620-2628, 2008.
[20] C. W. Cotman and N. C. Berchtold. *Trends Neurosci.*, **25**, 295-301, 2002.
[21] B. A. Danowski et al. *J.Cell Biol.*, **118**, 1411-1420, 1992.
[22] J. M. Donelan et al. *J.Exp. Biol.* **205**, 3717-3727, 2002.
[23] 江橋博.「トレーニングの種類と方法 エンデュランストレーニング」,『トレーニング科学ハンドブック』トレーニング科学研究会編, pp. 62-76, 朝倉書店, 1996.
[24] B. Esmarck et al. *J. Physiol.*, **535**, 301-311, 2001.
[25] E. V. Evarts and J. Tanji. *Brain Res.*, **71**, 479-494, 1974.
[26] M. Feltner and J.Dapena. *Int. J.Sports Biomech.*, **2**, 235-259, 1986.
[27] T. Field et al. *Science*, **218**, 179-181, 1982.
[28] 藤井暁ほか編著.『糖尿病運動療法の実際』金芳堂, 1989.
[29] 藤田厚ほか.『体育学研究』**30**, 263-271, 1986.
[30] S. Fukashiro et al. *Eur. J Appl. Physiol.*, **71**, 555-557, 1995.
[31] 深代千之.「バイオメカニクス」,『教養としてのスポーツ・身体運動』東京大学身体運動科学研究室編, 東京大学出版会, p. 89, 2000.
[32] T. Fukunaga. *Sportazi und Sportmedizen*, **11**, 225-265, 1976.
[33] 福永哲夫.『ヒトの絶対筋力』杏林書院, 1978.
[34] K. Funato et al. *Med. Sci. Sports Exerc.*, **26**, supplement：S 137, 1994.
[35] K. Funato et al. *J.Gravitat. Physiol.*, **4**, 22-27, 1997.
[36] L. S. Goodman et al. eds. *Goodman & Gilman's The Pharmacological Basis of Therapeutics*, 9th ed, McGraw-Hill, 1996.
[37] A. M. Gordon et al. *J.Physiol.*, **184**, 170-192, 1966.
[38] G. R. Hancock. et al. *J. Mot. Behav.*, **27**, 241-250, 1995.
[39] W. H. Harris and R. P. Heaney. *N. Engl. J. Med.*, **280**, 194, 1969.
[40] J. G. Hay. *Biomecanics of Sports Techniques*, Prentice-Hall International, 1973.
[41] R. Held. *Sci. Amer.*, **213**, 84-94, 1965.
[42] R. Held and A. Hein. *J. Comp. Physiol. Psychol.*, **56**, 872-876, 1963.
[43] 外須美夫.『呼吸・循環のダイナミズム——学生から臨床医まで 呼吸・循環の体系的理解のために』真興交易医書出版部, 2001.
[44] H. Hoppeler et al. *J.Appl. Physiol.*, **59**, 320-327, 1985.
[45] G. R. Hunter. *Muscle Physiology, Essentials of Strength Training and Consitioning*, T. R. Baechle and R. W. Earle eds., pp. 4-14. Human Kinetics, Champain, 2000.
[46] 市川宣恭.『臨床スポーツ医学』**4**, 44-50, 1987.
[47] 猪飼道夫.「体力と疲労」,『身体運動の生理学』猪飼道夫編, pp. 334-354, 杏林書院, 1973.
[48] 猪飼道夫.『運動生理学入門 第12版』杏林書院, 1979.
[49] 池上晴夫.『新版運動処方 理論と実際』朝倉書店, 1990.
[50] M. Inoue et al. *Am. J. Epidemiol.*, **168**, 391-403, 2008.
[51] 石井直方.『筋と筋力の科学（上巻：重力と闘う筋）』山海堂, 2001.
[52] 石井直方総監修.『ストレングストレーニング＆コンディショニング NSCA決定版』, ブックハウス・エイチディ, 2002.

［53］ J. L. Ivy et al. *J. Appl. Physiol.*, **48**, 523-527, 1980.
［54］ J. L. Ivy et al. *J. Appl. Physiol.*, **64**, 1480-1485, 1988.
［55］ R. J. Joos et al. *Nature Genetics* **40**, 768-775, 2008.
［56］ 貝原益軒著．石川謙校訂．「養生訓・和俗童子訓」，『養生訓 巻第一』岩波文庫，岩波書店，1961.
［57］ 金子公宥．『スポーツ・バイオメカニクス入門（改訂版）』杏林書院，1994.
［58］ M. Kaneko et al. *Biomech.* IX, 307-312, 1985.
［59］ I. A. Kapandji. *The Physiology of the Joints*, Churchill Livingstone, 1974.
［60］ Y. Kawakami et al. *Eur. J. Appl. Physiol.*, **68**, 139-147, 1994.
［61］ J. F. Kennedy. *The Soft American, Sports Illustrated*, Vol. 13, Part 2, December 26, 1960.
［62］ 木下是雄．『スキーの科学』（中公新書339），中央公論社，1973.
［63］ 岸野雄三．『ヒポクラテースの養生法──食養生と体操』杏林書院，1971.
［64］ 北川薫．『臨床スポーツ医学』**17**, 21-26, 2000.
［65］ 小林寛道．『日本人のエアロビック・パワー 加齢による体力推移とトレーニングの影響』杏林書院，1982.
［66］ 小林寛道．『C級コーチ教本［後期用］』日本体育協会，1988.
［67］ 厚生労働省：HP: http://www.mhlw.go.jp/bunya/kenkou/metabo02/kiso/question/index.html
［68］ 厚生統計協会編．「国民衛生の動向 1999年」，『厚生の指標』臨時増刊 **46**, 1999.
［69］ W. J. Kraemer et al. *J.Appl. Physiol.*, **69**, 1442-1450, 1990.
［70］ E. Kreighbaum and K. M. Bartheles. *Biomechanics: A Qualitative Approach for Studying Human Movement*, 2nd ed., Buegess. 1985.
［71］ K. Kubo et al. *J. Appl. Physiol.*, **87**, 2090-2096, 1999.
［72］ K. Kubo et al. *J. Physiol.*, **536**, 649-655, 2001.
［73］ D. N. Lee and R. A. Magill. *J. Exp. Psychol.*, 9, 730-746, 1983.
［74］ S. P. Magnusson and M. Kjaer. *Eur. J. Appl. Physiol.*, **90**, 549-555, 2003.
［75］ E. Manni et al. *Nature Reviews Neuroscience*, **5**, 241-249, 2004.
［76］ R. Margaria. *J. Appl. Physiol.*, **21**, 1662-1664, 1966.
［77］ 松田岩男・杉原隆編著．『運動心理学入門』，大修館書店，1997.
［78］ R. S. Mazzeo et al. *Med. Sci. Sports Exerc.*, **30**, 992-1008, 1998.
［79］ M. F. Mivert et al. *Diabetes.* 2008 Sep 5. ［Epub ahead of print］
［80］ M. Miyachi et al. *J. Appl. Physiol.*, **90**, 2439-2444, 2001.
［81］ 宮永豊．「関節」，『整形外科 改訂第2版』津山直一監修，南江堂，1988, p. 13.
［82］ 宮下充正．「ねばり強さをきたえる ロー・パワー向上の条件」，『トレーニングの科学的基礎』，pp. 99-113, ブックハウスHD, 1993.
［83］ 宮下充正ほか編．『一般人・スポーツ選手のための体力診断システム』ソニー企業，1986.
［84］ 宮副信也ほか．『筑波大学体育科学系紀要』**30**, 31-46, 2007.
［85］ A. Nachemson. *Clin.Orthop.*, **45**, 107, 1966.
［86］ 長野明紀・深代千之．『バイオメカニクス研究』**7**, 225-238, 2003.
［87］ 中村嘉男．「歯科診療と脳；(1) 咀嚼システム」，『日歯広報 1998年5月25日号』．
［88］ （財）日本ハンドボール協会編．『ハンドボール競技規則』2002.
［89］ （財）日本ハンドボール協会編．『ハンドボール競技規則必携』2003.
［90］ （社）日本プロゴルフ協会．『基本ゴルフ教本』，1983.
［91］ （社）日本整形外科学会．『評価基準・ガイドマニュアル集』，1996.
［92］ （財）日本心臓財団心臓病予防制圧対策研究委員会．『21世紀への心臓病予防戦略』第一法規出版，1991.
［93］ 日本体育協会資料．1994.
［94］ 野坂和則．「レジスタンストレーニングにおける筋損傷と筋肥大」，『体育の科学』**48**, 1998.
［95］ International Basketball Federation（FIBA）. Official Basketball Rules 2012, 2012.
［96］ 岡田英孝他．「加齢および歩行速度が歩行中の関節の力学的仕事に及ぼす影響」，『身体運動のバイオメカニクス』第13回日本バイオメカニクス学会大会編集委員会編，120-126, 1997.
［97］ 小野寺孝一・宮下充正．『体育学研究』**21**, 191-203, 1976.
［98］ 大熊輝雄．『現代臨床精神医学 改訂第11版』金原出版，2008.
［99］ 大築立志．『「たくみ」の科学』朝倉書店，1988.
［100］ N. G. オゾーリン・A. O. ロマノフ．岡本正己訳．『スポーツマン教科書』講談社，1966.
［101］ R. N. Pafferberger. *Ingl. J.Med.*, **314**, 605, 1986.
［102］ S. Pafferberger. *JAMA*, **252**, 491, 1984.
［103］ K. Pearson and J. Gordon. Spinal Reflexes. In: *Principles of Neural Science*, 4th ed., E. R.Kandel et al. eds., McGraw-Hill, pp. 713-936, 2000.
［104］ R. Peto et al. *BMJ*, **321**, 323-320, 2000.
［105］ L. プロコップ．荒川清二訳．『スポーツマンの医学入門』大修館書店，1983.
［106］ E. Rampersaud et al. *Arch. Intern Med.*, **168**, 1791-1797, 2008.
［107］ D. N. Ranalli, *Weekend Athletes at Risk for Oral Injuries*, the 138th Annual Session of the American Dental Association, 1997.
［108］ U. Reinhard et al. *Respiration*, **38**, 36-42, 1979.
［109］ B. F. Robinson et al. *Circulation Research*, **19**, 400-411, 1966.
［110］ J. ロック．服部知文訳．『教育に関する考察』岩波文庫，岩波書店，1967.
［111］ Y. Rolland et al. *J. Am. Med. Dir Assoc.*, **9**, 390-405, 2008.
［112］ J. B. Saunders et al., *J.Bone Joint Surg.*, 35-A, 543-

[113] R. E. Scammon. *The Measurement of Man*, Univ. Minesota Press, 1930.
[114] Y. Shigematsu et al. *J. Advanced Computational Intelligence*, **3**, 234-244, 1999.
[115] 島津晃・浅田莞爾編.『バイオメカニクスよりみた整形外科』金原出版, 1988.
[116] 小司利昭.「マウスガードの科学」,『スポーツ歯学入門』株式会社デンタルフォーラム, 2001.
[117] M. M. Smyth and A. M. Wing. *The Psychology of Human Movement*, **33**, pp. 309-323, Academic Press, 1984.
[118] H. Spencer. *Education : Intellectual, Moral, and Physical*, D Appleton and Company, 1898.
[119] スポーツ安全協会.『スポーツ等活動中の傷害調査』**18**, 1999.
[120] R. D. Steatward.『臨床スポーツ医学』**15**, 121-125, 1998.
[121] J. R. Stroop. *J. Exp. Psychol.*, **18**, 643-662, 1935.
[122] ストループテストの例：http://idaten.c.u-tokyo.ac.jp/~atomi/SportsScienceCourse/ref/slide006.html
[123] M. K. Stuart et al. *J. Appl. Physiol.*, **50**, 444-449, 1981.
[124] J. H. Stubble et al. *PLoS ONE*, **20**, 1e22, 2006.
[125] 鈴木洋児.「4.2 循環機能への影響」,『加齢とトレーニング』トレーニング科学研究会編, 朝倉書店, pp. 132-145, 1999.
[126] 田端泉・山本正嘉.『身体運動のエナジェクティクス』高文堂出版, 1989.
[127] 多田憲孝「スキーの回転滑走の力学」：http://www008.upp.so-net.ne.jp/skilab/art-mecha-turn.html
[128] 高石昌弘ほか.『小児保健研究』**26**, 57-63, 1968.
[129] T. Takarada et al. *J. Appl. Physiol.*, **88**, 2097-2106, 2000.
[130] M. Tanimoto and N. Ishii. *J. Appl. Physiol.*, **100**, 1150-1157, 2006.
[131] 丹治順他.「大脳と随意運動」,『脳神経科学』伊藤正男監修, 三輪書店, 2003.
[132] 立石昭夫ほか.『知っておきたいファーストエイド』二宮書店, 1991.
[133] 田内敏雄.『ストレングス・ブック1』窪田登監修, ブックハウス・HD, 1988.
[134] 栃久保修.『血圧の測定法と臨床評価』メディカルトリビューン, 1991.
[135] K. Tokugawa. *Int. J. Obesity*, **15**, 1-5, 1991.
[136] 豊岡示朗.「インターバル・トレーニングとレペティション・トレーニング」,『現代体育・スポーツ大系8 トレーニングの科学』浅見俊雄ほか編, pp. 192-213, 講談社, 1984.
[137] トレーニング科学研究会編.『トレーニング科学ハンドブック』朝倉書店, 1996.
[138] 上野俊明・大山喬史.「IV-2-5-2) 噛み締めと筋力の関係性」,『スポーツ歯学の臨床 第1版』大山喬史ほか編, 医学情報社, 1998, p. 137.
[139] 梅沢章夫著, 藤澤清他編.『新生理心理学1』北大路書房, 1998.
[140] Västerbotten スキー博物館（UmeaG, Sweden）パンフレット.
[141] B. F. Waller et al. *Sudden Death*: In *Exercise & Heart*, Davis, **9**, 1985.
[142] K. Wassemran. *New England Journal of Medicine*, **298**, 780-785, 1978.
[143] K. Wasserman and M. B. McIlroy. *American Journal of Cardiology*, **14**, 844-852, 1964.
[144] 渡会公治.「運動による障害」,『スポーツ医学の基礎』万木良平監修, 朝倉書店, 1993.
[145] 渡会公治.『自分で見つけるスポーツ障害』*NAP*, 1998.
[146] R. G. ワッツ・A. T. ベイヒル. 大路通雄訳.『ベース「ボール」の科学』サイエンス社, 1993.
[147] K. Werner et al. *Bewegungsapparat. Fuer Studium und Praxis*, Thieme Georg Verlag, 1999.
[148] P. Wiles. *Essentials of Orthopaedics*, Blakisto, 1949.
[149] P. A. Willems et al., *J. Exp. Biol.*, **198**, 379-393, 1995.
[150] D. A. Winter. *Biomechanics and Motor Control of Human Movement*, 3rd ed., John Wiley & Sons, Inc., 2004.
[151] L. A. Wolfe et al. *J. Appl. Physiol.*, **47**, 207-212, 1979.
[152] S. L. Woo et al. *J. Biomech. Eng.*, **103**, 51-56, 1981.
[153] 山地啓司.『最大酸素摂取量の科学』杏林書院, 1994.
[154] 柳原大. *Brain Medical*, **19**, 349-358, 2007.
[155] 柳原大ほか.「運動制御・運動学習のメカニズムをタンパク質・遺伝子レベルで探る」,『運動とタンパク質・遺伝子』柳原大・内藤久工編集, *NAP*, 2004.
[156] 安岡正蔵ほか.「熱中症I～III度分類の提案」,『救急医学』**23**(9), 1119-1123, 1999.
[157] 横江清司.『科学朝日』**41**, 138-142, 1981.
[158] 全国スキー安全対策協議会：http://www.safety-snow.com/
[159] M. J. Zigmond et al. *Fundamental Neuroscience*, Academic Press, 1999.
[160] 東京大学教養学部保健体育研究室編.『身体運動科学』東京大学出版会, 1992.

参考文献・参考ホームページ

東京大学身体運動科学研究室：
　http://idaten.c.u-tokyo.ac.jp

第Ｉ部

S. ボルドー著．杉浦悦子訳．「細い体を読む」，『イマーゴ』7(2)，46-67，青土社，1996．
S. フィッシャー著．村山久美子・小松啓訳．『からだの意識』誠信書房，1979．
広松渉．『身心問題』青土社，1994．
市川浩．『〈身〉の構造』青土社，1997．
H. イヒベルグ．清水諭訳．『身体文化のイマジネーション』新評論，1997．
飯田操．『釣りとイギリス人』平凡社，1995．
篠原稔「インテリジェント・ボディ――教養としての身体の知」，『体育の科学』48(10)，813-817，1998．
鷲田清一．「デザインされる身体」，『大航海』2，92-99，1995．

第II部

●II.1
R. M. マリーナ・C. ブジャール．高石昌弘・小林寛道監訳．『成長・成熟・運動』大修館書店，1995．
宮下充正編著．『体力を考える』杏林書院，1997．

●II.2
奈良昌治監修．「生活習慣病健診と対策のすべて」ライフサイエンスセンター，2006．
国立健康・栄養研究所：
　http://www.nih.go.jp/eiken/
厚生労働省：
　http://www.mhlw.go.jp/
National Institutes of Health (NIH)：
　http://www.nih.gov/

●II.3
T. Rankinen *et al*. The Human Gene Map for Performance and Health-Related Fitness Phenotypes: The 2005 Update, *Med. Sci. Sports Exerc*., **38**, 1863-1888, 2006.

●II.4
T. B. L. Kirkwood and S. N. Austad. Why do we age?, *Nature*, **408**, 233-238, 2000.
S. W. J. Lamberts *et al*. The Endocrinology of Aging, *Science*, **278**, 419-424, 1997.
日本抗加齢医学会：
　http://www.anti-aging.gr.jp/

●II.5
日本発育発達学会：
　http://www.hatsuhatsu.com/

第III部

●III.1
B. Alberts *et al. Molecular Biology of the Cell* (5th ed.), Garland Science, Oxford, 2008.
大野秀樹ほか編．『Q&A運動と遺伝』大修館書店，2001．
東京大学生命科学教科書編集委員会編．『理系総合のための生命科学』羊土社，2007．
日本生理学会：
　http://physiology.jp/

●III.2
林利彦・小出輝編．『細胞外マトリクス――基礎と臨床』丸善，2000．
NSCAジャパン編．『ストレングス＆コンディショニングI　理論編』大修館書店，2003．
吉岡利忠ほか編．『筋力をデザインする』杏林書院，2003．
運動生理学会：
　http://seiri.taiiku.tsukuba.ac.jp/~jsesp/
日本体力医学会：
　http://www.jspfsm.umin.ne.jp/

●III.3
R. W. エール・T. R. バーチェル編．福永哲夫監修．『NSCAパーソナルトレーナーのための基礎知識』森永製菓株式会社健康事業部，2005．
八田秀雄．『エネルギー代謝を活かしたスポーツトレーニング』講談社，2004．
八田秀雄．『乳酸と運動生理・生化学』市村出版，2009．
宮村実晴編．『高所　運動生理学的基礎と応用』NAP，2000．
臨床スポーツ医学．『スポーツ医学検査測定ハンドブック』文光堂，2004．
トレーニング科学研究会編．『エンデュランストレーニング』朝倉書店，1994．
MITOMAP. A human mitochondrial genome database:
　http://www.mitomap.org

●III.5
阿江通良・藤井範久．『スポーツバイオメカニクス20講』朝倉書店，2002．
深代千之・平野裕一・桜井伸二・阿江通良．『スポーツバイオメカニクス』朝倉書店，2000．
金子公宥・福永哲夫編．『バイオメカニクス』杏林書院，

2004.

ロルフ・ヴィルヘード著．金子公宥・松本迪子訳．『目でみる動きの解剖学──スポーツにおける運動と身体のメカニズム』大修館書店，1999．

● III. 6
アメリカスポーツ医学会（ACSM）：
http://www.ascm.org
日本臨床スポーツ医学会：
http://www.rinspo.jp

第 IV 部
● IV. 2
〈サッカー〉
浅見俊雄他編．『サッカー，ホッケー，アイスホッケー　現代体育・スポーツ体系　第 24 巻』講談社，1984．
岡田正義監修．『わかりやすいサッカーのルール』成美堂出版，1989．
上野山信行監修．『サッカー上達 Book』成美堂出版，2003．
アルフレッド・ヴァール．遠藤ゆかり訳．『サッカーの歴史』創元社，2003．

〈ハンドボール〉
（財）日本ハンドボール協会編．『ハンドボール指導教本』大修館書店，1992．
国際ハンドボール連盟：
http://www.ihf.info/
日本ハンドボール協会：
http://www.handball.jp/

〈ソフトボール〉

伊藤博一．「上肢投球障害への本質的なアプローチ"真下投げ"」，『保健の科学』49 巻，2 月号，114-119，2007．
伊藤博一ほか．「スポーツ外傷・障害予防のためのトレーニング法──野球（真下投げの有効性）」，『臨床スポーツ医学』24 巻，5 号，529-535，2007．
伊藤博一．「投動作の"基本練習"としての真下投げ」，*Training Journal*，12 月号，18-22，2007．

● IV. 3
T. Beachle *et al.* 石井直方監修．『ストレングストレーニング＆コンディショニング』ブックハウス HD，2001．
全米ストレングス＆コンディショニング協会（NSCA）：
http://www.nsca.org
NSCA ジャパン：
http://www.nsca-japan.or.jp/
日本トレーニング指導者協会（JATI）：
http://jati.jp

● IV. 6
藤田恒太郎．『人体解剖学』南江堂，1972．
大築立志．『バイオメカニクス研究』9(3)，149-160，2005．
E. Ruoslahti. *Science*, 276, 1345-1346, 1997.
R. F. シュミット．内園耕二・佐藤昭夫・金彪訳．『神経生理学』金芳堂，2003．
A. F. Schinder and F. H. Gage. *Physiology* (*Bethesda*), 19, 2532-2561, 2004, Review.
J. C. Stevens. *Journal of Experimental Psychology*, 58(5), 405-412, 1959.
S. S. Stevens. The Psychophysics of Sensory Function, In : *Sensory Communication*, R. A. Rosenblith ed. pp. 1-33, M. I. T. Press, 1961.
T. Seki and T. Ohtsuki. *Ergonomics*, 33(9), 1131-1142, 1990.

索引

ア 行

アイソキネティックトレーニング 163
アイソトニックトレーニング 163
アイソメトリックトレーニング 163
あがり 84, 85
アクチン 33
アジリティ 164
アセチルコリン 69
アディポネクチン 16
アデノシン三リン酸 → ATP
アドレナリン 56, 62, 69
アミノ酸 28, 51
アミロース 29
アライメント 181
位置エネルギー 96, 97
一塩基多型 16
一次運動野 72
一次構造 28
一次予防 14
1回拍出量 58
遺伝的要因 16
インスリン 62
　　──様成長因子 → IGF-1
インピーダンス法 47
ウォーミング（ウォーム）アップ 118, 177
運動エネルギー 96, 98, 101
運動学 87, 191
　　──データ 94
運動器疾患 176
運動強度と循環器系 190
運動習慣 13
運動神経（運動ニューロン） 35, 70
運動前野 72
運動単位 35, 71
運動力学 87
運動量 91
運動療法 182
エキセントリック収縮 37
円運動 92
遠心力 89
横隔膜 195
オグソトニックトレーニング 163
オートファジー 42
オーバートレーニング 110
オーバーロードの原理 161
オフサイド 142

カ 行

加圧トレーニング 167
外旋 103
回旋筋腱板 185
外転 102, 103

回転運動 88, 100
　　──の慣性 92
解糖系 59
海馬 67
外力 87, 90
角運動量 100
核酸（ヌクレオチド） 29
角速度 101
核領域 45
下垂体 62
肩関節 101
　　──脱臼 177
滑走動作 103
活動電位 66, 194
角運動量 100
噛み締め 112
カラム 67
カリウム 55
カルシウム-カルパイン系 42
カルシウムポンプ 35
加齢変化 17
慣性 88
　　──モーメント 92, 96
関節 40
　　──トルク 95
　　──力 95, 102
機械的効率 96
機械的刺激 189
気功 104
逆ダイナミクス 94
逆動力学 88, 94
キャリパー法 47
求心力 89
急性の内科的障害 109
鏡映描写課題 191
虚血性心疾患 188
筋萎縮 41
　　──性側索硬化症 → ALS
筋外膜 33
筋サテライト細胞 46
筋持久力トレーニング 169
筋ジストロフィー 41
筋周膜 33
筋小胞体 33
筋節（サルコメア） 33
筋線維 33
　　──束 33
　　──組成 44
　　──タイプ 35
緊張性頸反射 78
筋電図 79
筋トルク 102
筋内膜 33
筋発揮張力維持スロー法 168
筋紡錘 77
筋ユビキチンリガーゼ 42

筋力トレーニング 162
クイックリフト 163
空気抵抗 87
屈曲反射 78
グリコーゲン 29, 49
グリコシド結合 29
グリセロール 28
クーリング（クール）ダウン 118, 177
グルカゴン 62
グルコース 29, 49
クレアチンリン酸 → PCr
血圧 199
月経異常 110
結腸がん 14
腱特性 38
交感神経系 69
高血圧 14
恒常性 31
甲状腺ホルモン 61
高地・低酸素トレーニング 63
興奮 66
効率 96
抗力 90
高齢者 111
誤差情報 73
五炭糖 29
コラーゲンタンパク質 38
ゴルジ腱器官 77
コレステロール 28
コンセントリック収縮 37

サ 行

最高心拍数 175
最終共通路 71
サイズの原理 45
最大挙上重量 173
最大酸素摂取量 18, 22, 53, 59, 60, 63
最大心拍数 58
最適化処理 94
細胞骨格 220
細胞内情報伝達 31
作用・反作用 88
酸化系 59
三次予防 14
酸素摂取量 52, 58
持久的トレーニング 59
持久力のトレーニング 169
仕事 95, 98
　　──の強度 95
　　──率 95, 96, 101
支持面 90
疾病構造の変化 104
質量 89, 96
至適長 36
シナプス 67

260──索 引

──可塑性　67, 68
脂肪　49
　　──酸　28, 49
シミュレーション　88, 93
地面反力　87, 100
周径　182
蹴動作　101
重力　87, 90
　　──加速度　94
主観的運動強度　202, 207
種目特性　115, 180
主要死因　105
順動力学　94
衝突　90
小脳皮質　72
消費エネルギー　96, 98
小胞体　33
食塩摂取量　14
食習慣　13
食生活　105
自律訓練法　86
自律神経系　65, 68
自律神経失調症　24
自律性　220
神経支配比　35, 71
神経伝達物質　67
身体質量中心　97
身体障害者　111
身体組成　46
　　──を変化させる刺激　190
身体密度法　47
伸張性収縮　37
身長発育速度ピーク年齢　20
伸張反射　77
心拍出量　58, 189
心拍数　58, 198
心容積　189
心理的要因　84
随意最大筋力　→　MVC
膵臓　62
水分摂取　120
水平内転　102
スウェーデン体操　104
スキル　79
ステップ動作　178
ストライド　98
ストローク　101
スーパーセット法　167
スピード　164
滑り説　34
スポーツ外傷　114
スポーツバイオメカニクス　87
スロートレーニング　168
生活習慣病　13, 15, 104, 105, 188
静止（膜）電位　66, 194
生殖腺　63
精神性疾患　176
成人病　104
成長期　111
成長軟骨層　20

　　──可塑性　67, 68
静摩擦　103
　　──係数　103
生命徴候　69, 186
赤核脊髄路　71
赤筋線維　36
脊髄　70
　　──小脳関連ループ　74
　　──性筋萎縮症　→　SMA
セット法　167
全身持久力トレーニング　169
漸新的筋弛緩法　86
全身反応時間　22
前庭脊髄路　71
相反性二重支配　69
足関節捻挫　177
足定屈筋群　98
咀嚼運動　113
速筋繊維　22, 35, 55

タ　行

体格指数法　46
体幹　101
体脂肪を減らすためのトレーニング　170
帯状皮質運動野　72
体性神経系　65
大脳基底核　75
大脳皮質　72
タイプ移行　46
タイプⅠ線維　36
タイプⅡ線維　36
タイプⅡa線維　36
タイプⅡb線維　36
多関節運動　87
脱分極　194
打動作　101
短距離走　122
短縮性収縮　37
タンパク質　28
　　──の分解　42
知覚　82
力　94, 95
　　──-速度関係　36
　　──の作用点　92
　　──の三要素　90
　　──の相互作用　87
　　──のモーメント　92
遅筋線維　22, 35, 55
中枢神経系　65
中性脂肪　49
超音波法　47
超回復　110, 171
長期抑圧　73
跳躍　123
抵抗　90
　　──力　103
ディセンディング法　167
デオキシリボ核酸　→　DNA
テニス肘　185
転写因子　32

ドイツ体操　104
糖　49
糖尿病　188
導引　104
動機づけ　84
等尺性収縮　36
等速性収縮　36
等張力性収縮　36
投擲　123
投動作　102
動摩擦　103
　　──係数　103
動脈血酸素飽和度　58
突然死　110
ドーパミン　62
トランスファーRNA　30
トリグリセリド　28
トルク　92, 94, 95, 101, 102
トロポニン　33
トロポミオシン　33

ナ　行

内科的疾患　176
内旋　102
内臓脂肪肥満　15
長さ─張力関係　36
二酸化炭素　58
二次構造　28
二次メッセンジャー　31
二次予防　14
日内リズム　25
乳酸　51
　　──性作業閾値　→　LT
ニュートン力学　88
熱中症　109
粘弾性　38
脳血管疾患　188
ノルアドレナリン　62, 69

ハ　行

肺　58
バイオフィードバック法　86
バイオメカニクス　87
背外側系　71
発育曲線　21
白筋線維　36
ハートレートモニター　196
バランスボード　178
バリスティックトレーニング　163
パワー　37
　　──のトレーニング　164
反応時間　78
膝関節　101
　　──屈曲　101
　　──伸展角速度　101
　　──伸展筋群　98
膝靱帯損傷　177
膝伸展機構　184
皮質脊髄路　71
ピッチ　98

索　引──261

貧血　110
フォーストレプス法　167
フォスフォジエステル結合　29
不活動　43
副交感神経系　69
副腎　62
腹内側系　71
負仕事　96, 98
太いフィラメント　33
プライオメトリックトレーニング
　　163
振り子　97
プルキンエ細胞　73
並進運動　88
　　──の慣性　92
ベッドレスト　43
ペプチド結合　28
ヘモグロビン　58, 63
歩行　97
細いフィラメント　33
補足運動野　72
歩幅　98
翻訳過程　32

マ 行

摩擦係数　103
摩擦融解　103
末梢神経系　65
マルチパウンデージ法　167
慢性疲労　110
ミオグロビン　36
ミオシン　33
ミオスタチン（マイオスタチン）
　　46
三つ組み構造　33
ミトコンドリア　49
無負荷最大短縮速度　37
メタボリック症候群　15

メッセンジャー RNA　30
メディカルチェック　110, 178
メモリー素子　73
毛細血管密度　60
網様体脊髄路　71
モデリング　93
模倣　82

ヤ 行

ユビキチン-プロテアソーム系　42
腰椎椎間板ヘルニア　182
腰痛体操　182
揚力　90, 103
ヨガ　104

ラ 行

ラキシティ　180
ラジアン　93
　　──表示　95
力学的エネルギー　87, 96
力積　90
リソソーム系　42
リパーゼ　28
リハビリテーション　176
リボ核酸　→　RNA
両手間転移　191
リラクセーション　86
リン脂質　28
レジスタンストレーニング　12, 44,
　　162
レプチン　31
六炭糖　29

ABC

ABC　225
Akt キナーゼ　41
ALS　41
ATP　30, 34, 59

ATPase　30
ATP-CP 系　59
atrogin-1　41
A 帯　33
α 運動ニューロン　71
α-γ 連関　71
CPR　225
γ 運動ニューロン　71
DSM-IV　23
DNA　29
FOXO　41
FTO 遺伝子　16
FT 線維　→　速筋線維
Ia 群求心性神経繊維　77
Ib 群求心性神経繊維　77
IGF-1　41, 46
IGF-1/Akt 経路　41
I 帯　33
LT　54, 60, 200
MCR-4　16
MVC　44
MuRF-1　41
PCr　30
PHV 年齢　20
RICE の処置　177
RNA　29
RPE　202
RPP　200
SLR　181
SMA　41
SNP　16
ST 線維　→　遅筋線維
T 小管　33
Vital sign　→　生命徴候
$\dot{V}O_2$ max　→　最大酸素摂取量
VT　219
Z 線（Z 帯）　33

執筆者一覧

石井直方
東京大学大学名誉教授，東京大学社会連携講座特任研究員
執筆担当：II. 5, III. 1, III. 2. 1, III. 2. 6, IV. 3. 3a, e

大築立志
東京大学名誉教授．元東京大学大学院総合文化研究科生命環境科学系身体運動科学研究室教授
執筆担当：I, IV. 6. 2

金久博昭
鹿屋体育大学名誉教授
執筆担当：II. 1, II. 4, III. 2. 5, IV. 3. 1-2, IV. 3. 3c, f, g, IV. 3. 4-5

久保田俊一郎
帝京科学大学医学教育センター特任教授
執筆担当：II. 2-3, IV. 4, IV. 6. 6

深代千之
日本女子体育大学学長，東京大学名誉教授
執筆担当：III. 5. 1, III. 5. 2a-d, f, III. 5. 3b, c, IV. 2. 11

八田秀雄
東京大学大学院総合文化研究科生命環境科学系身体運動科学研究室教授
執筆担当：III. 3. 1-4, IV. 2. 1, IV. 2. 5, IV. 7

村越隆之
埼玉医科大学医学部生化学教授
執筆担当：II. 6, III. 4. 1-2, IV. 2. 7, IV. 5. 1, IV. 6. 1

柳原　大
東京大学大学院総合文化研究科生命環境科学系身体運動科学研究室教授
執筆担当：III. 4. 3-4, III. 4. 7, IV. 5. 3

山田　茂
元実践女子大学生活科学部食生活科学科教授
執筆担：III. 2. 4, IV. 2. 2, IV. 5. 2

渡會公治
帝京科学大学総合教育センター特任教授
執筆担当：III. 2. 3, III. 6. 1-8, III. 6. 10-11, IV. 2. 9, IV. 4, IV. 5. 10, IV. 6. 3a, IV. 6. 6

小嶋武次
調布バイオメカニクス研究所
執筆担当：III. 5. 1, III. 5. 2e, g, h, III. 5. 3a, d, IV. 2. 3, IV. 6. 3b

新井秀明
東京大学大学院総合文化研究科生命環境科学系身体運動科学研究室助教
執筆担当：III. 3. 7

飯野要一
東京大学大学院総合文化研究科生命環境科学系身体運動科学研究室助教
執筆担当：III. 5. 2i, III. 5. 3e

伊藤博一
帝京平成大学現代ライフ学部准教授
執筆担当：IV. 2. 9

工藤和俊
東京大学大学院総合文化研究科生命環境科学系身体運動科学研究室准教授
執筆担当：III. 4. 5-6, III. 4. 8, IV. 1. 1-2, IV. 2. 4

久保啓太郎
東京大学大学院総合文化研究科生命環境科学系身体運動科学研究室准教授
執筆担当：III. 2. 2, III. 2. 7

櫻井隆史
アステラス製薬株式会社製薬技術本部原薬研究所
執筆担当：IV. 5. 4-9, IV. 6. 4-5

佐々木一茂
東京大学大学院総合文化研究科生命環境科学系身体運動科学研究室准教授
執筆担当：IV. 1. 3, IV. 2. 6, IV. 2. 10

襧屋光男
びわこ成蹊スポーツ大学スポーツ学部准教授
執筆担当：III. 3. 5, III. 3. 8, IV. 3. 3b-d

平工志穂
東京女子大学現代教養学部教授
執筆担当：III. 4. 9

松垣紀子
執筆担当：III. 3. 6, IV. 2. 8

青柳裕易
東京大学大学院総合文化研究科生命環境科学系身体運動科学研究室非常勤講師
執筆担当：III. 6. 9

石水極子（厚母宗子）
東京大学教養学部非常勤講師
執筆担当：IV. 2. 12

教養としての身体運動・健康科学

2009年3月23日　初　　版
2021年2月10日　第13刷

［検印廃止］

編　者　東京大学身体運動科学研究室

発行所　一般財団法人　東京大学出版会
　　　　代表者　吉見俊哉

153-0041 東京都目黒区駒場 4-5-29
電話 03-6407-1069　FAX 03-6407-1991
振替　00160-6-59964

印刷所　株式会社三秀舎
製本所　牧製本印刷株式会社

© 2009 Department of Life Sciences (Sports Sciences),
　　　　The University of Tokyo
ISBN 978-4-13-052704-0 Printed in Japan

JCOPY 〈出版者著作権管理機構 委託出版物〉
本書の無断複製は著作権法上での例外を除き禁じられています．複製される場合は，そのつど事前に，出版者著作権管理機構（電話 03-5244-5088, FAX 03-5244-5089, e-mail: info@jcopy.or.jp）の許諾を得てください．

知の技法　東京大学教養学部「基礎演習」テキスト
小林康夫・船曳建夫編　A5判・282頁・1500円

教養のためのブックガイド
小林康夫・山本　泰編　A5判・240頁・1600円

身体と動きで学ぶスポーツ科学
運動生理学とバイオメカニクスがパフォーマンスを変える
深代千之・内海良子　A5判・208頁・2800円

スポーツ動作の科学　バイオメカニクスで読み解く
深代千之・川本竜史・石毛勇介・若山章信　A5判・296頁・2400円

〈知的〉スポーツのすすめ　スキルアップのサイエンス
深代千之　46判・240頁・2400円

スポーツ栄養学　科学の基礎から「なぜ」にこたえる
寺田　新　A5判・256頁・2800円

スポーツでのばす健康寿命
科学で解き明かす運動と栄養の効果
深代千之・安部　孝編　A5判・304頁・2800円

筋力教科の教科書
石井直方・柏口新二・髙西文利　A5判・224頁・2200円

社会を変える健康のサイエンス　健康総合科学への21の扉
東京大学医学部健康総合科学科編　B5判・148頁・2500円

ここに表記された価格は本体価格です．ご購入の際には消費税が加算されますのでご了承ください．

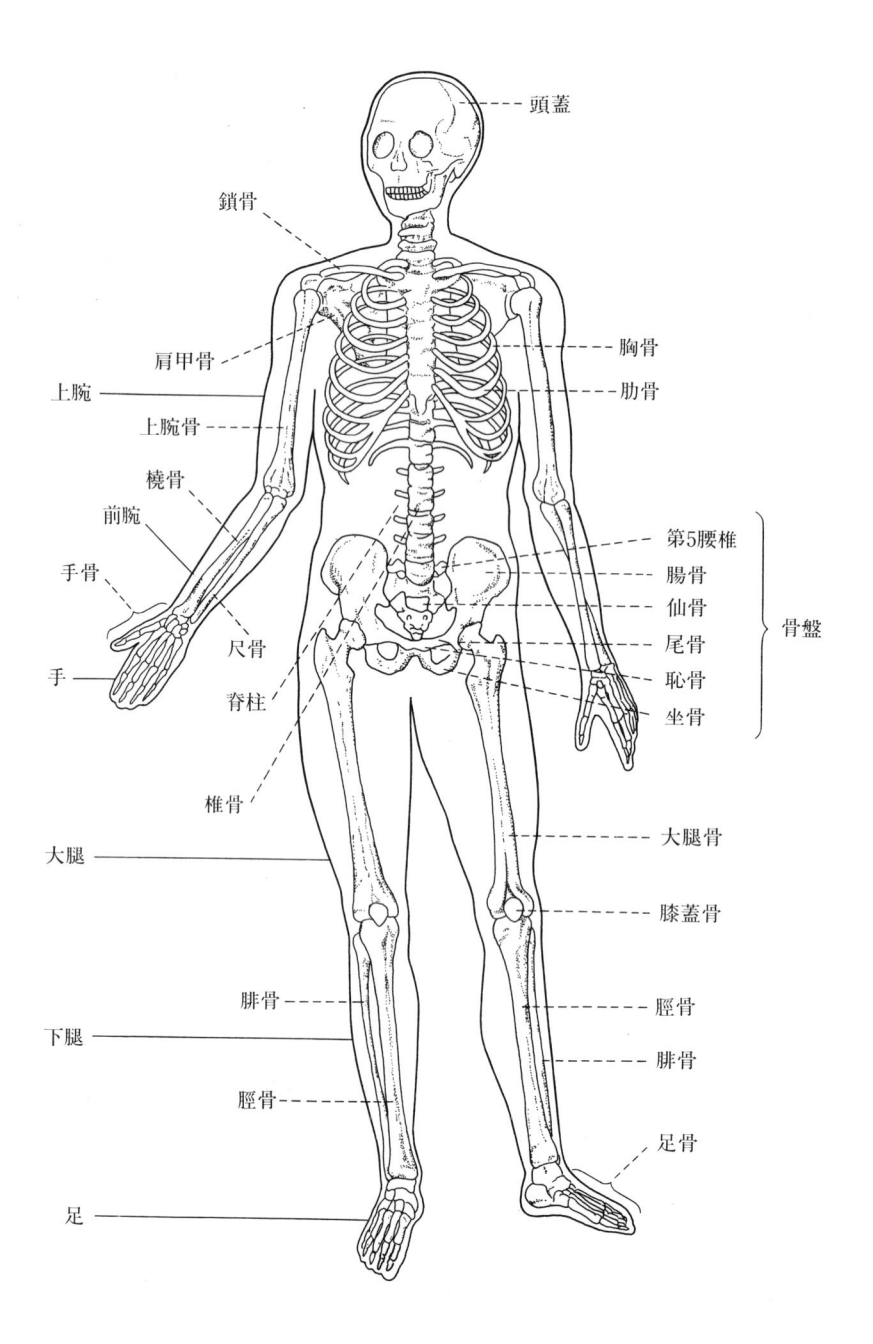

骨格の全景

(出典：近藤宏二『人体生理学』朝倉書店)